専修大学史資料集

第八巻

「反骨」の弁護士　今村力三郎

題字　日高義博

今村力三郎の生家　信濃国下伊那郡上飯田村・蜂谷家

屋号である「弓屋」と呼称されていた頃の今村の生家・蜂谷家。昭和 45 年に中央自動車道の建設に伴い取り壊しとなった。当時の様子がわかる貴重な写真である（蜂谷家所蔵）。

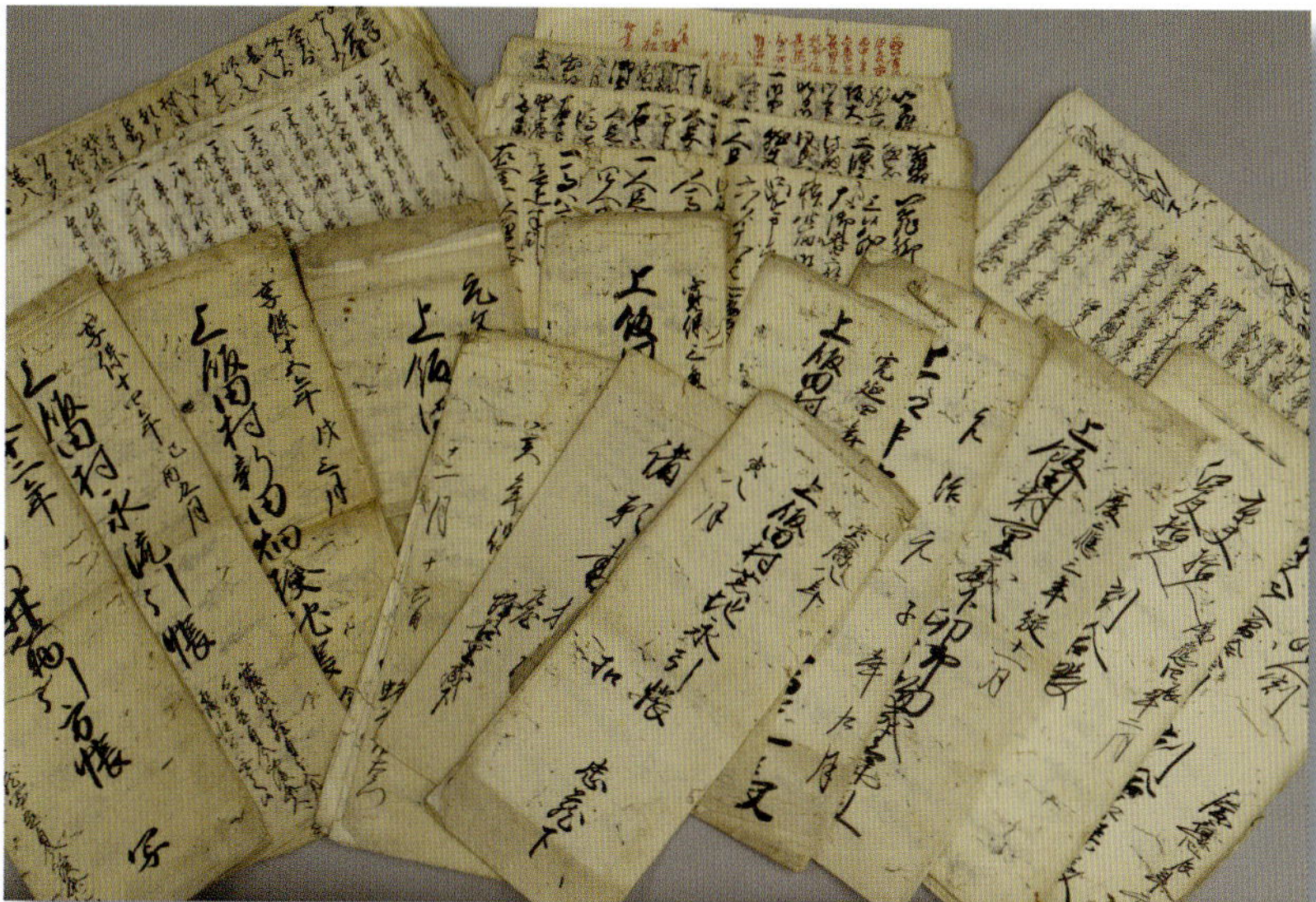

今村家に保管されていた蜂谷家文書。蜂谷家は幕末に庄屋を務めた家柄であった。江戸中期から大正期に及ぶ資料群である。（史料一～三六）

専修学校時代、そして専修大学理事としての今村力三郎

専修学校卒業時の今村力三郎（中央）。左は三浦恒吉、右は川上淳。（土田家寄贈「花鳥図　附土田雪鴻関係資料」市指定文化財、飛騨高山まちの博物館所蔵）（史料三七）

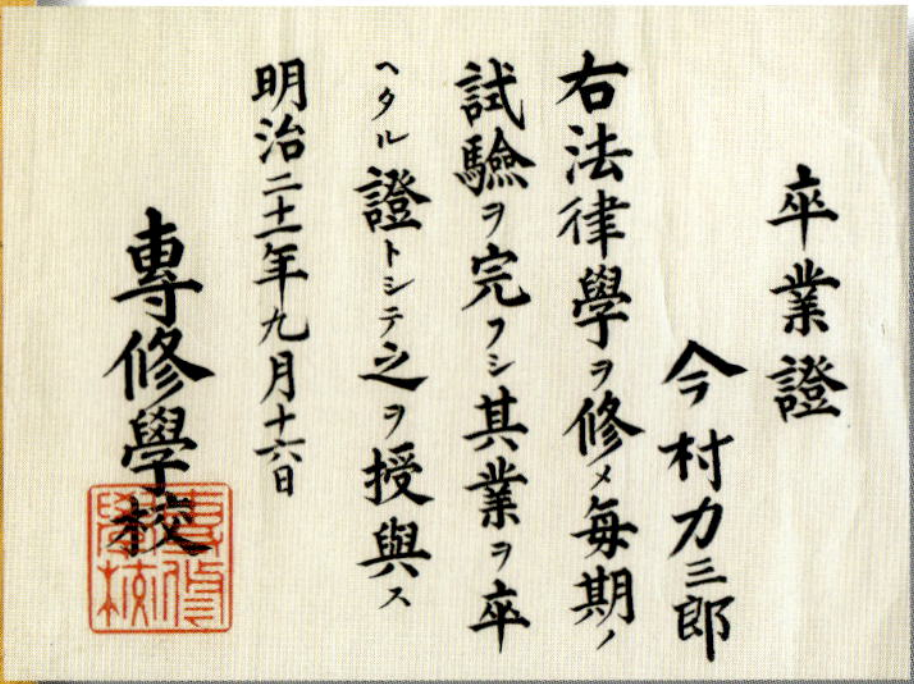

卒業證

今村力三郎

右法律學ヲ修メ毎期ノ試驗ヲ完フシ其業ヲ卒ヘタル證トシテ之ヲ授與ス

明治二十一年九月十六日

専修學校

今村の専修学校卒業証書

専修大学から喜寿のお祝いと理事としての永年の功労により寿像を贈呈された今村。（史料一二六）

新校舎落成祝賀会における記念写真（昭和３年）。学長・阪谷芳郎のもと今村をはじめ初期の卒業生たちが次々と役員に就任し、専修大学は震災からの再建を果たした。後列左から３番目が今村、前列左から２番目が阪谷芳郎。

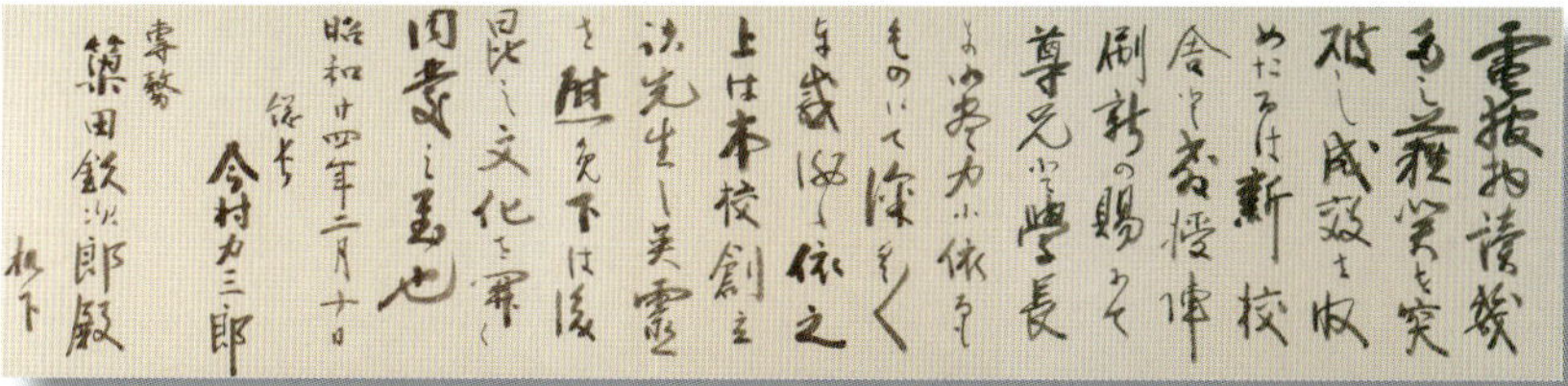
電報拝読致
破し成效を收
めたるは新校
舎と教授陣
刷新の賜にて
尊兄と学長
ものにて深く
上は本校創立
昭和廿四年二月十日
総長　今村力三郎
専務
簗田鉄次郎殿
机下

今村より簗田に宛てた書簡。新制大学への移行のため、新校舎と教授陣の刷新に尽力した簗田と大河内への感謝の言葉が述べられている。（史料九二）

昭和 24 年、開設まもない生田校舎において開催された創立七十周年記念式典。前列左から３番目が今村総長、４番目が簗田理事長、６番目が大河内学長。

昭和 25 年 12 月、今村は杉並区成宗（現・杉並区成田東）にあった自邸を売却し、そのお金を財政難に直面していた専修大学へ寄付した。（史料一一二・一一三）

弁護士としての今村力三郎

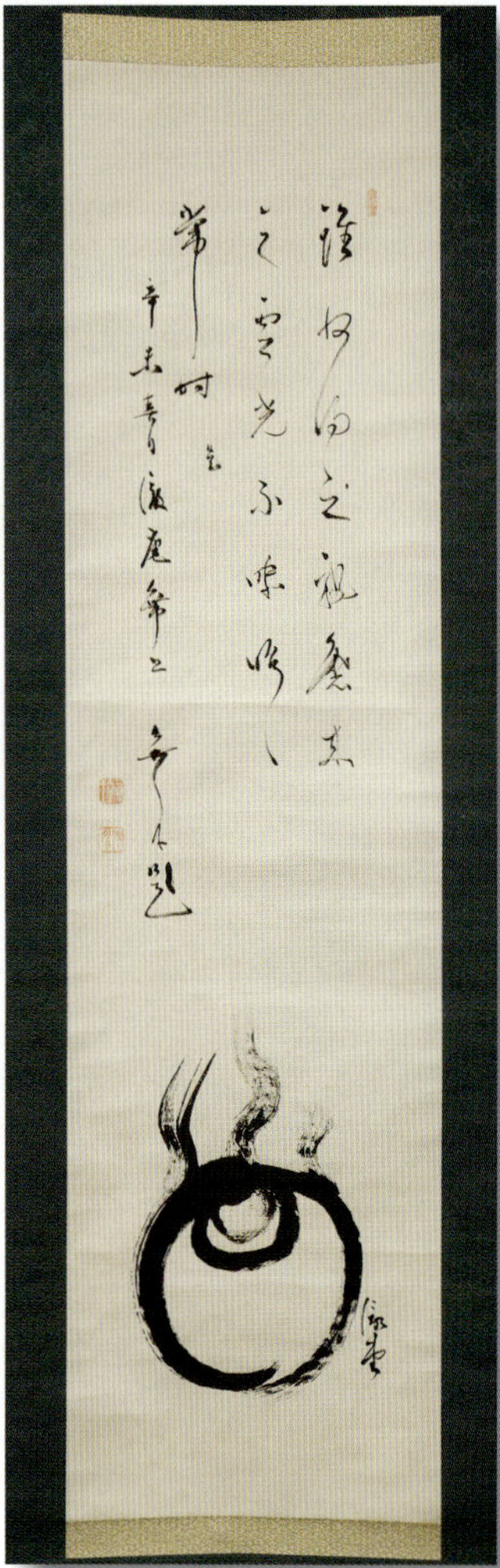

今村自筆の宝珠の絵が描かれた書（昭和６年）（蜂谷家所蔵）。

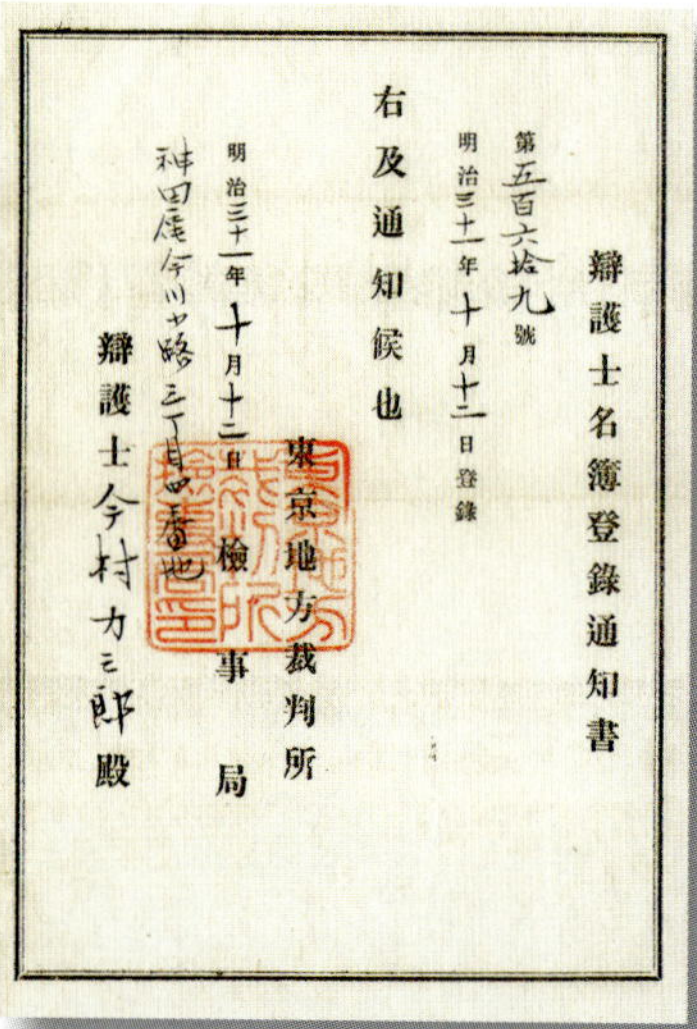

辯護士名簿登録通知書

第五百六拾九號

明治三十一年十月十二日登録

右及通知候也

明治三十一年十月十二日

東京地方裁判所檢事局

神田區今川小路三丁目五番地

辯護士今村力三郎殿

今村の弁護士名簿登録通知書（明治31年)。

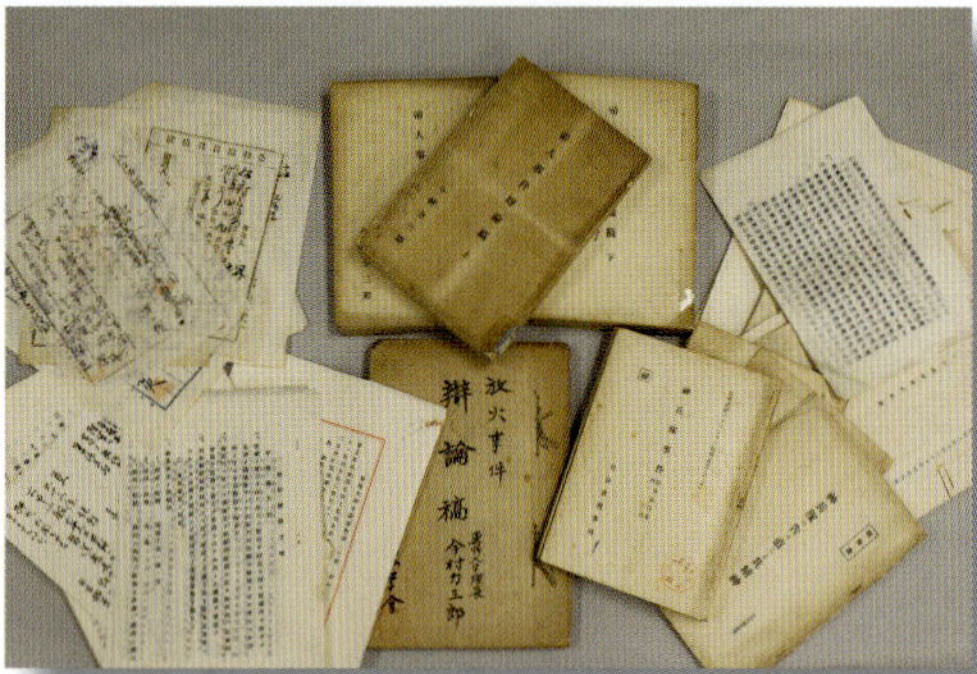

神兵隊事件、帝人事件など今村が携わった訴訟記録。

今村書「履正無畏」。今村が好んだ、自らが正しいと信じた道を畏れることなく勇気を持って進みなさいという意味の言葉で、「反骨」の弁護士としての生き方が示されている。

『専修大学史資料集』の刊行にあたって

日髙義博（専修大学理事長）

このたび、『専修大学史資料集』の第三回配布本として「「反骨」の弁護士　今村力三郎」が刊行の運びとなった。本資料集の刊行は、専修大学創立一五〇年に向けた事業の一環である。記念すべき二〇二九年には、全一〇巻の資料集が揃う予定である。

専修大学の歴史を紐解くと、明治一三年九月に、相馬永胤、田尻稲次郎、目賀田種太郎、駒井重格の四人の若者が中心となって創立した法律・経済専門学校「専修学校」が本学の出発点である。以来、本学は一三七年の長きにわたり、社会に有為な人材を多数輩出してきた。卒業生の数は、約二七万人にものぼる。多くの先人たちが創立者たちの建学の精神を受け継ぎ、伝え続けて来たからこそ、専修大学の今がある。私達は、未来に向けて、建学の精神に基づく知の営みを発信していかなければならない。本資料集の刊行もその一つである。

本学は、明治一二年の教育令を基にいち早く高等教育機関を立ち上げ、その後、専門学校令、大学令へと推移した教育法制の変動を体験し、さらに旧制大学から新制大学への移行を果たした。この専修大学の歴史は、まさに近代日本の歩みでもあった。私立大学の多くは、時には政府の政策に翻弄されつつ、時には苦難の道をたどり、今に至っている。専修大学もその例外ではない。

これまで専修大学は、『専修大学百年史』（専修大学出版局）や創立一三〇年を記念して刊行した『専修大学の歴史』（平凡社）など、多くの記念誌を編纂してきた。しかし、資料集はこれまで上梓していなかった。今回、全一〇巻にわたる資料集の刊行を計画したのは、専修大学の歴史を単に顕彰するだけでなく、日本近現代の歴史のなかに位置付けるためである。そのため、本資料集では、専修大学の歴史を歴史学的に分析・評価するための一つの手がかりを提示することにした。さらに、法人関係者と教職員だけでなく、本学に学んだ学生および社会で活躍する専修人の姿を浮き彫りにする資料も掲載している。大学の歴史は、学生の歴史でもあると考えるからである。

専修大学の有する資料を公開することで、大学の歴史に関心を持った多くの方々に利用され、新たな専修大学像が構築されていくならばこれに勝る喜びはない。今回の「知」の発信により、大学の使命とする教育・研究・社会貢献に寄与せんことを願っている。

今後、『専修大学史資料集』では、「大学昇格」、「学生運動」といった時代を特徴づけるテーマのほか、創立者、専修大学初代総長を勤めた阪谷芳郎や戦後の専修大学をけん引した専修人の人間像も取り上げる予定である。本学の歩んできた道のりを資料で見ていただくことで、専修大学はどのような大学であるのか、専修大学はこれまで何を生み出してきたのかを、一人でも多くの方々に知っていただけるならば幸いである。

「「反骨」の弁護士　今村力三郎」刊行のあいさつ

佐々木重人（専修大学長）

平成二八年は、明治・大正・昭和と長きにわたって、人権派弁護士として活躍した今村力三郎先生の生誕一五〇年という記念すべき年にあたる。今村先生は昭和二一年に卒業生として初めて専修大学の総長に就任し、戦後の大学復興、そして大学改革に尽力した人物でもある。本資料集は、その今村先生の弁護士として、そして教育者としての事蹟をできるだけ多くの方々に知ってもらうことを目的に編纂された。

戦後の専修大学は大きな転換期に立っていた。学生たちによる学園復興運動、学生数の減少による財政難、ＧＨＱ主導による新たな教育政策の推進など、大学を取り巻く環境は急激に変化していく。こうした状況のなか、在学生、卒業生、教職員が戦後の新たな専修大学の顔として選んだのが今村先生だった。

総長としての今村先生を語る際のエピソードとしてよく取り上げられるのが、自宅の土地・建物を売却して大学にそのお金を寄付し、その後は大学の一室に居を構えて、大学のために働いたという話である。今村先生は大学のことを常に考え、学校経営に関しては当時の理事長・簗田鈫次郎を、そして教学については学長・大河内一男を信頼し、三人で相談しながら戦後の大学改革を進めていたことや、自宅の売却、さらには著作物の売上金をできるだけ早く回収し、専修大学のために寄付しようとしていたことなどは、本資料集に収録された書簡から読み取ることができる。この時、今村先生は八〇歳を越えていた。今村先生が戦後の専修大学の基礎をつくったことは間違いのない事実であり、本当に頭の下がる思いである。

現在、大学教育改革の必要性が声高に訴えられている。その一つに学生が身につけるべき資質や能力を明確化するためのディプロマ・ポリシーの策定・公表がある。明治期の専修大学を卒業した今村力三郎が、その後、社会のなかでどのような役割を果たしたのか。それを検証することは、まさに専修大学のディプロマ・ポリシーを問うことにも繋がる。明治一三年創立という長い歴史と伝統を誇る専修大学の社会的な役割を明らかにするためにも、専修大学に学んだ人々の歴史を明らかにする必要があるだろう。本書はその一つの試みとも言える。

今村力三郎先生の生の声、そして今村先生と同時代を生きた人々の生の声を本資料には数多く収録した。本書が今後の今村力三郎研究の一助になることを願う次第である。

目次

八一〔今村より父兄からの陳情書に対する返書控〕（昭和二三年五月）五－二　277
八二〔父兄からの陳情書に対しての簗田に宛てた今村の指示書〕（昭和二三年五月）五－三　278
八三〔今村から簗田・大河内ほかに宛てた九月二〇日頃上京して校地敷地問題、授業料問題等に付善処したき旨の書簡〕（昭和二三年八月）六－一　278
八四〔校友から今村に宛てた大学および同窓会改革私案〕（昭和二三年八月）六－二　279
八五〔今村から簗田に宛てた新制大学申請書提出ほかに対する労いの旨の書簡〕（昭和二三年九月）七　281
八六〔今村から簗田に宛てたアイオン台風の被害状況お知らせほかの旨の書簡〕（昭和二三年九月）八　281
八七〔今村から簗田に宛てた同窓会欠席に対するお詫びほかの旨の書簡〕（昭和二三年一一月）九　282
八八〔今村から簗田に宛てた大河内より伊豆・嵯峨沢にて歓待を受けた旨ほかの書簡〕（昭和二四年一月）一〇　283
八九〔今村から簗田・山田に宛てた校友へのガソリン代援助については支出を許さぬ旨ほかの書簡〕（昭和二四年一月）一一　283
九〇〔今村から簗田に宛てた『法廷五十年』が完売した際は、その利益を専大事業株式会社の引受株の払込金に充当願う旨の書簡〕（昭和二四年一月）一一－一　284
九一〔今村から山田に宛てた『法廷五十年』販売活動に対する御礼ほかの旨の書簡〕（昭和二四年一月）一二　285
九二〔今村から簗田に宛てた新校舎設立と教授陣刷新に対する労いの旨の書簡〕（昭和二四年二月）一三　286

九三　〔今村から簗田に宛てた新入生応募者激減の伝聞に対して憂慮している旨の書簡〕（昭和二四年二月）一四　286
九四　〔今村から簗田に宛てた大学改革のため経費は倍加するも入学生は減少のため苦悩している旨の書簡〕（昭和二四年二月）一五　287
九五　〔理事会に宛てた今村・大河内・簗田の辞職願〕（昭和二四年三月）一六－一　287
九六　〔今村から簗田に宛てたロンドンにて活躍中の森口忠造君の帰朝後の旅行談を楽しみにしている旨ほかの書簡〕（昭和二四年一一月）一六－二　288
九七　〔今村から簗田に宛てた起草中の「専修大学とはどんな学校か」については後で拝見する旨ほかの書簡〕（昭和二四年一二月）一七　288
九八　〔「専修大学とはどんな大学か」を通読し感服した旨ほかの書簡〕（昭和二五年一月）一八　289
（参考文献）　専修大学とはどんな大学か。（在来の専大と現在及将来の専大）　289
九九　〔今村から簗田に宛てた一二月初めに風邪にかかったほかの近況報告〕（昭和二五年一月）一九　299
一〇〇　〔今村から簗田に宛てた尊名を間違っていたことに対する詫び状〕（昭和二五年一月）二〇　299
一〇一　〔今村から簗田に宛てた校友主催の宴会を欠席したことに対する詫びおよび校友への感謝の旨ほかの書簡〕（昭和二五年一月）二一　300
一〇二　〔今村から簗田・藤江に宛てた森口忠造君帰朝報告会への欠席に対する詫び状〕（昭和二五年一月）二二　301
一〇三　〔今村から簗田に宛てた五島家の御不幸に対して大学および個人での弔慰を願う旨の書簡〕（昭和二五年二月）二三　302
一〇四　〔今村から簗田に宛てた専門部法科三学生より依頼の原稿を送付の旨の書簡〕（昭和二五年二

月）二四　302
一〇五〔今村から簗田に宛てた今年は稀なる暖冬のため感冒も流行しなかった旨ほかの近況報告〕（昭和二五年二月）二五　303
一〇六〔今村から簗田に宛てた貴君の風邪に対する見舞いほかの近況報告〕（昭和二五年二月）二六　304
一〇七〔今村から簗田に宛てた大河内先生の問題、新入生の事に付善処したき旨ほかの書簡〕（昭和二五年二月）二七　305
一〇八〔今村から山田に宛てた読売新聞の専修大学に関する記事の感想ほかの書簡〕（昭和二五年二月）二八　305
一〇九〔今村から簗田に宛てた新入生の数は予想通り、電車通りの角の地所建物入手は大慶の旨ほかの書簡〕（昭和二五年三月）二九　306
一一〇〔今村から簗田に宛てた自治会委員長がイールズ博士の演説に反対のため司令部に意見書を出すとの用件で来訪の旨の葉書〕（昭和二五年六月）三〇　307
一一一〔今村から簗田に宛てた内山慶之進君博士論文提出の件ほか病状報告の旨の書簡〕（昭和二五年六月）三一　307
一一二〔今村から簗田に宛てた五島君と教授連の反目の件、寄附申込書草案の返送なき旨ほかの書簡〕（昭和二五年一二月）三三　308
一一三〔今村から簗田に宛てた部長問題および寄附申込書の落掌の旨ほかの書簡〕（昭和二五年一二月）三四　309
（参考資料）寄附申込書〔杉並区宅地〕（昭和二五年一二月）　310
（参考資料）今村力三郎総長邸建物見取図　311

一一四　〔今村から簗田に宛てた五島茂先生の居留は学校の浮沈に関する重大事項のため尽力願う旨の書簡〕（昭和二六年三月）三五　312
一一五　〔今村から簗田に宛てた大学院認可のため内部抗争の被害を最小限に止めるべく尽力願う旨の書簡〕（昭和二六年三月）三六　312
一一六　〔今村から簗田に宛てた五島茂先生の東京外国語大学移籍問題に付専修大学専任を願う電報発送の旨の書簡〕（昭和二六年三月）三七　313
一一七　〔今村から五島に宛てた専修大学教授留任を願う旨の書簡〕（昭和二六年三月）三八　314
一一八　〔専大夜間部昭和二六年卒業生有志および在校生有志から今村に宛てた大学改革に関する陳情書〕（昭和二七年四月）　315
〔参考資料〕　生田校舎の学生諸君にお話しする　318
一一九　専修大学附属労働学院入学式における式辞　〔草稿〕（昭和二七年四月）　326
一二〇　〔大学院設置ほか希望に付茂木委員長に宛てた簗田の答弁書〕（昭和二七年五月）　327
一二一　〔専修大学連合教授懇談会から今村に宛てた簗田勇退を願う陳情書〕（昭和二七年七月）　328
一二二　〔鈴木義男から簗田に宛てた今村の最高顧問就任を打診する旨の書簡〕（昭和二七年七月）　329
第５章　新聞・雑誌にみる今村力三郎……331
第１節　学内新聞・雑誌　331
一二三　長野県人会創立（大正一一年五月）　331
一二四　今村理事　金五百円を運動部に寄附（昭和六年一一月）　332
一二五　腐敗問答　魚と選挙　今村理事のシャレ気（昭和一〇年二月）　332

一二六　永年の功績に報ひ　今村理事に寿像贈呈（昭和一八年七月）　332
一二七　母校出身の初代総長　学園の刷新なる　今村力三郎先生を推戴（昭和二一年一一月）　334
一二八　総長就任の辞（昭和二一年一一月）　337
一二九　推戴式行はる（昭和二一年一一月）　337
一三〇　学園の再建へ　改革の五ヶ月（昭和二二年一一月）　338
一三一　宣伝せぬ学校と貧乏な学生（昭和二四年一〇月）　341
一三二　愛校精神に訴える（昭和二六年九月）　342
一三三　全権を迎う（昭和二六年九月）　343
第2節　全国紙　344
一三四　告専修学校々友諸君（明治二四年四月）　344
一三五　五味籠（明治四三年七月）　344
一三六　東京弁護士会（明治四五年五月）　344
一三七　大浦氏不起訴の理由（大正四年九月）　344
一三八　弁護士協会決議（大正四年一〇月）　345
一三九　弁護士会の大混乱（大正五年五月）　346
一四〇　今村氏を中心に花井、鵜沢、江木三博士が森戸氏の弁護　昨夜決定=星島氏等の若手も（大正九年一月）　347
一四一　成功謝金及地域限定に就て　上（大正一一年七月）　348
一四二　成功謝金及地域限定に就て　中（大正一一年七月）　350
一四三　成功謝金及地域限定に就て　下（大正一一年七月）　352

第6章　今村力三郎逝去につき追悼

第3節　専修大学新聞の今村力三郎追悼　409

第4節　今村先生の思い出話　421

凡例

1. 本巻は、『専修大学史資料集　第八巻　「反骨」の弁護士　今村力三郎』として、専修大学草創期の卒業生・今村力三郎の弁護士としての著作や戦後総長となってからの往復書簡、また生家である信州上飯田村蜂谷家文書など明治・大正・昭和にわたって活躍した今村力三郎に関する史料を収録した。
2. 史料は、章、節に編成し、史料間の関連に留意しつつ、同一章内では基本的に年代順に配列した。
3. 史料には通し番号を付し、表題が無いものについては〔　〕で補った。
4. 作成年代は、史料にしたがって表記し、史料に記載されていない場合で推定できるものは〈　〉で補った。
5. 出典は史料の末尾に（　）で示した。
6. 史料の収録にあたっては、体裁を尊重しつつも読解の便宜をはかるため、次のように扱った。

（文字の使用について）

・異体字および旧字体は原則的に常用漢字に改めた。ただし、一部、常用漢字表にない漢字を用いたものもある。
・変体仮名は原則として平仮名に、略字は本字に統一した。ただし、之（＝の）、者（＝は）、江（＝え）、而（＝て）、茂（＝も）、与（＝と）が助詞として用いられている場合および而已（＝のみ）はそのまま用いた。
・平仮名の合字は平仮名に、片仮名の合字は片仮名に直した。ただしゟ（＝より）、〆（＝しめ）は、そのまま用いた。
・繰り返し記号は、漢字は「々」、平仮名は「ゝ」、片仮名は「ヽ」に直した。ただし、「〱」はそのまま用いた。

（誤字などについて）

・正しい文字が明らかな場合は（　）、推定の場合は（〇ヵ）、推定できないものや意味不明の場合には（ママ）として、各史料の初出時のみ注記した。なお今村が常用していた当て字等はそのまま使用した。

（表記について）
・史料に掲載されているルビ・返り点・傍点・傍線は、原則として史料の通り表記したが、新聞記事については煩瑣となるために省略した。なお、判読を助けるため、適宜読点、並列点を付した。
・解読が不能な場合で字数があきらかな場合は□で示し、字数が不明なものは〔　〕で表記した。なお、虫損や欠損等のために文字が判読できないものは「（虫損）」等と注記した。
・平出はすべて一字空きとして扱った。
・史料の記載に応じて活字の大きさや行間を変更したものがある。
（補筆について）
・原史料に付してあった表紙、貼紙、別紙、欄外注記については（表紙）（貼紙）（別紙）（欄外）と注記し、「　」でくくった。
・必要と思われる情報については「※」を付けて補った。
（その他）
・第4章の一部の人名については、個人情報保護の観点から「〇」によって表記した。
7．史料のなかには、差別用語などの不適切な表現が用いられている場合がある。もとより不当な差別を容認するものではなく、差別を根絶する立場から、史実として正確に認識する意味でそのまま掲載した。

第1章　信濃国下伊那郡上飯田村・蜂谷家文書

一　上飯田村新井筋引方帳写（寛文一二年三月）

（表題）
「寛文十二年子三月日　上飯田村新井筋引方帳写　庄屋
十蔵写置、自今以後余仁江相渡ス帳ニ而ハ無之候」

上飯田村井筋引方

こんと
下畑　壱畝拾分　清八
〃
下畑　廿四分　惣九郎
家ノうら
上畑　壱畝六分　左平次
こんぞかいと
上畑　廿四分　惣九郎
〃
上畑　壱畝分　三十郎
〃
上畑　一畝四分　左平次
〃
山田　拾六分　彦平
〃
山田　六分　田町　庄太夫
〃
中畑　三分　田町　文十郎
平くり
下畑　壱畝拾分　彦平
〃
下畑　弐畝廿分　同人
つゝミ
山田　壱畝拾分　兵二郎
つゝミ
山田　弐畝拾八分　白山寺分　兵二郎

〃
山田　壱畝廿分　同人
〃
山田　四畝分　同人
駒沢
下田　弐畝廿分　二郎作
〃
下畑　廿四分　与兵衛
〃
中田　廿八分　同人
〃
上田　弐畝廿四分　同人
〃
上畑弐畝拾弐分　同人
こうやかいと　小作分
上畑　八分　作蔵
〃
上畑　壱畝拾六分　小作
〃　小作分
下田　壱畝分　作蔵
〃
下田　廿四分　半兵衛

〃
下畑　六分　同人
〃　松尾町
下畑　拾六分　弥三右衛門
三ツミとう　大子二丁
下畑　廿弐分　長兵衛
〃
下畑　拾六分　喜三郎
〃
下畑　拾六分　源太夫
〃
下畑　廿分　同人
〃
下畑　壱畝六分　喜三郎
しやく　松尾町
下田　六分　又兵衛
〃　本町
下田　壱畝廿八分　伊兵衛
〃
下畑　拾弐分　喜左衛門
〃　本町
下畑　廿分　曽右衛門

〃
中畑　拾弐分　　　　　　　　　　　　ちく町
　　　　　　　　　　　　　　　　　　次兵衛
〃
中畑　拾六分　　　　　　　　　　　　同人
〃
中畑　十二分　　　　　　　　　　　　同人
しやく　　　　　　　　　　　　　　　本町
下畑　拾八分　　　　　　　　　　　　曽右衛門
〃
下田　拾分　　　　　　　　　　　　　源大夫
ふく島
下畑　壱畝分　　　　　　　　　　　　権助
〆四反四畝廿三分
　　内
一、上田　弐畝廿四分
　分米　四斗弐升
　取　三斗一升五合
中田　廿八分
　分米　壱斗三升壱合
　取　八升五合
下田　五畝分
　分米　六斗五升
　取　三斗五升七合
上田　壱反拾分
　分米　壱石弐斗四升
　取　五斗五升八合
上畑　八畝拾分
　分米　壱石八斗三合
　取　五斗九升六合
中畑　壱畝拾三分
　分米　壱斗七升弐合
　取　七升七合
下畑　壱反五畝廿八分
　分米　壱石七斗五升三合
　取　六斗一升四合
　取米〆　六俵弐斗弐合
右ハ新井引ヶ方
寛文拾弐年子三月日
　　　　　　　　　　　西村半四郎　印
上飯田村　理右衛門　殿
（「蜂谷家文書」Ｉ－１　専修大学所蔵）

二〔大坂大番衆交替に付、中山道通過の際、助郷割付廻状写〕（享保一三年七月）

以飛脚一筆致啓上候、然ハ一昨日申遣候通、大坂大御番衆様、此節御上下御通被遊候御帳面、昨日御上下共ニ通申候

一、御登り御番衆様人馬割賦之訳

御登り

酒井紀伊守様

七月廿七日上松宿御泊りニ而、同廿八日四ケ宿御通被遊候、同御組御番衆様今廿九日・八月朔日、米津出羽守様御組御番衆様八月二日・同三日、出羽守様八月四日御通被遊候、其村々人馬御差出候義、弥当月廿七日野尻宿・妻籠宿江着候、廿八日ゟ来ル八月四日迄、御勤可被成候、

一昨日申遣候通

酒井紀伊守様

米津出羽守様

御通り之日ハ、人足高百石ニ付四人半、馬高百石ニ付壱疋半、御組御番衆様御通り之内者、人足高百石ニ付三人、馬高百石ニ付七分

右之割合仕候間、左様御心得可被成候

一、御下り御番衆様人馬割賦之訳

御下り

山口伊豆守様

八月十一日中津川御泊りニ而、八月十二日四ケ宿御通被遊候、御組御番衆様十三日・十四日

小堀備中守様

御組御番衆様

十五日・十六日

備中守様十七日御通り被遊候

山口伊豆守様

小堀備中守様

御通り日ハ、人足高百石ニ付四人半、馬高百石ニ付壱疋半

御組御番衆様

御通之日ハ、人足高百石ニ付三人、馬高百石ニ付七歩、

右之割合ニ仕候、八月十一日ニ其村々ゟ馬籠宿・三留野宿両宿江人馬御差出シ、八月十二日ゟ十七日迄御勤可被成候

右之通御登り・御下り御番衆様御通りニ付、人馬申進候、無間違御差出シ、御勤可被成候、尤証人御差副可被遣候、恐惶謹言

七月廿五日

野尻宿問屋

山本村
竹佐村
久米村
中村
三日市場村
下殿岡村
上殿岡村

同断　森徳左衛門
木戸喜介
三留野宿問屋　勝野平二右衛門
同断　鮎沢弥左衛門
妻籠問屋　島崎市右衛門
同断　林六郎左衛門
馬籠宿問屋　島崎吉左衛門
同断　原三右衛門

大瀬木村
北方村
上飯田村
名子熊村
山村
駄科村
桐林村
上川路村
下川路村
下瀬村
立石村
栗矢村
大鹿倉村
備中原村
川内村
向関村
中関村
上中関村
駒場村
大野
昼神村
右村々

御名主衆中
　御百姓衆中
尚々此廻状、村付之下ニ印判被成可被遣候、御他行之御方御座ハヽ、御代判ニ而可被遣候、此飛脚他郷へ遣申候間、夜ニ入申候ハヽ、村次御人御添へ可被下候、以上
（「蜂谷家文書」Ⅰ－2　専修大学所蔵）

三　〔二条大番衆交替、江戸下向に付、中山道四宿助郷割付廻状写〕

以飛脚一筆致啓上候、然者今度
二条御番衆様幷御組中様、此筋御下被遊候、今十七日ゟ
同廿二日迄、爰元御通被遊候、就夫人馬割符致候
一、人足高百石ニ付四人半
一、馬　高百石ニ付壱疋半掛り
人足〆六百七拾人
馬　〆弐百廿疋
右之割
人足三百三拾五人
馬　百拾疋
〆
三留野宿江
右者今廿六日之晩三留野宿江参着、十七日・廿二日両日（十カ）
御番頭様御通被成候節、御勤可被成候

人足三百三拾五人
馬　百拾疋
馬籠宿江
右同断
一、人足百石ニ付三人掛
一、馬　百石ニ付七分掛
人足〆四百四十四人
馬　〆百四疋
右之割
人足弐百弐拾弐人
馬　五拾弐疋
三留野宿江
右者今十七日晩三留野宿江参着、十八日ゟ廿一日迄御勤可被成候
人足弐百弐拾弐人
馬　五拾弐疋
馬籠宿江
右者今十七日晩馬籠宿江参着、十八日ゟ廿一日迄御勤可被成候
右之通人馬割合、今十七日ニ弐ヶ宿江参着、日数六日之内相勤候様ニ御申付、無相違御差出可被成候、申迄ハ無御座候得共、本荷物之馬御出可被成候、尤人馬共ニ証人

御差添御出可被成候、御先触参候間、無御油断人馬早々
可被遣候、以上
四月十三日
野尻問屋
森徳左衛門
同
木戸喜介
年寄
三留野問屋
勝野善右衛門
同
鮎沢弥左衛門
年寄
妻籠問屋
島崎市右衛門
同
林六郎左衛門
年寄
馬籠問屋
島崎吉左衛門
同
原三右衛門
年寄
助郷村々
御名主衆中
御百姓衆中
尚々、此廻状村付之下ニ、御名主衆御印判被成可被遣候、
御他行之御方茂御座候者、御代判ニ而も可被遣候、御先
触急ニ参候故、廻状二通申遣候、以上
（「蜂谷家文書」Ⅰ－３　専修大学所蔵）

四　〔二条大番衆交替、上京に付、中山道四宿助郷割付廻状写〕

以飛脚一筆致啓上候、然者今度二条大御番衆様幷御組中
様、此筋御登被遊候由只今申来候、今月六日ゟ十一日迄、
爰元御通被遊候、就夫、人馬割符致候
一、人足者高百石ニ付四人半掛
一、馬ハ　高百石ニ付壱疋半掛
右、人足〆六百七拾人
馬〆　弐百弐拾疋
此割
人足三百三拾五人
馬　百拾疋
野尻宿江

右者今五日之晩野尻宿江参着、六日・十一日両日、御
番頭様御通被成候節、御勤可被成候
人足三百三拾五人
馬　百拾疋
妻籠宿江
右同断
一、人足者百石ニ付三人掛り
一、馬ハ　百疋ニ付七分掛り
右、人足〆四百四拾四人
馬〆　百四疋
此割
人足弐百弐拾弐人
馬　五拾弐疋
野尻宿江
右者今六日之晩野尻宿江参着、七日ゟ十日迄御勤可被成
候
人足弐百弐拾弐人
馬　五拾弐疋
妻籠宿
右同断
右之通人馬割合、今五日ニ弐ヶ宿江参着、日数六日之内
相勤候様ニ御申付、無相違御差出可被成候、申迄は無御
座候得共、本荷物之馬御出可被成候、尤人馬共証人御差
副御出可被成候、御先触急ニ参候間、無御油断早々可被
遣候、恐惶謹言
四月朔日
野尻宿問屋
森徳左衛門　判
同断
木戸喜介　判
年寄共
三留野宿問屋
勝野善右衛門　判
同断
鮎沢弥左衛門　判
年寄共
妻籠宿問屋
島崎市右衛門　判
同断
林六郎左衛門　判
年寄共
馬籠宿問屋
島崎吉左衛門　判
同断

原三右衛門　判
年寄共

山本村
竹左村
久米村
中村
三日一(ママ)場村
下殿岡村
上殿岡村
大瀬木村
北方村
上飯田村
山村
名子熊村
駄科村
桐林村

右村々
御名主衆中
御百姓衆中

尚々、此廻状村付之下ニ、御名主印判被成可被遣候、御他行之御方々御座候ハヽ(ニカ)、御代判ニ而も可被遣候、此度御触急ニ参候故、廻状一通ニ（以下欠）

（「蜂谷家文書」Ⅰ－4　専修大学所蔵）

五　上飯田村永流引帳（享保一四年九月）

（表題）
「享保十四年己酉九月　上飯田村永流引帳　此帳紙、十蔵自分入用ニ而写置、自今以後、余人ヘ相渡ス帳ニ而ハ無之候　延宝ゟ寛保二戌迄、廿八冊之内、分失無用」

上飯田村永流

箕瀬羽場
一、上田　四畝九分　治左衛門
同所
一、上畑　壱畝分　長蔵
同所
一、上畑　廿四分　柏心寺
三ツ御堂
一、上畑　壱畝六分　半兵衛
しやく
一、新田原畑　廿壱分　喜三郎
同所
一、新田原畑　四畝分　吉左衛門

上しやく
一、下田　七畝十五分　小兵衛
同所
一、中田　廿七分　同人
同所
一、中田　壱畝三分　儀助
同所
一、下田　八畝拾分　同人
同やけ田　知久町
一、上田　三畝廿分　弥兵衛
同所
一、中田　七畝分　同人
同所
一、下田　六畝分　同人
田畑合四反六畝拾五分
内
一、上田　七畝廿九分　十五代
分米　壱石壱斗一升五合
取米　弐俵三升六合弐勺五才　七ツ五分
一、中田　九畝分　十四代
六ツ五分
分米　壱石弐斗六升
取米　弐俵壱升九合
一、下田　弐反壱畝廿五分　十三代
分米　弐石八斗三升八合三勺
取米　三俵三斗六升壱合六才　五ツ五分
一、上畑　三畝分　十三代
分米　三斗九升
取米　弐斗壱升四合五勺　五ツ五分
一、新田原畑　四畝廿壱分　斗代
分米　四斗七升
取米　五升六合四勺　一ツ弐分
分米〆六石七升三合三勺
取米〆八俵弐斗八升七合弐勺壱才
内　弐斗三升壱合五勺八才　免相引
壱俵ニ付、弐升七合懸り
但、本田分斗、新田ニハ免相無之
残而、八俵五升五合六勺三才
出来分永流

大久保
一、下田　五分　長蔵
同所
一、下田　弐畝分　同人
谷川　番匠町
一、下田　六分　次郎左衛門

畝数〆弐畝拾壱分　十三代
八ツ

分米　三斗七合六勺
取米　弐斗四升六合壱勺

右之通、永流引遣ス者也

享保十四年酉九月

杉本八郎兵衛印
黒須卯太右衛門印
東原三右衛門印
阿久沢四郎兵衛印

上飯田村へ

（「蜂谷家文書」Ｉ－５　専修大学所蔵）

六　上飯田村新田畑検地帳（享保一五年三月）

（表題）
「享保十五年戌三月　上飯田村新田畑検地帳　此帳紙、十蔵自分入用ニ而写置、自今以後、余人江相渡ス帳ニ而ハ無之候、延宝ゟ寛保二戌迄之間、廿八冊之内」

上飯田村新田

谷川戌起
一、河原田　壱畝廿壱分　七三郎
同所未起
一、河原田　壱畝三分　同人
加賀沢申起　伝馬町
一、河原田　弐畝九分　庄次郎
同所未起　馬場組
一、河原田　弐畝分　与太夫
上橋場戌起　知久町
一、河原田　拾八分　喜三郎
同所酉起　大横町
一、河原田　拾五分　伝四郎
同所戌起　知久町

一、河原田　六分　喜三郎
同所戌起
一、河原田　拾二分　同人
同所戌起
一、河原田　壱畝九分　同人
同所戌起
一、河原田　弐畝三分　知久町　忠七
同所戌起
一、河原田　拾弐分　同人
木積場酉起
一、河原田　三畝拾五分　平左衛門
同所戌起
一、河原田　壱畝九分　同人
同所酉起
一、河原田　壱畝廿四分　同人
同所酉起
一、河原田　壱畝九分　同人
同所未起
一、河原田　壱畝廿四分　同人
同所戌起
一、河原田　廿壱分　同人
同所戌起
一、河原田　拾八分　半三郎
同所戌起
一、河原田　壱畝分　同人
同所戌起
一、河原田　拾八分　権左衛門
同所戌起
一、河原田　九分　同人
同所酉起
一、河原田　弐畝廿壱分　本町　市右衛門
同所未起
一、河原田　壱畝九分　大横町　弥蔵
宿酉起
一、下田　六分　甚助
同所酉起
一、下田　弐畝分　知久町　庄兵衛
同所戌起
一、下田　拾八分　田町　甚五郎
同所酉起
一、下田　弐畝廿七分　大横町　源左衛門
おし洞未起
一、山田　拾弐分　同町　与五七
神木未起

一、下田　拾弐分　権四郎
切通未起
一、河原田　弐畝拾弐分　源十郎
同所未起
一、河原田　九分　甚右衛門
河原西起
一、河原田　廿四分　七左衛門
畝数〆三反九畝拾五分
内
一、下田　六畝三分
分米　七斗九升三合　壱石三斗代
取米　三斗九升六合五勺　五ツ
一、山田 河原田　三反三畝拾弐分
分米　四石八合　壱石弐斗代
取米　四俵三合弐勺　四ツ
分米〆四石八斗壱合
取米〆四俵三斗九升九合七勺
上飯田村新田畑方
上橋場戌起　知久町
一、河原畑　廿七分　喜三郎

同所戌起
一、河原畑　壱畝分　同人
同所戌起
一、河原畑　壱畝分　同人
同所未起
一、河原畑　六分　庄右衛門
同所未起
一、河原畑　弐畝廿壱分　平左衛門
同所未起
一、河原畑　弐畝三分　同人
同所未起　知久町
一、河原畑　壱畝分　忠七
同所未起　本町
一、河原畑　弐畝廿壱分　市右衛門
同所未起
一、河原畑　壱畝拾五分　同人
同所未起
一、河原畑　壱畝廿壱分　同人
同所未起
一、河原畑　弐畝三分　同人
端之未起
一、下畑　壱畝拾八分　次左衛門

河原未起　大横町
一、河原畑　拾八分　弥蔵
同所未起
一、河原畑　壱畝分　同人
同所未起
一、河原畑　廿壱分　五郎右衛門
同所酉起　本町
一、河原畑　拾弐分　市右衛門
同所酉起
一、河原畑　弐畝三分　同人
同所未起
一、河原畑　壱畝拾五分　同人
同所酉起　田町
一、河原畑　廿壱分　清助
木積場酉起
一、河原畑　壱畝分　平左衛門
下宿未起　知久町
一、上畑　壱畝廿四分　弥兵衛
同所未起
一、上畑　弐畝拾八分　同人
下宿未起　知久町
一、中畑　五畝六分　弥兵衛

同所未起
一、中畑　五畝六分　同人
同所未起
一、上畑　三畝分　同人
ひやけ田未起
一、上畑　弐畝拾弐分　小兵衛
同所未起
一、中畑　弐畝九分　同人
同所未起
一、中畑　廿四分　同人
同所未起
一、上畑　三畝六分　儀助
同所未起
一、中畑　弐畝廿四分　同人
同所未起
一、上畑　壱畝三分　同人
同所未起
一、原畑　拾□（虫損）分　同人
今宮前酉起
一、原畑　壱畝廿七分　吉右衛門
同所酉起
一、原畑　九分　同人

同所未起　　田町
一、原畑　拾弐分　　儀右衛門
同所未起
一、原畑　拾八分　　同人
同所未起　　ミのせ
一、原畑　拾八分　　六兵衛
同所未起
一、原畑　弐畝分　　柏心寺
同所未起　　田町
一、原畑　壱畝拾八分　　六之丞
同所未起　　松尾町
一、原畑　拾八分　　清次郎
同所酉起
一、原畑　拾弐分　　同人
同所未起
一、原畑　六分　　新太郎
同所酉起
一、原畑　壱畝三分　　同人
同所酉起　　伝馬町
一、原畑　廿四分　　仁右衛門
野底下橋場未起　　桜町
一、河原畑　拾五分　　庄左衛門

今宮前酉起　　大横町
一、原畑　弐畝分　　幸右衛門
同所酉起　　伝馬町
一、原畑　七畝三分　　仁右衛門
同所戌起
一、原畑　九分　　甚助
同所酉起
一、原畑　拾弐分　　同人
同所戌起
一、原畑　廿壱分　　半之丞
同所酉起
一、原畑　廿壱分　　儀助
同所酉起
一、原畑　拾五分　　甚助
同所酉起
一、原畑　廿七分　　同人
同所酉起
一、原畑　拾八分　　長蔵
同所酉起　　田町
一、原畑　六分　　甚五郎
同所未起
一、原畑　拾八分　　平之丞

同所酉起
一、原畑　壱畝六分　喜三郎
同所酉起
一、原畑　壱畝三分　源五右衛門
おし洞未起
一、原畑　廿四分　弥蔵
同所未起
一、原畑　三畝拾五分　同人
同所未起
一、原畑　壱畝拾弐分　同人
ゆみや未起　家之筋かこいの内藪跡
一、下畑　十弐分　十蔵
屋敷未起
一、本田上畑　壱畝九分　彦三郎
池田未起
一、原畑　九分　惣七
平沢未起
一、原畑　九分　清六
同所未起
一、原畑　九分　文右衛門
との島未起
一、原畑　廿四分　嘉七

洞返未起
一、河原畑　九分　作介
同所未起
一、河原畑　廿四分　兵介
河原酉起
一、河原畑　壱畝拾弐分　七左衛門
つとい原未起　ミのせ町
一、原畑　壱畝拾五分　平右衛門
屋敷未起
一、本田上畑　弐畝六分　庄兵衛
いほの酉起
一、河原畑　壱畝分　兵介
同所酉起
一、河原畑　壱畝分　庄九郎
同所酉起
一、河原畑　廿七分　久右衛門
同所酉起
一、河原畑　拾八分　平十郎
同所酉起
一、河原畑　壱畝廿壱分　久兵衛
同所酉起
一、河原畑　廿壱分　久右衛門

川向西起
一、河原畑　壱畝拾五分　知久町 八兵衛
同所西起
一、川原畑　三分　同人
〆
畝数〆壱町七畝拾弐分
内
一、本田上畑　三畝拾五分
分米　四斗四升五合　十三代
取米　弐斗五升弐勺五才　五ツ五分
一、上畑　壱反四畝三分
分米　壱石八斗三升三合　十三代
取米　弐俵壱斗一升六合五勺　五ツ
一、中畑　壱反六畝九分
分米　壱石九斗五升六合　十二代
取米　壱俵三斗八升弐合四勺　四ツ
一、下畑　弐畝分
分米　弐斗弐升　十一代
取米　六升六合　三ツ
一、川原畑　七反壱畝拾五分
分米　七石壱斗五升　斗代
取米　弐俵五升八合　一ツ弐分

分米〆拾壱石六斗一升四合
取米　七俵七升三合壱勺五才
享保十五年戌三月
黒須卯太右衛門印
東原三右衛門印
阿久沢四郎兵衛印
上飯田村へ
（「蜂谷家文書」Ⅰ－6　専修大学所蔵）

七　上飯田村当流引帳（元文二年九月）

（表題）
「元文二年巳九月　上飯田村当流引帳」
上飯田村当引
藤門平
一、下畑　弐畝拾弐歩　茂右衛門
同所
一、同　壱畝十八歩　同人
同所道下　番匠町
一、中畑　壱畝歩　市大夫

同所
一、同　　壱畝十八歩　　同人
同所　　ちく町
一、上畑　拾弐歩　　半三郎
上川原亥新田
一、川原田　弐畝歩　　源十郎
畝数〆九畝歩
内
一、川原田　弐畝歩
取米　壱斗八合　　十二代
四ツ五分
一、上畑　拾弐歩
取米　弐升八合六勺　　十三代
五ツ五分
一、中畑　弐畝拾八歩
取米　壱斗四升四合　　十二代
四ツ五分
一、下畑　四畝歩
取米　壱斗五升四合　　十一代
三ツ五分
取米〆壱俵三升壱合
外壱升六合弐勺　　新田懸米引

米〆壱俵四升七合弐勺
右之通、当流引遣ス者也
元文二年巳九月
小川八百治㊞
吉本庄兵衛㊞
市瀬小左衛門㊞
東原三右衛門㊞
上飯田村へ
（「蜂谷家文書」Ⅰ－7　専修大学所蔵）

八　江戸路用金請払目録帳（元文五年正月）

（表題）
「元文五年申正月朔日ゟ江戸路用金請払目録帳」

村ゟ金請所取
一、拾五両　　未十二月廿九日受取
一、六両　　二月十七日飯田ゟ受取
一、九両弐分　　三月十六日飯田ゟ受取
一、八両　　四月十八日飯田ゟ受取

一、五両　　四月廿四日須藤儀左衛門様ゟ借り
一、四両壱分、壱〆弐百九拾四文
右ハ吉左衛門ゟ差引ニ而かり
但シ二月十七日ゟ吉左衛門入用も、村ゟ遣せ候様被
仰付候ニ付、如此
〆　右ノ内、壱分ハ諏方ニ而通り節かり
六口〆　四拾七両三分、壱〆弐百九拾四文
内
払方
正月朔日ゟ江戸下り駄賃
一、六貫六百五拾壱文　　軽尻三疋駄賃
但シ、金ニシテ
一、弐両壱分、百九拾文　両かへ
分ニ七百□（虫損）文
正月朔日ゟ七日ふり江戸着
一、弐貫五百拾文　　道中宿払
上下五人前
但シ、金シテ
一、三分三百五拾□（虫損）文
二月六日
一、五両　　宿　加兵衛へ　払
二月七日
一、四両　　同　加兵衛へ　払
三月十七日
一、五両　　同　加兵衛へ　払
四月十二日　加賀町
一、三分三百四拾文　　文蔵　払
但シ、十蔵外宿□□（虫損）
三月十八日ゟ四月十二日迄
日数廿二日、一日ニ付、百拾六文宛
四月廿四日
一、五両弐百文　　宿　加兵衛へ　払
一、三〆七拾七文　　七助へ　切米払
右ハ、金ニシテ
一、壱両弐百拾六文
但シ、正月朔日ゟ三月三日迄
□（虫損）数六十二日也、三拾日、壱〆弐百文定
二月廿八日飯田迄路用六百文共
一、弐分、三百四拾弐文　七助へ
右ハ後江戸告（ママ）、日数四十六日
三月十一日ゟ四月廿七日迄
但シ、壱日三拾八文、四分宛
一、三拾八文払不足　　七助へ
一、七拾八文　後告（ママ）ノ時、道中川越賃

〆
二口〆　百弐拾文
　内
百文　二月廿七日ニかしニ引、残而廿文
四月廿四日、村田五郎兵衛様御差図ニ而
一、壱両　　宿　加兵衛へ
　右ハ出立礼金
同日　　加兵衛
一、弐分　　内儀
　右ハ同断
四月廿一日
一、弐分　　伴へ
　右ハ加兵衛取次ニ而遣ス
一、壱両三分、壱〆六百文　平四郎　遣い
一、壱両三分、壱〆弐百八十文　善二郎　遣い
一、壱両弐分、壱〆百四拾□(虫損)文
一、弐百文　江戸ゟ返りノ時、かし　吉左衛門　遣い
二口〆
四月廿四日ゟ五月朔日迄、上州通
一、五百九拾文　同人
　右ハ江戸ゟ返り時、軽尻駄賃
〔　〕(虫損)両三分、弐〆□(虫損)百文　十蔵小遣い
四月廿一日
一、三両　善□□(虫損)渡ス
　飯田へ帰り之路金也　平四郎・善太・七助□(虫損)
四月二重四日
一、三百三拾文　祐助様へ
　右ハ肴代
四月廿四日ゟ五月朔日迄、上州通
一、三〆六百六拾壱文　十蔵・吉左衛門
　右ハ江戸ゟ返りノ時、宿払
四月廿四日五月朔日迄、上州通
一、弐〆弐百五拾五文　駄賃
　右ハ十蔵、軽尻壱疋代、江戸ゟ返り時
三月四日
一、壱分　宿之下男・下女
　右ハ三人へ為酒手くれ物
三月廿八日　芝伝左衛門丁
一、壱分　増木白庵老
　右ハ十蔵煩候ニ付、薬代、三月廿日頃ゟ病気
一、壱〆四百三拾八文
　但シ、合羽三枚、継之合羽壱枚

酒代共ニ吉右衛門取替ニ付、四月廿一日、吉右衛門
へ銭払
一、壱〆壱文　仲間遣
但シ、万端小遣帳ニ有
一、四両　春、江戸遣余り
　七月遣ニ入、七月帳ニ有
〆四拾四両、弐百九拾弐文
差引　弐分、弐百九拾弐文　払込
（「蜂谷家文書」Ⅰ－8　専修大学所蔵）

九　江戸出府御用請払目録（元文五年閏七月）

（表題）
「元文五年申閏七月廿六日　江戸出府御用請払目録」
七月十九日
一、弐拾両　御代官様ゟ借用
一、四両　春、江戸遣余り
一、拾六両三分、三百文　村ゟ受取
一、八両　十一月三日　江戸ニ而七左衛門ゟ受取
〆四拾八両三分、三百文
内
七月十九日
一、拾両　与右衛門殿渡ス
一、三分　善次郎殿渡ス
右ハ諏訪参時
一、壱両弐分　ちく町
　善右衛門殿
右ハ御見使時入用
一、弐両三分、百三拾壱文払
右ハ道中宿払、小使、駄賃弐返分、軽尻代払
八月ゟ十一月□□（虫損）日迄
一、弐両壱分、四百四拾文　七蔵小遣
八月七日
一、六両　忠右衛門殿渡ス
右ハ江戸ニ而
九月十三日
一、三両　宿払
九月十七日
一、壱両、百五拾壱文　払
右ハ遣物入用代
九月廿日
一、弐両　宿払
十一月朔日

一、壱両弐分、四百八拾弐文　　宿払
十二月晦日
一、三両弐分　　　　　　平之丞殿払
　右ハ諍用あまり
十一月朔日同廿七日迄
一、弐両壱分、七百八文　払
　右ハ伝馬御訴訟入用ニ、宿払共ニ
八月四日
一、五両　　　　　　　須藤儀左衛門様払
　右ハ借用金
十一月十五日
一、壱両弐分　　　　　善次郎殿
　右ハ道中金
一、壱両壱分、三百文　吉右衛門殿小遣渡ス
一、壱両壱分、三百文　善次郎殿小遣渡ス
一、弐分、三拾八文　　御評定日入用
　　　　　　　　　　　人足頼代
　　　　　　　　　　委細入用帳ニ有
十一月廿七日
一、弐分、三百文　　　十蔵、江戸ゟ返り時駄賃
　　　　　　　　　　道中使共
一、壱両壱分、弐百八拾三文　払かへ

〆　四拾八両三分、三百文　払切
　　（「蜂谷家文書」Ⅰ－9　専修大学所蔵）

一〇　上飯田村出来分永引帳（寛保三年八月）

（表題）
「寛保三年亥八月　上飯田村出来分永引帳　此帳ハ十蔵
自分ニ写置、重而余人渡ス帳ニ而ハ無之候」

箕瀬西かわ　　　　　松右衛門分
一、屋鋪　拾五歩　　　平左衛門
　　廻状屋敷
同所　　　　　　　　沢衛門分
一、上畑壱畝拾五歩　　平之丞
　　御蔵屋敷
　　畝数〆弐畝歩　　　　　　　十三代
　　取米　壱斗九升五合　　　七ツ五分
右之通、上飯田村御蔵屋敷引遣者也
　寛保三亥八月
　　　　　　　　　　小森弥二左衛門
　　　　　　　　　　市瀬小左衛門

東原三右衛門
大沢十兵衛

（「蜂谷家文書」Ⅰ－10　専修大学所蔵）

一一　上飯田村永引幷ニ出来分永引（延享三年八月）

（表題）
「延享三年寅八月　上飯田村永引幷ニ出来分永引」

桜町上木戸脇
一、本田上畑壱畝分　　桜町　久左衛門
但道代　○取七升壱合五勺
松川橋手前
一、午新田川原畑九分　　ちく町　喜三郎
但道代　取三合六勺
同所同断
一、亥新田川原壱畝六分　　同人
但道代　取五升七合六勺
畝枚　〆　弐畝拾五分
内
一、本田上畑壱畝分　　十三　五ツ五分
一、
分米壱斗三升　取米七升壱合五勺
一、午新田川原畑九分　　大豆代　一ツ弐分
分米三升　取米三合六勺
一、亥新田川原田壱畝六分
分米壱斗四升四合
取米五升七合六勺

同村出来分永引
あたご坂下道代
一、子新田下田三分　　ちく丁　兵次郎
同所道代
一、子新田下田十弐分　　同人
畝数　〆　拾五分
分米六升五合
取米五升弐合
右之通引遣ス者也
延享三年寅八月　　東原三右衛門印
市瀬小左衛門印

小森弥次左衛門印
飛宗八印
上飯田村へ
（「蜂谷家文書」Ⅲ－8　専修大学所蔵）

一二　上飯田村出来分新田畑検地帳（寛延四年三月）

（表題）
「寛延四年未三月　上飯田村出来分新田畑検地帳」
出来分検地新田
一、川原田　六畝廿四分　松尾丁
九郎右衛門
分米　八斗一升六合　壱石弐斗代
取米四斗四升八合八勺　五ツ五分
右之通、可相納者也
寛延四年未三月
東原隼太
松本所左衛門
黒須楠右衛門
東原三右衛門
享保四亥検地
享保十五戌同断
元文三年同断
延享元子同断
寛延四未同断
〆五度検地
取米〆
一、八拾九俵壱斗弐升六合弐勺
右ハ出来分新田
一、弐百弐拾壱俵弐斗四升六合
右ハ出来分本田
一、三俵六升五合
右ハ出来分新田
内
一、壱俵壱斗九升壱合三勺引
右ハ永引
一、三斗八升五勺引方
（「蜂谷家文書」Ⅰ－11　専修大学所蔵）

一三　覚書〔東野仲山道百姓出入に付〕（宝暦六年七月）

覚書
宝暦六年、東野仲山道百姓出入
子

七月五日　百姓数五十七人
太右衛門　　小左衛門
助右衛門　　平十郎
甚八　　　　七右衛門
次郎八　　　利兵衛
平六　　　　七蔵
〆　十人
村支配、別々ニ仕度由ニ願候、当春ゟ新右衛門殿へ罷出候得共、忠蔵快気ニ付参候由申候
我等挨拶ニ、畠前ハ延引可然と申返シ候
同日夕方
甚八　助右衛門　七郎右衛門
〆　三人参
右ハ願之義、兎角組頭只今壱人ニ候得共、弐人致度由、皆々相談之由申ニ付、何れ共、我等方ゟ重而沙汰可致候、それ迄差扣候様ニ申返シ候
一、七月六日、善二郎・吉右衛門、右ハ、両人ハ土地中通東野ニ付、願之義、羽場土地之長百姓衆与右衛門殿・新太郎殿咄、八日ニ可致筈、与右衛門殿・新太郎殿両人衆病気、平左衛門・藤二郎・弥源次・次右衛門〆四人、拙宅へより合、我等ゟ東野中筋願之品咄候
右四人衆、羽場通小百姓咄、其上挨拶可申候由ニ而被罷帰候
一、七月九日、羽場通長百姓・五人組壱人宛、観音堂へより合申由ニ而、夕方平左衛門・藤二郎・弥源〆三人参、今日相談いたし候得共、出来不致ニ付、盆後迄延引之筈
一、七月十日、右之趣、中仙道東野ニ而、太右衛門・七蔵・七右衛門〆三人、十日ニよび申渡シ、延引いたし候
一、七月十七日之朝、仲仙道東野ゟ小百姓二十人余、右願催促ニ参候
一、七月十八日、羽場通長百姓・小百姓、観音堂へより合候得共、いまた埒明不申由申候
我等申候ハ、又々急ニ相談可致由申返シ候
一、七月十九日、丸山東野小百百《(ママ)》為催促、廿二三人参ル、長百姓吉右衛門も同様ニ参ル
一、七月十九日・同廿日、羽場小百姓より合有之由、一同廿日ニもより合有之由
一、七月廿一日、東野仲仙道ニ而、廿二人参、願催促致候
一、七月廿一日、長百姓平左衛門・弥源次・次右衛門〆三人、拙宅へ参り、羽場通惣百姓同様ニ丸山・東野願之義不罷成、不得其意候、先例之通ニ可差置候由届度候

一、七月廿一日夜、甚八・七蔵よび申聞候ハ、東野・丸山願、羽場通不得心、羽場ゟ断返益(ママ)候由、申聞候
一、七月廿二日、東野中仙道ゟ十五人参、是非私共願相立候様ニと申候ニ付、我等挨拶ニ、前度御代官所ゟ御取上無之、御下ケ候得ハ、其分相止尤之由申渡候得共、不得心ニ而是非ニと申ニ付、我等も分別可致と申返候
一、七月廿五日、長百姓ノ内、吉右衛門共ニ、小百姓〆十一人参、組頭之願いたし候
一、七月廿六日、与右衛門・藤二郎・弥源次・次右衛門〆四人参、平左衛門・新太郎ハ除入有之由、不参、自分ゟ申聞候趣、東野・丸山ゟ願之筋、止事を不得願候、兎角組頭立、弐人致候ハヽ、済シ度内ニ候由申候得ハ、相談可致由ニ而返り候
一、七月廿七日夕方、平左衛門・藤二郎・弥源次〆三人参、申候趣、東野中仙道願筋、長百姓相談いたし候所、羽場ノ小百姓申聞候ニ不及、組頭立義、不罷成候由申候、只今迄之通、壱人ニ而差置可申由届帰り候
一、七月廿八日、吉右衛門・七蔵・甚八・七右衛門・太右衛門・長左衛門・利兵衛〆七人参、是非願申候ニ付、我等挨拶、兎角相止候様ニ申候得共、願申候ニ付、然ハ重て願之趣、帳面ニ印持参候様ニと申渡候
一、七月廿九日、七右衛門・小左衛門両人参、私共仲間相談之趣、兎角組頭弐人ニ被成被下候様ニ願候趣申候
一、八月二日夕方、御手代衆御代官所へ我等壱人参、中仙道東野惣百姓願之趣、前度御吟味之様子窺候、土地切にして組頭立候義罷成様子申渡候、御代官様ゟ被仰候ハ、長百姓仕立、一両年相勤、其上之義ハ格別之由ニ而、組頭願ハ不相立候、我等申上候ハ、然ハ長百姓立候様ニ申渡シ可仕候由申上、罷帰り候
一、八月三日、観音堂へ与右衛門・善二郎・藤二郎・弥源次より合、我等立合、東野・丸山長百姓仕立候相談、平左衛門・新太郎ハ除入病気不参
一、八月四日朝、東野中仙道吉右衛門幷ニ小百姓共ニ十四人参、長百姓相立候義請申間敷候、長百姓之義仲間□(虫損)仕立、書付差出候得ハ、二三日過長百姓申立不罷成候由ニ而、新太郎殿ゟ被返候ニ付、長百姓相立申間敷候、兎角組頭相立候様ニ願候由申ニ付、我等挨拶ニ組頭相立度申立無之ニ付、此上申立ル趣申出候ハヽ、取次可申由申渡シ返し候、則此日東野・丸山百姓罷帰り相談いたし申出候由ニ而、返り候
一、八月五日、善三郎・平十郎・助右衛門・甚八・伝四郎〆五人参、近々書面ヲ以、組頭相立願申立ル趣御座候、御取次頼入候由申候
一、八月九日、東野・丸山小百姓七人参、八日之夜御手

代文助殿へ忠蔵・善二郎参、様子申聞候得ハ、是非書付ニ而願度存候、文助殿被仰候ハ、前度之願ゟ外申し分無之趣証文取置、則御代官願書御下ヶ被成候節、一所ニ下ケ候由被申候ニ付、新太郎殿方へ善二郎参候て承候得共、小百姓へ相渡由申ニ付、小百姓詮儀いたし候所、八月十一日朝、七右衛門・小左衛門・七蔵・甚八・助右衛門参、右御詮義之口上書無御座候由、兎角組頭相立候願仕度由申候

一、八月十一日、善二郎・忠蔵・文助殿へ参、取次願候得共埒明不申候

一、八月十三日、忠蔵・善二郎参、右同断

一、八月十三日、甚八・助右衛門、我等方願催促ニ参候

一、八月十四日、小左衛門・太右衛門参候、願催促ニ

一、八月十五日、東野・丸山ゟ参り、願催促

一、八月十五日、文助殿へ忠蔵・善二郎参ル、取上□(虫損)なし

一、八月十六日、小左衛門・太右衛門・甚八・七右衛門・七蔵催促〆参ル

一、八月十七日、小百姓参ル、催促ニ

一、八月十七日夜、忠蔵・善二郎・文助殿へ参ル、文助殿被申候ハ、取上候得ハ、公事を此方ニ而拵候様成物ニ候ニ付、取上難成候由被申候

一、八月十八日、甚八・十左衛門・平十郎・太右衛門・七右衛門・善三郎・長左衛門参ル、右之趣申渡候

一、八月廿壱日、伝四郎・長左衛門両人参、明日皆々可参由申候

一、八月廿二日、東野仲仙道小百姓参、土地庄屋下切善二郎殿御相談ニ而、割りなし給候様ニと申ニ付、了簡分別いたし、明日挨拶可致由ニ而返候

一、八月廿三日、善二郎宅ニ而申渡ス趣、七右衛門・甚八・七蔵〆三人へ、此度之願つよき願之様ニ而、よわき願、庄屋・組頭手わさニ難成、先皆々よく相談可致由申返候

一、八月廿六日、東野仲仙道小百姓八人、外ニ善二郎参、右之者共申趣、兎角土地割はなし、支配別々ニ被成可被下由申候

一、九月二日、東野仲仙道小百姓七人参、村割之願いたし候

一、九月三日、東野仲仙道小百姓四五人参、善二郎も参ル

一、九月八日、東野仲仙道小百姓十壱人参、御手代衆御壱人ハ江戸へ御出、文助殿ニ而御引込、御代官様へ御内意御聞被下候由申ニ付、二三日中善二郎へ談可参候由申返し候

一、九月十二日朝、忠蔵・善二郎御代官所へ御内意承候所、村役人委細不存、取次願聞届ケ候事難成旨被仰候、罷帰り、小左衛門・七蔵・利兵衛・与三兵衛・助右衛門、右之者へ申渡シ候

一、十月十日夕、助右衛門・長左衛門・平六・篠八〆四人参り、前度願之義不相立候ニ付、近々江戸へ小百姓仲間之内参候、右届申候、先相待候様と申付

一、十月十一日朝、我等罷出、両御手代衆・御代官様へ、右之届申候、替之義も無之候、相止候様ニ共無御座候

一、十月十一日夜、甚八・善三郎参

□□（虫損）十日、夜中立

小左衛門　太右衛門　七右衛門

〆

十月十五日立

甚八　七蔵　吉右衛門

（貼紙）

「上飯田村庄屋　忠蔵殿へ　遠藤文内　用事有之候間、今日中拙宅へ罷出可被申候、以上　十月十六日」

右ハ以甚七承、孫助所以ヲモ承、十月十六日也、此日文助殿へ被召、右之通申上、忠蔵斗

一、十月十七日早朝、忠蔵・善二郎・藤二郎三人参り、文内殿へ村小百姓江戸へ罷出候届致候得ハ、文内殿被仰候ハ、御代官へハ我等方ゟ可申、与大夫殿へ参り、帰り候様ニ被仰候、則与大夫殿へ参り候得ハ、留主ニ而、申置帰り候

一、十月十八日、丸山・東野小百姓共、御代官所へ御召被成、人数、平十郎・助右衛門・長五郎・善三郎・与兵衛・利兵衛・平六・伝四郎・篠八・次郎八

〆

忠蔵・善二郎・新太郎・平左衛門・弥源次・藤二郎、右之人数御代官へ罷出、両御手代衆御立合、御詮議有

一、十月十九日、善二郎・助右衛門・与兵衛・利兵衛・平六・十右衛門

〆、右ハ我等方ニよび、十八日御代官所御詮義之趣申聞せ候

十一月十日朝、利兵衛・太兵衛・善三郎・庄三郎〆四人参、江戸へ参候者共、昨九日之晩罷帰り候届ケ有之候

一、十一月十日夕、江戸参候太右衛門・七右衛門・甚八・七蔵〆四人よび、江戸様子承候所、先へ十月十八日三人着、同廿二日三人着、廿四日ニ御屋敷へ罷出、滝七右衛門様・松本善太郎様書面御目掛ケ候所、黒須楠右

衛門様へ罷出候様ニ被仰候、則廿六日ニ楠右衛門様へ罷出、書面差出候、御当名仕直シ差上候様ニと被仰候ニ付、御当名御奉行所と仕、廿八日之朝差上、国元ニ而御吟味被成被下候由ニ而、御取上御座候

一、閏十一月廿日朝、加左衛門・利兵衛・与兵衛・伝七参り申候ハ、段々楠右衛門様へ御願候得共、いまた御吟味無御座候、先立御願給り候ニと、東野・丸山者共願申候、我等挨拶ニ、書面ニ印形せず、猶又直ニ江戸へ出、楠右衛門様御取上候得ハ、我等義出ルニ不及、我等方へ沙汰無用由申候、返シ候

一、閏十一月廿一日、東野・丸山幷ニ羽場長百姓・庄屋両人、新太郎被召御吟味、此日不相済

一、同廿二日、惣方被召出御吟味、此日も不相済

閏十一月廿一日

御評定所迄御出御見廻

兵次郎殿

善右衛門殿

庄や　兵右衛門殿

九郎平殿

庄や　茂兵衛殿

文四郎殿病人有之御断

十左衛門殿

ぎふや　弥十郎殿

庄や　彦作殿

庄や　三十郎殿

桜町問屋　茂兵衛殿

なん部や　五郎右衛門殿

〆

閏十一月廿九日、御見廻

本丁　三十郎殿

〃　八五郎殿

なん部や　五郎右衛門殿

御子息殿

小西や　利右衛門殿

〆

右ハ私宅へ御見舞

十二月三日、御見廻

山村　庄左衛門殿

長百姓中　七郎左衛門殿

曽右衛門殿　御子息殿

惣村中へ御見廻

弥源次殿

〆

一、閏十一月廿八日、東野仲山道・羽場長百姓・小百姓、

惣方被召出御吟味、口上書御取被成候
一、十一月十二日朝、平六・甚八・善三郎・庄三郎・千助・長五郎・与三兵衛・庄蔵外弐人、〆拾人参、今年ハ村町共ニ貫割延引之義願候ニ付、羽場百姓・長百姓へも談可申由ニ而返シ、明十三日参候様ニ申渡シ候
十二月十二日、村方出入之義曖申度由ニ而、御出之衆中

除入　九郎平殿不参
ちく丁　兵次郎殿
本丁　五郎右衛門殿
ばん通丁　長十郎殿
牛牧村　五郎右衛門殿

右四人衆中御出、此日御挨拶之義、御代官所へ御出之趣御窺申、其上拙者共方ゟ御返達可申由ニ而被帰候
右此日、与右衛門・平左衛門・平之丞罷候
一、十二日夜、七右衛門・甚八・与兵衛・七蔵四人よび、曖衆御出之由申聞候
一、十二月十三日、七蔵・平六・次郎八・市兵衛・長左衛門・小左衛門参、何れニも御曖之義御無用之御断申候由、私共仕出仕、御断申度由申候ニ付、我等方ゟ沙汰致ス迄差扣候様ニ申渡シ、返シ候
一、同十三日八ツ時、吉右衛門・七右衛門・七蔵・甚八・長左衛門・善三郎・小左衛門〆七人、御曖之衆中へ御曖御無用被成被下候様ニと可参由申ニ付、我等挨拶ニ、此方ゟ断申、其上品ニより皆参候ニと申、先無用由、返シ候
一、□(虫損)十二月十三日夕、兵次郎殿へ忠蔵参、与右衛門同道、東野・丸山者共不得心之由断申候得ハ、兵次郎殿・長十郎殿・九郎平殿御立会、是非丸山・東野へ御目ニ可掛由被申候、左様候ハヽ、丸山・東野百姓共、各々へ可遣由申候得ハ、なる程被遣候様ニと被申候ニ付、申渡シ十四日ニ百姓参候由、なん部や五郎右衛門殿除入りニ而不参
一、宝暦七丑正月廿二日之朝、善三郎・与三兵衛両人参り、内々御仕送り衆御曖種々断申候得共、是非曖之義、一度各々長百姓□(虫損)へ得御意、其上ハ格別、先一度御立会ニ而得御意度義被申候ニ付、去廿日ニ曖衆へ立会申筈ニ候、右届ニ惣代両人参ル由届参候、今日迄沙汰無御座候由申候
一、丑正月廿六日、上黒田村信助殿・下黒田村仙左衛門殿・牛牧村仁右衛門殿、右三人衆中御出、村出入御町方御仕送り衆へ相添、曖度御趣被申候、我等挨拶ニ先達而、御仕送り中へ御挨拶致置候得ハ、御仕送り衆中

ゟ各々様義御沙汰御座候、惣百姓ニも申聞可申候由申、御帰シ候
一、丑正月廿八日、忠蔵斗兵二郎殿へ参、作《(ママ)》日三ヶ村庄屋中御出之由承候得ハ、兵次郎殿被仰ニハ、疱瘡やみ御座候ニ付、此間引込罷有候、依之仲間之者共方ゟ書状遣候処、外へ被参承候様ニ被仰ニ付、則長十郎殿へ参候得ハ御留主、五郎右衛門殿へ参、九郎平殿ヲ御よび、御両人立会ニ而承候得ハ、三ヶ村之庄屋中、曖仲間ゟ相頼候由被仰候、左様ニ候ハヽ、百姓共へ申聞せ候様ニ可仕候由ニ而、返り候、尤三ヶ村庄屋中ニ、百姓共ゟ別ニ礼義申間敷趣申、返り候
一、丑正月廿八日、御曖之品ニ付、七右衛門ゟ甚八・吉右衛門・与三兵衛・松右衛門・太右衛門・七蔵〆七人よび、三ヶ村庄屋衆、御仕送り衆御頼ニ而被掛、然ハ三ヶ村庄や衆へ別ニ挨拶ニ不及由申渡候
一、丑正月廿九日、吉右衛門・小左衛門・善三郎・太右衛門・平六、〆五人参り、組頭之義ニ付、善二郎殿当分勤候様ニ共、又ハ外ニかり役立候共被成被下候様ニ被申候
一、同日、羽場ゟ藤二郎・小三郎・孫蔵・兵蔵・権七其外壱人参り、組頭之相談出来不仕候由届申候
一、丑二月四日、組頭善二郎よび、前度組頭役上ケ度旨申候得共、しかと知れ不申ニ付、承候得ハ、善二郎申候趣、長百姓へハ子細有之咄不申候、弥組頭役勤申間敷候、御役所へも其通御届頼入由申候、両筋小百姓へハ申候由咄承候
一、丑二月四日、曖衆ゟ申来候趣、兵二郎殿病人上、出勤難成、依之少シ御待給り候様、百姓衆へ被仰付候様ニ申来り候、殊ニ兵次郎殿御子息御死去、七日之間延引之由断ニ付、五日朝、七右衛門・甚八・与三兵衛・七蔵へ申渡し、得心ニ延引筈
一、丑二月九日、長瀬五郎右衛門殿・山本次郎左衛門殿御両人御出、八ツ過ニ被仰候趣、来ル十一日ニ仲仙道東野衆中可得御意趣被仰候、則東野仲山道へ申度候
一、丑二月十一日、曖衆峰高寺ニ而、仲仙道東野者へ対向致、公事沙汰ハなし、先以対向斗也、忠蔵不参、右届ケニ長左衛門・篠八参候
一、同日、羽場通百姓モ柏心寺ニ而、昼過ニ曖衆対向、与右衛門も参候由、夜ニ入、百姓弐参人我等方参ル
一、二月十三日申下刻、曖衆ゟ使之趣、明十四日東野仲仙道百姓同道ニ而、峰高寺へ五ツ時参候様ニ申来り、則申渡し候得ハ、十四日朝使参り手紙ニ而申来り、峰高寺御用出来ニ付、長源寺へ御出候様ニ申来り候、則長源寺へ忠蔵参候得ハ、四人衆被仰候ハ、三ヶ村庄屋

中、拙者共頼候間、同様ニ思召被下候様ニと被申候、
申分も候得共、御断ニ付、承届ケ候、東野仲仙道百姓
申聞候、百姓方ゟ長源寺被居候曖衆、近々ニ被成候様
ニと催促いたし罷帰り候
一、丑二月十六日、長源寺ニ而御曖衆兵次郎殿・九郎平
殿・五郎右衛門殿・次郎左衛門殿・牛牧村仁右衛門殿・
五郎右衛門殿・新助殿・仙左衛門殿御立会ニ而、曖品
申渡候、承候、忠蔵義勝手ニ承候趣、仲仙道東野□(虫損)通
土地内わけ、羽場之林ハ羽場分致候趣、咄有之候
一、丑二月十七日、柏心寺ニ而、羽場へ曖衆申聞候由
一、丑二月十八日夜、七右衛門・七蔵・次郎八・甚八、
〆四人よび、我等庄屋役義、御曖衆へ申由、是ハ如何
と承候得ハ、土地会所忠蔵分御年貢、羽場之庄屋納、
諸役ハ東野仲仙道ニ而仕うめ可申由申候
我等不得其意候、挨拶致候
一、丑二月廿日、曖衆長久寺へ仲仙道東野者共へ申談由、
十九日夜、助右衛門・新三郎両人参、我等ニも新町十
右衛門方迄参候様申ニ付、我等参ル間敷候、曖衆へ断
申迄ニ候由申渡シ、返シ候
一、丑二月廿四日、大雄寺へ東野仲仙道、曖衆出合之由、
忠蔵不参
前日、小百姓届ケ有
一、二月廿八日、組頭之義御廻状
一、三月六日、割付之義致間敷候由申ニ付、同七日、又
御手代衆参候、忠蔵・与右衛門・平左衛門・藤二郎・
弥源次・新太郎参ル所、組頭善二郎請候、其通不得心
候ハヽ、此方へ遣候様ニと被仰候
同七日、ミのセ立会、善二郎殿よび、長百姓ゟ段々申
候得ハ、宗門印形内所帳向等も付可申由、善二郎申候、
相済候所、又九日、阿ミた寺へ入寺致由ニ而、和尚九
日御出ニ付、九日夜ニ入、三左衛門・新太郎・与右衛
門、忠蔵宅ニ而、和尚も御出ニ而委細談合御座候、翌
十日、御役所へ窺筈也、引
一、三月十日、忠蔵・与右衛門・新太郎・藤二郎・平左
衛門罷出、両手代衆へ窺候得ハ、死人同前事ニ候、組
頭代長百姓ニ而相勤候様ニ被仰付候、依之若役ニ弥源
次ヲ長百姓仲間ゟ頼、相立候、宗門御奉行へ断付上、
組頭代弥源次
一、三月十日夜、兵次郎殿・次郎左衛門殿御両人、拙宅
へ被参候而、曖之品百姓衆へ御異見頼入ル由被申候
一、三月十一日・十二日公用有之、十二日夜、小左衛門・
十右衛門・吉右衛門・太右衛門・平六・篠八・与三兵
衛・甚八、右之人数拙宅へよび、曖之品申聞候
一、村庄屋下内合□(虫損)、東野仲仙道願ハ、大道切田地別々

ニ引わかれ候願也、此儀只今迄庄屋帳面有来りニして、
吉右衛門・新三郎・平十郎義、只今迄羽場之蔵へ納候
得共、此分ハ東野庄やへ納候様ニ帳面直シ
一、羽場ニ而掛候林ハ羽場之分ニして、かねい原林ハ此
度のこし候、子細ハ上ゟ御見分被遊候趣、是ハ此度残
シ、外ニして組頭・長百姓ハ勝手次第、別々ニ立ル筈、
人足村中打込、羽場仲仙道東野たかいに寄分致筈
一、貫割町方へ見せ候事も別々ニ也共
一、御蔵引はなし候事、勝手次第借屋改宗門ハ追而別々
ニ願ニ依成候哉、此義嗳衆へ可申候
一、吉右衛門・平十郎・新三郎、〆三人之田地、東野仲
仙道庄屋や入れ候得ハ、替り田地羽場へ遣ス筈ニして
一、人足使方ハ、羽場役人切通シ・ミのせ・あたこへ罷
出、東野仲仙道ゟ人足斗遣ス筈ニして、又野底井押ぼ
ら野底道ハ、東野仲仙道庄屋組頭罷出、使羽場ゟ人足
斗出ス筈ニして
一、万事願届之義、支配別々ニして
一、往古上飯田町分田地三百四俵、両下只今迄打込候得
共、右之高貫地、右ハ只今両下庄屋御上納高ニ割掛ケ、
右貫地如斯三百四俵之外、段々新田等ニ出来候貫地弐
百俵余之高ハ、只今迄庄屋両下ニ有次第可致事
一、但シ与右衛門下ニ御預り之出来分田地ハ、貫地割掛
ケ之本田高之外也、貫地割かけ除キ申筈
〆
一、三月十三日、利兵衛・七蔵・助右衛門・平十郎参、
今度其元御異見ハ、嗳衆ゟ被頼候哉と尋候、我等なる
程被頼候由挨拶致候、夕方次郎八・清之丞外弐人、〆
四人参、皆々不同心ニ而埒明不申候由申候、手切也
一、丑三月十四日、嗳衆兵二郎殿・五郎右衛門殿・次左
衛門殿、〆三人衆へ手切之咄、知久町三丁め町方会所
ニ而咄候
一、丑三月十七日夕方、与三兵衛・助五郎両人参、申届
候趣、嗳衆手切之様子被申候、いまた切レはなれも致
不申候、先届申候
一、丑三月廿三日、吉右衛門・七蔵・甚八・小左衛門、
〆四人参り、嗳衆手切之様子被申候得共、いまた手切
之申渡シ無御座候、其元ゟ御聞被下候様ニと申ニ付、
我等挨拶ニ、然ハ今日中ニも
一、承知らせ可申由申渡シ、帰シ候
一、丑三月廿三日夕方、嗳衆之内、次郎左衛門へ参り、
兵二郎殿被参、御両人立会、我等より申趣、東野仲仙
道之者共、御嗳之様子承くれ候様ニとの義ニ付参候由
申候、両人衆被申候ハ、嗳手ニ及不申候、近々上ケ申
度候得共、御奉行衆島田御検地ニ御出、御帰り迄延

引可致候由承、罷帰り、翌廿四日野底井普請之所ニ而、あれ是ニ咄候
一、丑三月廿四日暮六ツ時分、兵二郎殿・九郎平殿・五郎右衛門殿・次郎左衛門殿・新助殿・仙左衛門殿、〆六人御出、曖之手切断被致候、牛牧衆無拠除入不参候
一、三月廿五日、横井上ケ普請場ニ而、東野仲仙道之者へ申渡ス義、曖手切之訳申渡シ候
一、三月廿六日朝、忠蔵・与右衛門・弥源次、〆三人、遠藤文内殿へ曖手切届致ス、大沢与大夫殿ハ、普請所へ御出、留主へ申置
御代官様へ御目ニ掛り、曖手切之届致候
一、四月朔日、平六・平兵衛・助右衛門・平十郎、〆四人参り、曖も切レ候ニ付、明日ゟ御奉行所へ御願申候由
一、丑四月廿九日、白山寺様御出被成、御咄、善二郎義、阿ミた寺ニ罷有り、寺ニ而気とく被召、何とぞ村ゟ御代官所へ内所かべ訴訟頼入之由被申候ニ付、当日夜、長百姓同役よせ、相談致候得共、弥源次・与右衛門・喜藤太参り、残る藤二郎除入、新太郎代出、平左衛門病気、相談之趣、善二郎羽場御誘相手、羽場小百姓心入をしらず候ニ付、相談出来難成候由、晦日藤二郎・新太郎参り候得共同断、挨拶ニ候
一、丑五月朔日、白山寺へ我等参り、思召相談致候得共、埒明不申由申候
一、丑五月十九日、与三兵衛・清三郎、〆弐人参り、出入願之義、作日ゟ罷出候届ニ候由申候
一、丑五月廿一日、七蔵・太兵衛弐人参、此間楠右衛門様へ願ニ出候得共、御意之趣村庄屋ゟ田植付届も無之候、先差扣候ニとの御事、植付届相済候ハヽ、御知らせ可被下由申候、我等挨拶相心へ候由申候
一、五月廿七日、田植之届幷ニ流届致候、依之丸山・東野内、甚八方へ以文助ヲ知らせ、廿八日也
一、宝暦七丑六月十七日之夜、平十郎・太右衛門・与三兵衛・甚八・七右衛門・長左衛門、〆六人我等宅へよせ、村入用之義、公事上用立物無之迷惑ニ候、如何可致之趣申聞候所、罷帰り、皆々ニも相談いたし、御返事可申由ニ而、帰り候
一、丑六月十八日、羽場返り小百姓組頭壱人よせ、次右衛門・藤二郎も参、村入用致ス相対之上、挨拶可申由申候
一、丑六月廿七日、七右衛門・甚八・平十郎・太右衛門・七蔵・与三兵衛・次郎八・善三郎、〆八人参、公事相済迄仲仙道東野ニ而も組頭代壱人御立可被下候由申、長百姓ニも咄、其上挨拶可申候得共、八日夜被参

候様ニと申遣ス
一、同廿七日暮六ツ過、右人数参、今日黒須楠右衛門様へ公事御窺ニ罷出候所、組頭も無御座、諸事用事相足り不申、難義之筋申上候得ハ、用事相足り兼候ハヽ、公事之内組頭代勝手次第致可申候御趣被仰下候ニ付、則組頭代相立可申候、右御届ニ参候趣申候、我等挨拶ニ御意候ハヽ、勝手相立候様ニと申渡シ、帰り候
翌廿八日之朝、御手代衆御代官所へ忠蔵参候得共、御届不相済候
一、丑六月廿九日、拙宅ニ而組頭代入札持参、平十郎・十右衛門・太右衛門・善三郎・嘉兵衛・伝四郎・次郎八・七右衛門参ル、則入札ひらき候所、札数三十七枚、内拾壱枚太右衛門、依之公事之間、仲仙道東野組頭代太右衛門
同日、御手代衆御代官所へ御届候得ハ、諸用相足り申間敷義ニ付、太右衛門同道致候様ニと被仰候ニ付、夕方太右衛門同道致、御目ニ掛ケ相済
一、七月十九日、桜町三郎右衛門殿御出
一、七月廿二日、桜町三郎右衛門殿御出
一、丑九月廿九日、小左衛門・七蔵・次郎八・助右衛門・嘉兵衛、五人参、嗳三郎右衛門殿嗳ニ付可申と存候、それニ付、御蔵普請延引可被下由申候、相延候
一、丑十月三日、七蔵・甚八・与三兵衛・次郎八参り、御蔵今少シ御待被下候様ニと申ニ付、同六日ニ我等御手代衆へ罷出、文内殿へ申候得ハ、当月廿日頃迄之内相延可申之由被申候、上郷御廻米千俵程急ニ出候ニ付、廿日頃迄可申由、与大夫殿御代官所へ罷出候ニ不及、罷帰り候様ニと被仰候ニ付、罷帰候
同日
一、十一月二日、御代官所へ羽場ニ而百姓五六人五ツ時、東野方ニ而五六人四ツ時罷出候様ニ申来り、遣シ候
庄屋出ルニ不及之由
一、十一月四日、羽場ゟ吉蔵・清次郎参候而、御嗳ニ付可申相談ニ大方成申候、右咄ニ参候由
一、丑十一月七日、小左衛門・与三兵衛・七蔵・甚八・七右衛門・次郎八・太兵衛・吉右衛門、右参り、嗳ニ而大方済筈之咄致候
前後
一、丑十一月六日、三郎右衛門・義兵衛両人衆御出、右嗳仕送り衆立会不申筈ニ御上返相成、両人ニ而嗳筈、左様相心へ可申候由申候

（「蜂谷家文書」Ⅰ－12　専修大学所蔵）

一四　松洞田地通道作人足（宝暦七年八月）

（表題）
「宝暦七年丑八月　松洞田地通道作人足　上飯田村別符
村立会作」

松洞道作人足
上飯田村
別　符　村両所ゟ

奈二町　伝三郎
池田町　金兵衛
本町二丁目　清八
　　　　　來迎寺
奈二町　与兵衛
本町二丁め　彦右衛門
松尾町三丁め　友右衛門
同町　甚七
松尾町二丁め　藤兵衛
松尾町三丁目　平右衛門
松尾町三丁目　甚之丞
松尾町二丁目　十蔵
田町　宗助
大横町　利平次
松尾町三丁目　平五郎
同町　利兵衛
伝馬町　文蔵
奈二丁　文六
同町　与五七
松尾町三丁め　藤八
同町　曽七
田町　五郎左衛門
上飯田御長家　吉右衛門
奈二丁　佐七
田町　知光院
高田　太右衛門
宮上　伊兵衛
池田町　十郎左衛門

外ニ　伝三郎小作壱人
　　　金兵衛小作弐人
　　　清八　小作三人
　　　來迎寺小作壱人
　　　与五七小作弐人

惣〆テ　四拾壱人

宝暦七年丑ノ八月四日
上飯田村組頭代　太兵衛
別符村組頭　壱人
右両人罷出候

（「蜂谷家文書」Ⅰ-13　専修大学所蔵）

一五　上飯田村荒地永引帳扣（宝暦八年八月）

（表題）
「宝暦八年寅八月　上飯田村荒地永引帳扣　忠蔵下」

永引砂置場
下宿川東　本町
一、本田上田廿四分　○幸助
取米九升　十五
七ツ五分
下宿川東
一、新田上畑壱畝拾五分　○同人
取　九升七合七勺　十三
五ツ
一、本田中田壱畝　ミのせ
平四郎

下宿川東　村々
一、新田原畑拾八分　○吉右衛門
斗代
一ツ弐分
下宿川西　田丁
一、本田上田壱畝拾二分　○五郎左衛門
十五
七ツ五分
下宿川東
一、本田上田壱畝六分　○同人
十五
七ツ五分
下宿川西　田丁
一、新田下畑拾四分　甚五郎
十一
三ツ
一、本田上畑九分
壱畝廿四歩　喜三郎
下宿川西　本町
一、本田上畑拾四分　彦左衛門
三歩引　十三
五ツ五分

下宿川西
一、本田上畑拾八分　本町
九分引　彦九郎
十三
五ツ五分
下宿川西　田丁
一、本田上畑壱畝分　五郎左衛門
壱畝廿壱歩　十三
五ツ五分
下宿川東　村々
一、新田原畑弐拾四分　吉右衛門
弐畝二分当流　斗代
壱ツ弐分
北沢
一、本田中田拾五分　○同人
十四
内　六ツ五分
本田上田三畝拾二分
取三斗八升弐合五勺
本田上畑弐畝弐分
取壱斗四升七合三勺
新田上畑壱畝拾六分

取九升九合六勺
新田原畑壱畝十二分
取一升六合八勺
新田下畑拾四分
取壱升五合四勺
本田中田拾五分
取四升五合五勺
〆　壱俵三斗七合壱勺

永引願覚

一、弐斗　茶園畑　年貢
但去ル子年迄与右衛門下へ納ル割
一、弐斗　茶園畑与右衛門下
おし洞　田町
一、古田原畑四畝拾八　九平次
取八升弐合八勺　斗代
一ツ八分
おし洞
一、古田原畑弐畝六歩　同人
取三升九合六勺　斗代
一ツ八分
おし洞

一、古田原畑三畝六分　同人
　取五升七合六勺　斗代
　　一ツ八分
〆
おし洞川北　松尾町木挽
一、古田原畑五畝拾歩　清八
　取九升五合九勺　斗代
　　一ツ八分
おし洞川東　本町
一、古田原畑弐畝歩　春南分
　取三升六合　斗代
　　一ツ八分
おし洞川東
一、古田原畑弐畝歩　同人分
　取三升六合　斗代
　　一ツ八分
おし洞川西
一、古田原畑四畝拾五歩　同人分
　取八升壱合　斗代
　　一ツ八分
おし洞川西
一、古田原畑弐畝歩　同人分
　取三升六合　斗代
　　一ツ八分
おし洞川西
一、古田原畑四畝歩　同人分
　取七升弐合　斗代
　　一ツ八分
〆
平林　松沢
一、古田原畑三畝六歩　喜三郎
　取五升七合六勺　斗代
　　一ツ八分
平林　田町
一、古田原畑三畝拾弐歩　小右衛門
　取六升壱合弐勺　斗代
　　一ツ八分
平林　田町
一、古田原畑壱畝歩　源七
　取壱升八合　斗代
　　一ツ八分
平林　神明
一、古田原畑弐畝弐拾歩　庄三郎
　取四升三合弐勺　斗代

平林
一、古田原畑三畝七歩
　　取五升八合弐勺
平林
一、古田原畑拾五歩
　　取九合
平林
一、古田原畑壱畝弐拾五分
　　取弐升七合
松洞古田
一、山田弐畝拾五歩
　　取壱斗三升五合
田中
一、本田上田九分
宝暦八年寅八月

一ツ八分
田町
五郎左衛門
斗代
一ツ八分
田町
平十
斗代
一ツ八分
箕瀬
次右衛門
斗代
一ツ八分
松尾町大工
茂右衛門
十二
四ツ五分
ミのせ
弥五兵衛
十五
七ツ五分

御代官所
子年御年貢高
一、壱俵弐斗八合九勺
春南分
一、弐俵弐斗一升四合
亥年未進元利
〆　四俵弐升弐合九勺

上飯田村長百姓
喜藤太
同断
藤次郎
同断
甚八
同断
吉右衛門
組頭
七蔵
同断
弥源次
庄屋
与右衛門
同断
忠蔵

丑年　〃
一、五俵壱斗九合七勺七才　　　元利
一、壱俵弐斗八合九勺高
一、六升四合弐勺
〆　三口　六俵三斗八升弐合八勺七才　　与右衛門下へ納ル分
右ハ丑ノ暮迄不足
　内
一、壱俵丑暮ニ小作ゟ納ル
〆　残而五俵三斗八升弐合八勺七才不足

一、壱斗一升五合八勺　　　　　松尾丁木挽
　　　　　　　　　　　　　　　清八郎
一、弐斗四升八合三勺　　　　　子年分
〆　二口　三斗六升四合壱勺不足　　丑暮迄元利
惣〆　六俵三斗四升六合九勺七才

本田山田　　　　　　　　　　　十二四ツ五分
　引残り　田也
　　　　　　　　　　　　　　田丁
一、弐斗四升五合六勺　　　　　九平次分
　四畝十七分
　引残り　田也
一、壱斗九合八勺　　　　　　　木挽
　山田十一分　　　　　　　　　清八
　引残り　田也
一、三斗四升七合九勺　　　　　春南分
　山六畝十四分

（「蜂谷家文書」Ⅰ－14　専修大学所蔵）

一六　観音堂普請入用覚（明和五年一一月）

（表題）
「明和五年子十一月朔日　観音堂普請入用覚」

十一月朔日
一、はざ柱　　　　　　十本　かし
一、かや　　　　　　　四束
一、壱人　　　　　　　与八出ス
三日
一、壱人　　　　　　　同人
　栗角十本内
十一月三日
一、壱本　　　　　　　権七

六十八文　駄ちん払
同四日　ミのせ木曽や借也
一、壱本　同人
六十八文　だちん払
十一月六日
一、壱本　同人
六十八文払
十一月七日
一、壱本　同人
六十八文払
十一月八日
一、壱本　同人
六十八文払
十一月十一日　ちく町二丁め
一、壱本　助五郎
六十八文払
十一月十二日
一、壱本　同人
六十八文払
同日
一、壱本　権七
六十八文払

同十三日
一、ミしか物弐本　同人
七十弐文払
同十三日
一、ミしか弐本　同人
八十文払
同十三日
一、ミしか弐本　文五郎
七十六文払
〆　八百四文払　持子　だちん
木挽
十一月廿四日
一、壱人　伊兵衛
同日
一、半人　昼ゟ　金兵衛
同廿五日
一、壱人　伊兵衛
同日
一、壱人　金兵衛
廿六日
一、壱人　伊兵衛

同日
一、壱人　　　金兵衛
同廿七日
一、壱人　　　伊兵衛
同日
一、壱人　　　金兵衛
〆七人半　外ニ大工衆壱人
〆弐拾三ケ
丑二月
一、栗木弐間半　遣ス
　　尾州
□□（虫損）月十八日
一、馬壱疋　七久保へ遣ス
　　弥ねかや付
三月朔日
一、壱人　　　源八
　　人足遣ス
三月六日　昼飯
一、大工衆へ飯ばん
　　飯遣ス　五人前
三月八日
一、壱疋　かや付七久保へ
三月九日
一、縄壱把　出ス
三月廿三日
一、壱人　遣ス
三月廿五日
一、壱人　同

（「蜂谷家文書」Ⅰ－15　専修大学所蔵）

一七　書物目録（寛政六年八月・文化一三年二月）

　　書物目録
一、村絵図　　　壱枚
一、正徳三年被仰付候節木曽ゟ出候助郷村高付立帳　　壱冊
一、元文五申年御訴訟申上候節願書　　壱通
一、木曽助郷勤候節下五ヶ村ぬけ候節御触書　　横帳壱冊
一、元五申年願之節諸事之覚書　　横帳壱冊
一、木曽助郷相勤候節高付　　横帳壱冊
一、御免状幷ニ木曽ゟ参り候手紙共ニ　　弐通
〆　右之通り七品、文化十三子ノ二月廿一日、庄屋処
ゟ帰ル

此時江戸立之衆中、正月廿三日立帰り之節、二月十九日

羽場庄屋　平四郎殿

丸山組頭　善右衛門殿

丸山　才吉殿

書物目録

一、村絵図　壱枚

一、正徳三年被仰付候節木曽ゟ出候助郷村高付立帳　壱冊

一、元文五申年御訴訟申上候節願書　壱通

一、木曽助郷勤候節下五ヶ村ぬけ候節御触書　横帳壱冊

一、元五申年願之節諸事之覚書　横帳壱冊

一、木曽助郷相勤候節高付　横帳壱冊

一、御免状幷ニ木曽ゟ参り候手紙共ニ　弐通

〆　右之通七品、寛政六寅八月七日、庄屋処ゟ帰ル

一、御免後ならし高　壱枚

一、当事(ママ)御訴訟書写　壱枚

〆　此弐品ハ庄屋処ニ残ル

其外、寛政五、江戸罷出候節書付品々

此時、江戸立之衆中

丸山庄屋　吉右衛門殿

丸山　儀藤次殿

羽場　八兵衛殿

羽場　平左衛門殿

(「蜂谷家文書」I－16　専修大学所蔵)

一八　亥年役米割帳(享和三年一二月)

(表題)

「享和三年十二月十六日　亥年役米割帳　壱表ニ付　丁

セん　八百廿四文　蜂谷市右衛門」

銭夏直段

一、弐拾六貫八百八拾五文　真綿損

米ハ冬直段

一、拾八貫三百三拾弐文　組頭給

但シ八俵之代
一、拾六貫百六拾三文
但シ被下米引而
一、弐貫八百七拾弐文
一、五百五拾四文
一、五貫百弐拾文
但シ壱人六拾四文ツ、
一、九貫七百四拾八文
一、九貫三百七拾弐文
壱人七十弐文ツ、
一、百四拾六貫
但シ七十弐文ツ、
一、七貫四拾八文
壱人七十弐文ツ、
一、三拾壱貫弐百文
但シ壱疋四百文ツ、
一、五拾七貫八百文
但壱人弐百文ツ、
一、弐拾三貫百廿四文
但壱人ニ付百四拾二文
一、拾三貫八百三拾弐文

小使給
御用米、口入米
御用米、札板代
籾詰替、人足八拾人
井上分人足、
百三拾八人
惣井上ケ、
人足弐百七拾人
浚切人足、
千九百五拾人
円悟沢、井普請
清内路御伝馬、
七拾八疋
清内路御伝馬人足、
弐百八人
市瀬御伝馬、
人足百五十人
御斗餅、

壱人百六拾四文
一、五貫百六拾四文
一、八貫七百弐拾四文
一、六貫文
壱人六十四文ツ、
一、七貫弐百拾六文
一、壱貫三百七拾六文
一、拾八貫七百四拾八文
一、六貫七百拾四文
一、
一、八貫弐百四拾ツ、
但シ壱人ニ七拾弐文ツ、
一、弐拾九貫弐百四拾八文
但シ壱人ニ付七十弐文
一、三百六拾八文
一、拾八貫九百文
壱人ニ付七十弐文ツ、
一、五貫廿九文
一、弐拾五貫百文
但シ壱人ニ付七十弐文ツ、

人足八十三人
急用蝋燭代
急用使番、百三拾人
御年貢、
セリ人足九十人
上ケ炭代、貸入元利
渋柿代、貸入元利
子年分、夫人足金分、
貸り入元利共ニ
拵桃代、右同断
大豆損
御用所人足、
百拾人人足
御蔵米払人足、
人足三百九人
御納所札板代
所々普請所、
御見分共ニ人足、
弐百五十弐人
炭薪代
御用水、飛瀬人足
三百八拾八人

一、七百文　上松代
但シ壱人百文ツヽ、刀杭共ニ
一、金壱両弐分　猪鹿頭かけ、
猟師入用共ニ
一、七貫六拾四文　所々普請場、夫等代
一、九百文　千体仏、
但シ壱人七十弐文ツヽ　祭礼けこ（ママ）ニ十弐人
一、三拾弐貫六百文　御蔵番、
人足六百五拾弐人
一、壱貫七百九拾壱文　御蔵米、鼠喰共ニ
一、六百文　稲荷祭礼、
けいご八人
一、九貫六百廿四文　送り物人足、
但シ壱人ニ付七十弐文ツヽ　人足百廿八人
一、壱貫七百六拾四文　風祭入用
一、金四両　倒者入用、人足共ニ
一、拾六貫百廿四文　急用夫番、
但シ壱人七十弐文　年貢せり共ニ
一、弐貫八百五拾六文　奉加合力共ニ
一、六拾三貫七百九拾弐文　町宿払
目せん
惣〆　六百九十七貫八百廿四文

為丁せん
〆　六百六拾九貫九百拾弐文
八百十三俵ニ割ル
此〆ハ町方へ遣ス、無之候
壱俵ニ付、丁せん　八百弐拾四文懸り

当年分、大方如斯に御座候、以上
上飯田村
亥十二月　羽場
御問屋衆中

享和三亥年十二月廿二日　貫割元前後引合覚帳
蜂谷市右衛門

小物地貫壱俵ニ付
此銭八百廿四文掛り
一、三百六貫九百六拾五文　払方
内
一、七拾六貫六百四拾文　小物地貫入
一、拾四貫六百四拾四文　小間掛ヶ入
一、拾弐貫三百七拾六文　賄米代、人足扶共ニ
一、弐百八拾九文　国役金残り銭入

御〆　百五貫八百五拾三文
　引而
一、弐百弐貫四百八文　　割元
　七百六拾三俵弐貫割り　　渡シ高貫
　　壱俵ニ付
　　弐百六拾六人
一、百四拾三俵三斗
　　此銭三拾八貫弐百三拾八文
　内
一、五拾壱貫百五拾四文　　請役料入
一、三拾八貫弐百三拾八文　　渡役之貫入
一、拾五貫文　　伝馬平之残り銭入
三口〆　八拾九貫三百九拾弐文　　引方
一、百拾三貫拾弐文　　割元
　　壱俵ニ付
　　百八拾七文五分掛り
一、百三俵弐斗八升九合壱勺　　高
一、拾九貫四百五拾三文　　入作地貫
一、七貫文　　菊油残り米入
一、五百四文　　宗門残り銭入
一、四貫五百文　　漆木代入
一、弐貫四百七拾弐文　　長木代入
一、拾五貫文　　伝馬平残り銭入
六口〆　四拾八貫九百二拾九文
　引方
　引残而
一、六拾四貫三拾九文　　割元
　　壱俵ニ付
　　百廿八文掛り　　村懸り分
四口〆　弐百拾弐貫四百廿八文

（「蜂谷家文書」Ⅰ－17　専修大学所蔵）

一九　殿様御入城ニ付献上銭幷新町籾蔵囲杭上郷割合帳（弘化四年六月）

(表題)
「弘化四未年六月　殿様御入城ニ付献上銭幷新町籾蔵囲
杭上郷割合帳」

　　村々高
一、弐千四百弐拾五俵壱斗　　上飯田村　両下
　内
一、九百九十四俵壱斗　　羽場
一、千四百卌弐俵　　東の
一、三百拾俵三斗　　同村　出来分

一、三百六拾三俵壱斗　上黒田村
一、千五拾八俵三斗　下黒田村
一、千弐拾四俵弐斗　別府村
一、四百拾七俵弐斗　南条村
一、千弐百五拾八俵　飯沼村
一、千八百弐拾壱俵弐斗　座光寺村
一、百五拾五俵　牛牧村
〆　八千八百三拾弐俵弐斗

献上銭割合

一、丁銭弐貫文
裏ニ付弐分弐厘七毛掛
一、丁銭五百五拾壱文　上飯田村　両下
内　弐百廿六文　羽場
同　三百廿五文　東の
一、同七拾弐文　同村　出来分
一、同八拾三文　上黒田村
一、同弐百四拾九文　下黒田村
一、同弐百三拾文　別府村
一、同九拾五文　南条村
一、同弐百八拾六文　飯沼村
一、同四百拾三文　座光寺村
一、同三拾五文　牛牧村
〆

籾蔵囲杭割合

弐百八拾本
裏ニ付三弐掛
一、七拾八本　上飯田村　両下
内三十弐本　羽場
同四十六本　東の
一、拾本　同村　出来分
一、拾弐本　上黒田村
一、三拾四本　下黒田村
一、三拾三本　別府村
一、拾三本　南条村
一、四拾本　飯沼村
一、五拾八本　座光寺村
一、六本　牛牧村
上納銭先□(虫損)
壱貫文ニ付割直し
尤下郷壱貫文
両筋ニ而弐貫文
一、百十三文　上飯田村　羽場

一、三十六文　　同村　出来分
〆　百四十九文
一、百六十三文　同村　東野
一、四十弐文　上黒田村
一、百廿五文　下黒田村
一、百十五文　別府村
一、四十八文　南条村
一、百四十三文　飯沼村
一、弐百七文　座光寺村
一、十八文　牛牧村
（「蜂谷家文書」Ⅰ－18　専修大学所蔵）

二〇　上郷中六ヶ村割合高覚帳（元治元年九月）

（表題）
「元治元子年九月　上郷中六ヶ村割合高覚帳　庄屋　重蔵」

松川入方御用米高
一、五拾五俵　上山村
一、五拾壱俵　下山村
一、四拾六俵　島田村　明
一、六拾三俵　同村　八幡
一、四拾七俵　同村　新井
一、四拾弐俵　毛賀村
一、拾弐俵　一色村
一、三拾三俵　名古熊村
一、三拾八俵　上飯田村　羽場
〆　三百八拾七俵

松川入方諸道割合高
一、千百拾六俵　上山村
一、千百五拾三俵　下山村
一、九百六拾九俵　島田村　新井
一、九百五拾三俵　同村　明
一、千弐百六拾三俵　同村　清水
一、八百四拾俵　毛賀村
一、七百九拾弐俵　名古熊村
一、弐百六拾七俵　一色村
一、八百拾俵　上飯田村　羽場
〆　八千百六拾三俵
右之山村ゟ書遣申候、只今迄例年万事割合高也
□□（虫損）
一、弐百俵　町方

内入方　　　　　　　　　　　知久町弐丁目
　　　　　　　　　　　　　　　　三丁目
　　　　　　　　　　　　　本町　三丁目
但し田町ト本町之境ゟ南江
弘化三年年定
西帳高左之通
一、弐千四百廿六俵　　上飯田村　両下
壱斗七升七合八勺六才
内
一、千四百三拾弐俵　　同村　東野
弐斗八合六勺三才
一、九百九拾四俵　　同村　羽場
壱斗四升九合弐勺三才
一、三百拾俵　　同村　出来分
三斗三升九合九勺六才
一、三百六拾三俵　　上黒田村
壱斗六升壱合四勺三才
一、千五拾八俵　　下黒田村
三斗三升四合弐勺弐才
一、千廿弐俵　　別府村
三斗七升壱才
一、四百拾七俵　　南条村
弐斗七升壱合九勺弐才
一、千弐百五拾八俵　　飯沼村
六升四合七勺
一、千八百弐拾弐俵　　座光寺村
五升七合壱才
一、百五拾八俵　　牛牧村
弐升三合三勺弐才
〆八千八百三拾九俵
(虫損)□升五勺四才
一、三俵弐斗　　牛牧村之内
六升壱合五勺　　上市田免許地
一、三百拾俵　　上飯田村之内出来分
三斗三升九合九勺六才
残而　八千五百弐拾四俵
弐斗壱升九合八才
御作事人足并ニ所々出人足割合之節相用ル高也
上飯田村両下高割ニ相用ル
弐千四百弐拾六俵壱斗七升七合八勺六才
内
一、九百九拾四俵　　羽場
壱斗四升九合弐勺三才

一、千四百三拾弐俵　東野
　弐升八合六勺三才
一、壱万□(虫損)千八百　下郷
　弐拾九俵□(虫損)斗九升五合五勺九才
　内
一、弐拾八俵六升八合七勺弐才　板木島分引
　残テ　壱万三千八百壱俵
　　壱斗弐升六合八勺七才
上郷下郷割合分
一、三分□(虫損)厘七毛　上郷
一、弐分弐厘三毛　下郷

弘化四未年上郷定御用米高
一、百拾六俵　上飯田村
　内
　一、四拾四俵　羽場
　一、七拾弐俵　東野
一、拾九俵　上黒田村
一、□(虫損)拾壱俵　下黒田村
一、五拾八俵　別府村
一、弐拾三俵　南条村
一、七拾六俵　飯沼村
一、百拾俵　座光寺村
一、□(虫損)俵　牛牧村
〆　四百七拾壱俵
一、三俵弐斗三升　山手米
一、三斗四升三合　風越同断
一、壱斗五升　津土井原同断
一、拾俵弐升六合六勺四才　大豆代米
　此大豆　拾五俵四升
一、三俵三斗六升三合九勺六才　真綿代米
　此真綿山目　七百八拾壱匁九分七厘壱毛
　但し正目　壱貫四百七匁五分四厘七毛

諏訪宮御府料
一、金三分　御府料
一、銭三百三拾文　神前
一、白米三升三合　同断
一、小鯛弐枚　同断
一、御座壱枚　同断
一、筵壱枚　同断
一、中折三状　同断
一、麻苧弐匁　同断

是ハ弐勺ほしこミ済
一、御酒壱樽　同断

（「蜂谷家文書」Ⅰ－19　専修大学所蔵）

二一　上飯田村重蔵下丑御物成請払通（慶応元年八月）

（表題）
「慶応元丑年八月ゟ　上飯田村重蔵下丑御物成請払通」

一、米千百四俵八升七合七勺弐才　御定納
　但本田新田畑田相米共
一、同三百拾七俵　出来分　御定納
　三升三合八勺弐才
一、同三俵八升七合五勺　柿相米
一、同五俵壱升九合弐勺壱才　新田増米
　但古新田ゟ享保七寅改迄
一、同拾七俵八升弐合　御馬廻衆上ケ畑年貢
一、同三俵弐斗三升　山手米
一、同三斗四升三合　風越同断
一、同壱斗五升　津戸井原同断
一、同三拾九俵　御種貸元利
　但元米三拾俵
一、米六升七合六勺五才　出来分之内畑成見取米
〆　米千四百九拾俵三斗九勺
　内
一、百五俵弐升四合　万引
一、拾五俵壱斗八升六合六勺弐才　当流
一、壱斗壱升五合五勺　宮ノ上小島郷減、茶園畑当流
一、弐俵壱斗八升三合四勺　庄屋給
一、壱俵壱斗九升四才　小使給
一、弐俵三斗七升五合壱勺　出来分万引
一、三拾九俵三斗三升三合九勺三才　同断当流
一、弐斗七升四合三勺壱才　同断庄屋給
一、壱斗六升四合五勺九才　同断小使給
〆　百六拾八俵弐斗四升七合四勺九才
残而
米千三百弐拾弐俵五升三合四勺壱才
　此払
一、四拾四俵　御用米
一、三拾俵　御種貸
一、三俵三斗六升四合九勺三才　真綿代米
此山目七百八拾壱匁四分六厘三毛
一、八俵壱斗壱升壱合弐勺　下屋敷年貢
一、弐拾壱俵三斗六升九合六勺五才　桜井三郎右衛門分

一、九拾俵　庄屋重蔵
一、壱斗六升□（虫損）合九勺　岡庭財蔵
一、壱斗五升　渡辺八郎
一、壱斗弐升六合壱勺　小木曽寛治
一、四升弐合五勺　小原惣兵衛
一、四升弐合五勺　三羽清右衛門
一、五拾俵　松沢安左衛門
一、六俵壱升五合四勺　桜町壱丁目
茂三郎年貢立
一、四俵弐斗四升　野原半三郎同断
一、壱俵　村　武八同断
一、拾九俵弐斗□□□（虫損）合弐勺　木下与七同断
一、七俵　福沢周次同断
一、五俵九升四合四勺　樋口与兵衛同断
一、三拾八俵　原吉右衛門同断
一、拾六俵六升八合七才　小林雄馬
一、五拾俵　平沢喜七郎
一、四拾三俵　伊原五郎兵衛年貢立
一、五俵壱斗七升六合九勺七才　箕瀬平吉同断
一、壱俵壱斗　村　勝五郎同断
一、壱俵弐斗七升七合　同　五右衛門同断
一、壱俵弐斗七升五合　同　九右衛門同断

一、拾四俵壱斗弐升　鈴木直吉同断
一、壱斗　木下武右衛門同断
一、五俵　桜井利右衛門年貢立
一、弐拾弐俵　井村万之助同断
一、八俵　右同人同断
一、壱斗四升五合三勺　亀淵覚左衛門後家きく同断
一、拾弐俵　新井藤右衛門同断
一、四俵弐斗　木下与八郎同断
一、壱俵　沢柳小兵衛同断
一、四拾三俵　小西衆助同断
一、百弐拾九俵　箕瀬平吉同断
一、五俵　中島忠蔵同断
一、六拾三俵　林弥七同断
一、弐拾三俵　木下長四郎同断
一、三俵　村　仙右衛門同断
一、拾五俵　村　与右衛門同断
一、弐俵弐斗四升　野原半三郎同断
一、五俵　山村　金左衛門同断
一、三俵　本町弐丁目　文次郎同断
一、弐斗六升□（虫損）合八勺　右同人同断
一、七俵四升七合七才　小木唐左衛門同断
一、五俵　野原又四郎同断

一、五俵三斗　蜂谷伊右衛門同断
一、拾四俵弐斗　小林源兵衛同断
一、弐俵弐斗　吉沢源蔵同断
一、弐拾七俵　中村久兵衛同断
一、四拾四俵　伊原五郎兵衛同断
一、六俵　杉山兵助後家とく同断
一、拾壱俵　吉川伝兵衛同断
一、拾俵弐斗八升三合壱勺三才　松尾町壱丁目
太兵衛同断
一、九俵　村　与八年貢立
一、四俵　柳沢泰蔵
一、弐俵　滝田彦左衛門
一、七俵弐斗　館野四郎左衛門
一、五俵　松尾町二丁目　喜八
一、壱俵九升九合五勺　桜井政之進
一、三斗弐升　去々子年十一月市瀬御番所
御足軽代相勤候ニ付扶持米
一、七升　村　与右衛門年貢立
〆　千拾三俵三斗六升四合壱勺弐才
残而　米三百八俵八升九合弐勺九才
内
一、百俵　御蔵方　星小七郎

一、拾六俵　知久町組頭　御払米
一、拾五俵　福島幾三郎
一、弐斗六升壱合五勺　本町三丁目　伊右衛門
一、四俵　成瀬万蔵
一、三俵　御続添　籾代米
一、拾八俵　村方江　御払米
一、拾七俵　右同断
一、七俵弐斗　餅代米
内
一、五俵弐斗五升　上飯田組　中村小三郎
一、弐斗　伊谷順之助
一、壱斗七升九合弐勺　林弥七
一、三斗七升五勺　八幡町　儀助
一、五俵□(虫損)升三合三勺三才　代米
此白大豆七俵弐斗弐升
内
一、八俵三斗五升　上飯田組　中村小三郎
差引　壱俵壱斗□(虫損)升　過納
一、五俵壱升三合壱勺三才　代米
此黒大豆七俵弐斗弐升
内
一、弐俵　御厩　下井重蔵

一、壱俵壱斗□(虫損)升　　白大豆過納分入
一、四俵九升　　庄屋　重蔵
〆　百八拾八俵八合八合四勺六才
残而　米百弐拾俵八勺三才
同九俵　籾摺米
但此籾拾八俵
弐口　〆　米百弐拾九俵八勺三才
内
一、弐俵　　箕瀬　平吉
一、弐拾俵　　右同人
一、拾俵弐斗　　右同人
一、七俵　　市瀬貫兵衛
一、拾五俵　　菱田弘次
一、弐俵弐斗　　箕瀬　平吉
一、七俵　　右同人
一、弐拾俵　　右同人
一、拾弐俵　　下山村　惣之助
一、五俵　　大平頭取　定助
一、拾俵　　村方　御払米
一、五俵　　庄屋　重蔵
一、三俵弐斗五合　　賄代米
〆　百弐拾九俵弐斗七合

差引　米弐斗四合□(虫損)勺七才　　過納
代金壱両三朱、銀八分壱厘　此銭九拾壱文
金拾両ニ付四俵壱斗直段
両替七貫文
右之通、丑御収納米致勘定、過納代金相渡申候、以上
寅八月十八日
中山安太郎㊞
（「蜂谷家文書」Ⅰ－20　専修大学所蔵）

二二　上飯田村杢三郎脇小屋并車屋共焼失ニ付口書并御請書（慶応元年一〇月）

（表題）
「慶応元丑年十月晦日　上飯田村杢三郎脇小屋并車屋共焼失ニ付口書并御請書　壱冊　下書写」

差上申口書之事

上飯田村重蔵下
杢三郎

昨廿九日夜九ツ時頃、私居宅脇小屋ゟ出火仕候始末、被遊御尋候
此段申上候、私居宅名所湯戸平与申処ニ而、間口六間半、奥行八間半、板葺ニ而東向ニ御座候、右居宅北之方

上飯田村

杢三郎

ニ、弐間ニ八間半之萱葺之小屋之内、灰小屋補理御座候、夫ゟ猶北之方江六尺隔り、弐間ニ四間之車屋壱ヶ所御座候、然ル所昨廿九日夜九ツ時頃、物音仕候間、早速罷出見候処、右灰小屋ゟ出火仕候ニ付驚、火事与乍呼立防候所へ、隣家幷ニ組合之者ハ勿論、村役人其外村内之者共、駈付防呉候得共、次第ニ火勢強、小屋幷車屋共不残焼失仕、既ニ居宅もあやうく見請候処江、

御城下町々幷隣村之者共追々駈付防呉候間、居宅は相残り申候、其外類焼怪我人等一切無御座候、右之段村役場ゟ掛り御役所江御訴申上候ニ付、各様為御検使被成御出役、出火之場所御見分、其上始末御糺し御座候処、私儀一昨廿八日朝灰ヲ焼、火之気も無御座と存、俵ニ入、小屋之内江入置候処、右灰ゟ出火仕候儀ニ奉存候、私平日意趣遺恨等相請候覚曽而無御座候、火之元之儀ハ御進発中別而入念大切ニ可仕旨、兼而村役場ゟ厳重申付御座候処、全火之元不始末故、右体之儀出来仕、不調法至極奉恐入候

右申上候通、少茂相違無御座候、私儀火之元不始末ゟ自火仕候段、不埒ニ付、押込之上、組合共江御預ケ被仰付、急度相慎可申旨被　仰渡奉畏候、為其口書一紙ニ御請印形仕差上候、以上

慶応元丑年十月晦日

前書申上候通、私共一同承知仕候、昨廿九日夜九ツ時頃、火事と呼立候間、早速火之元へ駈付見請候処、村内杢三郎居宅脇小屋ゟ出火仕候ニ付、防方差図仕、供々防候へ共、前段杢三郎申上候通、多人数駈付防候へ共、小屋并車屋共不残焼失仕、居宅ハ相残り申候、其外類焼怪我人等一切無御座候、右之段御訴申上候ニ付、各様為御検使被成御出役、私共一同為御立会、出火之場所御見分之上、始末御糺御座候処、全自火ニ相違無御座段御見届相済、杢三郎儀ハ、押込之上、組合共江御預ケ被仰付、急度為相慎奉畏候、依之私共一同奥印仕、差上申候、以上

上飯田村杢三郎

五人組

彦四郎

作右衛門

善三郎

同村三役人

米本源右衛門様

熊谷政兵衛様

（「蜂谷家文書」I－21　専修大学所蔵）

二三　江戸表歎願ニ付町方両郷割合帳（慶応元年一一月）

（表題）
「慶応元年丑十一月　江戸表歎願ニ付町方両郷割合帳」

覚

一、金壱両三分弐朱　　古谷氏
　壱貫八百拾弐文　　江戸ニ而取替
一、金壱両壱朱ト　　北原氏
　百廿四文　　江戸ニ而取替
一、金四両ト　　野口氏
　五貫弐百九拾弐文　　江戸ニ而取替
一、金五分弐朱　　高田取替
一、金三分三朱ト　　野原氏取替
　百七拾四文
一、金三両弐朱　　帯屋追々取替
一、八拾八匁弐分ト　　庄三郎
　壱貫六百文賄代
一、金壱分ト　　野原氏
　弐百廿文　　江戸ニ而取替
一、三拾四匁五分　　仙重郎

町在立会ニ付賄入用
一、壱匁四分　　中折代
　〆金拾壱両弐分弐朱
　銀百廿四匁壱分
　銭九貫弐百四拾弐文
為銭　九拾六貫八百八拾弐文
　内
三拾五貫七百四拾九文　町方
三拾七貫八百四拾文　下郷
弐拾三貫三百五拾壱文　上郷
千六拾五貫六百文　　六人日掛り
　但シ七拾四日分
　壱日分廿弐匁五分宛
丁銭　千弐拾弐貫九百四拾六文
　内
三百四拾七貫四百七拾八文　　町方
為九六　三百九拾三貫弐百六文
弐百四拾六貫弐百八拾文　　上郷
為九六　弐百五拾六貫八百五拾文
三百九拾八貫九百拾八文　　下郷
為九六　四百拾五貫五百三拾八文
合

四百廿八貫九百五拾五文　町方
弐百八拾貫弐百七文　上郷
四百五拾三貫三百八拾七文　下郷

右之通、綿屋仙重郎宅ニ而町方両郷立会ニ而、割之候、尤上郷ハ先規之通り出銭不致事

（「蜂谷家文書」Ⅰ－22　専修大学所蔵）

二四　殿様大坂表御警衛ニ付御用金取集帳（慶応二年七月）

（表題）
「慶応二寅年七月ゟ　殿様大坂表御警衛ニ付御用金取集帳　上飯田村　出来分重蔵扣　〆作共」

七月廿六日
一、金拾三両三分弐朱ト　兵九郎
　六貫七百七拾六文
一、金三両壱分弐朱ト　源左衛門
　壱貫四百三拾文
一、同三両ト　伊左衛門
　壱貫三百五拾弐文
一、金三分ト　惣九郎
　壱貫百壱文
一、同弐両壱分壱朱ト　小平次
　弐貫弐百四拾三文
一、同壱両三分三朱　彦十郎
　弐貫百八拾四文
一、同弐両壱分三朱ト　新六
　壱貫六百拾三文
一、同六両弐分壱朱ト　長四郎
　八百九拾五文
一、同四両三分壱朱ト　杢三郎
　壱貫五百三拾三文
一、同六両弐朱ト　岡左衛門
　壱貫四百拾八文
一、同四両三分壱朱ト　彦左衛門
　壱貫七百四拾弐文

廿七日
一、同廿両壱分弐朱ト　兵九郎
　六貫九百拾七文
一、金壱朱　呉服みのや　太兵衛
　拾四文
一、同壱朱ト　彦三郎
　百弐拾弐文

一、同弐両弐朱ト　久左衛門
　弐百八拾文
廿八日
一、同五両三分三朱ト　兵九郎集
　五貫八百八拾文
一、同三分三朱ト　兵九郎
　百三拾六文
一、同弐分弐朱ト　市蔵
　九百六拾七文
一、同七両三分壱朱ト　平九郎
　壱貫六拾壱文
廿九日
一、六両壱朱ト　兵九郎
　四貫五百四拾文
一、弐両壱朱ト　市十郎
　六拾弐文
一、弐分三朱ト　平右衛門
　弐百六文
一、三両弐分弐朱ト　兵九郎集
　六貫三百六拾五文
右之両替之義者七貫弐百文宛
七月廿九日

一、金百七両　上納
　銭三百七拾九文
惣〆高銭
四拾八貫八百九拾九文　此銭両替七貫弐百也
惣〆百両壱分三朱
弐口〆　百八両三朱ト銭八十九文
（「蜂谷家文書」Ⅰ－23　専修大学所蔵）

二五　上飯田村重蔵下卯御物成請払通（慶応三年一一月）

（表題）
「慶応三年従十一月　上飯田村重蔵下卯御物成請払通」

一、米千百四俵八升七合七勺弐才　御定納
　但本田新田畑田相米共出来分
一、同三百拾七俵三升三合八勺弐才　御定納
一、同三俵八升七合五勺　柿相米
一、同五俵壱升九合弐勺壱才　新田増米
　但古新田ゟ享保七寅改迄
一、同拾七俵八升弐合　御馬廻衆上ケ畑年貢
一、同三俵弐斗三升　山手米
一、同三斗四升三合　風越同断

一、同壱斗五升　　　　　　　　　　　　津戸井原同断
一、同三拾九俵　　　　　　　　　　　　御種貸元利
　　　但元米三拾俵
一、米百八拾俵　　　　　　　　　　　　夫喰拝借米返上
一、同弐拾四俵　箕瀬愛宕坂羽場三ヶ所之処同断
一、同六升七合六勺五才　出来分之内畑成見取米
〆　米千六百九拾四俵三斗九勺
　　内
一、百五俵弐升四合　　　　　　　　　万引
一、七俵壱斗壱升弐勺　　　　　　　　当流
一、壱斗壱升五合五勺　　　　　　　　宮ノ上小島郷蔵
　　　　　　　　　　　　　　　　　　茶園畑当流
一、弐俵壱斗九升壱合六勺　　　　　　庄屋給
一、壱俵壱斗九升四合九勺六才　　　　小使給
一、弐俵三斗七升五合壱勺　　　　　　出来分　万引
一、弐拾弐俵五升三勺三才　　　　　　同断　当流
一、弐斗九升弐合弐才　　　　　　　　同断　庄屋給
一、壱斗七升五合弐勺壱才　　　　　　同断　小使給
〆　百四拾弐俵三斗弐升八合九勺弐才
残而　米千五百五拾壱俵三斗七升壱合九勺八才
　　此払
一、四拾四俵　　　　　　　　　　　　御用米

一、三拾俵　　　　　　　　　　　　　御種貸米
一、三俵三斗六升四合九勺三才　　真綿代米
　　此山目七百八拾弐匁四分六厘三毛
一、八俵壱斗壱升壱合弐勺　　　　　下屋敷年貢
一、弐拾壱俵三斗六升九合六勺五才
　　　　　　　　　　　　　　　　　桜井三郎右衛門分
一、壱斗壱升六合九勺　　　　　　　岡庭才蔵
一、壱斗五升　　　　　　　　　　　渡辺八郎
一、壱斗弐升六合壱勺　　　　　　　小木曽寛治
一、四升弐合五勺　　　　　　　　　北原惣兵衛
一、四升弐合五勺　　　　　　　　　三羽清右衛門
一、壱俵九升　　　　　　　　　　　桜井政之進
一、六拾三俵三斗五升五合六勺三才
　　　　　　　　　　　　　　　　　庄屋　重蔵
一、三拾弐俵三斗九升　　　　　　　右同人
一、四俵　　　　　　　　　　　　　松尾町　伊八
一、五拾俵　　　　　梅南籾蔵江　　木下長四郎
一、拾俵　　　　　　蜂谷伊右衛門　年貢立
一、三俵　　　　　　　　　　　　　村　庄右衛門同断
一、三拾七俵　　　　　　　　　　　原吉右衛門同断
一、四拾六俵弐斗　　　　　　　　　伊原五郎兵衛同断
一、壱俵　　　　　　　　　　　　　愛宕坂　佐兵衛

一、六俵三斗　中島忠蔵　年貢立
一、八俵　村　長四郎同断
一、拾五俵　右同人同断
一、四俵弐斗　上柳喜右衛門同断
一、壱俵弐斗　桜井利右衛門同断
一、三俵三斗九升七合弐勺　右同人同断
一、壱俵　村　武八同断
一、四俵　武兵衛同断
一、拾五俵　与右衛門同断
一、壱俵弐斗七升五合　九右衛門同断
一、四拾三俵　小西利右衛門同断
一、三俵　本町弐丁目　新之助同断
一、弐斗六升六合弐勺　同町　文次郎同断
一、弐俵　村　仙右衛門
一、八俵　井村万之助同断
一、三俵　市瀬与四郎同断
一、壱俵弐斗七升五合　村　五右衛門同断
一、壱俵壱斗　綱五郎同断
一、拾七俵　小林源兵衛同断
一、拾壱俵壱升　吉川伝兵衛同断
一、弐俵　野原文四郎同断
一、壱斗　木下武右衛門同断

一、五拾三俵　林弥七同断
一、八俵弐斗四升　野原半三郎同断
一、四俵弐斗四升　右同人同断
一、拾七俵九升三合弐勺　右同人同断
一、三俵　大横丁　清兵衛同断
一、弐俵弐斗　吉沢源蔵同断
一、弐拾参俵　木下長四郎同断
一、拾壱俵　山村九郎右衛門同断
一、弐斗六升六合弐勺　桜町壱丁目　彦四郎同断
一、三俵三斗九升七合弐勺　茂三郎同断
一、弐斗六升六合弐勺　同町　新八同断
一、弐拾七俵　中村久兵衛同断
一、四俵　柳沢泰蔵同断
一、拾俵　箕瀬　兼三郎同断
一、拾弐俵　右同人同断
一、三俵壱斗壱升九合　三浦唯逸郎
一、拾六俵　知久町　平右衛門
一、弐俵　塩田藤作
一、九俵　鈴木直吉
一、七俵　福沢虎四郎
一、三拾俵　愛宕坂　豊吉
一、三俵　大横丁　政五郎

一、五俵　扇町　千助
一、五俵壱斗　田町　種五郎
一、拾七俵　田町　吉兵衛
一、弐斗六升六合弐勺　大横丁　万四郎
一、弐斗六升六合弐勺　知久町　新三郎
〆　七百九拾三俵壱斗三升七合壱才
残而　米七百五拾八俵弐斗三升四合九勺七才
内
一、三拾俵　知久町　与次右衛門
一、弐拾俵　右同人
一、八俵　池田町　徳平
一、三拾俵　箕瀬　利助
一、拾俵　杉山八蔵
一、八俵　桜町　歓兵衛
一、拾俵　谷川車屋　仙右衛門
一、拾俵　田町　種五郎
一、拾俵　右同人
一、拾俵　大横丁　鉄次郎
一、八俵　桜町　歓兵衛
一、百俵　御蔵方　飯井九郎右衛門
一、拾俵　松尾町　亀十郎
一、七俵弐斗　知久町　与次右衛門

一、拾俵　大横丁　鉄次郎
一、拾俵　谷川　仙右衛門
一、五俵　田町　米吉
一、弐拾俵　桜井好右衛門
一、弐斗六升六合弐勺　本町　伊右衛門
一、壱俵壱斗　田町　種五郎
一、四俵　松尾町　伊八
一、四俵　伊之助
一、拾俵　伊原五郎兵衛
一、弐俵　箕瀬　平吉
一、三俵　籾代米
一、六拾俵　村方夫喰拝借米
一、七俵弐斗　餅代米
内
一、五俵壱斗五升　上飯田組　中村小三郎
一、弐俵五升　庄屋　重蔵
〆
一、五俵壱升三合三勺三才　代米
此白大豆七俵弐斗弐升
内
一、八俵弐斗　上飯田組　中村小三郎
差引　三斗八升　過納

一、五俵壱升三合三勺三才　代米
此黒大豆七俵弐斗弐升
内
一、弐俵　御厩　宮沢宗四郎
一、参斗八升　白大豆過納〆入
一、四俵弐斗四升　庄屋　重蔵
〆
〆　四百弐拾八俵三斗九升弐合八勺六才
残而　米三百弐拾九俵弐斗四升弐合壱勺壱才
内
一、百七俵　箕瀬　平吉
一、拾俵　大横丁　鉄次郎
一、拾弐俵壱斗九升三合九勺八才　木下与七
一、四拾俵　山村　恵之助
一、拾俵　木下長四郎
一、拾俵　木下武右衛門
一、弐俵　松尾町　伊八
一、拾四俵　知久町　与次右衛門
一、弐拾俵　桜町　歓兵衛
一、拾俵　知久町　与次右衛門
一、弐俵　菱田弘治
一、弐俵　松尾町　伊八
一、拾俵　知久町　与次右衛門
一、拾俵　田町　種五郎
一、弐俵三斗八升弐合八勺　林弥七
一、拾俵　村　梶之助
一、四俵　稲田収
一、拾俵　田町　種五郎
一、弐斗六升六合弐勺　大横丁　忠助
一、拾俵　箕瀬　平吉
一、拾俵　藤田才次郎
一、拾俵　右同人
一、三俵三斗三升三合　賄代米
一、八俵　庄屋　重蔵
〆三百弐拾八俵三斗七升五合九勺八才
差引　米弐斗六升六合壱勺三才　不納
代金壱両弐分三朱ト銀四毛
此銭壱文
拾両ニ付　三俵三斗七升七合直段
両かへ　拾貫三百文
右之通、卯御収納米差引勘定不納代金請取候、已上
辰八月廿日
中山安太郎㊞
（「蜂谷家文書」Ⅰ－24　専修大学所蔵）

二六　乍恐奉願上候口上書之事〔夫役伝馬役御用金賦課に付歎願書〕（慶応四年正月）

乍恐奉願上候口上書之事

去ル天保十四卯年、日光御社参之節夫役被　仰付、木曽
御伝馬役ト二重ニ相成難渋ニ付
御公儀様江歎願仕候得共、夫役相勤候中者木曽御伝馬役
御免被成下難有奉存候、其後安政元寅年、異国船渡来之
節夫役被　仰付、文久元酉年
和宮様御下向之節、当国追分宿江御警衛ニ付、夫役被仰
付、人馬同宿迄出駅仕、右両度共木曽御伝馬役ト二重ニ
被成、難渋ニ付御伝馬役者御免被成下候様
御公儀様江歎願仕候得共、無御宥免殊
和宮様御下向之節者、前代未聞之大御通行ニ而、村々有
合人足ニ而者不足ニ付、両役難相勤、無拠御他領ゟ高料
之人足雇入、猶又引続御上洛御役之様御上下幷日光　御
神忌御伝馬相勤、莫大之人馬出駅仕、貸銀相嵩、極々困
窮ニ陥り、無詮方木曽御伝馬役之儀ハ、近年不参ニ相成、
就夫福島御役所ゟ当　御役所江度々御掛合ニ相成奉恐入
候、右ニ付当節不勤之分贖勘定致度様掛合中ニ候処、去々
寅年六月
殿様御儀上方筋御出張ニ付、夫役被　仰付、只今以辛勤
罷在候得共、方今之御時節、夫役勤之儀者一命ニ拘り候
程之儀ト甚恐怖之余り、給金増呉候様申越、累年両度相
勤、且御定納之外、在方ニ而者御小物成等種々上納仕候
上、永年御種貸利米上納仕、国役金等も当節ニ而者数々
之御名目ニ而多分上納仕、極難ニ陥り、開作手当等不行
届、大小百姓一同悲歎余り歎願仕呉候様申ニ付、不得止
事、町方江夫役救助、右之様御利解被
仰聞候段奉願上候処、町方ニ而夫役相勤候儀者、諏訪・高
遠ニも無御座故、御請難仕旨申張候趣被仰聞候得共、諏
訪・高遠御領者、在方広く御城下家数少く、当御領者在
方狭く御城下家数多、乍恐御高ニ対し候而者、融通宜敷
御城下之由、諸人申事ニ而、高遠・諏訪と同論ニ者難聞
取、其上去ル子年歩兵組衆中御通行之節者
御上様之仰付ニよつて、在方ゟ町方江急場救助筋も御座
候、前文奉申上候通、数年二重役相勤疲弊陥り候ニ付、夫
役救助町方江被　仰聞候様奉願上候、若町方ニ而承引無
之候ハヽ、此上夫役被仰付候共御融通無之限者、在方ニ
而も乍恐御請難仕旨、大小百姓一統申之候、既ニ去々寅
年夫役幷高掛り御用金両様被　仰付、甚難渋仕候、夫役
在方ニ限候儀ニ御座候ハヽ、此末高掛り御用金、夫役両
様被　仰付候節者、御用金者町方斗り江被
仰付可被下候

御国恩相弁候儀者町方差別無御座義ト奉存候、前顕之次
第ニ而、在方困窮ニ陥り候も、町方ゟ格別果(ママ)役多故ト
御堅察被成下、何卒厚以
御憐愍を夫役助成仕呉候段、町方江被　仰付被下置候様、
偏奉願上候、以上

慶応四辰年正月

上郷村々庄屋　印

右者京都夫人足両郷ニ而御上様差出し候、以上

重蔵扣

（「蜂谷家文書」Ⅰ－25　専修大学所蔵）

二七　京夫拾人割・京夫四人増給金割　割合取集帳
（慶応四年二月）

（表題）
「慶応四辰年二月　京夫拾人割・京夫四人増給金割　割合
取集帳　上飯田村羽場」

京夫四人増給金三割分
一、金三両壱分壱朱　　東野
　四百六拾三文　不足

京夫拾人割
一、金拾弐両三分ト　　上黒田村
　六百九拾四文　過金

京夫四人増給金三割分
一、金三分壱朱ト　不足
　四百拾七文

差引
　金拾壱両三分三朱ト　過金
　弐百七拾七文　相渡ス

京夫拾人割
一、金五両弐分弐朱ト　　下黒田村
　弐百九文

京夫四人増給金三割分
一、金弐両壱分三朱ト
　五百三拾九文

弐口〆　金八両壱分ト　不足
　七百四拾八文

京夫拾人割
一、金四両壱分ト　　別府村
　弐百三拾壱文

京夫四人増給金三割分
一、金弐両壱分壱朱ト
　五百七拾七文

弐口〆　金六両弐分壱朱ト　不足

八百拾弐文　受取申候
京夫拾人割
一、金拾両壱分三朱ト　飯沼村
四百四拾文
京夫四人増給金三割分
一、金弐両三分弐朱ト
四百六拾弐文
弐口〆
三月七日請取
入金拾三両壱分壱朱ト　不足
九百六文
京夫拾人割
入一、金三両壱分ト　座光寺村
四拾六文
京夫四人増給金三割分
一、金拾弐両三分壱朱ト
弐百三拾八文
弐口〆　金拾六両壱朱ト
三百五拾四文
内
一、金九両　但し京夫増給金
壱人分相渡し申候

差引
入　金七両壱朱ト　不足
三百五拾四文　受取申候
京夫拾人割
入一、金四両三朱ト　牛牧村
三百九拾四文
京夫四人増給金三割分
一、金壱分壱朱ト
五百七拾七文
弐口〆　金四両弐分ト　不足
九百六拾六文
二月卅日
内弐両御渡シ申候
一、金弐拾弐両弐分　南条村
内
拾壱両壱分　但し壱ヶ年壱人分
給金此間御引合致し
候通半金御渡被下候
覚
京都夫人足十人割合　四分六ノ六毛

一、金拾両壱分三朱ト　　不足分
　　四百四十文
京都四人増給金　　正月分四月迄分
一、百七拾五匁五分　　四ヶ月分
　為金弐両三分弐朱ト四百六十弐文
二口〆　拾三両壱分壱朱ト九百六文
　内
　残　四拾七貫四百六文
　　為金五両分九百六文　　両替　九貫三百文
金八両壱分壱朱
右之通御渡し申候間御請取可被下候、以上
　辰三月八日
　　　　　　　　　　飯田村庄屋
　　　　　　　　　　　　吉ノ丞㊞
上飯田村庄屋　重蔵様
　　　　（「蜂谷家文書」Ⅰ－28　専修大学所蔵）

二八　高掛御用金集帳（慶応四年四月）

（表題）
「慶応四辰年四月　高掛御用金集帳　但壱俵ニ付弐匁六
分掛ケ　上飯田村羽場」

一、金壱分ト四百四拾九文　阿弥陀寺
一、壱朱ト三百四拾壱文　甚蔵
一、弐分壱朱ト　獅子蔵
　四百四拾壱文　増壱分豊次郎分
一、壱朱ト三百六拾三文　与八
一、三分壱朱ト五百廿八文　原吉右衛門
一、五百廿八文　安兵衛
一、三朱ト七拾弐文　小兵衛
一、三朱ト七拾弐文　新兵衛
一、三朱ト百拾五文　善助
一、六拾壱文　清次郎
一、弐朱ト三百七拾五文　蜂谷伊右衛門
一、三分三朱ト五百九拾五文　鈴木直太郎
一、壱両壱朱ト弐百六拾文　新八
一、三分壱朱ト四百四拾四文　文作
一、百八拾七文　佐助
一、三拾壱文　さかや　善吉
一、壱朱ト三百三拾五文　吉沢弥兵衛
一、弐百拾弐文　稲吉
一、弐両壱分ト弐百六拾文　林弥七
一、弐朱ト四拾七文　日の屋　成志
一、壱分ト百三拾九文　樋口与兵衛

一、拾弐文　代助
一、弐文　なんふ屋　金次郎
一、壱両弐朱ト三百拾文　中村久兵衛
一、弐朱ト十七文　春木屋　弥兵衛
一、九拾四文　木下武右衛門
一、壱分三朱ト弐百八拾四文　小西利右衛門
一、百拾七文　朝日屋　卯八
一、三百五文　板屋　文治郎
一、壱分ト四百六拾九文　あたご　弥三郎
一、七文　佐平次
一、百五拾六文　伊原虎之助
一、三分壱朱ト廿弐文　伊原五郎兵衛
一、百三拾七文　釘屋　伝六
一、三拾弐文　木綿屋　利兵衛
一、三朱ト四百廿壱文　吉岡屋　利兵衛
一、壱朱ト弐百三拾五文　野原文四郎
一、弐分三朱ト九文　小林源兵衛
一、壱分壱朱ト五百四拾四文　松弐　新助
一、百五拾五文　松壱　馬太郎
一、五百四拾七文　つる屋　平兵衛
一、百廿八文　成下　平太郎
一、三朱ト四拾五文　木下与八

一、壱朱ト六拾文　仙右衛門
一、□（虫損）百拾八文　金兵衛
一、百三拾四文　来迎寺
一、三百拾八文　西教寺
一、壱朱ト百拾五文　本覚寺
一、百五拾八文　正永寺
一、百六拾九文　大雄寺
一、三百七拾四文　八曽吉
一、壱朱ト四百拾九文　林蔵
一、廿八文　別府村　治兵衛
一、壱朱ト三文　樫右衛門
一、弐朱ト四拾七文　重左衛門
一、百五拾壱文　万願寺
一、弐百七拾五文　昨右衛門
一、弐百七拾六文　孫三郎
一、百四拾八文　林蔵
一、四百廿四文　利藤次
一、百廿六文　新兵衛
一、八拾弐文　新三郎
一、弐百八拾四文　金作
一、弐百八拾四文　降吉
一、弐百六拾弐文　滝蔵

一、拾壱文　久吉
一、弐百弐文　白山寺
一、弐朱ト三百三拾弐文　庄兵衛
一、八拾弐文　彦兵衛
一、百三拾七文　山村　昨五郎
一、弐百四拾文　庄五郎
一、四百三拾弐文　銀右衛門
一、百八拾三文　利左衛門
一、百三拾壱文　仙松
一、百八拾三文　竹次郎
一、三拾六文　八弥
七日
一、百六文　平次郎
一、八拾弐文　忠吉
一、廿壱文　新吉
一、六拾壱文　豊吉
一、五百五拾五文　伝次郎
一、八拾弐文　武左衛門
一、六拾文　儀助
一、弐百八拾四文　竹右衛門
一、壱分ト四百三拾五文　福沢氏
一、五百拾九文　桜井氏
一、三朱ト廿四文　中島重左衛門
一、弐百九文　松崎忠助
一、百廿三文　岡庭氏
一、百五拾八文　渡辺氏
一、百三拾三文　小木曽氏
一、百三文　篠田杢次郎
一、拾壱文　三羽氏
一、四拾四文　北原氏
一、弐朱ト四百七拾壱文　柳沢泰蔵
一、弐百七拾八文　米本氏
一、四百五拾三文　石沢氏
一、百六拾壱文　中山氏
一、弐百四拾八文　阿久沢
一、丁五拾文　中川氏
一、六拾文　水割　金次郎
一、弐百六拾四文　矢島氏
一、弐百九拾弐文　上黒田村　亀次郎
一、弐百六拾四文　桜くぎ屋　荘兵衛

（「蜂谷家文書」Ⅰ-29　専修大学所蔵）

二九　高掛御用金集帳（慶応四年四月）

（表題）
「慶応四辰年四月　高掛御用金集帳　但し壱俵ニ付弐匁
六分掛り　上飯田村出来分」

一、壱朱ト三文　新八
一、壱分壱朱ト六拾四文　与八
一、三朱ト三百八拾文　獅子蔵
一、三分ト六拾九文　原吉右衛門
一、三百四拾三文　甚八
一、百廿六文　儀作
一、三百拾六文　太平
一、六拾壱文　彦兵衛
一、壱朱ト百九拾弐文　蜂谷伊右衛門
一、五百廿文　善助
一、弐百六拾三文　利助
一、三百六拾三文　弥兵衛
一、三百八拾文　大の屋　清兵衛
一、百五拾三文　重兵衛
一、壱朱ト四百五拾弐文　小兵衛
一、百五拾七文　新兵衛
一、弐百拾弐文　安兵衛
一、壱朱ト三百四拾六文　兼三郎
一、三百四拾九文　友作
一、百五拾四文　金三郎
一、弐百六拾八文　伊兵衛
一、百四拾弐文　さこ屋　平左衛門
一、三朱ト弐百廿六文　鈴木直吉
一、五百拾四文　佐助
一、弐百六拾三文　利助
一、弐百三拾四文　荘兵衛
一、三文　十王堂
一、三百六拾弐文　平吉
一、百六文　なかこ　市良右衛門
一、百五拾六文　太平
一、九拾三文　寿美
一、三百三拾八文　久兵衛
一、五拾弐文　弥三郎
一、四百弐文　猪三郎
一、三朱ト五百四拾五文　定助
一、三百拾八文　藤五郎
一、五拾弐文　増兵衛
一、弐百三拾四文　新助

一、四百丁五拾文　桂蔵
一、百四文　嘉兵衛
一、六拾文　惣兵衛
一、百拾八文　源三郎
一、百八拾九文　彦蔵
一、壱分三朱ト四百四拾壱文　喜兵衛
一、百四拾七文　清兵衛
一、五拾三文　喜代作
一、七拾四文　利助
一、百五拾五文　伝之助
一、百拾壱文　常吉
一、壱分壱朱ト四百拾文　小吉
一、三百七拾六文　平兵衛
一、弐朱ト六拾四文　源四郎
一、百八拾壱文　吉兵衛
一、百四拾七文　利兵衛
一、三百拾八文　仙右衛門
一、壱朱ト三百九拾三文　藤助
一、百五拾六文　文之助
一、百八拾壱文　与吉
一、五拾弐文　久七
一、拾文　福住喜三郎

一、六拾六文　大二　伝兵衛
一、三百廿弐文　稲荷分
一、百七拾六文　大三　忠助
一、百四拾文　清助
一、弐朱ト五百六文　板屋　文次郎
一、八拾五匁四分三厘　小西利右衛門
一、五拾七匁　大久保替地
二口〆　金弐両壱分壱朱ト六百壱文
一、六拾七文　泉屋　荘三郎
一、三拾文　はりまや分
〆
一、拾文　丸屋　弥兵衛
一、三百五拾九文　永井屋　庄八
一、弐両ト廿文　木下長四郎
一、三百三拾三文　林弥七
一、壱朱ト五百三文　浜田屋　久右衛門
一、壱両三朱ト三百五拾壱文　伊原五郎兵衛
一、壱両壱分壱朱ト廿壱文　野原半三郎
一、壱分壱朱ト百四拾七文　井村万之助
一、壱分三朱ト五百拾六文　山村九郎右衛門
一、弐百六拾四文　伝壱　金之助
一、三百八拾四文　小林源兵衛

一、弐朱ト廿八文　伝一　平兵衛
一、壱朱ト五百五拾三文　卯助
一、壱分ト九拾壱文　泉屋　吉右衛門
一、壱分三朱ト三百五拾九文　吉川七五郎
一、壱朱ト百九拾五文　滝田氏
一、壱朱ト六拾九文　菅沼武左衛門
一、金弐拾四両三分請取
七貫百八拾五文

（「蜂谷家文書」Ⅰ－30　専修大学所蔵）

三〇　京都・関東・松代夫人足取集帳（慶応四年閏四月）

（表題）
「慶応四辰年閏四月　京都・関東・松代夫人足取集帳
但し壱俵ニ付銀三匁掛り　上飯田村羽場下」

一、壱分壱朱ト三百七文　阿弥陀寺
一、壱朱ト五百拾九文　甚蔵
一、拾弐文　獅子蔵
一、壱朱ト七拾七文　与八
一、三分三朱ト六百四拾六文　原吉右衛門
一、六百四拾六文　安兵衛
一、三朱ト三百八拾六文　小兵衛
一、三朱ト三百八拾六文　新兵衛
一、三朱ト百弐拾九文　善助
一、三朱ト八文　蜂谷伊右衛門
一、壱両弐朱ト弐百九拾壱文　鈴木直吉
一、七拾五文　のだ屋　清次郎
一、壱両壱分ト六拾八文　新八
一、三分三朱ト五百拾壱文　文作
一、弐百三拾三文　好兵衛
一、三拾八文　善吉
一、壱朱ト五百拾三文　吉沢弥兵衛
一、弐百五拾八文　稲吉
一、弐両弐分弐朱ト廿弐文　林弥七
一、弐朱ト弐百五拾八文　日の屋　成志
一、壱分ト五百六拾九文　樋口与兵衛
一、壱両壱分壱朱ト弐百廿九文　中村久兵衛
一、弐文　南部屋　金次郎
一、弐朱ト弐百拾九文　春木屋　弥兵衛
一、百廿文　木下武右衛門
一、弐分ト四百弐文　小西利右衛門
一、百四拾弐文　のだ屋　卯八
一、三百七拾壱文　板屋　文次郎

一、壱分壱朱卜三百廿六文　あたご坂　弥三郎
右之内　五百七拾七匁請取
一、九文　佐平次
一、百九拾文　伊原虎之助
一、三分三朱卜廿七文　伊原五郎兵衛
一、百六拾七文　くぎ屋　伝六
一、四拾弐文　木綿や　利兵衛
一、壱分卜百六拾四文　吉岡屋　利右衛門
一、壱朱卜三百八拾六文　野原文四郎
一、三分卜六百三拾文　小林源兵衛
一、五百五拾弐文　まつ屋　文吉
一、壱分壱朱卜三百八拾六文　まつ弐　豊次郎
一、壱分壱朱卜三百八拾六文　まつ三　増太郎
一、壱分壱朱卜百廿七文　まつ弐　新助
一、百八拾七文　まつ壱　馬太郎
一、壱朱卜廿文　つる屋　平兵衛
一、百五拾五文　平太郎
一、三朱卜三百五拾六文　木下与八
一、三百八拾六文　うるし　金右衛門
一、壱朱卜百七拾文　仙右衛門
一、百六拾四文　来迎寺
一、壱朱卜弐百四拾壱文　本覚寺
一、弐百拾五文　正永寺
一、三百八拾六文　西教寺
一、弐百拾壱文　大雄寺
一、三拾三文　別府　治兵衛
一、壱朱卜百四文　同　樫右衛門
一、弐朱卜弐百五拾八文　同　重左衛門
一、百八拾四文　万願寺
一、七拾八文　丸山　作右衛門
一、拾八文　孫太郎
一、七拾八文　林蔵
一、五百拾文　利藤次
内　弐百五拾六文請取
一、百五拾四文　新兵衛
一、拾弐文　久吉
一、弐朱卜四百文　庄兵衛
一、百四文　東の　彦兵衛
両替　拾貫四百文

（「蜂谷家文書」Ⅰ－31　専修大学所蔵）

三一　諸願書扣帳（明治四年九月）

（表題）

「明治四未年九月　諸願書扣帳　庄屋　蜂谷重蔵下」

奉願上候口上書之事

一、酒造御鑑札　　壱枚

右者、私儀此度稼仕度奉存候間、御免許御鑑札被下置候様仕度奉存候間、尤御冥加御運上之儀ハ御定之通上納不仕候間、此段　御聞届被下置候様奉願上候、以上

明治四未年九月

上飯田村蜂谷重蔵下
願人
吉沢栄作
同村五人組
山田杢三郎
同村同断
山田彦四郎
同村同断
吉沢善七

前書之通奉願上候ニ付相糺候処、相違無御座候間、私共一同奥印仕差上申候、以上

上飯田村長百姓
中田平三郎
同村組頭
浜島徳平
同村庄屋
蜂谷重蔵

飯田県御役所

差上申一札之事

一、平吉儀不易容御咎中之内大病ニ付、去年十一月奉嘆願養生所迄御下ヶ被下置有難奉存候処、此度余病差重リ、尚又親類中ゟ嘆願奉申上候処、別格之以御慈悲ヲ病気中宿迄御下ヶ被成下、親類組合共江御預ヶ被仰付奉畏有難奉存候、然上ハ日夜替ル〳〵番仕、病気少シニ而も全快仕候ハヽ早速御届可奉申上候、為其連印奉差上候、以上

明治四辛未年九月

箕瀬平吉親類
木下八五郎
同断
原五郎平
同断
鈴木惣吉
同断五人組
佐々木五郎
同断

横井友作
同断
菅沼好平
同断
岡田金平

前書之通相糺候処、相違無御座候間奥仕差上申候、以上

上飯田村長百姓
中田平三郎
同断組頭
浜島徳平
同断庄屋
蜂谷重蔵

飯田県御役所

奉願上候口上書之事

一、正永寺原ニ而名前藤木与申処、原畑壱畝弐拾歩之場所江今般勝ニ付間口五間・奥行弐間三尺之新家作仕、私伯父豊八割宅仕渡世為仕度奉存候、尤御停止之造作等決而不仕、地所其外双方故障之儀少も無御座候間、此段御聞届被下候様奉願上候、以上

明治四未年九月

上飯田村蜂谷重蔵下
願人　吉沢久吉
同村五人組　吉沢弁八
同断　吉沢惣九郎
同断　矢崎兵九郎
同断　吉沢冬松

右之通奉願上候ニ付相糺候処、相違無御座候間、私共奥印仕差上申候、以上

上飯田村長百姓　中田平三郎
同村組頭　浜島徳平
同村庄屋　蜂谷重蔵

飯田県御役所

奉願上候口上書之事

一、酒造御鑑札　壱枚

右者、私儀此度酒造稼仕度奉存候、御免許御鑑札被下置候様仕度奉存候、尤御冥加御運上之儀ハ御定之通上納可仕候間、此度御聞届被下置候様奉願上候、以上

未年九月

願人箕瀬　杉山善九郎
五人組　蜂谷伊重郎
同断　沢柳小平

同断　原吉郎

右之通奉願上候ニ付、私共奥印仕差上候、以上

三役人印形

県庁御役所

奉願上候口上書之事

一、醤油御鑑札　壱枚

右者、私儀此度醤油稼仕度奉存候、御免許御鑑札被下置候様仕度奉願上候、尤冥加御運上之儀ハ御定之通リ上納可仕候間、此段御聞届ケ被下置候様奉願上候、以上

明治四辛未年九月

上飯田村箕瀬　蜂谷重蔵下

原吉郎倅願人　原宗次郎

五人組　杉山善九郎

同断　沢柳小平

前書之奉願上候ニ付相糺候処m相違無御座候間、私共奥印仕差上申候、以上

三役人印形

乍恐奉願上候口上書之事

上飯田村之内蜂谷重蔵下　箕瀬直吉

一、右之者、上飯田村之内箕瀬平吉贋札行使事件掛リ合ニ付、御吟味中手鎖之上組合共江御預ケ被下候処、当夏以来持病之積気強リ、其上波癬相煩重体ニ而難儀仕候間、出格之御慈悲ヲ以療養中手鎖御差免、私共江御預ヶ被仰付被下置候様仕度、此段奉願上候、以上

明治四未年十一月

上飯田村之内、蜂谷重蔵下箕瀬直吉五人組

願人　林定吉

右同断　星合利作

駄科村親類惣代　小島兵次郎

右之通奉願上候ニ付相糺候処、相違無御座候儀、一同奥印仕差上申候、以上

上飯田村長百姓　中田早三郎

同村組頭　浜島徳平

同村庄屋　蜂谷重蔵

刑法御役所

醤油製醸高願口上書之事

醤油造込

一、大豆八石也

一、小麦八石也

合数十六石也

此俵員四拾俵也、但四斗入ニ御座候

右之通、当未十二月ゟ来申八月迄醤油造込仕度候間、依而御鑑札御下ヶ被置候様奉願上候、以上

明治四未十二月

六番区百九番
屋敷原吉郎倅　原宗次郎
同所五人組　沢柳小兵衛
右同断　杉山善九郎
右同断　蜂谷伊十郎

前書之通奉願上候ニ付相糺候処、相違無御座候、私共奥印仕差上申候、以上

三役人印

飯田県御役所

酒造高奉願上候口上書之事

酒造高

一、現米四拾石也

此俵員百俵也、但シ四斗入ニ御座候

右之通、当未十二月ゟ来申三月迄酒造仕度候間、仍而御鑑札御下ヶ被下置候様奉願上候、以上

明治四未十一月

六番区百廿番　杉山善九郎
五人組　沢柳小兵衛
右同断　蜂谷伊十郎
右同断　原吉郎

前書之通奉願上候ニ付　私共相糺候処相違無御座候間奥印仕差上申候、以上

三役人印

飯田県御役所

差上申御請書之事

一、正永寺御林之内、名所木戸脇槙御林御払ニ付、私入札仕候処、代金弐拾弐両ニ而落札被仰付難有仕合ニ奉存候、尤代金御上納之儀者、半高金拾壱両前納仕候、後金之処御林伐取之上皆済御上納可仕候、右御請書差上申候、以上

明治四未年十二月

上飯田村羽場
落札人　丈吉
同村五人組　小平治
同村同断　春次郎

山林方御役所

奉願上候木品之事

一、松木末口壱尺六寸　六拾三間之内、樋木

但し弐間三拾弐本
一、松木末五寸　　三間之内、たゝ羅木
但し九尺四拾五本
一、栗末四尺　　六拾三間之内、土ぶた
但し弐間六本
一、栗末四尺　　五ヶ所舛木、柱板共
但し弐間半五本
右枝は共

一、大雨之節扇町筋ゟ雨水下流ニ相成、愛宕坂之者共極難渋仕候ニ付、今般扇町角ゟ玄長川迄六拾三間之内水抜水門普請仕度奉存候間、右木品此度限リ正永寺御山之内ニ而被下置候様奉願上候、以上
明治五申年二月
上飯田村長百姓　松下長蔵
同村組頭　松下平七郎
同村庄屋　蜂谷重蔵
山林方御役所

御尋ニ付奉申上候御事
一、風越山　壱ヶ所
一、正宗寺山　壱ヶ所
一、押洞林　壱ヶ所
右三ヶ所之儀者、先年ゟ元御領主並御藩士持ニ候材木薪等御伐取被成候場所ニ而、当村薪山者別段入方御座候、右之通相違無御座候、以上
明治五壬申年二月
筑摩県飯田御出張御役所

奉願上候口上書事
一、油弐斗絞器械　上飯田村稼人　鈴木兼次郎
但壱ヶ年絞高
此器械　菜種油四石五斗
荏油三石八斗
臼差渡シ壱尺五寸深サ五寸五分建本丈ヶ壱丈壱尺
弐石入桶三本
壱石入桶五本
三斗入桶弐本
右之通無鑑札無税ニ而渡世仕来候処、今般御布告ニ付新規御鑑札ヲ戴仕渡世仕度奉存候、此段御聴届被下置候様奉願上候、以上
前書之通奉願上候、私共奥印仕差上申候、以上
明治五壬申二月
三役人印

筑摩県飯田出張御役所

酒造高御聞届之事

一、現米弐拾石也　　吉沢米作
　　　　　　　　　　松山善九郎

此俵員五拾俵、但シ四斗入ニ御座候

右酒造高去未年十二月現米四拾石奉願上得共、新規酒造儀ニ付道具等出来兼候間、前書之通当年半高分造込仕候間、此段御届申上候、以上

明治五申年三月

上飯田村羽場長百姓　松下長蔵

同村組頭　松下平七郎

同村庄屋　蜂谷重蔵

筑摩県飯田御出張御役所

乍恐奉願上候口上書之事

一、私父当申六拾三歳東蔵儀、去午年二月勝ニ付池田町江引越、借家渡世ニ罷在候処、同年三月心願依身延山迄参詣仕、其後為留守居無籍、濃州岩村在勘助与申者差置候処、時役人ゟ御役人御改ニ付、人体相違ニ前入戸籍改廃何共歎敷儀ニ奉存候、何卒格別之以御憐愍、父東蔵段前通之戸籍ニ御差加へ被下置候様奉願上候、以上

明治五申年三月

願人　松下雄蔵

五人組　久保田伝蔵

同断　久保田庄治郎

同断　久保田丹治郎

同断　久保田吉蔵

三役人

乍恐奉願上候口上書之事

上飯田村羽場蜂谷重蔵下

一、金五拾両　　箕瀬稼人　菅沼由平

私儀、今般勝手ニ付質屋渡世仕度候間、新規御鑑札頂戴仕度、此段御聞届被下置候様奉願上候、以上

明治五年壬申年三月

長百姓　松下長蔵

組頭　松下平八郎

庄屋　蜂谷重蔵

筑摩県飯田御出張御役所

奉願上候口上書之事

一、鰊〆油粒三升絞　　器械　五挺

臼差渡　六寸五分
深サ　三寸五分
壱ヶ年絞高
種油弐石五斗
荏油壱石八斗
壱石五斗入桶　弐本
三斗　入桶　三本
右之通無鑑札無税ニ而渡世仕来候処、今般御布告ニ付新規御鑑札頂戴渡世仕度奉存候、此段御聞届被下置候様奉願上候、以上
明治五壬申年三月
稼人　福田清治郎
筑摩県御出張御役所
三役印

奉願上候口上書之事
一、私義新規質屋融通金百両ヲ以渡世仕度奉存候間、御鑑札御下被下置候様奉願上候、此段御聞届被下置候様奉願上候、以上
上飯田村箕瀬町
蜂谷重蔵下
願人　鈴木直吉
前書之通奉願上候間、奥印仕差上申候以上
筑摩県飯田出張所御役所
明治五壬申年三月
三役人印

奉願上候口上書之事
一、金百両　稼人　原吉郎
右者新規質屋御鑑札頂戴仕度奉存候間、此段御聞届被下候様奉願上候、以上
明治五壬申年三月
筑摩県飯田出張所御役所
三役人印

奉願上候石除之事
一、石川除百八拾五間　但シ高サ九尺
根張三間
馬踏弐間
右石所愛宕坂下水之手先迄石川除、先年ゟ本御領主様ニ而御普請被成来リ候処、去ル午年八月松川傷水ニ付川除及大破ニ候間、御田地立帰リ難相成、所持地之者共難渋仕候間御普請奉願上候、尤右場所絵図面ニ認奉入御覧ニ候段、前之通御普請被成下置候様奉願上候、以上
明治五申年三月

長百姓　松下長蔵
組頭　松下平八郎
庄屋　蜂谷重蔵

筑摩県飯田出張御役所

当管内第二番区百十三番屋敷市瀬庄太郎娘つね儀、当申年二十六才、右之者管内六番区四百番屋敷小池又平長男虎吉妻ニ差遣し度段願出候、依而当区内除籍仕候間、其区江入籍之儀取計有之度候、此段申入候也

明治五壬申年三月

第二番区副長　滝積男
戸長　太田郁蔵

戸長　蜂谷重蔵
戸副　松下長蔵
此書面差上仕候

（「蜂谷家文書」Ⅱ－4　専修大学所蔵）

三二一　役米割附帳（明治四年一二月）

（表紙）
「明治四辛未年十二月　役米割附帳　上飯田郷羽場」

米冬直段

一、四百四拾壱匁七分　真綿損
一、三百八拾弐匁弐分　大豆損
一、百九拾三匁六分　上炭代
一、三百弐匁八分　夫金
一、五百拾三匁五分五厘　庄屋足高
一、三百四拾八匁　目録入用
御払直段七俵三斗四升
一、六百拾壱匁四分四厘　組頭給
一、八百匁七分五厘　小使給
一、四拾五匁　同断足高
一、弐拾八匁　庄屋勘定　炭油代
一、弐拾匁三分　組頭勘定　同断
一、弐百七拾七匁四分六厘　上郷割
一、四拾三匁五分九厘　両下高割
一、九百三匁九分八厘　両下弐割
一、拾七匁壱分　松川入会割合
一、弐拾弐匁五分　町宿歳暮
一、六拾匁　御用水　井番給
一、弐拾七匁五分　同断足高
一、弐拾六匁七分五厘　番太屋敷年貢
一、弐匁　同断歳暮

一、拾五匁八分五厘　知流
一、三拾八匁弐分　三峰山代参料
一、四拾五匁　円悟沢井番給
一、百三拾壱匁　籾目切
一、百八拾七匁　籾納人足
但し縄札板共
一、百七拾壱匁　横井普請人足両
一、七百拾五匁　急用蝋燭代
一、三百弐拾匁　市瀬御番所
惣下り人足料
一、百九拾匁五分　急用使番
一、九拾八匁五分　御年貢せり人足料
一、三百拾弐匁五分　御蔵払米人馬料
一、九拾弐匁　御収納人足料
一、七百拾壱匁三分　庄屋年内取替物
一、三百七拾七匁四分　組頭年内取替物
一、百弐匁九分　御蔵屋根板代
一、七貫五百拾弐匁八分三厘　用屋払
一、七拾六匁五分　御用米人足料
一、百四拾三匁九分　御用木直し
但し縄札板共ニ
一、弐百三拾九匁六分　御蔵普請
縄竹槍人足料
一、九拾五匁七分　風祭入用
一、五百八拾六匁弐分　年内捕亡方
不時廻り入用
一、四百八拾三匁三分　松川入方
道送り入用
一、壱貫弐百五拾七匁八分　倒者並病人入用
一、四拾五匁　御家中門松料
一、六匁　御蔵門松徳若竹共
一、百八拾壱匁　例年御用水
普請人足料
一、五百拾七匁五分　御蔵番人足料
一、四百六拾八匁五分　御用水抜場
数度之人足料
一、百三拾五匁弐分　山林方林見分入用
一、百弐拾八匁　大還道普請人足料
一、百五拾弐匁五分　円悟沢抜場
普請人足料
一、弐貫百八拾六匁四分　松川端川除幷
羽場坂御普請人足料
一、三百七拾壱匁六分　当流
御見分入用

一、七百七拾三匁壱分　戸籍ノ儀ニ付度々
改直し候間入用
番号札板書賃共
一、七拾五匁
右之通当未年貢大方如此ニ御座候
上飯田村羽場
町方問屋衆中

（「蜂谷家文書」Ⅱ－５　専修大学所蔵）

三三　初御上納金取集帳（明治五年一〇月）

（表題）
「明治五壬申年十月　初御上納金取集帳　蜂谷重蔵扣」
筑摩県御出張ニ改り
富士甲初御上納割合覚
［　　］（虫損）四百七拾六両　上飯田村
一、金四拾七両　出来分
引
一、金弐百六拾壱両　羽場分
一、金弐百六拾弐両　丸山分
〆
一、金弐拾五両　原吉郎㊞
一、同□（虫損）拾両　鈴木直吉㊞
一、同三拾五両　小西利三郎㊞
一、同拾両　北原文作㊞
一、同三拾五両　林弥七㊞
一、同拾八両　中村久平㊞
一、同五両　井村万之介㊞
一、金弐拾両　野原数吉㊞
一、同三拾両　伊原五郎平㊞
一、同拾両　小林源郎㊞
一、同六両　吉川伝平㊞
一、同三両　桜井利右衛門㊞
一、同四両　林忠七㊞
一、同四両　樋口与平㊞
一、同弐両　杉山善九郎㊞
一、同弐両　沢柳□（虫損）平㊞
一、同弐両　同新□（虫損）㊞
一、同弐両　柏心寺㊞
一、同四両　加藤小平
一、同四両　小木曽定蔵
一、同五両　林喜平㊞
一、同拾五両　木下清三㊞
〆　金弐百六拾壱両
十月廿二日取集

一、金壱両　　本光寺
一、金弐両　　大雄寺
一、金弐両　　柳沢泰蔵㊞
一、金壱両弐分　　熊谷清兵衛㊞
〆金六両弐分

（「蜂谷家文書」Ⅱ－6　専修大学所蔵）

三四　落木運上割合帳（明治五年六月）

（表題）
「明治五申年六月　落木運上割合帳」

記

一、落木九百弐間
此運上九百弐文
一、高八千百六拾三俵割
但壱俵ニ付壱歩壱厘金四九掛
千百拾六俵
一、百弐三匁三分壱厘　　上山村
為金弐両ト五百五拾弐文
千百五十三俵
一、百弐拾七匁三分九厘五毛　　下山村
為弐両壱朱ト六百七文
九百六十九俵
一、百七匁六厘五毛　　上溝下
為金十壱両三分ト三百四拾四文
九百五拾三俵
一、百五匁ト九厘七毛　　明下
為金十壱両三分ト五拾文
千弐百六十三俵
一、百三拾九匁五分四厘九毛　　八幡下
為金弐両壱分壱朱ト百三十三文
八百四拾俵
一、九十《(ママ)》弐拾八匁壱分壱厘　　毛賀村
為金壱両弐分ト四百六拾九文
十《(ママ)》弐百九拾弐俵
一、八拾七匁五分八毛　　名古熊村
為金壱両壱分三朱ト弐百拾文
弐百六十七俵
一、弐拾九匁五歩　　一色邨
為金壱分三朱ト五百四十三文
八百拾俵
一、八拾九匁四分八厘九毛　　上須田村

為金壱両三分三朱ト五百四拾文

（「蜂谷家文書」Ⅱ－7　専修大学所蔵）

三五　詔書写〔太陽暦御布令書〕（明治五年一一月）

詔書写

朕惟ニ我邦通行暦タル大陰ノ朔望ヲ以テ月ヲ立太陽ノ纏度ニ合ス、故ニ二三年必閏月ヲ置サルヲ得ス、置閏ヲ前後時ニ季候ノ早晩アリ、終ニ推歩差ヲ生スルニ至ル、殊ニ中下殿ニ揚ル如キハ率ネ妄誕無稽ニ属シ、人知開達ヲ妨ルモノ少シトセス、蓋シ太陽暦ノ纏度ニ従テ月ヲ立ツ日子多少ノ異アリト雖トモ、季候早晩ノ変ナク四歳毎ニ一日ノ閏ヲ置、七千年後僅ニ一日ノ差ヲ生スルニ過ギス、之ヲ大陰暦ニ比スレハ最精密ニシテ其便不便モ固リ論ヲ俟タサルナリ、依テ自今旧暦ヲ廃シ太陽ヲ用ヒ天下永世之遵行セシメン、百官有司其レ斯ヲ体セヨ

明治五年壬申十一月九日

一、今般太陰暦ヲ廃シ太陽暦御頒行相成候ニ付、来ル十二月三日ヲ以テ明治六年一月一日ト被定候事

但シ新暦鋳板出来次第頒布候事

一、壱ヶ年三百六十五日十二月ニ分ケ、四年毎ニ一日閏置候事

一、時刻之儀、是迄昼夜長短随ヒ、十二時ニ相分ケ候処、今後改テ時辰儀時刻昼夜平分二十四時ニ定メ、子刻ヨリ午刻迄ヲ十二時分チ午前幾時ト称シ、午刻ヨリ子刻迄ヲ十二時ニ分チ午刻幾時ト称候事

一、時鐘之義、来ル一月一日ヨリ右時刻ニ可改事

但是迄時辰義、時刻ヲ何字ト唱来候処、以後時ト可称事

一、諸祭典等旧暦月日ヲ新暦月日ニ相当シ施行可致事

太陽暦一年三百六十五日閏年三百六十六日

四年毎ニ置之

一月大三十一日	其一日	即旧暦壬申十二月三日	
二月小二十八日	閏年廿九日其一日	同癸酉正月四日	
三月大三十一日	其一日	同	二月三日
四月小三十日	同	同	三月五日
五月大三十一日	同	同	四月五日
六月小三十日	其一日	同	五月七日
七月大三十一日	同	同	六月七日
八月大三十一日	同	同	閏六月九日
九月小三十日	同	同	七月十日
十月大三十一日	同	同	八月九日

十一月小三十日　同　同　九月十二日
十二月大三十一日　同　同　十月十二日
大小年替ル事無シ

時刻表

零時	即午後十二時子刻	一時	子半刻	二時	丑刻	三時	丑半刻
四時	寅刻	五時	寅半刻	六時	卯刻	七時	卯半刻
八時	辰刻	九時	辰半刻	十時	卯刻	十一時	巳半刻
十二時	午刻	二時	未刻	三時	未半刻	四時	申刻
壹時	午半刻						
五時	申半刻	六時	酉刻	七時	酉半刻	八時	戌刻
九時	戌半刻	十時	亥刻	十一時	亥半刻	十二時	子刻

右之通被定候事
壬申十一月九日　太政官
今般別紙之通太陽暦ニ改正被仰出候条、此段相達候
以来、願伺届請書名前之義、左之通
筑摩県参事　永山盛輝殿
右之通、御布告ニ相成候条、末々小前ニ至迄無漏可相触
候也
十一月廿一日　上飯田邑役場
箕瀬始㊞
羽場㊞
愛宕坂㊞
漆畑㊞
下大雄寺迄㊞
右早々順達留リヨリ返脚可有之候也
（「蜂谷家文書」Ⅱ－8　専修大学所蔵）

三六　租税三納収納金帳（明治六年三月）

（表題）
「明治第六年三月十一日　租税三納収納金帳　蜂谷重蔵」

三月十一日
一、金壱両壱分　佐々木氏㊞
一、金壱分　松沢五平㊞
一、同　弐分　萱沼久治良㊞
一、同　壱両　横田与兵衛㊞
一、同　壱分　横田林蔵㊞
一、同　壱両　萱沼久四良㊞
一、同　壱分　萱沼武兵衛㊞
一、同　弐両　松沢新太良㊞
一、同　壱両　浜宮五郎兵衛㊞
一、同　三分　馬場田仲五良㊞

一、同　弐両壱分弐朱　蜂谷彦五良㊞
一、同　壱両　羽沢三五八㊞
一、同　壱両　久保田吉蔵㊞
一、同　壱両　馬場田助蔵㊞
一、同　三分弐朱　無印　横田八十吉㊞
一、同　壱分弐朱　無印　岡田金次郎㊞
一、同　壱両壱両　村沢栖造㊞
一、同　三分　清水重左衛門㊞
一、同　壱分　米本源太良㊞
一、同　壱分弐朱　宮下清兵衛㊞
一、同　壱分　中村久兵衛㊞
一、同　弐分　酒井吉兵衛㊞
一、同　壱両　藤田弥三良㊞
一、金　弐朱　宮崎宗兵衛㊞
一、同　壱分三朱　藤田伊三良㊞
一、同　壱分弐朱　細江才蔵㊞
一、同　壱分　畑藤小兵衛㊞
一、同　壱分　北沢忠吉㊞
一、同　壱両　小木曽定蔵㊞
一、同　壱分　小木曽銀治良㊞
一、同　壱両　吉沢喜八㊞
一、同　壱分　吉沢仲右衛門㊞

一、同　三分　吉沢五良右衛門㊞
一、同　弐分壱朱　松下市蔵㊞
一、同　壱両　（虫損）□沢新三良㊞
一、同　壱分弐朱　田中治助㊞
一、同　弐両　横田伊八㊞
一、同　壱両　松沢九之助㊞
一、同　三分弐朱　沢柳新兵衛㊞
一、同　壱両　今村米平㊞
一、同　壱分弐朱　大多小三良㊞
一、同　六両　吉沢竹斉㊞
一、同　壱分弐朱　吉川太兵衛㊞
一、同　壱分　吉川寿美㊞
一、同　弐分　横田丈吉㊞
一、同　弐分　今村五右衛門㊞
一、同　三両　横田助三良㊞
一、同　弐分　久保田金作㊞
一、同　壱分　横田小右衛門㊞
一、同　三朱　吉沢善七㊞
一、同　壱両弐分弐朱　安留㊞
一、同　壱分壱朱　大三　清助㊞
一、同　壱分　吉沢源蔵㊞
一、同　壱分弐朱　平栗分之助㊞

一、同　壱分　酒井義作㊞
一、同　壱両　菅沼文蔵㊞
一、同　壱分　山田勝助㊞
一、同　壱分　横河平蔵㊞
一、同　三朱　久保田仁右衛門㊞
〆
一、金弐両　清水次郎左衛門㊞
一、金　壱分弐朱　降谷彦次良㊞
一、金　弐両弐分弐朱　吉沢長四良㊞
一、金　三朱　吉沢奥助㊞
三月十一日
〆　金五拾弐両三分弐朱
一、金弐分弐朱　田原弥平
一、同　壱分　来迎寺
一、同　弐両壱分　長源寺
一、同　壱分　野原氏
一、同　壱分弐朱　長尾両助
一、同　弐分　山田安治良㊞
一、同　弐分弐朱　中島利兵衛㊞
一、同　弐分弐朱　牧野源四良㊞
一、同　三分　遠山金蔵㊞
一、同　壱分弐朱　座光寺林蔵㊞

一、同　弐分弐朱　横田千代吉㊞
一、同　壱分　松下伊平太㊞
一、同　弐分　馬場田総五良㊞
一、同　壱分　今村幾太良㊞
一、同　弐分弐朱　菅沼武左衛門㊞
一、同　三分弐朱　後藤甚助㊞
一、同　□（虫損）分三朱　原米吉㊞
一、同　壱分弐朱　福田藤助㊞
一、同　弐朱　土屋久七㊞
一、同　壱分壱朱　代田作五良㊞
一、同　弐両　吉川伝兵衛㊞
一、同　弐両　吉沢五良次㊞
一、同　三分　中田□（虫損）兵衛㊞
一、同　壱分　成海金次良㊞
一、同　弐分　伊藤利右衛門㊞
一、同　壱分　佐々木太兵衛㊞
一、同　壱分弐朱　佐々木五三良㊞
一、同　壱分弐朱　多田弥平㊞
一、同　壱分二朱　鈴木平吉㊞
一、同　二朱　野口彦兵衛㊞
一、同　弐分二朱　菅沼由兵衛㊞
一、金　弐朱　福田清治良㊞

一、同　弐分　山口甚蔵㊞
一、同　弐分　鈴木貞吉㊞
一、同　□□（虫損）　原吉良㊞
一、同　弐分二朱　丸山　作右衛門㊞
一、同　弐朱　山村　儀助㊞
一、同　壱両三分　福原氏㊞
一、同　三分　福沢源蔵㊞
一、同　三分　岩戸千別㊞
一、同　弐分　野原文四良㊞
一、同　弐分　西村彦蔵㊞
一、同　壱分弐朱　浦原重兵衛㊞
一、同　壱分弐朱　大三　忠助㊞
一、同　弐分弐朱　田口金平㊞
一、同　弐分　鈴木喜代作㊞
一、同　弐分弐朱　小林源一良㊞
一、同　壱分三朱　木下与八㊞
一、同　弐分弐朱　中山氏㊞
一、同　弐分　河久保氏㊞
一、同　三分　本光寺
一、同　壱分弐朱　正永寺㊞
一、同　弐朱　新井伊兵衛㊞
一、同　壱両　沢柳小兵衛㊞
一、同　弐分弐朱　蜂谷伊十良㊞
一、同　弐歩弐朱　座光寺源三良㊞
一、同　壱歩　座光寺八右衛門㊞
一、同　壱両　中田平三郎㊞
一、同　弐両壱歩　中島忠蔵㊞
一、同　三両　久保田仙治郎㊞
一、同　壱分　羽生□（虫損）松㊞
一、同　壱歩　筒井代左衛門㊞
一、同　拾壱両　矢崎兵九郎㊞
一、同　弐分壱歩　吉沢八五郎㊞
一、同　弐朱　伊藤りん㊞
一、同　壱両　横田彦十郎㊞
一、同　三朱　柏心寺㊞
一、同　壱両壱歩　羽生与八㊞
一、同　三歩　飯坂香積㊞
一、同　壱両　清水藤右衛門㊞
一、同　三両　松下喜藤太㊞
一、同　壱分壱朱　原啓蔵㊞
一、同　壱歩　粥川嘉兵衛㊞
一、同　弐歩　熊谷金作㊞
一、同　壱両弐歩　星山当間㊞
一、同　壱分　木下文蔵㊞

一、同　三分　　桜井文治良㊞
一、同　壱両　　古谷吉右衛門㊞
一、同　三分　　久保田金兵衛㊞
一、同　弐両弐分　　松村仙右衛門㊞
一、同　弐分　　井村万之助㊞
一、同　弐両　　小原文作㊞
一、同　壱分　　小木曽氏㊞
一、同　拾七両　　吉沢銀右衛門㊞
一、同　三分　　小原亀治郎㊞
一、同　壱歩　　原田熊治良㊞
一、同　弐両　　矢崎文右衛門㊞
一、同　壱両弐分　　熊谷清兵衛㊞
一、同　弐両　　伊原五郎兵衛㊞
一、同　三分　　大沢善蔵㊞
一、同　弐歩　　伊久間半右衛門㊞
一、同　弐歩　　林貞右衛門㊞
一、金　弐両三分　　大原音治良㊞
一、同　弐歩二朱　　金之助㊞
一、同　弐分　　中塚新八㊞
一、同　弐両壱歩　　阿弥陀寺㊞
一、同　壱両三歩　　平沢米吉㊞
一、同　三朱　　加藤常吉㊞

一、同　壱両　　桜井太郎助㊞
一、同　三両歩　　久保田彦左衛門㊞
一、同　弐朱　　丸山　松下新三良㊞
〆　百拾五両弐朱
一、金　弐朱　　米山九兵衛㊞
一、同　壱分　　松沢平治郎㊞
一、同　弐分　　木下まさ㊞
一、同　壱両三分　　木下長四良㊞
〆　三月十二日迄
一、金壱分　　羽生市弥㊞
一、同　壱両　　吉沢ため㊞
一、金　弐分　　吉沢水松㊞
一、同　弐両　　小林平治良㊞
一、同　壱分　　山獄ノ新兵衛㊞
一、同　弐分　　加藤伊太平㊞
一、同　弐分　　奥村稲吉㊞
一、同　弐朱　　鈴木吉兵衛㊞
一、同　壱分壱朱　　釘屋伝六㊞
一、同　弐分弐朱　　久保田滝蔵㊞
一、同　壱分　　高柳平兵衛㊞
一、同　弐両弐分弐朱　　平沢斧弥
一、同　九両　　松下平七郎㊞

一、同　九両　小林平四郎㊞
一、同　弐両　小西利三郎
一、同　弐分　林忠七㊞
〆　三月十三日迄
一、金　壱歩　沢柳安兵衛㊞
一、同　弐分三朱　森彦一良㊞
一、同　弐朱　永井庄八㊞
一、同　壱分　野田屋宇八㊞
一、同　壱分弐朱　伊原虎之助㊞
一、同　壱分弐朱　久保田馬太良㊞
一、同　壱分二朱　平沢善四良㊞
一、同　弐分　太田用成㊞
一、同　弐両三分　今村銀蔵㊞
一、同　七両　近藤彦平㊞
〆　四拾四両弐分

（「蜂谷家文書」Ⅱ－９　専修大学所蔵）

（参考資料）蜂谷家文書目録

整理番号	表題（内容）	差出	受取	年代	備考
Ⅰ－１	上飯田村新井筋引方帳写	西村半四郎	上飯田村・理右衛門	寛文12年3月	蜂谷重蔵写
Ⅰ－２	（大坂大番衆交替に付、中山道通過の際、助郷割付廻状写）	馬籠宿問屋・島崎吉左衛門ほか	村々名主衆中・村々百姓衆中	（享保13年）7月25日	
Ⅰ－３	（二条大番衆交替、江戸下向に付、中山道四宿助郷割付廻状写）	妻籠宿問屋・島崎市右衛門ほか	村々名主衆中・村々百姓衆中	（享保13年）4月1日	
Ⅰ－４	（二条大番衆交替、上京に付、中山道四宿助郷割付廻状写）	三留野宿問屋・勝野善右衛門ほか	助郷村々名主百姓中	（享保13年）4月13日	
Ⅰ－５	上飯田村永流引帳	杉本八郎兵衛ほか	上飯田村	享保14年9月	十蔵写
Ⅰ－６	上飯田村新田畑検地帳	黒須卯太右衛門ほか	上飯田村	享保15年3月	十蔵写
Ⅰ－７	上飯田村当流引帳			元文2年9月	
Ⅰ－８	江戸路用金請払目録帳			元文5年1月1日	
Ⅰ－９	江戸出府御用請払目録			元文5年閏7月26日	
Ⅰ－１０	上飯田出来分永引帳			寛保3年8月	
Ⅰ－１１	上飯田村出来分新田畑検地帳			寛延4年3月	
Ⅰ－１２	覚書（東野仲山道百姓出入に付）			宝暦6年7月5日	
Ⅰ－１３	松洞田地通道作人足			宝暦7年8月	
Ⅰ－１４	上飯田村荒地永引帳扣			宝暦8年8月	忠蔵下
Ⅰ－１５	観音堂普請入用覚			明和5年11月1日	
Ⅰ－１６	書物目録（村絵図一枚ほか七品）			（寛政6年・文化13年）	
Ⅰ－１７	亥年役米割帳	蜂谷市右衛門		享和3年12月16日	
Ⅰ－１８	殿様御入城ニ付献上銭并新町籾蔵囲杭上郷割合帳			弘化4年6月	
Ⅰ－１９	上郷中六ヶ村割合高覚帳	庄屋重蔵		元治元年9月	
Ⅰ－２０	上飯田村重蔵下丑御物成請払通			慶応元年8月	
Ⅰ－２１	上飯田村杢三郎脇小屋并車屋共焼失ニ付口書并御請書			慶応元年10月30日	
Ⅰ－２２	江戸表歎願ニ付町方両郷割合帳			慶応元年11月	

整理番号	表題（内容）	差出	受取	年代	備考
Ⅰ－２３	殿様大坂表御警衛ニ付御用金取集帳	（重蔵）		慶応２年７月	
Ⅰ－２４	上飯田村重蔵下卯御物成請払通			慶応３年 11 月	
Ⅰ－２５	乍恐奉願上候口上書之事（夫役伝馬役御用金賦課に付嘆願書）	上郷村々庄屋	御上様	慶応４年１月	重蔵扣
Ⅰ－２６	江戸夫拾四人・京夫拾人・惣代日掛り割合帳			慶応４年２月	
Ⅰ－２７	京夫拾人・江戸夫拾四人・惣代日掛り割合帳			慶応４年２月	
Ⅰ－２８	京夫拾人割・京夫四人増給金割　割合取集帳			慶応４年２月	
Ⅰ－２９	高掛御用金集帳			慶応４年４月	
Ⅰ－３０	高掛御用金集帳			慶応４年４月	
Ⅰ－３１	京都・関東・松代夫人足取集帳			慶応４年４月５月	
Ⅱ－１	御見舞諸納帳			明治２年８月 10 日	
Ⅱ－２	斧鋸札願人名前扣帳			明治３年１月	
Ⅱ－３	上飯田村蜂谷重蔵下未御収納米諸払帳			明治４年８月	
Ⅱ－４	諸願書扣帳	庄屋・蜂谷重蔵		明治４年９月	
Ⅱ－５	役米割附帳			明治４年 12 月	
Ⅱ－６	初御上納金取集帳	蜂谷重蔵		明治５年 10 月	
Ⅱ－７	落木運上割合帳			明治５年６月	
Ⅱ－８	詔書写（太陽暦御布令書）			明治５年 11 月	
Ⅱ－９	租税三納収納金帳	蜂谷重蔵		明治６年３月 11 日	
Ⅲ－１	（菓子代ほか金銭出納簿）			（明治 32 年）	
Ⅲ－２	払物人名書抜帳	蜂谷重蔵		明治 33 年８月 22 日	
Ⅲ－３	普請祝儀受納帳	蜂谷		明治 27 年８月 31 日	
Ⅲ－４	（垣根直しほか人足覚）			（明治 33 年）	
Ⅲ－５	桑買入覚			（６月５日）	
Ⅲ－６	（炭購入につき代金ほか覚）			明治 33 年１月１日	
Ⅲ－７	（村金割合定候につき取斗の件）			（明治 32 年５月５日）	
Ⅲ－８	上飯田村永引幷ニ出来分永引	東原三右衛門印ほか	上飯田村へ	享保３年８月	

整理番号	表題（内容）	差出	受取	年代	備考
Ⅲ－９	（京夫出金につき村割覚）				
Ⅲ－１０	（金銭人名覚書）				
Ⅲ－１１	（金銭人名覚書）			（2月29日～8月23日）	虫損甚大、㊞有
Ⅲ－１２	従明治廿九年一月 日記出入帳（人足金銭出納ほか覚）	蜂谷		明治29年1月	
Ⅲ－１３－１	松川入山名所付				Ⅲ－１３－２挟込
Ⅲ－１３－２	覚（宿泊料〆99歩の旨）	一ノせ重太郎		卯10月	Ⅲ－１３－１に挟込
Ⅲ－１４	金銀出入帳			明治30年1月	
Ⅲ－１５	（原鉡三郎預米ほか覚）			（明治32年～明治33年）	
Ⅲ－１６	（祝儀ほか金銭出納覚）			（明治31年～明治32年）	
Ⅲ－１７	（村役場入用ほか金銭支払覚）			（明治31年）	
Ⅲ－１８	県道修繕出納簿	蜂谷重蔵		明治30年1月	㊞有
Ⅲ－１９	地代受取証			（大正10年10月13日～昭和7年2月20日）	
Ⅲ－２０	大正六年五月起 地代領収之通	杉並村共有地総代・田島幸次郎ほか2名）	今村力三郎殿	（大正8年12月2日～大正14年1月20日）	㊞有
Ⅳ－１	昭和十五年一月吉日 精米通	米穀問屋精米業・立川長太郎商店	今村様	（昭和15年1月17日～10月21日）	㊞有
Ⅳ－２	大正十年十一月吉日 蒔絵之通（金15円受取）	外谷得春		大正10年11月19日	㊞有
Ⅳ－３	通（北海炭鉱株ほか株式売買につき覚）		滝鼻様	（明治40年）	㊞有
Ⅳ－４	昭和八年五月吉日 精米通	米穀問屋精米業・立川長太郎商店	今村様	（昭和8年5月14日～昭和9年8月20日）	㊞有
Ⅳ－５	明治三十年酉一月吉日 菓子砂糖御通	松月庵・和泉屋仙次郎	上飯田・今村様	（明治30年1月から12月）	虫損甚大、㊞有
Ⅳ－６	明治廿七年九月七日起 屋根瓦代金幷ニ運賃扣	今村		（明治27年9月7日～10月25日）	
Ⅳ－７	明治廿七年八月四日 手間代受取之通	奥村亀太郎	今村殿	（明治27年8月4日～12月30日）	㊞有

整理番号	表題（内容）	差出	受取	年代	備考
Ⅳ－８－１	明治廿五年第拾月吉日荷物引合通	川仁商店	明治堂様	（明治25年11月11日～12月30日）	Ⅳ－８－２挟込、㊞有
Ⅳ－８－２	記（白小豆２袋につき）	川仁	明治堂様	11月24日	Ⅳ－８－１に挟込
Ⅳ－９	（蚕掻き取り代ほか金銭支払覚）			（明治32年～明治33年）	
Ⅳ－１０	（座光寺村瓦数ほか金銭支払覚）			（明治30年）	
Ⅳ－１１－１	（平瓦ほか相渡候につき覚）				Ⅳ－１１－２挟込
Ⅳ－１１－２	記（畳代ほか〆金47円13銭の旨）	中島定四郎	今村力三郎様	6月27日	Ⅳ－１１－１挟込
Ⅳ－１２	白米通	万や	今村様	（明治26年6月19日～明治27年5月31日）	㊞有
Ⅳ－１３	（嶽野代次郎もなか代ほか覚）			（2月～4月14日）	
Ⅳ－１４	金銭記帳	明治堂支店		（明治25年9月26日～明治26年3月25日）	㊞有
Ⅳ－１５	明治廿七年第九月良日鉄物之御通	吉田屋申上	上飯田・今村様	（明治27年9月2日～明治28年6月10日）	虫損、㊞有
Ⅳ－１６	昭和十三年五月吉日精米通（上白米20俵契約仕候につき）	米穀問屋精米業・立川長太郎商店	今村様	（昭和13年5月1日～昭和14年1月24日）	鉛筆書有、㊞有
Ⅳ－１７	明治廿二年丑一月吉日精名之通（小豆ほか覚）	越後屋藤吉㊞	明治堂様	（明治22年1月2日～12月25日）	虫損甚大、㊞有
Ⅳ－１８	明治廿五年辰一月吉日引合（メリケン代ほか覚）	越後屋藤吉㊞	明治堂様	（明治25年1月2日～明治26年6月30日）	㊞有
Ⅳ－１９	明治二十二年丑十月ヨリ薪炭通	島田為助	蜂谷様	（明治22年10月1日～明治23年1月7日）	㊞有
Ⅳ－２０	白紙				虫損、43点
Ⅳ－２１	（御上納米皆済につきほか覚）				虫損
Ⅳ－２２	明治廿六年巳一月吉日荷物引合通	北田商廛	明治堂様	（明治26年1月2日～明治27年2月28日）	㊞有
Ⅳ－２３	明治廿一年子一月吉日粉名之通	越後屋藤吉㊞	明治堂様	（明治21年1月2日～明治22年1月2日）	㊞有

（参考資料）　蜂谷家系図（上飯田町羽場区共有保権会抜書）

上飯田町羽場区共有保権会抜書
（昭和九年二月八日写ス）

一　宝暦六年加名者　**忠蔵**（晩年利右エ門）安永三年正月二十四日歿　‖

忠蔵相続人　**十介**　天明五年七月廿一日歿　‖　十介相続人　**市右衛門**

（通称重助）享和二年三月十日歿　‖　市右エ門相続人　**市右衛門**（通称重蔵）

文政七年七月十日歿　‖　市右エ門相続人　**新助**　天保十一年二月二日歿　‖　新助相続人

市右衛門　明治二年八月九日歿（市右エ門長男啓次郎明治九年願済分家）　‖

市右エ門相続人　**重蔵**　文政十年六月十日生、新助二男。兄市右エ門養子トナリ安政三年三月二日相続。明治十六年九月九日退隠　‖　重蔵相続人　**力三郎**　慶応二年五月二日生、明治十九年十二月十五日願済廃戸主。今村家ヲ継グ　‖　（力三郎父再相続）**重蔵**　明治三十九年十二月二十三日歿　‖　重蔵（妻）選定相続人　**しな**　天保十一年二月九日生。大正十五年十二月十日隠居、昭和五年五月十一日歿　‖　現戸主しな相続人　明治二十七年六月二十五日生

同町六百八十一番地　**蜂谷早苗**　印

※蜂谷徹氏作成
（蜂谷家所蔵）

第2章　今村力三郎が語る裁判論および弁護士論

三七　僕の貧乏時代

僕の生家は、南信の一農家で、先祖は光秀と同じく、美濃の土岐源氏の一族で、戦国時代戦に敗れて、信濃へ落ちたものらしい。其のせいか、百姓になつても、何処かに叛血が伝つたものと見え、今より四五代前の次男坊忠造と云ふ人が、百姓一揆の発頭人となり、車回状とて、連名を円形に書き列ね、誰が出したか判らないやうに書いた触れ書を出した罪で捕へられ、今で謂ふ終身懲役、其頃の永牢に処せられた。村の農民が同情して、共有地に植林し、之を領主に献納して忠造の罪を贖ひ、永牢を赦されて、追放となつたことがある。其植林を永牢林と呼び、今日では此奇妙な地名で、公然の字名となつて、土地台帳や、登記簿にも載つて居る位だから、百姓一揆の口碑も満更嘘でもあるまい。

斯ふした家柄だから、幕府時代には代々庄屋の家柄であつたが、貧乏はつきもので、何れの時代にも、豪農とか、金持とか謂ふべき歴史は無かつたらしい。其証拠には、墓地へ行つて見ると石碑の数は頗多いが、其うち一基でも、是は金が掛つたと見える様な立派なものはない。

僕の少年時代は、殆んど破産に頻したので、親子三人相携へて上京したのが、明治十七年の春桜花将に綻びんとする四月末であつた。父は壮年の頃、江戸に住んだ経験があるので、東京へ出て、一働きして、傾いた家運を挽回せんとするが目的であつた。当時、斯ふした没落者を呼んで江戸稼ぎと云つた。

親子が草鞋を解いたのは、神田の猿楽町一丁目五番地、間口は二間あつたが、三角形の家で、奥は僅に三尺と云ふ不思議な建物で、家賃は月八十銭であつた。早速初めた商売は、紅梅焼で、浅草の仲店でやつて居るのと同じである。次に始めたのは、塩煎餅屋であつたが、毎日三升の米を挽いたり、搗いたり、展したりするのが、僕の受持で、焼くのは母で店売の外に、父は蜜柑箱に入れて、近所の駿河台辺を行商したのであつた。此塩煎餅が、仲々好評で、日本橋から態々買に来る老婦人があつた。

　話が一寸横道に這入るが、猿楽町の塩煎餅屋時代に、裏隣りに薩摩の人で、竹下と云ふ印刷局に勤めて居る人があつた。竹下に二男一女があり、其奥さんが、迚も善人で、僕の母とも親しくして呉れた。次男の勇ちやんが、海軍を志願したことまでは知つて居るが、此勇ちやんが、今の海軍大将竹下勇閣下であるか、或は同名異人であるか、怎うか僕には判らない。

　此猿楽町一丁目時代は、貧乏のドン底で父が脚気に罹つて、牛込の浅田宗伯国手の診察を受けたけれども、薬代が払へない。浅田さんは、薬価は一文も払はなくても、黙つて薬を呉れた。一年ほど後に、漸く金を持つて父が礼に行つたことがあつた。塩煎餅屋には、臼も杵も、蒸籠もあるので、歳末になると「賃餅仕候」と看板を出して餅搗きを始める。仕事が一つ時になつて、搗いたり配達したりするので、骨は折れるが、相当儲かるので、塩煎餅屋の書入れの一つであつた。

　親子三人水入らずに稼ぐので、多少の貯へも出来て、向側の猿楽町二番地へ移り、パン屋を開業するまでに発展した。僕の上京は、塩煎餅屋や、パン屋が目的でなく、陸軍志願であつて、上京後早速教導団を志願したが、胸囲狭少で、体格検査で落第して仕舞つた。夫で已むを得ず、塩煎餅の手伝をして居たが、自分の前途は全く暗かつた。塩煎餅屋は、雨が降ると仕事が出来ないので、ボンヤリ店番をしながら行末を思ふと、随分心細くなる、其為か、僕は今でも雨が大嫌ひである。僕の塩煎餅屋時代の友達で人の悪いのが、僕が代言人に為つて、黒塗の人力車に、反り身になつて猿楽町近所を通ると、後ろからオーイ塩煎餅屋さん、煎餅屋さんと、大声で呼び止めたことがあつた。

○

　僕の母は、眼に一丁字がなかつたけれど、勤倹力行の賢婦人で、幾ら貧乏しても、悲観もせず不平も言はず、黙々として能く働いた。僕は少年ながら、此母の態度に敬服して、父よりも母を信用した。物の道理も能く判り、何時も心が平かで、近所隣りや、親類交際も、円満で、僕は母の激した言葉を聴いたことがない。全く僕の生家の再興は、母の力が多かつた。昭和五年五月十一日九十一歳の長寿を以て歿した。

　僕は碌な教育は受けないが、小学校の成績も悪くなかつたので、両親も塩煎餅屋で終らせたくない。其処で、父は、昔庄屋をして居た時代に知り合であつた、藩主、堀家の家老石沢謹五郎と云ふ人が、小菅の典獄をしてゐたので、私の就職口につき相談に行つたら、押丁に採用してやると云ふので、帰つて来て怎うしようかと家内相談があつたが、丁度、其頃、母の髪ふ《（ママ）》結ぶ女髪結が、駿河台紅梅町に住む、伴正臣と云ふ、大審院判事の奥さんの髪を結ふので、伴家へも、出入して居た所から、此女髪結の周旋で、伴家へ玄関番の口があつた。其処で、押丁か、玄関番か、押丁になれは、若干の月給が取れる、玄関番では多少注ぎ込まなければならぬ。僕の家としては仲々の問題であつたが、監獄に奉職することは気が進まなかつたのと、此頃は店も多少繁昌するので、意を決して伴家の書生と為つた。是が僕の生涯の転換期であつて、僕を法律生活に入れる運命に導くことになつた。併し、此時の僕は、弁護士なぞ夢にも思はず、主人伴判事の周旋で、裁判所書記に採用して貰ひたいのが、満腔の希望であつたから、当時高等商業の漢学教師、矢部宣昭氏の塾に通ふて、漢籍の講義を聴くに専らであつた。夫が法律を学ぶことになつたのは、其頃大審院の書記が、二三名判事補に採用されたことがあつて、僕も将来幸に書記から判事補になることがあるとすれば、法律をやつて置くことが利益と考へて、専修大学の前身たる、専修学校へ入学したのが、明治十九年三月であつた。此頃の校則は、試験を前期後期に分ち、一年に二度試験があつたが、僕の入学したは、《（の脱カ）》前期の試験が終つた後であつて、僕は入学後の間もなき六月に、前期後期を一緒に試験を受けたので、自分では、落第と諦めて居たが、試験成績が発表にならないうちに、主人の伴判事が、長野始審裁判所長に転任になつた。

奥さんは、僕を呼んで、今度旦那様が長野へ転任になつたが、是までお前の事も心に懸けてゐらつしやつたけれども、甘い口もなかつた。長野へお出になれば、管内の事は自由になるし、お前の郷里でもあるから、お前も一緒に長野へ行かないかとおつしやるので、僕は東京に居て落第の恥を曝らすより、長野へ逃げた方が、ドンナに良いかと思つたが、即答はせず一応両親に相談して御答へ致しますと云つて、猿楽町へ来て、両親に話すと両親も賛成したので、奥様に夫ではどうぞお願しますと云つて、長野へ出発する日を待つて居たところ、出発前に学校で試験の成績が発表になつたと云ふので、落第と極めて居たが、夫でも一寸なりとも覗ひて見たいのは人情で僕は人に隠れて、教室に貼り出してある、点数表を見たが、驚く可し、僕が一度も講義を聴かない前期は二番で、後期は僕が一番であつた。席順は、渡辺豊治君が一番で、平均八十六七点で、僕は八十五点の二番であつた。此渡辺は、二年の時、今の中央大学の前身たる、英吉利法律学校へ転校し、卒業後、判事になつたり、弁護士になつたり、秀才であつたが、四十台で逝かれたのは惜しきことであつた。

　僕は落第どころか、意外の成績なので法律と云ふのは、存外やさしいものだと思つて、茲に、初めて真面目にやつて見る気になつた。併し、主人には、長野へお供する事に、約束したから、主人夫婦、女中一人、長野から迎に来た監督書記と、書生の僕と、同勢五人長野へ出発したのが夏の初めであつた。其頃、汽車は横川までゝあつたが、人力車を飛ばして、上田へ着いて、上郁と云ふ旅館へ一泊し、翌日は早く長野へ着いた。

　此頃の僕の心事は、もう長野で書記になる積はない。東京へ帰つて、法律を専攻しようと決心して居たから、九月初めに、主人に暇を頂いて東京へ帰つた。

　僕が、伴家の書生をして居た際に給与は、月に一円十銭で、此内から月謝八十銭、校費十銭を払ひ、残二十銭が、一ヶ月の小使であるから、湯銭にも欠乏することが屢あつた。主人伴さんは迚も潔癖の人で、家に風呂があつても、自分と奥さんの外は誰も入れない、女中なぞは、主人が寝た後に、ソット這入る。僕も女中に勧められて、窃かに這入つたことが屢あつた。若し湯の中で、ピチャく音でもすると、女中が心配して、外から力さん音をさせちやあいけないと警告されたこともあつた。

　伴家は、私が書生に入つたときは、駿河台の東紅梅町であつたが、此続きの岩崎家から所望されて譲渡し、松見家所有の三番町の八百坪位の邸宅を買つて、引越した。岩崎家へ売渡すときも松見家より買受けるときも、僕が主人の代理人であつたが、其頃は、不動産の売買は区役所でするので、僕は、神田区役所の腰掛で、岩崎の代理人より、一円紙幣の百円束を、二十個ほど渡され、何度勘定しても、数が合はない。岩崎の代理人は退屈顔をする、あせればあせるほど益数へ違ひをする。泣き出したくなつてゐた所へ、受渡は屋敷でするからと云つて、使が来たので、ホット助かつたこ《（アキマ）》があつた。

○

　伴家で、僕の受持の仕事は、表座敷の掃除と、庭掃きと、毎日奥様の手料理の弁当を、大審院まで持参することであつた。初めて伴家へ上がつたとき、庭の掃除をして、塵取に取つて出ようとすると主人は廊下に立つて見てゐたが、力三郎其処に南天の葉が一枚あると言つたので僕は、是は中々六かしいと愕いた。主人はお抱への人力車で送迎するのであるから、出勤の時、弁当を持つて行けば良さそうなものだが、夫では弁当が冷えるので、時間を定めて持つて行くのが、風雨を問はず僕の仕事であつた。

其頃の院長、尾崎忠治判事は、馬車で出勤したので、僕は何時となしに、馭者と懇意になつて神田方面に用事のあるときは、帰りの馬車に乗せて貰つたこともあつた。後年、亡友小林天竜が四谷右京町の、尾崎家の貸家で死んだとき、昔の馭者が尾崎家の差配をしてゐたので、大に久闊を叙したこともあつた。

伴家にて僕の仕事に、判決書の浄写があつた。是は主人が判決の原稿を書いて、三時退庁の時持帰り、僕が専修学校の夜学を聴き終つて九時頃に帰り、翌朝までに浄写するのであるが、判決が上告棄却のときは二通、破毀の移送のときは三通書くので、現今の如く複写紙や謄写板がなく、同じものを皆毛筆で書くので、時々徹夜することがあつた。其為に、僕の羽織は肱のあたるところが酷く破れて、緯糸ばかりになつた。時々猿楽町へ行くと母が見て酷くなつたねと云つて呉れたが、僕は名誉の羽織だと威張つた。

或日常盤橋を通ると、不意に僕の同村の綾浪と呼んだ草角力の大関に逢つた。綾浪は何処かの抱車夫と為つて、法被も腹掛も股引も足袋も盲縞揃ひで、頗る意気な姿で定紋付の空車を挽いてゐた。僕は自分の穴の明いた羽織を思ひ、綾浪が庄屋さまの一人息子も零落したものと想やあしないかと、此時ばかりは脇の下に汗をかいた。此時分に奥様が、力三郎袴を拵へてやるからお前の袴をお見せと云ふので、袴を脱いで奥様の前へ出すと、袴の裾が悉く切れて、其昔何処まで袴であつたか判らないと笑はれたこともあつた。コンナ昔話をすると、今の学生諸君は丸で乞食のようだと驚くであらうが、僕達の学生時代は、弊衣破帽が学生の常態で、僕の同級生の三浦恒吉と云ふ学生は築地の高野栄次郎と云ふ代言人の書生であつたが、下駄を買ふ銭がないので、車夫の草鞋の古を履いて学校へ来たことがあつた。青柳正喜と云ふ学生は、同級生中唯一の資産家で、時々紋附羽織を着て登校したので学生仲間では、彼を四谷家主と異名した位であつた。

他の学校のことは知らないが、専修学校の学生は昼間は何処かの腰弁を勤め、夜になつて講義を聴きに来るのは上等で、其他は僕と同様の玄関番組が多かつた。夫だから貧乏と弊衣は少しも恥かしく感じたことはなく、学生仲間では紋附よりは破れ袴を紙よりで繕つた方が却て幅が利いたし、又貧党の方が常に成績も優つて居た。

明治二十一年の四月に代言人試験があつた。此時第六回即明治二十年の卒業生、佐藤晁一といふ先輩が、僕に俺も今年試験を受けるから今村君も受けないかと勧めて呉たが、僕は、まだ卒業もしないのに試験なぞ受けても駄目だと云ふと、佐藤はどうせ駄目なことは判つて居るが度胸慣しに受けて見る方が宜しいと教へられ、此頃は受験料も要らないときであつたから、いたづらとひやかし気分で試験を受けた。其時の試験場は元の工部大学の講堂で、後の虎の門女学館、今建築中の文部省の処であつた。僕は無論落第だと思つて居たが、或日其頃飯田町に住んで居た江木衷先生の処へ行き、何かの話のうちに、先生が君なんか落第して誰が及第するものかと云つた。当時先生はペルネルの刑法を訳し、従来仏蘭西流の学説より外に刑法はないとしてゐた学生に、大刺撃を考へ、先生は学生崇拝の的となつて居たので、僕達は先生に接して、気焔を聴くことを欣んで居たのであつた。僕は先生の此の一言を聴て、半ばからかうのかとも思ひ、半ばほんとうかと思つたが、程なく発表されたのを見ると、勧めて呉れた佐藤は落第し、ひやかしの僕は及第して居た。是が愈僕をして法律生活に入らしむる決定的の偶然の出来事であつた。

○

卒業試験が終つて後、或日僕は同級中特に懇意であつた川上淳に向つて、今度の試験は僕が一番で、君が二番であると思ふが君は何と思ふかと問ふたら、川上は僕もそう思ふと答へた。此頃学校では、卒業の一番に十五円、二番に十円の賞与を呉れる例になつて居たから、僕は川上に、今年も褒美の金を呉れるなら、校長のところへ行つて前借して何処かへ遊びに行かうじやないかと云ふと、川上も早速同意したから、四谷仲町に住んで居た校長相馬永胤先生を訪ふて、今年も一番に十五円二番に十円褒美を呉れますかと伺を立てると、遣りますと云ふから、私が一番で川上が二番だと思ひますが、どうせ頂くなら卒業式の前に頂戴致したいのですが如何でしようと、言ふと、相馬先生は笑ひながら、褒美の前借はおかしいが、貴方がたと決まれば前に上げても宜しいと言はれ、然らば何処へ頂きに行つたら良いでしようと伺ふと、幹事の諏訪頼敏に話して置くと言はれたので、二三日して両人で諏訪幹事を訪ふと、相馬先生からと言つて、僕が十五円川上が十円貰つた。僕は自分の力で十五円の金を懐にしたことは、生れてから是が始めてゞあつた。

僕と川上と二十五円の共有財嚢を携へて出かけたのは、高尾山の二間茶屋であつた。後から四谷家主の青柳も馳せ参じ、同勢三人と為つて、厚木から子安を経て大山に登り、藤沢に出で江の島を見物して鎌倉に到り、山国に育つた僕は、初めて外洋を見て驚いた。鎌倉に二週間滞在し、船越の水雷営所や、横須賀まで見物したが、此行、汽車に乗つたのは八王子迄で其他は全部徒歩、横須賀線は工事中であつて、工事中の線路を歩いて工夫に怒鳴られたこともあつた。逗子に、川上の同郷人某が間借りして、水雷営所に通勤して居たので、二人が一泊した。其晩某が黒い硝子壜から焼酎をついで御馳走して呉れた。飲むうちに酒がなくなりかけたとき、壜の口からにょろつと蛇の頭が出た。蝮酒であつたのだ。両人ともひやつと愕いた。僕はもう後を飲むことが出来なかつたが、川上は痩我慢して、モウ一杯と云つて飲んだ。高尾山、大山、江之島、鎌倉と、三人で三週間遊んで丁度二十五円がお仕舞になつた。青柳は鎌倉で別れ、僕と川上が横須賀より横浜に出て、先輩高橋文之助君が同所に予審判事をして居るのを訪ふたら高橋君は横浜に一泊せよと云ふので、僕も其積りになると、川上は僕の袖を引いて小声で宿銭がない、宿銭がないと云ふから一泊を止めて、匆に汽車に乗つて新橋で降り、（当時京浜間の汽車は、現在の堀留に新橋と云ふ駅があつて、夫が東京の発駅であつた）小川町まで徒歩し、川上は下宿へ、僕は猿楽町へと別れるとき、袂に文久銭が二枚残つてあつたことを今でも記憶する。

（今村力三郎著『法廷五十年』専修大学　昭和二三年）

三八　一代の失策（草稿）

一代の失策

今村力三郎

私は明治廿一年に国会試験を通過し、後に代言人が弁護士と職名は変つたけれど、終始一貫在野法曹として今日に至つたものと世間で認識し、当人たる私もそうすれば良かつたと後悔して居ますが、実は二年余り判事を奉職したことがあるので、是れが私の経歴に汚点を残したと痛感して成るべく人に語らなかつたのである、然るに或時学生の集つた席上、簗田理事長にスッパ抜かれ、是はシマツタと顔を赧らめたことがあつたが、夫程の悪事でもないから私の判事時代を有の儘に白状いたします

僕の一家が破産して東京へ出稼に来たのは明治十七年四月であつた、神田猿楽町に借家して塩煎餅屋を開業し、パン屋に発展し、約十年の忍苦で多少の貯蓄も出来たので、両親も望郷の念が萌した、然るに郷里には住む家もない、先づ第一は住宅の新築である、夫には僕も両親と一緒に郷里へ帰るのが万事好都合である、其頃東京控訴院の部長をして居た今村信行先生に頼んで飯田支部の判事に推薦して頂いた、今村信行先生は当時我専修学校の民事訴訟法の講師であつて、私を信愛してくださつた恩

師である、当時司法省は判事が郷里で奉職するのは種々の弊害を生ずる虞があるので、判事を郷里の裁判所へ任命しない方針であつたが、今村信行先生の推薦であるから例外として僕を飯田区裁判所の判事に採用したのであつた、赴任して見ると是まで弁護士として外部から想察して居たのとは大変な相違で全く驚いた、其第一は階級思想の旺盛であつた、一級下のものは絶対に上のものには頭が上らない上威下従は見て居ても厭になる、第二は交際の範囲である、弁護士は仮令同業でも気の合はぬ者とは口もきかぬで済む、気の合つたもの互に信用するものが親しく交際するのであるが、裁判所へ這入ると交際は同じ役所で昼飯を喰ふ範囲に限られ、仲の悪い夫婦のようなもので実に不愉快である、監督判事の杉下と云ふ人は僕とはソリの合はぬ人で、心を打明けて交際の出来る人ではなかつた、僕の飯田区裁判所在勤は二年前後であつたが、一度も此人の私宅を訪問したことはなかつた、夫から高崎区裁判所へ転勤し程なく東京へ出て弁護士の二度目の登録したのであるが、此二度目の登録後在職五十年の弁護士として、今年の六月全国弁護士会より表彰されたのであるから、終始一貫とは申されぬが較々夫れに近いものと自ら慰めて居る、飯田区裁判所時代狂詩あり

為官為民人様々。僻地役人又別様。
今朝始知八等尊。廷丁呼曰今村様。
新聞閲尽空吹煙。退屈窮時倚椅眠。
精勤一月何所得。四十四円五十銭。

（専修大学所蔵）

三九　『法廷五十年』自序（昭和二三年八月）

自序

思想家、社会主義運動者として、幸徳伝次郎の研究は、現代流行の一つであるが、彼が、絞首台上の露となつて、短かき一生を終つた、大逆事件に至つては、今日まで世間に知られてゐないのである。而して、幸徳の大逆事件と、難波大助の虎の門大逆事件とは、極めて密接なる因果の関係があるので、私のやうに、裁判と云ふ一面より観察すると、幸徳事件も、難波事件も、相関連する、一ツの大逆事件であつて、二ツに切離して見るべきでないと考へて居ます。そして、主義に殉ずる狂熱の精神は、大助の方が、伝次郎よりも、一層、強烈であつたと思はれる。私は、幸か、不幸か、此両事件の弁護人に選ばれ、事件の原因や、動機を知ることを得たので、之を記述したのが、芻言の小篇であります。執筆の主たる

目的は、一、大逆事件の犯人等は、皇室に怨恨があつて、斯る大事を企てたものに非ざること。第二、幸徳事件も、難波事件も、畢竟、警察と裁判との、不当なる職権行使が、原因たること。第三、厳刑酷罰は、犯罪防止の効果なきこと。此三点に重きを置き、為政者の反省を促さんとしたのであります。幸徳事件に於ては、多数の冤罪者が、極刑に処せられたと、今も、猶甚遺憾に堪へないのである。我々弁護人は、唯裁判構成の必要上、法廷に並んだだけで、一人の証人さへも許されず、公開は禁止し、裁判所は、事前に予断を懐いて、形式的の審理を終り、全被告に、死刑を宣告したのであつて、弁護人としての任務を尽し得なかつたことは、今、尚、自ら顧みて、衷心忸怩たるを覚へるのである。

私は、前世紀の老廃弁護士であつて、新時代を語る資格はありませんが、私が弁護士になつた、当初は、弁護士は戦つて勝てば宜しいと、簡単に考へてゐましたが、四十歳を超へて、後は、夫は間違いで、勝つべきに勝ち、敗るべきに敗れるのが正しい。敗るべきに勝てば不正である、勝つべきに敗れるのは恥辱であると、職業意識が一変しましたが。実際問題として、勝つべきに敗れるのは容易であるが、勝つべきに勝つことは容易でない。殊に、裁判官が、誤れる優越感を持つたり、権勢に媚態を持つて居ると、裁判は、正義人道に戻ることが少くない。明治、大正の忠国愛国時代に於ては、苟も、皇室に対し、大逆を企つるが如き、非国民は、一人残らず極刑に処するのが、皇室に忠なる所以と確信して全被告廿四名に死刑を宣告したけれども、其結果は、却て、第二の大逆事件を迫出して、逆効果を招来したのである。弁護人は、勝つべきに敗れたのであります。

在野法曹の任務は、一にも、人権擁護であり、二にも、人権擁護である、人権擁護を離れて弁護士の任務はありません。此小著は今村力三郎敗戦史であります、前者の覆へつたのが、後者の戒となるならば、私の望みは足るのである。

昭和廿三年八月朔

今村力三郎識

『法廷五十年』

四〇　法廷回顧（昭和七年七月）

法廷回顧

今村力三郎

代言人試験に合格したのが、明治二十一年で、其歳の暮から、鈴木信仁先生の事務所で、事務を執ることになつた。

初めて、刑事弁護の法廷に立つたのは、翌明治二十二年の早春で、私の二十四歳の時であつた。或日の朝、鈴木先生から、薄い一冊の書類を渡され、

今村君、今日、横浜に此事件があるが、僕は差閊へて行かれぬから、君一寸行つて来て呉れ給へ。

と云はれ、書類を受取つて、汽車の中で読むと、事件は山林盗伐であるが、単純の盗伐ではなく、被告は、告訴人から、山林の立木を買つて採伐したのだが。《ママ》或地点から、或地点まで、見通した線を界にして、売買したのに。《ママ》被告は、其境界線を踰へて、売買しない立木十数本を伐採したから、盗伐であると云ふのが、告訴人の主張であり。被告は、自分の買受けた地域内であると、抗弁したのであるが、告訴人が村長である為め、駐在巡査や、警察署が、被告の弁解を斥けて、終に横浜区裁判所の公判に移されたのであつた。鈴木先生から教へられた通り、被告本人や、其親族が待つて居る、北島政吉と云ふ代書人の家へ行くと、被告や、村人が五七人集つてゐたから、私は、今日鈴木先生が差閊へて来られないから、代理に来た旨を告げました。鈴木先生は、当時、大岡育造、角田真平、高梨哲四郎の諸君と雁行して、東京市会議員、市参事会員として、市政に参与せる有力者であります。然るに、其大家たる鈴木先生が来ないで、二十四歳の白面の一書生が来たのだから、被告や、親族の失望の様子が、あり〱と看取されるのである。困つたのは、事件を鈴木先生へ紹介した北島政吉君で、横浜にも、相当の代言人があるのに、態々東京から鈴木先生を選んだのは、北島氏の配慮である、其嘱望した大家鈴木先生が来ないで、ヒヨツコリ青二歳が来たのだから、紹介の責任者として、困惑せざるを得ない、茫然として、上れとも云はない。其うち時間が来て、被告初め、一同渋い顔をして、法廷に這入つた。小野衛門太判事の係りで、公判が開かれた、一応の事実の訊問が終つて、弁護人から実地検証を申請したが、直に却下され、検事の論告を終り、弁護人たる私の弁論の順序になつた。

弁論の要旨は、田や、畑や、宅地なら、境界は判然として、誰の眼にも相違はないが、広漠たる山林で、何処から何処へ、見通しなぞと云ふ境界は、見様に依つて境界線が相違する、告訴人は、売買区域外なりと主張し、被告は売買区域内なりと抗弁するのであるから、本来民事訴訟を以て、決定すべき事按である、告訴人の主張に従ふも、境界線より三間とか、五間とか、離れた立木を伐採したと云ふのであるが、山林で三間や、五間は、平地の一尺にも足らない、況んや、被告は、素行善良で、村民の信用を得て居る、金額にしても僅少なる立木を盗

伐する如き人ではない、此告訴は、村長たる権威を以て、民事の争を、告訴に依つて決せんとするのである、裁判所が、実地検証を却下して、直に有罪の判決を下さんとするならば、甚穏当を欠くと云ふやうな、趣意であつたと記憶するが、此弁論が終ると、裁判官は、即決で、無罪の判決を言渡した。

かうなると紹介者の北島君も、大に面目を施こし、被告や、親族も大欣びで、朝来たとき上れとも云はなかつた冷遇とは、雲泥の相違で、先生々々と下へも置かない歓待であつた。此時、蘇秦が遊説して、失敗して家へ帰つたとき、嫂が機から降りて挨拶もしなかつたが。（ママ）其次に、蘇秦の連合説が容れられて、六国の印綬を帯びて、故郷へ帰つたときは、親族や、村人が、非常の歓迎をしたので、蘇秦が人情の軽薄を嘆じたと云ふ、史話を思ひ浮かべたのであつた。

此頃、親友高橋君が、横浜で予審判事をしてゐたが、判決後、小野判事が、高橋君に、実地検証の申請を却下した後に、弁護人が良い弁論をしたので、怎うしても無罪の判決をしなければならないことになつたと語つたと、高橋から伝へられて、弁論の効果のあつたのを喜んだのであつた。此事があつて、七八年後、小野判事が岐阜地方裁判所長である頃、私は飯田支部の判事を奉職し、上官と衝突して、不平灑々であるとき、私を岐阜へ採用するとの内意を伝へられたことがあつた。私は、既に司法官に望を絶つたときであつたから、好意を謝して、岐阜へは行かなかつたが、小野君が、好意を寄せて呉れたのは、山林盗伐事件の記憶が存して居たのであらう。

此山林盗伐事件が無罪になつたので二三日後、鈴木事務所へ礼に来たが、謝金十円の約束であつたと見へ、十円持つて来た、私は月給二十円で雇はれてゐただから、事件の収入は、全部鈴木事務所へ納まるので、月給の外は貰はないのである。そして月給は、月末に帳簿に認印して、奥様から頂戴する例になつて居た。此山林盗伐事件の、謝金の這入つた日に、奥様が例の帳簿に十円を載せて、私の部屋へ来て、今村さん是をと云ふから、ハハア、謝金を俺に呉れるのだなと思ひながら、奥様に是は怎うしたのですかと伺ふと、奥様は、マア何となく受取つて置きなさいとの仰せである、私は筆太に金十円何となく、と記入して、奥様に笑はれたことがあつた。

是が私の刑事弁護の初舞台です。私は、自分で刑事弁護専門にならうと思つたこともなく、今でも、刑事専門の看板を掲げてはゐないのに、世間からは、刑事専門家と見られて居るやうですが、出発がコンナですから、何かの因縁があるのかも知れない。

明治二十五年春のことゝ思ふ、官選弁護の命令があつた、当時は、弁護士の数も、東京全部で、百人内外であつたから、官選弁護は、年に二三回は務めねばならなかつた。此時の被告事件は、貰ひ児殺しであつた、私はドンナ官選弁護でも、書類は全部謄写する習慣であつたから、此時も全部謄写して精読したが、貰つた児は前後四人で、少いのは八円、多いのは二十円位の金を附けて、生れ落ちたばかりの嬰児を貰ひ、夫れが、早いのは十日、遅いのは二ヶ月位で、皆死んで居るので、四人目の時に、警察が眼を着けて、検挙したのである。書類を閲読して行くと、女房の供述に、金が欲しさに子供を貰ひ、食ふものも食はせずに置いたから、皆死んで仕舞ひました、と云ふやうな申立もあり。又最後の子供の屍体を解剖すると、胃の中に、茄子の皮が一ツあるのみで、他に何物もない、と云ふ屍体検按書が出来て居り、死因は、埋葬証下附願に添へた、医師の診断書に依ると、四人共営養不良と書いてある。検事の公訴は、金を附けて子供を貰ひ、食物を与へずして、餓死せしめたとの趣旨であつた。

被告の職業は、日雇稼で、町内の泥溝浚ひをしたり、大工や、左官の手間取をしたりして、其日暮の生活であるから、勿論他から子供を貰ふ必要はない。加之、夫婦間に男の児が一人あつて、本所の瓦屋へ、丁稚奉公に出してあるのだから、其上に貰ひ子をする理由は、猶更ない、金が欲しくて、生母の育て憎い訳のある子供を貰つたことは、争ふの余地がない。書類が保存してないから、被告の姓名は記憶しないが、亭主は音と云ひ、女房は花と云ひ、住居は本所中の郷であつた。

私は、一応書類に眼を通したとき、是は到底有罪だと思つた。当時の刑事裁判は、現今よりは科刑が重い時であつたから、酌量減刑で、死刑を免かるれば、先づ成効だと諦めて居つた。

斯ふした予感を懐いて、第一回の公判廷に立つと、裁判所は、職権を以て、其頃、京橋の区医をして相当令名のあつた、安藤卓爾と云ふ医師を鑑定人として呼出してあつた。私は、裁判所が、何の為に、今頃、鑑定人を必要とするかを理解しかねて、黙然として控へて居た。裁判官が、入廷して、一応、被告の訊問を終り、鑑定人の訊問に入ると、裁判所は、子供を貰つた時から、死んだ時まで、何んにも喰はせずに置けば、必然死ぬものか怎うかと云ふことを、医学的に決定する為に呼出したことが判つた。安藤医師の答は、夫は必然死ぬとの一言であつた、而して死因は営養不良であると説明した。裁判所の訊問は是で終つた、此時、弁護人たる私は、鑑定人に、生れたばかりの嬰児に、牛乳や、コンデンスミルクを与へたら、子供は育つか、と問ふたら、鑑定人は、夫は育つことは育つが、非常に困難のことであると答へた。私は、重て、何故困難かと訊ねた、之に対し、鑑定人は、嬰児の腸胃は、弱いから、牛乳や、コンデンスミルクが、熱つ過ぎたり、冷た過ぎたり、濃かつたり、薄かつたりすると、腸胃を害して、結局、営養不良に陥つて死んで仕舞ふと答へた。鑑定人と斯うした問答の出たのは、女房の予審調書に、貧しい中でも、牛乳や、コンデンスミルクを、買つて呑ましたとの陳述があつたからである。鑑定人の云ふ所に依れば、飲ましても、飲まさなくても、結果は同一で、営養不良で死ぬことになる。茲に至つて、纔に弁護の端緒を得たので、続いて女房お花に、小使帳があるかと訊ねたら、あると答へた、牛乳や、コンデンスミルクを、買つたことが書いてあるかと、訊ねると、あると答へた、何処で買つたかと、訊ねると、吾妻橋際の倉島だと答へた。私は、裁判長に向つて、小使帳の取寄せを申請した、裁判長は怎うです、裁判所が取寄せても良いが、手続が面倒ですから、弁護人が行つて持つて来て呉れませんかと云ふ、私も閑散の時代ですから、宜しゆう御座います、私が行つて持て参りますと、引受けて、二三日後、西山と云ふ書生を同伴して、亀戸の臥竜梅を看ながら、音の差配人某氏の家へ行つて、音の住居へ案内を頼み、且用向は、女房の小使帳が欲しいのだと告げた。差配人は、驚いた顔をして、へヽエソウデスカ、困りましたナア、夫婦が拘留されてから、暫く空家になつてゐましたが、用心が悪いとて、警察が八釜しく申すので、屑屋を呼んで、紙屑から、何から、一切皆んな、売つて仕舞ひましたから、小使帳なぞ残つて居りません、唯質屋の通ひは、万一他人の物が這入つて居ると、悪いと思つて、夫だけ、私が預かつて居ると云ふ。私も少なからず、困惑したが、仕方がないから、其屑屋は判つて居るかと訊くと、近所だと云ふから、呼んで呉れと頼むと、差配は使をやつて、直に屑屋が来たから、音の家にあつた紙屑は、まだあるかと訊くと、モウないと云ふ、牛乳の罎や、コンデンスミルクの空鑵は、無かつたかと訊くと、夫は幾つかあつたと云ふ、私は差配と、屑屋の住所氏名を、手帖に控へて帰り、次の公判廷で、両人を証人に申請した。裁判所は、勿論之を採用し、両人を呼出して、訊問しましたが、彼等は私に話したと、同様のことを証言したので、音の家に、コンデンスミルクの空鑵や、牛乳の罎のあつたことは、証明が出来ました。今度は、倉島の店の番頭を証人に申請して、是も採用されました。是は女房花が、倉島の店へ、コンデンスミルクを買に行つたことがあるかとの、事実を訊問する為である。番頭某が、証人に出て、お花の顔を見て、此人が一週に、一度位コンデンスミルクを買に来たことがあると、判然証言した。裁判長は、多数のお客があるのに、何故、此被告の顔を覚えて居るのかと追窮すると、番頭は、此人は、何時も、夕方、男の半被を着て、買に来たので記憶して居ると答へた。被告に、如何なる服装で買に行つたのかと、訊ねると、着物がないから、亭主の半被を着て、恥かしいから、何時も薄暗くなつてから、買に行つたと答へた。

差配人、屑屋、倉島の番頭、此三人の証言と、安藤卓爾の鑑定とを綜合すると、金が欲しくて、子供を貰つたには相違ないが、喰はせずに餓死させたのではない、貧乏の中から、牛乳や、コンデンスミルクを買つて与へたけれども、育児法を知らないから、胃腸を害して、営養不良になつて、死んだのであると云ふ結論が出来た。両人は、一審で、無罪の判決を言渡され、検事が控訴したけれども、控訴でも無罪になつた。

其後、何かの用事で、差配人の前を通ると、今村さん、今村さんと呼止めるから、立寄ると、音夫婦がお蔭で無罪になつたと、欣んで礼を述べ、そして彼等が夫婦別れをしたことを話された。程なく、お花が洲崎で、娼妓となつて、何とか云ふ源氏名で、私の処へ手紙が来た、打棄てゝ置くと、続いて何通も手紙が来る、一度是非来て呉れと云ふのである。お花は、無筆で、朋輩に書いてもらふのであるから、一度、来て呉れないと、朋輩にもキマリが悪いから、一度だけで良いから来て呉れと云ふ、切な文句もあつた。私の悪友は、行つてやれ、行つてやれ、そして君が熱くなつて、お花と情死しなければ話にならないと、煽動するのもあつたが、遂に洲崎へ足が向かなかつた。今日なら逢つて見たい気もするが、此事件の関係人も、大方は鬼籍に入つたであらう。

此二事件は、旧刑法時代で、旧刑法は、所謂客観主義であつて、被告の心理よりも、行為の外形に重きを置いたのであるが、此二事件の裁判官は、能く被告の意思状態を洞察し、盗伐の意思がなかつた、殺人の意思がなかつたと認定して、無罪の判決を下したのである。現行刑法は、主観主義であつて、立法者は、被告の意思に重きを置いたのであるが、実際の裁判は、却て形式に流れ、被告の意思の観察を、粗略するの弊がある、月並ではあるが、法の運用は人に在るとは、千古不磨の言である。

(『中央公論』第五三四号　昭和七年七月)

四一　法曹界三十年間に得た体験

法曹界三十年間に得た体験

法曹界三十年と云ふ題号は「実業之世界社」が、三十周年記念に因んで勝手に撰んだのであるが、僕としてはコンナ回顧的な話はしたくない。人間が好んで昔話をするやうになつたら、耄碌の証拠である。僕は、現在未来のことなら書きもし、話もしたいが、俺が々々と昔の手柄話をするほど、未だボケたくない。

林内閣が祭政一致といふ看板を掲げたとき、国民は其古典的の存在に一驚を喫して、此内閣は復古政治を理想とするものと察して、前途に疑懼の念を懐いた。

初めから脱線して申訳がないが、法曹界三十年として、今より三十年遡ると、明治三十八年より四十年当時になる。僕の明治三十八年九月五日の日記に

十一時高野兄ヲ訪ヒ、同伴シテ日比谷公園ニ至リ国民大会ヲ見ル。此夜市民激発シテ、各所ニ警官ト戦フ。

と書いてある。

我々には明治三十八年九月五日の国民大会と言へば、唯此一語で全貌がハッキリと頭に浮ぶけれども、三十年後の今日の青年諸君には、既に歴史的事実となつて、何の為めにアンナ事変が起つたか一寸判らないであらうから、「実業之世界社」の需を好機とし、昔話を試みることにした。

日露戦争は、日清戦争終局の際に早くも運命づけられてゐた。日清戦争の下の関条約で、遼東半島を割譲せしめた。我国の戦果を蹂躙して還附を余儀なくせしめたるは、露国を盟主とする三国干渉であつたことは知らないものはない。国民は悲憤の絶頂に達した。臥薪嘗胆と云ふ合言葉は、小学校の生徒まで唱へた。十年雌伏して日露戦役と為り、国家の存亡を賭した大戦の終結が所謂ポーツマスの平和条約であつて、償金は一文も取らず、樺太の半分だけと云ふ貧弱さであるから、国民の不満が爆発して九月五日の国民大会と為つたのである。

当時新聞の漫画に鮭を胴中で二つに切り、尻尾の方の半分を貰つて情ない顔をしてゐる図があつた。日清、日露の両戦役は、日本全国民の戦争であつたから、其平和条約にも国民が多大の関心を有つことは当然である。

今日の祭政一致内閣が、時局の認識と云ふ言葉を、何百遍何千遍繰返しても、国民には如何なる時局を如何に認識するのか解せない。日清戦争でも日露戦争でも、政府の当局者は早く決心しながら一言も口に出さない。国民の敵愾心の迸しるのを待つて居て、張りきつた潮あひ

を見て切つて放つたから、国民は一丸となつて敵に当つた。衆を破り険を覆へす所以である。

然るに昭和の当局者は、自分で非常時の面を冠つて、勝手に躍つて居るのであるから、国民は遠く三階の見物席にポカンとして口を開いてゐる。

要は国民を躍らせるか、政府自ら躍るかの違ひである。又脱線したが、是等の本筋は後世史家の役目であるから、僕は僕自身の親しく見聞した国民大会の外伝を記して、他日の好事家の資料に供しよう。

国民大会の発起人は誰々であつたか記憶を逸したが、中堅は河野広中、小川平吉、細野次郎、桜井熊太郎、山田善之助、大竹貫一の諸君であつた。

今の大阪ビルの所に増島六一郎氏の貸事務所があつて、其二階の二室を借り、其処で二三日前より諸般の準備を整へたのである。屋外集会であるから、所轄の麹町警察署へ届出でたことは勿論である。麹町警察署は警視庁と連絡を取り、国民大会を不穏と認め事前に禁じたけれども、届出人が姿を隠したので、禁止命令が送達出来なかつたことを、僕は今尚記憶して居る。

警視庁は禁止命令の送達が出来なくても、飽くまで国民大会を開かせぬ方針で、日比谷公園の入口を正門を始め六門とも丸太で閉塞したので、市役所より抗議が出たけれども、ソンナことは一顧もせず断乎として市民の入園を抗拒したのであつた。

此時警視庁にあつて采配を振つたのは、後に総監になつた川上親晴であつた。国民大会の本部たる増島貸事務所の二階では、刻々其警戒振りの報告を受けながら、午後二時頃愈々其日の会場と定めたる公園へ向つて進行を始めた。

正門で多少の衝突はあつたが、丸太を縄で結んだのみの防禦であるので、縄を切れば容易に侵入出来た。僕は此時高野君と二人、幸門の丸太の傍に居て、正門の防禦が奪れて奔流の如く園内に進む群集を見た。幸門の巡査は正門の応援に赴き、唯一二人の巡査が立番して居たので、僕と高野君は巡査に名刺を出して、入園の承認を求め、静かに内に入つた。群集が入園した後は決議文の朗読があつたのみで、此外に特に目立つた行動はなかつた。唯一つ覚へて居るのは、風船玉に種々の文句を書き紙片を付けて飛ばしたうちに、一剣倚天寒との字句のあつたことのみである。

是で国民大会は終つて幹部と其附和者若干が、紅葉館へ引揚げ気焔を挙げて居る頃に、意外の騒ぎが起つた。夫れが殆んど全市に亙る交番の焼打である。国民大会の終つたとき其儘抛つて置けば、群集は自然に退散するものを、警察は国民大会禁止の失敗の余憤を群集に向けて、強いて遂ひ散らさうとした為め、茲に端なく群集と警官との衝突を惹起したのである。国民大会事件の本筋を語れば限りがないから、僕は関係者諸君の行動中、面白かつたと思はるゝものを断片的に拾つて見ることにした。

桜井熊太郎君は番町に住んで居たが、此日角袖が見張つて居て、一歩外出すれば直に検束されそうなので、和服の着流しで外へ出ると角袖が尾行して来るので、近所の卜部喜太郎君の門内へ入り、角袖を外に見張らせて置て電話で洋服を取寄せた。桜井君の女中が笊に洋服を容れ其上に風呂敷を掛けて卜部の門を入つたので、角袖は何か野菜物位に思つて浮つかりして居る隙に、桜井君は仕度を変へて裏門から抜けて会場へ電車で急いだ。

桜井君が日比谷公園へ来た時は、既に群集がなだれ込んだ後であつたので、桜井君は椅子の上に立つて大声で「桜井熊太郎茲に在り」と芝居気たつぷりで叫んだので、後になつても友人が集ると「桜井熊太郎茲に在り」と冷かしたのであつた。桜井君も紅葉《（ママ）》へ引揚げた一人で、宴が罷んで某弁護士と二人でブラ〳〵やつて来ると、交番の焼け残りの余燼があつたので、酒の勢も加はつて独りで気焔を吐いてゐると、横合から警官が出て来て有無を言はせず警察へ拘引せられ、留置場へ押し込められた。此時同行の一人も弁護士であるが、桜井君の拘引を見て雲を霞と逃げて仕舞つた。自宅へ帰つても誰にも話さず、桜井君の救出しにも勉めなかつたので、後に交友間に批難があつた。

東京地方裁判所検事局では、此騒動の状況視察として検事を派出したが、安住時太郎と云ふ検事が芝の警察署に赴き、留置人を見ると夫が桜井熊太郎君であるから、驚いて直に釈放したが、此安住検事が後に公判の立会検事と為つたので、桜井君が焼打に無関係なることも判つたのであつた。因縁と云ふものは妙なものである。

此国民大会事件は検事局の方針が幾変転して、或時は大会主催者たる幹部を起訴するとし、或時は不起訴と為し、結局最後に起訴したのであるが、桜井君は一度姿を隠す前に僕に向つて

「僕は是から姿を隠すが、隠れてゐて新聞に投書するからそう思つて呉れ」

と云つたので僕も

「フンソウか夫も面白からう」

と云つて、爾後桜井君の居所は僕も知らなかつたが、其うちに検事局の方針が不起訴となつたので、其趣を桜井夫人に告げると、夫人も欣んで僕に君の潜伏所を明したから、僕は飛んで行つた。

其潜伏所と云ふのは、今は様子が違つて居るが、京浜電車の海岸線から大森支線へ分れる分岐点の附近で桜井君の知つて居る植木屋さんの家である。僕は桜井夫人に教へられた如く、其植木屋さんを捜し当て、戸口で植木屋さんの細君に会ひ、桜井の友人今村力三郎であるからと取次を頼んだが、細君は頑強にソンナ人は居りませぬと云ふ。僕は再三桜井の親友であるからと押問答をしたが、僕の人相が刑事らしかつたのか、細君が用心深いのか断乎として居ない知らないと云ふので、僕も手の附けやうがなく外へ出ると、竹垣の上へ桜井君が首を出して、

「今村君、今村君」

と呼んでゐるので笑ひながら引返して家に入り、不起訴に決したから安神して帰れと話して居たところへ、是も親友の関皆治が来たので、三人で松浅で晩食を共にして引揚げたのであつた。国民大会の幹部が起訴されるに至つたのは、検事局の方針が再変した為である。

細野次郎君は実に快男子であつた。民衆が交番の焼打をして騒ぎが大きくなつたので、大会の幹部の誰々の若干名が、東京地方裁判所の検事局に出頭し検事正室に集つた。僕は唯の見物人であるから、紅葉館へも行かず、勿論検事局へも行かないので、今でも集つた人々の名は知らないが、小川、河野、細野、大谷其他二三の面々であつたらうと思つて居るが、此時検事正奥宮正治君が日比谷方面で電車の焼けるを見て（其頃は今のやうに建物がないので検事正室から日比谷交叉点が見通しであつた）周章狼狽し、諸君彼の騒ぎを止める方法はないでしようかと云ふと、

細野君は言下に

「夫は何でもない。桂太郎が闕下に伏して辞表を提出すれば、騒動は立ちどころに止む」

と絶叫した。此時の細野君の気合が何とも云はれぬほど良かつたので、同人間の絶讃と為り、前に云つた桜井熊太郎茲に在りと共に同人間の話題となつた。先日或新聞に、此言葉は大谷誠夫君が云つたやうに書いてあつたが、僕の記憶とも違ふし、同席した小川平吉君もあれは細野の一代の傑作だと語つたから、大谷君説は何かの間違であらう。

小川平吉君は、国民大会の中堅中の中堅で、劃策は多く小川君の胸中から出たと云つても過言でなからう。僕は小川君が増島貸事務所出発の時、ナイフを用意して行けと注意して居るのを聞いた。丸太の柵が容易に破れたのも此ナイフの為であらう。

検事局が愈々起訴と決定した日の朝、誰とも知らない人が小川君の玄関に現はれて、愈々起訴することになつ

たと告げたものがあつた。此頃は関係者一同要心して居たときであるから、小川君は直に脱出して横浜へ逃けた。《ママ》
小川君は何か横浜に差迫つた肝腎の用事があつて夫を弁ずる為であつて逃げるのが目的でなかつた。小川君は自宅へ電話すると直にバレるので、横浜から塩谷恒太郎君と僕とに電話して、築地の某医師の宅へ来て呉れと云つて来たので、夜になつて塩谷、小川両君と僕とが落合つて、情報を語つたり後事を打合せたりして、小川君は其夜検事局へ出たと記憶する。

是は余程後になつてのことであるが、今村勝太郎の露探殺害事件の弁護は、小川、桜井、山田（喜之助）及僕等であつたが、其時被害者前田清次が、実際露探であつた事実を証明する為、憲兵の特務曹長の清原とか何とか云う清の字のつく人を証人に呼んだことがあつたが、証人訊問の終つた後で何かの話の序に、国民大会の後に小川君に、今日検挙があると内報した人は此憲兵特務曹長たることが判つたので、お互の奇遇を喜び一夕富士見軒で晩食を共にしたことがあつた。

其当時特務曹長は、朝鮮在勤であつて、証人たるが為め朝鮮より上京したと記憶して居るが、今村勝太郎の記録も大震災で焼けてしまつたから、間違ひないと申されぬ。此特務曹長が小川君に危急を告げたとすれば、当時の思想界の急進者の一人であつたらう。僕は今此人に会つて、同君の思想や小川君の境遇の激変について、話して見たいと思つてゐる。

蔵園三四郎君は、国民大会の門外漢中の門外漢で一見物人に過ぎなかつたが、今の帝国ホテル辺に内務大臣の官舎があつて、警官の本陣と為り、群衆が本陣を目掛けて突進するので、終には警官が抜刀して群衆を斬つた。此時見物して居た蔵園君は、警官に斬られた一青年を小脇に抱へ、扇子を片手に警官の本陣に突入した。芝居にすれば「暫く々々」と云ふ台詞の出そうな場面であるが、何と云つたか夫は知らない。蔵園君は負傷者を抱へて敵の本陣へ乗り込んだのであつた。此負傷青年は警官に反抗して騒擾罪を犯したとして、被告と為り未決に入れられ、公判に廻されたとき、青年の父が僕を尋ねて来て、話を聞くと、青年は姓名を林某と云ひ、僕の知人の林虎造と云ふ村長の子であることが知られて、蔵園君を証人として申請し、此青年は警官に反抗したのでも何んでもなく、逃げ後れて斬られたことが証明せられて無罪になつた。蔵園君も今は頭が禿げて蔵園君で通つてゐるが、明治三十八年頃は西郷張りの勇気のある青年であつたと、僕は今でも尊敬を失はない。

取り止めのないことを書いたが、僕の読者諸君に理解して欲しいのは、明治三十八年頃までは国民総勤員なぞと云ふ言葉はなかつたが、実際は国民総動員であつた。

昭和十二年は政府は盛んに国民総動員と呼び掛けても、国民は動員したと感じて居ない。時勢の変化かも知らないが、一つは政府が国民総動員の笛を吹く時期を知らない低能を示すのであるまいか。

次には警察官が臨機応変の才なく、腕力で鎮圧せんとするとき、却つて大なる反動を招き、起さないで済む騒動を起すことがあるとの手本を、此国民大会が教へて居ることを、当局に知つて頂きたい為である。

三十年前を回顧すれば、進歩したのは国民で、政府当局は却つて退化したかに見へるのは僕の耄碌であらう。

(今村力三郎著『法廷五十年』専修大学　昭和一三年)

四二　死処（大正六年一月）

死処

弁護士　今村力三郎

(一) 吉田収吉の縊死、酒匂常明の自殺

元日は冥土の途の一里塚であると喝破して、屠蘇に酔つて居る人々の間に、人生の厳粛な思索を喚起せしめた名僧もあつた。新年の雑誌に死の話を持ち出したからと云つて、苦情をいふ『実生活』の読者でもあるまい。諸君は今も尚ほ吉田収吉といふ名を記憶して居るか、恐らく忘れた人が多からう。吉田収吉は、シーメンス会社の日本の支配人で、大正三年の春頃は、かの海軍収賄問題で、津々浦々にまで、其の醜名をながした男である。此の男は海軍軍人の家庭に入り込んで、巧に其の夫人の虚栄心を唆り、夫人を通じて、名誉ある帝国の軍人に、瀆職の罪を犯さしめた、世の常ならぬ罪人である。処が、此の男は、其後間もなく、監獄の中で首を縊つて死んでしまつた。流石に良心の苛責に堪へられなかつたものであらう。其時に吾輩は考へた。刑法第百九十八条には公務員、又は仲裁人に賄賂を交附、提供、又は約束したるものは、三年以下の懲役又は三百円以下の罰金に処すといふ事が規定してある。之は人間が吉田に対して課し得る刑の極度である。処が、天を以て吉田のやつた事を見ると、其手段と云ひ、其方法と云ひ、更に、それが社会の風教、国家の紀綱に及ぼした結果と云ひ、決して三年以下の懲役、三百円以下の罰金位で宥さるべき性質のものでない。其処天は人間に代つて彼を死刑に処した。彼は自然の制裁によつて自殺を遂げた。天といふか、自然といふか、神といふか、仏といふか、それは知らぬが、兎も角も、人間以上の或る力に支配されて、吉田は獄中に縊死を遂げて居る。人生には、確に法律以上の制裁がある。

酒匂常明の死は、博士を知るものの全てが一斉に之を悲しんだ。博士は正に其死によつて、立派に自分の潔白を社会に証明する事を得た。博士はもと、農商務省の農務局長をしたことのある人で、敦厚純朴、少しも軽浮の風のない、飽くまでも学者らしい紳士であつた。処が、此人誤つて、大日本製糖会社の社長となり、所謂日糖事件なるものゝの責を引いてピストル自殺をした。酒匂博士は元々学者であつて、計算の事などは解らぬ。悪い事をしたのは、他の重役で、博士は全くそのことに関係しなかつた。而も社長として潔く其責を引いて自裁したのは、流石に武士の血を享けた博士であるといふので、世間の同情が一斉に博士に集つた。人間の生死は天意である。生きようとしたとて、生きられるものでもなし、死なうとしたとて、自分の力で死なれるものでもない。酒匂博士がピストル一発で見事に自裁することの出来たのは、天が、博士の潔白を憫んで、博士に死を与へたものと見る事も出来よう。

（二）某海軍中将の自殺未遂と乃木夫人の死

博士の自殺と面白い対照をなして居るのは、海軍収賄問題に関して自殺を企てた或る海軍中将である。中将はピストル一発で死に切れず、更に短刀を突立てたが、未だ死に切れずして苦悶してゐる処を、家人に見付けられて、自殺の目的を達する事が出来なかつた。死なうとしたとて死なれぬ天意は、茲にも明かである。天は中将の罪を宥恕するの意味に於いて、中将の死を妨げたか、それとも、中将に死以上の苦痛—生恥といふ現世の地獄に投入れんとして、中将の死を妨げたか。其辺は説明の限りでないが、中将自殺の報が世に伝はつた当時に於いて、人心が如何なる感動を受けたか。又、中将が現に如何なる残生を送りつゝあるかは、諸君に於いて能く、天意の存する所を知るに足るべき事実であらうと思ふ。

次に考ふべきは、乃木大将夫人の自殺である。乃木大将は人も知る九月十三日午後八時、明治天皇の霊轜が残宮を発せんとする号砲を合図に、赤阪新坂町の邸に於いて自殺した。傍に夫人静子も、白鞘の短刀で左胸心臓部を刺して死んで居た。此夫人が大将と共に明治天皇の御跡を慕うたに就いては、歴史的事実として尚ほいろ〱考へて置くべき余地がある。九月十二日の夜、大将が認めた遺書の第九項及び第十項には、夫人に関する事が書いてあつた。

第九、静子儀追々老境に入り、石林は不便の地、病気等の節心細との儀、尤に存候。右は集作に譲り中野の家に住居可然同意候、中野の地所家作は静子其時の考に任せ候。

第十、此方死骸の儀は石黒男爵へ相願置候間、可然医学校へ寄附可致、墓下には毛髪爪歯（義歯共）を入れて十分に候（静子承知）。

此遺書によつて大将殉死の前後を想像すると、大将は先づ殉死の覚悟をきめて、それを夫人に打明けた。すると、貞烈無比の夫人の事であるから、後事をスツカリ引受けて、御心安く御生害遊ばせといふので、遺言書の第九と第十が出来たものに相違ない。処が、夫人は大将が立派に殉死を遂げたのを見済まして、自分も大将の後を遂うた。大将は死ぬまで夫人の覚悟を知らなかつたのではあるまいか。若し、大将が生前に静子夫人の覚悟を知つて居たとしたら、大将程の人であるから、キツト遺言書も書きかへたに相違ない。さて静子夫人の自殺の態を見ると、夫人は例の白鞘の短刀で、二度まで突立てて漸く生害を遂げてゐる。一刀で死に切れず、二刀で死に切れず、三刀まで突立てて漸く自殺を遂げて居る。如何に貞烈な夫人とは云へ、婦人の事ではあり、之は無理もない事であつたらうと思ふ。扨て此場合、仮に静子夫人が死に切れずして、苦悶して居る処を家人に発見されて、助かつたとしたら、何うであらう。夫人の命が助かつたからとて、大将の誠忠は昭々乎として千古に瞭かである。誰も大将の死を安く見るものはあるまい。けれども、其処に人心の機微といふものがある。静子夫人が立派に大将の後を遂うて、生害を遂げたといふことが、大将の死に幾段の光彩を添へたものとすれば、静子夫人が死に切れず、取乱して居た処を、家人に支へられて命を取りとめたといふ事が、幾分大将の死を軽からしめたといふ結果も想像せざるを得ない。果して然りとすれば、二度まで急所を外した夫人が、三度目に至つて見事に其目的を達したといふ事は、之も深き天意のある所ではあるまいか。天が大将の誠忠を憫んだものではあるまいか。

(三) 桂公の業病と伊藤公の横死

桂公が、若し日露戦争の最中に世を去つたとしたら、世人は何と云つたであらう。ポーツマウスの講話談判も、桂公が生きて居たら、恁んな事にはならなかつたであらうと云つて、公の才能を追慕したに相違ない。処が、桂公の病気は日露戦争の最中に発せずして、日比谷騒ぎの憂目を見せ、更に第三次桂内閣を組織して挙国一致の反抗を招き、瘡痍満身、また起つ能はざるに至るまで、其頭を擡げなかつたのである。桂公の業病は、桂公が全国民の弾劾を受けて、失意の奈落に沈淪して居る其時に起つた。之も天意ではあるまいか。聞く所によれば、桂公は才智の人にして、誠忠の人でなかつたそうである。日本に妥協政治とか金権政治とかいふものを始めたのは此人であつたそうである。さすれば、此人が日露戦争の最中に死ぬのは、少しく割がよすぎたのかも知れない。それにつけて思はれるのは、伊藤公の死である。伊藤公の生きて居る中には世の中から様々の批難を受けた。けれども、それは主として彼の素行に関する非難であつた。天下国家を思ふ彼の至誠に至つては、何人も之を疑ふものがなかつた。其処で、天は彼に死処を与へんが為に、彼をハルピンまで誘ひ出した。待合の一室で頓死せしむるのは、彼の誠心誠意に対して、少しく気の毒であるといふ深き天意であつたに相違ない。果せる哉、伊藤公の至誠は、彼の死処によつて、遺憾なき光彩を副へて居る。

(四) 赤穂義士の処分と当時の与論

赤穂義士の切腹も其意味に考へられる。赤穂義士とて神では無い。あれが死を宥されて、一生飼殺しにでもされたら、四十六人の中には、随分心得違ひを仕でかしたものもあつたらう。処が幸にして、幕府に於ける硬論が勝を制して、一同に切腹を命ずるといふことになつたので、四十七士の名は千載不滅のものとなつた。義士の処分に就いては、幕府に大分異論があつた。幕府の儒官、林信篤は口を極めて其誠忠を称し、天が此義烈の士を下すは、世の澆季を誡めんとするの意に外ならず、宜しく其罪を宥して人臣の範と為すべしと主張し、柳沢吉保の臣、荻生徂徠は之を駁し、情を以て天下の法を枉ぐ可からず、之を宥さば恐らく上杉、浅野の両家に事起らんと論じた。此際天下の与論はと云へば、勿論助命論に傾き、喧々囂囂として帰する所を知らざる有様であつたが、結局将軍綱吉の明断によつて四十六士に死を賜ふ事となつた。けれども、綱吉は尚ほ心に済まぬ所があつたものか、元禄十六年二月一日、日光の公弁法親王が登城をされた時、天下の政治といふものは、辛いものであるといふ話をして、法親王の口から義士の助命を乞はしめようとした。思ふに綱吉の意は、一旦幕府に於いて切腹を命ずることに決した以上は、天下の政道も立つたのである。其上出家の乞によつて命を助けたといへば情理共に立つといふにあつたのであらう。処が法親王は将軍に対して、御心中御察し申すと云つたゞけで、一言助命の事に及ばない。将軍もせんかた尽きて、元禄十六年二月四日を以て、四十六士に死を賜うた。処が、此事何時しか世上に漏れて、公弁法親王の評判は甚だ面白くなくなつた。何がさて、天下の同情が、翕然として四十六士に集まつた日の事とて、高貴の御身辺にも遠慮なく批評の矢が飛んだものと見える。他日法親王も此事を聞かれて、余も将軍の意中は察したが、今にして赤穂義士を宥したら、彼等は恐らく、千載に其名を完うし得ないであらう。余が彼等の為に助命を乞はなかつたのは、仏の大慈悲心であると仰せられたといふ。此事実によつて見ても、人の生死は人間の力で、之を如何ともする事の出来ぬものであるといふ事がよく分る。

(五) 人事を尽して天命を俟て

赤穂義士の命は、殆ど天下の人が総がかりで之を助けようとした。将軍も骨を折つた。日光の法親王まで引出して助けようとしたが、ヤハリ死ぬべきものは死んで居る。久阪玄瑞といふ長州の志士が、『祇園島原橦木町、傾城狂ひの其中に、病気なんぞで死なしやんしたら、忠か不忠か判りやせぬぞいのう。』と云つたが、実に其通りで、如何に忠義の大石でも、祇園、島原で遊蕩の最中に頓死をしたら、忠か不忠か全く分らなかつたのである。処が、天は大石を祇園、島原で殺さなかつた。堀部弥兵衛の七十六歳、間喜兵衛の六十八歳、吉田忠左衛門の六十二歳を始めとして、四十六士の中には六十歳以上の高齢者が五人もあつたけれども、天は此人々が同盟に加はつてから其目的を達する迄は、一人も殺さなかつた。而も一旦其目的を達して死すべき時が来たとなれば、将軍の権威を以てしても、之を如何とすることが出来ない。即ち天意である。

宗教家は人の生命は永遠である。不滅であるといふ。成る程爾うであらう。が、其永遠の生命に、力と光と意義とを与へるものは死である。否死処である。人若し死処を得ざれば、其生命は力なく光なく意義なきものとなる。而して、死処を得んとする者は、平生を慎まなければならぬ。所謂人事を尽して天命を俟つの意は茲に在るのである。

(『実生活』第四号　大正六年一月)

四三　国家治乱の秘鑰（大正九年一月）

国家治乱の秘鑰

今郙力三郎

左に掲ぐる一篇は、私が曩に「中央公論」及び「法治国」の新聞紙法違犯事件に於いて為したる法廷弁論の大意を綴合せたものである。事件の特質に対して加へたる弁論は一切之を省略し、議論の普遍性を有する部分のみをとつて識者の一読を煩はすこととした。

「一」 裁判所を国民の怨府たらしむる勿れ

私は弁護人として思想問題に関する事件の法廷に立つ毎に、其裁判の結果が、国家の治乱興亡の上に最も重大なる影響を及ぼすものであるとの信念よりして、今更に自己の責任の重且大なる所以を想ひ、一種のいふべからざる厳粛の感に打れざるを得ない。新聞紙法違犯事件の如き、課刑の結果より之を見れば単なる罰金刑か、短い自由刑位に止まるので、事件として或は之を軽視する人もあらう。けれども、思想問題に対する刑事裁判の結果は、一国の治乱興亡に関すること頗る重大であつて、之を被告に対する有罪無罪の見地にのみ立つて取扱ふのは、思はざるの甚しきものと云はねばならぬ。今年（昨年）七八月頃のことゝ記憶する。私は海外電報によつて米国に起つた戦慄すべき事件を知つた。それは、米国に於いて或る不逞の徒が、四十八時間内に全国の主なる裁判所を爆発せしめようとした恐るべき陰謀が未然に発覚したといふことである。更に其次の報道によつて見ると、一団の兇徒は政府の厳重なる警戒の下を潜つて或る裁判所の官舎を爆発し、検事長を始め数名の死傷者を出したとの事であつた。尚ほ尋いで到着した第三回の報道によつて之を見ると此陰謀は、或る思想問題に対する裁判の結果に憤懣の情を抱く一団の兇徒により、裁判所に対する報復手段として、行はれたものであるとのことであつた。平生弁護人として裁判所に出入し、朝夕刑事被告人の心情を叩いて、些か這個の消息に通じて居る私は、此報道を一読して今更の如く恐れ且つ戦いたのである。思想問題に対する裁判の結果が、人心に及ぼす影響の如何に深刻にして痛切を極むるかは此事件によつて想察し得る。私は固より米国に起つた如き不祥事が、日本に起るべしとは想はぬ。併し何人も之が日本に起らぬと保障し得るものはない。斯かる兇徒の兇行は、裁判官の側から之を観たならば、何等の理由もなく、何等の根拠もなき狂人の狂戻としか見えないであらうけれども暴行者の側から云へば、相当の理由があるに相違ない。畢竟するに彼等兇徒は、裁判所を以て其争ひの当の対手としたのである。裁判が治国の要具である限り、裁判所が被告人から争ひの当の対手と見做されるといふことは、已に其職責を瀆したものと云はなければならぬ。況んや裁判が天皇の御名によつて行はれる我国に於いて、裁判所自身が、被告人から争ひの当の対手と見做されるといふことは返す〳〵も畏れ多いことの極みで、此点から云つても、思想問題に対する事件を取扱ふ裁判官の責任は非常に重大なものであることを覚悟しなければならぬ。

「二」大逆事件の判決文が与ふる教訓

之に就いて想起すのは我国千秋の恨事として朝野の人心を震駭せしめた幸徳一派の大逆事件である。当時裁判所が、世に発表した判決文の一節に曰く、

明治四十一年六月廿二日錦輝館赤旗事件ト称スル官吏抗拒、及ビ治安警察法違犯被告事件発生シ、数人ノ

同主義者獄ニ投ゼラレ、遂ニ有罪ノ判決ヲ受クルヤ、之ヲ見聞シタル同主義者、往々警察官吏ノ処置ト裁判トニ平ナラズ。此ヲ以テ政府ガ同主義者ヲ迫害スル意ニ出デタルモノト為シ、大ニ之ヲ憤慨シ、其報復ヲ図ルベキコトヲロニスルモノアリ。爾来同主義者反抗ノ念愈熾ニシテ、秘密出版ノ手段ニヨル過激ノ文書相尋デ世ニ出デ当局ノ警戒注視益厳密ヲ加フルノ已ムヲ得ザルニ至ル。是ニ於テ被告人共ノ中、深ク無政府共産主義ニ心酔スル者、国家ノ権力ヲ破壊セント欲セバ、先ヅ元首ヲ除クニ若ク無シトナシ、国体ノ尊厳宇内ニ冠絶シ、列聖ノ恩徳四海ニ光被スル帝国ノ臣民タル大義ヲ滅却シテ、畏レ多クモ神聖侵スベカラザル聖体ニ対シ、前古未曾有ノ兇逆ヲ逞フセント欲シ、中道ニシテ兇謀発覚シタル顛末ハ即チ左ノ如シ。(下略)

此判決に明記せられた如く、大逆事件の第一の原因は社会主義者が政府及裁判所の処置を誤解し其報復を図らんとしたことにあつた。換言すれば被告人の同志等が、警察及び裁判所を争ひの当の対手とした所に、彼の前古未曾有の悪逆無道が企てられたのである。吾輩臣子として洵に恐懼に堪へざる次第である。然るに彼の不祥事に際して、一人の警察官、一人の裁判官も其責を負ふもののなかつたのは、大義名分に明かなる我が日本帝国の官吏として私の甚だ理解に苦しむ所である。固より事は幸徳一派の神心狂戻に出で、過去に於ける当局の施措に於いては何等の過誤もなかつたにせよ、資本家階級を当の対手として戦ふ社会主義者をして、神聖なる裁判所其のものを当の対手として争はしむるに至つた結果、延いて光華宇内に遍照する我国の歴史に拭ふべからざるの汚点を印すべき千古の大不祥事を醸すに至らしめたといふ徳義上の責任は、警察と裁判所とに於いて何人かゞ之を負はねばならぬ。然るにアノ当時、官吏側に於いて一人徳義上の責任を負ふもののなかつたといふことは、恐らく日本の歴史のあらん限り永久に不可解の謎として存するであらう。思想問題に対する政府の施措が国家の治乱興廃に関することの顕著なるは、其例証を遠き外国に求むるまでもなく、吾々の最近に嘗めた苦き経験によつても十分に之を知ることが出来る。

「三」 桂内閣治下の二大不祥事

畏れ多くも我が明治大帝が、天地神明に対して『広ク会議ヲ起シ、万機公論ニ決スベシ』と御宣誓あらせられた明治維新の大精神は、発して帝国憲法となり、吾々臣民の権利として言論、著作、印行、集会及び結社の自由は保障せられたのであるが、吾々は今日果して先帝の大御心の如く、臣民の権利として完全に言論、著作、印行、集会及び結社の自由を与へられて居るが、極めて手近な例に就いて云へば、先頃朝鮮に独立運動の起つた際、日本の軍隊が説諭と称して或る多数の朝鮮人を一堂に集め、一斉射撃を以て之を殺傷したといふことが外国の雑誌に現はれた。吾々は外国雑誌によりて初めて此事実を知ることが出来た。憲法が発布されて五十年、吾々人民が帝国の領土内に起つた事件を外国の雑誌によつて知らなければならぬといふのは何事であるか。想ふに之は当局が官権を以て新聞の記事を差止めた結果であらう。外国人に漏洩することを避け難しと見たならば、何故一日も早く国民に其実情を訴へて諒解を求むるの挙措に出でなかつたか。外国人に漏洩することは好い加減にして置いて国民の耳目だけを蔽はんとするのは、何たる不信、不誠の態度であるか。

一体社会に起る重要な出来事に対しては、政府として各方面の自由なる、忌憚なき批評を聴き、之を其施政の参考とすべきではないか。米騒動にしても、労働問題にしても、将た又、一般の生活問題にしても、実業家の意見徴すべし、学者の批評聴く可し、社会主義者の議論亦取つて以て他山の石とすべきである。かくして有らゆる方面の批評と論議とを綜合して得たる結果は、現代を貫く国民思想の潮流ではないか。此潮流を善導し世界の大勢に順応して進むものは興り、之と反対に官権を以て国民を貫く思想の大潮流を支へ、時代の進運に逆行するものは亡ぶ。露国の政治家にして善く此理法を体得し、世界の大勢に順応して国民の言論思想を尊重することに務めたならば、恐らく今日見るが如き国家の悲運を見ることなくして止んだであらう。支那を見よ、土耳古を見よ、国民の無知と盲目とを以て治国の要訣としたる専制国は今日果して如何なる運命にあるか。民権の発達を抑圧し、言論思想の自由を拘束したる官僚国の末路は蓋し想ひ半ばに過ぐるものがあらう。

之を我が政府の実例に徴するも、社会上の不祥事は言論、思想に対して比較的に寛大なる政党内閣の下に起らずして、言論、思想の取締りに於いて厳峻苛酷、一歩も寛仮する所なき官僚内閣の下に起つて居る。第一次西園寺内閣は明治三十九年一月に成立して同四十一年七月に瓦解し、第二次の桂内閣が之に代つて四年の命脈を維持した。処が、第一次西園寺内閣の瓦解したのは、第一次桂内閣の方針を改め、社会主義者に対し、或る程度まで言論、集会の自由を与へんとするの傾向があつたのに対し、官僚系の策士が之を二三の元老に誣告して毒殺したものであると噂された。処が社会主義者に対して或る程度まで言論、集会の自由を与へんとした西園寺内閣の下に於いては何等取立てていふ程の社会的不祥事を見なかつたにも拘らず、社会主義者はもとより、一般の言論思想に対し、厳峻苛酷、一歩も仮借する所なかりし桂公は、其第一次内閣の下に日比谷事件を激発し、第二次内閣の下に大逆事件を迫出して居る。最近の米騒動にしても、その原因が単なる米価の騰貴にのみ存せず、政府の素質及其施政に対する国民の不平憤懣が之を激発するに与つて力ありしことは寺内内閣当時に較べて米価も物価も更に幾層の騰貴を示しつゝある現内閣の下に於いて、兎にも角にも国民が隠忍持重して之を忍びつゝあるに見ても知ることが出来る。人間の思想は外部から権力や武力を以て之を制し得るものでない。強て之を為さんとすれば、其思想は必ず社会の裏面に潜入して意外の辺に噴出する。過激思想が自由なる英米に起らずして専制国たる露西亜に瀰漫する所以である。

「四」鉄砲も思想は防ぐ可からず

純理から云へば、言論に酬ゆるには言論を以てし、思想に対するには思想を以てすべきである。権力若しくは、武力を以て思想を圧制せんとすれば、思想は必ず堰かれた水の如く地層に潜入するか、他に氾濫するかして被害を意外の辺に及ぼす、昭憲皇太后の御歌に、

浅しとて堰けば溢るるかは水の

こゝろや民のこゝろなるらん

といふのがある。洵に畏しとも畏き御思召である、有司たるものは日夕此御歌を拝誦して其職責を忝らざらんことに努むべきではないか。聞く所によれば、我当局者は露国の過激思想を恐るること疫病神の如く、戦々兢々として之が予防に警戒とに腐心しつゝありとの事であるが、之は尤も至極のことである。過激思想を恐るるのは単り日本の政府のみならず。世界各国ともに政府は之が防遏に苦心して居る。けれども、何れの国に於いても未だ過激思想に対し確実な防遏策の講ぜられたのを聞かぬ。何故世界の著名な政治家といふ政治家が脳漿を絞つても過激思想に対して適当な防遏策を発見することが出来ぬのであらうか。之は恐らく露西亜の過激派といふものに対する確実な知識を欠いて居るからではなかろうか。今や列強は露国の四境に兵を送つて、反過激派軍を援助し、併せて其思想の伝播を防遏しようとして居る。けれども思想の伝播は大気の波動するが如く、雲霧の流るるが如く、金城鉄壁と雖之を遮る可からず、機関銃、鉄条網と雖之を阻み得べきでない。仏蘭西革命の時、欧洲列国は亡命の貴族、僧侶を援けて兵を国境に進め、仏蘭西の内訌に乗じて一挙に巴里を陥れんとしたが、其時仏蘭西の人民は昂然として、鉄砲も思想は滅ぼす可からずと豪語

した。然るに其仏蘭西人は今や昔の苦しい立場を忘れて過激派征伐の急先鋒となり、武力を以て革命思想を滅ぼさうとして居るのを見て、米国人は曽て仏蘭西人が欧洲の同盟軍に対して為したと同じ語を以て、仏蘭西人の無謀を誨へたとのことである。

此時に方り、我日本の当局が所謂過激思想の冷静なる研究をすら忌むの色あるは抑も何事であるか。仮にも一派の主義、理想として欧洲各国に相当の勢力を有し、一部露国民の帰依を得て、着々建設的方面に発展しつゝある過激思想とは果して如何なるものである。先づ其敵の数と質とを確知することは戦の先決問題ではないか。然るに我政府が自ら進んで之を研究することを為さず、同時に人の之を為すを懼ばず、妄りに武力を以て之に対せんとするは、敵を見ずして矢を放ち、幻影に驚いて剣を舞はすやうなものではないか。明治大帝は我国民が因襲の久しき這個の偏見と謬想とに因はれて、国家の運命を愆るに至らんことを御軫念遊ばされ、天神地祇に誓つて『旧来ノ陋習ヲ破リ、天地ノ公道ニ基ク可シ』と宣給はせられた。思想の鎖国主義は先帝の禁じ給ふ所であり、之を敢てして世界の事実に活眼を開き、先づ対者の実力と素質とを究めんとするを妨ぐるは、取りも直さず先帝の罪人と云はねばならぬ。露西亜の官僚軍閥の徒は、極度の警察政治を以て学問思想の自由を圧し、遂に今日の状態を迫出したのである。単り露西亜のみと云はず、支那といひ、土耳古といひ、朝鮮といひ、国民の耳目を遮蔽し、国民の知能を要塞することを以て治国の秘訣とした専制国の末路に鑑み、其亡国の歴史を以て覆轍の戒となすは我国上下の責任ではないか。明治大帝の御製に、

古への文見るたびに思ふかな
　おのが治むるくにはいかにと

といふ一首がある。古今の歴史に見、東西の事実に照して列国興亡の原因を探求し、之を我国の鑑戒とするは、畏れ多くも先帝の大御親ら遊ばされたことである。

「五」獄裡の人をして供奉の人たらしむる勿れ

私は欧洲大戦争の突発した初め、独逸の社会党も、仏蘭西の社会党も大部分その平素の主義、主張を擲つて熱心なる主戦論者となつたのを見て、彼等の所謂主義なるものに根拠なく、彼等の所謂理想なるものの薄弱なるに驚いた。けれども、私は其後敗残の独逸が、一方には過激派の暴動に対抗し、一方には連合軍の圧迫を支へつゝ、国家の秩序を今日に保ち得たことが、一に社会党多数派の力によるものであることを知つて再び彼等の侮るべからざる実力に驚いた。是に由つて之を観れば日本の政府が一から十まで、蛇蝎の如く忌み嫌ふ社会主義も、それ

が実際政治の上に運用される場合にはさして危険なものでなく、種々の採るべき長所と美点とがあるといふことは察するに難からぬ。近頃、警視総監を中心に、一部の有力なる実業家によつて企図されつゝある労資協調会でも或る一部の実業家によつて唱道されつゝある温情主義でも之を大観すれば、ヤハリ社会主義的思想の影響であるといふことが出来るかも知れぬ。自ら其思潮の影響を受け、若しくは其思想に対して一歩を譲りつつ、他の研究に対しては極端に厳峻な圧迫を加へるといふのは何事であるか。固より彼等の無知無識の致す所とはいへ、また憐むべきことの限りと云はねばならぬ。

一体日本人は朝野を問はず、言論、思想といふものに対する観念が頗る幼稚である。例へば最近の山東問題でも、支那人や米国人が猛烈に日本を攻撃する際、仮に彼等の中に一人の立ちて日本の為に弁じ、侃々諤々の議を以て日本の主張を正当なりとするものがあれば、日本人は言を極めて彼の勇気と、彼の正義とを賞賛するけれども、日本国民が挙つて支那若しくは米国を攻撃する時、我等の中に一人の立ちて之に反対し、正論儻議を提げて国民の迷妄を打破し、国家永遠の福利の為に図つて忠ならんとする者があつても、日本人の多くは殆ど之に耳を傾けず、何等の言議をも尽さしめずして、直に『非国民』若しくは『売国奴』の私刑を以て之を葬るであらう。私は切に望む。裁判所のみではなく、日本国民の全体が言論、思想といふものに対して今少しく敬意を払ひ、寛大の心を以て之を遇せんことを。外に対しては思想の鎖国主義を固守し、内に対しては言論の私刑を慣用し、以て今日の大勢に逆行すとせんか、国民の憤恨が鬱積して、他日意外の辺に爆発すべきは火を睹るよりも瞭かである。

今日は官民上下ともに社会各方面の一大改革を必要として認めて居る。私は此一大改革の時期に際会して、我が日本が光栄ある伝統と、秩序とを保持しつつ、平穏に無事に時代と推移を共にし、世界と進歩を斉しくせんことを希望して止まざるものである。

木戸孝允の詩に、

掃尽千秋帝土塵、旭輝自与岳光新
東巡今日供奉輩、多是去年獄裡人

といふのがある。私は今後の日本に去年獄裡の人をして今日供奉の輩たらしむるほどの改革があつてはそれこそ一大事であると思ふ。国家の正義の為に、裁判の神聖の為に、私は切に此事のなからんを希望して止まざるものである。（大正八年十二月十二日）

（『実生活』第四〇号　大正九年一月）

四四　初夏の自然は語る－四時の序効を為すものは去る－（大正九年七月）

初夏の自然は語る－四時の序効を為すものは去る－

今村力三郎

（一）伸びゆく若竹の節

法律は子供の着物のやうなものだとは、昔からよく人の言ふ譬へである。社会は時々刻々に進歩するが、一度制定した法律は固定し易いものであるから、何時か社会の進歩に後れてその時代の人を律するに不適当なものとなるに極まつて居る。それはちやうど子供の着物が何時か身体に合はなくなるのと同様である。ドンナ無教育の母親でも子供の着物は其成長に伴うて身体に合はせることを知つて居る。政治家が時代後れの法律を改廃してよく世道人心の進歩に伴はせて行くことが、母親の子供の着物に於けるやうであつたならば何もいふ所はないのである。然るに政治家の多はそれが、時代後れの朽ち果てた法律と知りながら一身一家の権勢富貴に恋々たるより、遮二無二にその改廃を拒む。我国にも立派な成年の男児に、赤ん坊の着物を着せて、知らぬ顔をして居るやうな、不真面目な政治家が其辺にゴロ〳〵と転つては居ぬか。私は、法律はかの竹の皮の如くありたいと思ふ。竹の皮は、筍の生長を保護する間、無くてならぬものであるが、九十の春光夢の如く、初夏の日の光に若竹の節が生々として発育する時は、自然に一枚一枚と離脱して地に委する。偶然の障害によつて此離脱すべき竹の皮が何時までも離れないで居ると却つて竹の発育を妨げるとのことである。自然は不必要の竹の皮を何時迄も竹の幹に附着せしむることを拒む、社会の進歩を助くる法律も、其要なき時は来れば、竹の皮と同じく、自然に離脱して地に委するならば、社会は、ドンナに幸福であらうか。私は法律が竹の皮の如くあらんことを望む。古人が、『四時の序、効を成すものは去る』と申した。法律の改廃も、斯くあらねばならぬものと信ずる。

（二）民権と法律

上述の如く、法律の改廃はとかく時代の進歩に後れ勝ちなものであるけれども、法律の種類に依つては、比較的に改正の容易なものがある。之を抽象的に申すと、人民の義務に属するものは改正が行はれ易く、人民の権利に属するものは反対に改正が行はれ難い。租税とか、徴兵とか、人民の義務にかゝる法律は、屢改正せられ、改正毎に、人民の負担は重くなる傾きがある。此種類の法律は、人民を支配し、国家を維持するを目的とするのであるから、是れを改正することが支配階級の為めに必要であり、利益である。此場合、法律の不備より来る苦痛を受くるものは人民よりも支配階級の側にあるので、支配階級は自ら発案者となつて、其改正を促すのである。処が人民の権利に関する法律、例へば、新聞紙法、治安警察法、刑事訴訟法、選挙法の如きは之を改正しても支配階級の便利とはならず、寧ろ是等の法律を改正して人民に自由を与ふることが、その権勢を保持する上に、最も不利益である。故に人民から古き法律の改正を促がしても、彼等は尚早とか急激とか、浅薄なる口実を作つて改正を拒のが常である。斯くして彼等は成年の男児に何時までも赤ン坊の着物を着せ、竹の皮の自然に離脱しようとするのを無理に押へ付けて置くのである。

(三) 官吏侮辱罪の追憶

明治十三年に制定した刑法には官吏侮辱罪と称する珍奇な犯罪があつた。官吏は人民を侮辱しても、虐待しても構はぬが、人民が官吏を侮辱してはならぬとの精神から出来た法律で、故田中正造翁は、前橋地方裁判所の法廷で、大欠伸をして官吏侮辱罪に問はれ、二ヶ月の禁固に処せられたことがある。自由党や改進党以来の名士諸君の内には、此法律の厄に遭つた人が却々少くなかつた。彼の一世の怪傑星亨《(ママ)》君も此法律でやられたことがあると記憶してゐる。現代の青年諸君に、コンナ法律のあつたことを話すと、異様に感ぜらるゝであらうが、政府当局者は、自家の権威を保つ最上の武器として容易に改廃しなかつたのである。併し、一歩進んで考へて見ると、官吏侮辱罪の儼存した当時に、此法律の為、ドレ程官吏の威厳が保てたか、此法律の廃止された今日ドレ程官吏の威厳が廃れたか、若し官吏は専制君主の如く、横暴なるもので、其横暴を行ひ得ることが、彼等の威厳そのものであるとするならば格別だが、然らざれば此法律の廃止せられたる為め、官民の親みを増す上に百の利益ありとも、一の弊害をも加へたる跡なしと見るのが至当であらう。

(四) 頑迷派の杞憂

斯くの如く、官民間の障壁となりし、官吏侮辱罪の廃止すら容易でなかつたのであるから、思想問題、労働問題、選挙権問題等、人民の権利に関する法律の改正が、支配階級から妨害せらるゝは、覚悟の上でなければならぬ。

私が支配階級の人達に告げたいのは、官吏侮辱罪と云ふ官尊民卑の保障が撤去せられても、人民は待つて居ました とばかり官吏に侮辱を加へなかつた事である。固陋なる政治家は、官吏侮辱罪を廃したならば、官吏の威厳が保てぬと杞憂したであらうが、廃止の結果は現に見るが如く、大に官民の親しみを加へた。刻下国民の要求する諸問題に於ても、此官吏侮辱罪と同様であると思ふ。何時迄も子供の着物を着せて置くも、国民の健康に害がある。圧制政治の遺物たる法律は、竹の皮の如く、自然に離脱して地に委すべきものである。之を不自然に附着せしめんとすれば必ず竹の発育を害する。

（五）寧ろ教育を全廃せよ

近頃は思想問題や、労働問題が、識者の注意を惹くやうになり、従つて是れに関係する古き法律が赤ン坊の着物と化しつゝあるとき、支配階級に属する人々が、其改正を喜ばないので、其処にも此処にも忌はしき刑事問題が起つて居る。何時の世でも、思想家と目せられたる人々は、必ず読書家で有識階級に属する人である。此人達は、多くの革命家のやうに、自ら求めて牢獄に赴くものではない。鼎鑊甘きこと飴の如しと威張りたがる人でもない。自分の研究し、信仰する思想を発表するのみで、万一夫れが刑事問題と為るべき事と知つたならば、猥りに発表することは為ないであらう。読書家たり有識者たる人々が、常識で考へて自ら不穏としないことが、法律上の問題と為り、刑事訴追を受くるとすれば、吾々は茲に法律と世の進歩とに矛盾あり、撞着あることを認めねばならぬ。社会が赤ン坊の着物を何時迄も着せられて居るのではないか。不必要の竹の皮を何時までも押付けられて居るのではないか。国民は考慮一番を要する。

教育は思想の母で、思想は文化の源泉であるから、教育が進めば、新しき思想が生れ来るのは当然である。寧ろ新しき思想を生ましめんが為に教育すると言ふが適当かも知れぬ。故に新思想を嫌悪するならば、其根本たる教育を絶滅するが宜しい。古人が民は依らしむ可し。知らしむ可らずと言つたのは、此間の消息をよく穿つて居ると思ふ。私は依らしむ可し、知らしむべからず主義の政治家として、秦の始皇帝の徹底振りに敬服せざるを得ない。孔孟の遺書や、読書子は屁理屈を並べて治安を妨害するから、コンナ面倒なものは無くするに限ると、一度に四百六十人の学者を坑にし、孔孟の書籍は焚いて仕舞つた。万里の長城を築いたり、三月もかゝつて漸く焼け落ちた阿房宮を建てる大豪傑の始皇帝の政治は、後人の追随を許さないところがある。そこで始皇帝は、諡を廃してその帝位を一世より、二世、三世と、万世無窮に伝へんと詔したが、自分が死ぬとその葬式さへも済まぬうちに天下が覆つた。

（六）西村伝兵衛の死刑

徳川幕府の成立は、秀吉に対し、忘恩背徳の限りを尽した結果であるから、徳川氏は内心頗る安からず、世上の物議を憚かつて、何か家康不利益なることをいつたり、したりするものがあれば、ドシ／＼厳罰に処したのである。慶安二年に大阪の西村伝兵衛と云ふ人が、古状揃なる書物を出版したが、其中に家康と秀頼との往復文が載せてあつた。

○大阪進状

今度為片桐市正条数申越候処一円無同心剰抱諸浪人籠城之用意其聞候就中先年秀頼為下知石田治部少輔働逆心其注進聞届自関東不移時日馳上濃州青野合戦切勝頗北国西国之押払諸軍勢遂本望加之生捕石田治部安国寺等渡京都雪家康会稽之恥辱其刻可討果之処太閤報恩之故殊為縁者之間助命立置候処還而企謀叛事螳螂以斧如覆龍車縦張一城鉄網唐学威陽宮雖為籠驢馬童及出陣者即時踏落秀頼刎首事不可廻踵候

恐々謹言

慶長十九年　家康

大野主馬殿

○同返状

芳畢令抜見候仍被仰越難題之趣聊可承引事無之候然而父太閤秀頼及十五歳者天下可相渡之旨日本諸士数通之起請文上候事不可有紛候然処先年石田治部少輔一身之以才覚雖覆天下不運而不遂本望其次国国異見無謂候剰秀頼逆心之様承候何幼少而知別心哉併家康表裏之侍前代未聞候太閤之忘厚恩秀頼不充行一ヶ国成孤今又可討果之族不及是非候一国一城而引謂日本腹切事弓箭之可為面目若関白叶天道之正理仏神三宝之納受有之者家康父子露命可免者也猶期一戦之節候

恐々謹言

慶長十九年　秀頼

進上　家康公

秀頼の書面に、『家康表裏の侍、前代未聞候。太閤之忘厚恩』云々とあるは徳川の最も苦痛とする急所を抉つたのであるからたまらない。憐むべし、西村伝兵衛は、此一句の為め、斬罪に処せられたのである。併し西村伝兵衛の首は飛んでも、家康の狸爺たることは人々の脳裏から去らぬ。否、斯んな圧制をするから、狸爺が益大狸爺となつて仕舞つたのである。

藩閥政府が明治初年の民権家を圧迫したことは国民の耳目に新たなるところであるが、明治八年から明治十三年までに、新聞記者で厳罰せられたるものが百二三十人ある。末広重恭、成島柳北、小松原英太郎、藤田茂吉、杉田定一、大久保鉄作、小室重弘、井上敬次郎等の諸士を初めとし、重きは二年三年の禁獄に処せられ、中には、同一人で二度も三度もやられたのがある。是皆時の藩閥政府の民権抑圧の毒手に懸かつたのであるが、夫れでも、発達すべき民権は、監獄や罰金で支へることは出来ない。二十三年には、議会政治が行はれることになつた。

（七）今昔の感果して如何

ソクラテスも殺された。耶蘇も殺された。殺された彼等の思想は、其大と尊さとを増した。焚いても、殺しても、思想は滅びぬ。所謂匹夫も志を奪ふべからずである。況んや一の儼然たる思想おや。刑罰で思想を抑へんとするは、流行感冒に向つて鉄砲を打つに異らぬ。

私が読者の注意を乞ひたいのは、右に挙げた実例中秦の始皇の外は、西村伝兵衛も、明治の新聞記者も、ソクラテスも、耶蘇も皆当時の裁判に附せられて居るといふ点である。其頃には夫れ相当の法律があつて、今に例ふれば、正何位、勲何等、高等官何等、判事、法学博士と一口には言ひ切れぬほどの肩書を有つた学者、智者が協議して時の法律を適用して裁判したのであつて夫れが最も正しく、最も賢明なる方法と確信して行はれたのである。而も今日となつて見た結果が、果して最も正しい最も賢明な処置であつたか。試みにソクラテスや、耶蘇や、西村伝兵衛や、明治の新聞記者を殺したり投獄したりした裁判官達の霊を九泉の下から引張つて来て、彼等が自ら正しく、賢明なりと信じて為したる裁判の結果を見せたならば、彼等は果して何と答へるであらうか。彼等の慚愧と驚愕とは、正に大正の立法者と裁判官との神に銘じて忘却すべからざる所であらうと信ずる。

（『実生活』第四六号　大正九年七月）

四五　両頭の思想政策（大正九年一二月）

両頭の思想政策

今村力三郎

殺風景な電線の下に、行儀よく植えられた街路樹も、春が来れば勢よく芽を発く、権力で桎梏せられた、人類も時に連れて思想の華を開く、電線下の街路樹は、年に一二度大きな鋏で、折角展びた新芽は苅られ、人間の思想は、断えず権力に圧搾せられる、斯くて、年々、歳々、展びては苅られ、苅られては伸び、同じことを繰返すうち、鬱々亭々として、天をも覆ふべき、公孫樹も、「プラタナス」も、佶屈として傴僂の如く、融然として和合すべき人の心も、上下相剋すること、水火の如くなることはあるまいか。

近来思想の動揺、思想の悪化、或は危険思想などと、思想に関する憂慮の言葉を耳にすること屢なるが、私は思想は動搖するのが本来の面目であると思ふ。森茫たる海水は、瞬時も動搖を止めない、思想の浪は人類の生命のあらん限り新しきを求めて進む。世界大戦の齎らした教訓は、一時に思想の浪を高からしめたるも、是迄静止せるものが遽に動き出したのでは無い。動けるものが歩を速めたのだ、思想の動搖に驚いて、只管其安定を得んとアセるものは、太洋の高浪を見て、其固定を欲すると同じではあるまいか。

危険思想とか、思想の悪化とか云ふ言葉も、其意味が甚諒解し悪い。何をか危険思想と言ふ、社会主義か、無政府主義か、共産主義か、将た民本主義か。私は是等の主義の研究者でないから、各主義、各主張に就て、是非の批評を為すことは出来ぬが、是等の主義主張が、何れも人類の幸福の為にする相当の理拠を有し、多数人類の讃仰するところと為つて居る事は事実である。我国に於ても、国際連盟に加入し、労働会議に参列するほどであるから、世界思想の大勢に、耳目を覆ふことは出来まい。徒らに自己の信仰するところを是なりとし、他の主義主張を排せんとするは、却て禍端を開く基である。国家と言ひ、社会と言ふ、人類の組織せる有機体の最複雑なるものである。単純に一主義、一主張を以て、之を率ゐんとするは如何なる力を以てしても到底不可能である。刺身は甘ひ、山葵が副へば更に甘ひ、と言つて山葵ばかり食ふ事は出来まい。軍国主義が国家の維持に必要なり、国家主義が国家の力を養ふに最適なりとて、軍国主義、国家主義を以て、押通さんとするは、山葵を満喫して刺身を味はんとするに等しきものではあるまいか。軈て辛き目に逢ふて、山葵を食ひ過ぎたと、驚いても後の祭りだ。

外来思想と云ふ言葉も、昨今の流行語となつた。此言葉は、思想の鎖国主義を意味する。なる程、日本には日本の歴史もあり、建国の由来もある、併し日本の芸術、日本の思想に、所謂外来の刺激を受けないものがあるであらうか。日本国民は、外来思想の恩恵なくして、今日の文化を何れより得来りしか。日本歴史を尊敬する我等は、同時に外来思想の恩恵を感謝すべきである、思想が外来なりとの一事を以て、之を排斥せんとする人は、日本の歴史を云々しながら、自説に妨げとなる、史的事実の前に、自己の眼を閉づるのである。寧ろ卒直に、今日までの文化は、外来思想の恩恵である、けれども既に得たる我等の特権を侵害する外来思想のみは、我等の利益を奪ふが故に之を拒否するのであると言へば、頗徹底して判りが好い。思想の危険を高唱する人がある、一体誰から見て危険であるのか、思想の懐抱者が自ら、我こそ危険思想家なりと名乗りを揚げて居るものは無い。畢竟、反対の思想家が命名せる形容詞に過ぎない。若思想の危険を論ずるならば、権力階級の思想ほど危険なるものはあるまい、何故なれば、権力階級の思想には、刑罰が伴ふからである。無権力者の思想は、唯声と活字のみである、反対者に対する強制力を有たない。其処で、一方が刑罰で抑へようとする、一方が反抗する、暴力や、直接行動の、由て来る源泉は実に茲に在る。先覚の士が、憂て止まざるは、此辺の消息に存するのである。床次内務大臣が、地方官に与へた訓示中に、思想に対するは思想を以てするが原則であると声明したのは流石に偉い。

矯激な言論を以て、低級なる読者に媚びんとする、煽動思想家も無いとは言へぬ。けれど良心に背いて、歯の浮くような諛辞を、権勢の前に捧呈する、偽学者もある。畢竟、上に諂ふのも、下に阿ねるのも、其罪は同一である。浜の真砂は尽くるとも此類の小人の種は尽きない、斯る小人の言動は、大局より見て、左程気にして神経を尖らすに及ばない。昔しから何千万の流行唄があつたであらうが、其今日に伝はるものは、多少なりとも音楽的価値ある極少数のものに過ぎない。民衆は、自然淘汰の明鑑を持つて居る、矯激の言論も、阿諛の曲学も、一の流行唄と大差はない、須らく達観すべしである。当局者自ら神経衰弱に罹つて、些細の事まで過敏になつて、ソレ警察、ヤレ裁判と事端を繁くするのは、徒らに民衆を威嚇するのみで、却て人心を不安に導くのである。時に矯激の説を唱ふるものありとも、人心の機微に触れないものは、自然に消滅する、之に反し、其説が人類の実生活に、深く、強き慰安と、希望を齎らすものであつたならば、幾ら権力を以てするも、到底撲滅の出来るものでない、歴史が昭々として、教を垂れて居るでは無いか。

言論に関する犯罪は、多く進化的犯罪に属し、社会思想に一歩先だつがために処罰せらるゝのである。少くとも官僚思想より進んだものが刑罰の制裁を蒙るのであるから、時代が進歩して、先駆者の曽て首唱せし思想に達したとき、初めて先の刑罰が甚馬鹿々々しく見えるのであるが、先駆者は、何時も時代の先頭に居るから、後れた思想の為め、迫害を被ることは限りなく繰返されるのである。殊に社会が廻転期に臨むときは、新旧思想の距離が遠くなるから、此問題が頻繁に起るのである。

中央公論の、大正八年五月号は、過激思想対応策の為め、罰金に処せられた、播磨君の論文中に西伯利亜出兵の攻撃があつて、夫れが判決文中に摘載せられ、不法なる言論の一節として挙げられて居る。大正九年の今日になつて、既往を回顧すると、西伯利亜出兵の攻撃、中央公論の処罰、大正九年に於ける西伯利の現状と、対照し来れば、其処に興味ある読者の判断が浮ぶであらう。

宙返り飛行家「スミス」君の来たとき、軍人には宙返りを学ぶ必要がないと、力んだ軍人の巨頭があつた、今日此頃、此軍人が、どんな顔をして居るか見たいものだ。世間に、此軍人と酷似せる、権力家や、憂国者が頗多い。

司法官の会同に際し、司法大臣や、検事総長が、訓示を与ふることは、年々の例であつて、社会は、又かとばかり余り注意を払はないが、司法部内では、此訓示演説が、多少の波紋を起すのである。事務の簡捷とか、常識の修養とか、国民の希望する方面には、訓示演説の効果を認むることは出来ないが、被告人を厳罰せよとの意味でもあると、其影響は、直に個々の裁判に現はれるから、我々在野法曹は、一般世人よりも、此訓示演説に多くの注意を払ふのである。曽て改正刑法実施の際、極端なる厳刑酷罰主義が行はれて、世人を戦慄せしめたのも、訓示の演説の威厳の顕れであつた。

今年の司法官会議に於て大木法相は、

近時思想界の状態は、労働経済等社会上の諸問題と錯綜して、急激の変化を来し、言論に文章に奇矯の説を為す者益多からんむとす、就中、我国体の精華たる、肇国の歴史及忠孝の大義を非議するものあり、而も此の如き危激の思想を抱懐し、又は此の如き思想の発達を以て、時勢の進運に適合するものと為すもの、智識階級に於て少なからざる傾向あるに至りては、転た慄然たらざるを得ず、思想上の発現に関する取締に付ては、従来屢訓示する所ありたりと雖も、社会の風潮は、異を好み、奇を衒ひ、益々矯激の言辞を増長せしむるの傾向あり、当局は断々乎として此種の言論を為すものを糾弾し、其弊害の瀰漫を防止せんとす、是をもつて其の大勢に逆行するものと為すが如きは、徒に海外新異の説に眩惑して、我国本を忘却するものと云はざるべからず」とあり。

随分思ひ切つた露骨の訓示であるが、平沼検事総長の、警察部長会議に於ける訓示も、是れと大同小異であつて、一層其用語を極端に走らしたものである、訓示の趣旨は、危激思想を厳重に糾弾せよと云ふにあるから、別段何の不思議もないやうなものだが、所謂危激思想とか、奇矯の言論とかの、実際問題になると、其見解は十人十色で、各自の立場の相違より、毫厘千里の差を来すのである。此頃、思想問題で刑辟に触れた人々は甚多いが、其人々は、自ら刑罰を覚悟して言論したのでは無い、自分では法律上発表の自由範囲に属するものとして、何の気もなく、不用意に為した事が、意外にも刑事裁判所の問題と為つたのである。だから思想自由の限界、言ひ換ゆれば、思想問題の罪の有無は、当局者の見解如何に依るのであつて、従て危激思想も、奇矯の言論も、司法当局者が見て以て、危激思想とし、奇矯の言論とするものを意味することになるので、一般社会や、蘊蓄ある学者が、見て以て然らずとするも、司法当局が、然りとすれば、罪は茲に定まるのであるから、時には、思想の裁判が、却て識者の不安を招くことが無いとも限らぬ、権力者から異端と目せられた思想が、終に真理と認められた実例は、枚挙しきれぬほどある。

最近平沼検事総長は、新聞研究会席上に於て、超国家の思想を排撃し、其防止の為め、新聞紙の助力を求めて居るが是も程度の問題で、国家を対象とする真理の研究に、抑圧を加へることは出来まい。

元来人間には、程度や、種類の相違はあるにしても、多少超国家の思想を持つて居るべきであつて、此思想が、宗教、文学、芸術の、各方面に顕現してゐることは、或意味から謂へば、人類の誇りである。従て此思想が、政治組織の上に現はれ来ることあるは、免れ難きことである。

併し平沼君の此席上演説は、語て詳かならざるものがあるので、私が茲に批評するやうな意味では無いかも知れない。思想の侵入を防止せんとするには、平沼君の説かれた通り、国民の健全なる思想に依るの外なく、国民の健全なる思想は、国民として不平なからしむるに如くなければ、幾ら刑罰を以て臨むとも、根本に於て、国民に不平があれば、其不平の程度に比例して、改造の声が揚ることは自然の数である。

権勢の地位に在る人が、自己の主義思想を信ずる厚きの余り、之れを他人に及ぼさんとして、却て反抗心を煽ることがある。私が権力を握る当局に望むところは、諸君が、自己の思想を尊信すると同一の敬意を、他人の思想に払ふことにある。

明治天皇の御製に

あさみとり澄みわたりたる大空の
　広きをおのか心ともかな

と仰せられたのがある、私は当局者が、此御製のありがたさを夢寝にも忘れざらんことを切に祈るのである。

床次内務大臣の、地方長官会議に於ける訓示に、

抑々思想は権力を以て之を阻止し得べきものにあらず、或は一時急激なる秩序の紊乱を防ぐ為、相当の手段を執るを要する場合ありと雖も、是已むを得ざるの変則にして、素と思想に対しては思想を以て対せしめ、切磋琢磨、之をして克く我国体の精華に醇化せしむるを常道とすべし。

とあるは至言である。司法当局と、内務当局と、其首脳の思想に大なる逕庭の存することが覗はれる。近時思想問題に関し、司法当局が内務当局よりも、厳にして且狭なるは、蓋し故なきにあらずと思ふ、内務が英国式で、司法が露国式とでも評すべきであらふ。

頃日、政府者の嫌忌の標的となれる、「クロポトキン」に就て、彼の経歴と、彼の思想の影響とを見るに、彼は露国に在りて、官権より極度の迫害を受け、彼の著者は悉く没収せられ、屢監獄に繋がれ、終には獄を破りて外国に逃走したのである。彼は最後に英国に到りて、二十有余年間安楽の余生を送つて居た。英国政府は、毫も彼に圧迫を加へず、彼は雑誌十九世紀を通して、其無政府共産主義を宣伝した。若権力を以て思想を撲滅し得るものならば、露国に彼の無政府共産主義の瀰漫すべき筈なく、英国より、最多く彼の思想の感化を受くべき筈であるのに、世界大戦後に於ける、露英両国の社会状態が、全然反対に出で露国に暴力革命の遂行あり、英国が却て安寧を保つのは、如何なる理由であるか、今更之を説明する必要はあるまい。「スチユワードミル」が、思想の絶対自由を高調したのは、今より六十二年前、日本の安政五年に当り、米、露、英、仏、蘭の五ヶ国と、通商条約を結びたる年で、吉田松陰が死刑に処せられたのは其翌年である。日本人が鎖国攘夷の長夢、未だ覚めやらぬ時代に、思想の絶対自由を高調せる大哲人を有せし、英国に及ばざるは已むを得ぬとしても、前車の覆轍を履まぬようにしたい、殷鑑実に遠からずではないか。何時までも街路樹の苅込みをするよりも、早く電線を取除くはうが、性に適合するのである。

（『中央公論』大正九年一二月号）

四六　節操を売つた裁判所（大正一〇年三月）

節操を売つた裁判所　　弁護士　今村力三郎

『一』

裁判の公開は、文明国の通則である。何故裁判を公開するか。昔は裁判を秘密にして一般国民に知らせなかつた。国民は被告が、如何なる手続きで、如何なる証拠に依つて、裁判せられたかを知らない。従つて裁判官は賄賂の為に籠絡されたり、情実の為に覊束されたりする場合が多く、その判決は往々にして公平を失し、無辜の良民をして獄裡に呻吟せしめるやうなことが少くなかつた。従つて国民は裁判に信用を置かず、政府の威信も地に堕ちて其処から由々しき大事が起つたりした。乃ち秘密裁判では不可ないと気が付いて、夫れが文明国の立法となつたのである。

『二』

日本の憲法にも、公開裁判の原則がチヤンと定めてある。裁判所は、国民瓚視の前で、堂々と裁判する毫も私曲を用ゐないと云ふ精神から来た立法である。今日東京の裁判所は、何の法廷でも国民は自由に傍聴が出来る。国民は上野公園で耶蘇教徒の大道演説を聴くと同様に、裁判の傍聴が出来るのである。

『三』

被告人から云へば今被告として法廷に立ち糾弾を受けて居るが自分の背後には公平なる同胞が附いて居るから、裁判所も不公平なことはすまいとの安心があるのである。文明国の政治家は財産上の嫌疑を受けると、自己の財産を公開して、国民に示すとのことだが。裁判所は己れの信用の為、常に裁判を公開してゐるのである。公明正大は裁判所の節操である。裁判所が理由なく裁判の公開を拒むのは自らその節操を売るにひとしき行為である。

『四』

先日内閣書記官長高橋公威君が、東京区裁判所に証人として呼出されたとき、裁判所は普通の公廷に於いて訊問せず、特に応接間を臨時の公廷とし、加之一般の傍聴を許さなかつたとて世上の物議を招いたそうだが。東京区裁判所は何故従来の恒例に背いて、そんな不都合を敢てしたのか。証人が内閣書記官長であらうと、一平民であらうと裁判所から見て、平等であるべきである。況んや傍聴を許さないに至つては、沙汰の限りである裁判所が、自家の公平を誇るべき公開を禁じて、自ら不信用を招くと云ふは、憲法政治から専制政治に逆行するものである。

『五』

一内閣書記官長の為に、特別扱ひを為し、識者の擯斥を受け、且つ自己の信用を傷つけるのは、裁判所として愚の極ではないか。監獄の下に於ける模範裁判所が、此失態を演ずるのであるから他は推して知るべきである。

（『実生活』第五四号　大正一〇年三月）

四七　犯罪家屋組立ての困難 - 『犀川謎の死体』を読む - （大正一〇年八月）

犯罪家屋組立ての困難 - 『犀川謎の死体』を読む -

弁護士　今村力三郎

設計原図の湮滅

刑事記録を見たことの無い読者に向つて、刑事記録読破の困難を説明しても、容易に諒解されるもので無い。白柳君から、何か読者の喜びそうな疑獄事件の記録を貸して呉れと言はれたのは、余ほど以前のことであつたが、私は此複雑した記録の内から、梗概を摘まんで、読者に示すことは、白柳君の筆でも余程六ケしいことである。況んや、夫れを興味ある読物にしようとする企ては、到底失敗に終るだらうと考へたから、私は白柳君の需めに、余り重きを置かなかつた。然るに此塩入秀三郎の刑事記録が、『犀川謎の死体』と題して『実生活』に掲げられたのを見て、私は少なからず驚いた。白柳君の洗練された常識は、能く世態人情の裏面を洞察し、夫れが文学上の天才と相俟つて、渾沌たる刑事記録のうちから、錯綜せる事実と、証拠とを交互に叙述し、而も事件の眼目を失はず、又冗長に流れざる技倆は、全く敬服の外はない。

刑事記録を譬へて見ようならば、茲に犯罪といふ一の家屋がある。此犯罪なる家屋は或は殺人とか、或は強盗とか、種種の形を取つて一度此世の中に出現した事実であるが、夫れが通常の家屋と違ひ、此犯罪家屋は、一度出現して其瞬間に消えて仕舞ふ。其消えて仕舞つた後になつて、判事や、検事が、此犯罪家屋は、誰が建築したのか、其間取はドウであつたか、土台は如何、屋根は如何と、証人や、鑑定人や、検証や、其他あらゆる証拠を材料として、既に湮滅し去つた設計図を再び紙の上に組立てて見ようとするのが、即ち刑事記録である。通常の家屋ならば、取毀しに先ち、符号を附けて置くから、組合せに際して、土台と柱とを間違へたり、便所を湯殿と誤るやうなことは毛頭ないが、此犯罪家屋は、其事実のありし瞬間から材料が消滅したり、散逸したりする一方でたま〳〵蒐集し得た材料にも符号が無いから、老練の検判事でも、材料ならざるものを材料にしたり、或は有用の材料を逸したりして、先の犯罪家屋と似もつかぬ犯罪家屋を紙上に組立てることがある。誤つて犯罪建設者に擬せられたる被告が冤罪に苦しむのは、一に之に原因するのである。

冤罪と知りつゝ救ひ得ぬ憾み

検判事が材料を蒐集するには、先づ自分の脳裏に凡その輪廓を作り、夫れに材料を当嵌めるのであるが、其材料に符号が無いから、柱と思へば柱ともなり、土台と思へば土台とも見へる。時としては、他所の家の材料まで取込んで、自分の想定せる犯罪家屋の材料にしたり、又或時は、材料を得るに熱心の余り、人権を蹂躙してまでも、何ものかを得ようとする。

人間の心理に先入主の生ずることは免れないから、検判事と雖も、一度自分が斯うと見込をつけたことは、容易に思ひ直すことが出来ない。天から見れば、間違つた無益有害の努力をして居ると見ゆることも、当局の判検事は、是れが真事実なりとの確信を以て、其先入主に当て嵌まるやうな材料だけを蒐集し、それで初めに描いた設計通りの犯罪家屋を組立てるのであるから、一度冤罪に陥ゐつたものは、容易に其冤枉を伸ぶることが出来ない。併しながら、真実に違つて、人間の作為したものには、何処かに不自然がある。此不自然を発見して、其隙間から深く掘つて行くと、段々穴が大きくなつて、遂には検判事の組立てた犯罪家屋を、根抵から覆すに至ることも、往々にしてある。けれども、斯かる場合は稀れであつて、弁護人は冤罪なりとの確信を懐き、又記録の上に不自然なところがあつても、容易に反証が挙らなかつたり、其不自然の程度が、全部を覆すほどの大なるものでなかつたときは、万斛の恨を呑んで、有罪に確定されることもある。検判事が強大なる職権を以て、総ての証拠を蒐集し、犯罪家屋を建設したる後に、無権力の弁護人や、被告人、若くは其同情者が、反証を挙げんとするのであるから、其困難は名状すべからざるものがある。若しも、白柳君のやうな、世態人情に通じた人が裁判官であつて、被告の利益方面と、不利益の方面とを、公平に観察して呉れたならば、憐れなる被告を、冤罪から救ふことが屢あるであらうと思はれる。此精神の実現を期するのが、陪審制度の目的である。陪審制度実施の時が来たならば、白柳君の如きは、真に好個の陪審員である。

弁護人不必要の時代

検判事は、国家の公権を運用する機関であつて、罪人製造の機械ではない。夫れゆゑ、若し検判事が、公平に被告の利益と不利益との両方面を考覈して、証拠を集めて呉れるならば、弁護人と称する私的機関は、全然其必要は無くなるべきである。然るに今日の実状は、弁護人を不必要とする程度に達して居らぬ。被告人の不利益方面の穿鑿は、飽くまで努力するが、利益方面は閑却され易い。私は被告人から、私はその時に斯様に弁解したが、予審判事が書いて呉れなかつたとか、検事が聴いて呉れなかつたとか云ふ類の不平は被告人から屢聴く所である。検判事が、自己の脳裏に描いた事按の成立に妨害となる事実や、証拠を、成るべく遠ざけんとすることが、不知不識偏頗に走ることになる。勿論被告を陥れやうとする悪意のあるべき筈はないが、自分が斯うと睨んだ被告人を逸することは、有罪を逃すことになるとの確信から、公平が保てないのである。何時になつたら、弁護人不必要の理想に達し得らるゝであらうか。

犯罪因由の軽視

犯罪には犯罪直接の目的の外に、罪を犯すに至るべき因縁を伴ふものであるが、殺人罪の場合には、殊に其因縁が明白である。仮令ば、色情とか、怨恨とか、物取りとか、人を殺すに至るべき因縁があるのであるから、犯罪捜査の場合にも警察官は、先づ此犯罪は、如何なる因縁に依つて行はれたるかを研究し、茲に捜査の方針を決定するのである。何等の因縁なくして、人を殺すことは、決して無い。若し夫れがあつたとすれば、人を殺す為に殺すので、是は殺人狂の所為である。さて斯様に前提して塩入秀三郎の場合を顧ると、秀三郎が八作を殺害すべき因縁が甚だ乏しい。検察官も此因縁を突止めようと、下は巡査より、上は検判事に至るまで、随分苦心の跡を窺ふことが出来るが、結局何等得るところがない。予審決定の財産横領の計画の如き、牽強附会も甚しい。此事件の懐疑は先づ茲から出発せねばならぬ。第一審に関係した検判事が、誤判に導かれた第一歩は、殺人因縁を粗略に取扱つたことにある。

専門家の鑑定を過信する弊害

科学の進歩に従つて犯罪の捜査より、予審公判の審理に至るまで、科学の援助を受くることが段々と多くなつて、他殺自殺の区別、致死の原因等、悉く専門家の鑑定に依て決するので、時としては此鑑定の結果は、直に判決を覊束することもあるが、此専門家の鑑定が、頗る怪しいもので、例を本件に求めても、犀川の屍体から取つた胃の腑の中の毒素を、長野県技手須藤竹吉はストリキニーネと鑑定し、東京の薬学博士丹波敬三はチクトキシンなりと鑑定してゐる。此鑑定は、二者何れか一方が誤つてゐるか、或は二者共に誤つてゐるのではあるまいか。更に、今一人に鑑定させたら、何と云ふか判らない。科学者が専門の知識を振廻はして、学者らしく説明するときは、門外漢は之を反駁する材料を持たぬから、結局は、幼稚にして、誤謬多き専門家の意見が、通ることになるが、天から見たら、頗る危ぶないもので、是が誤判の原因となることが多いのである。八作の行衛不明となつたのは三十二年四月十九日で、犀川に屍体を発見したのは、翌三十二（ママ）年五月廿四日であるから、其間一年以上を経過して居る。私は、人間の屍体が、一年以上水中に在りて、検案書に記載せる如く、臟腑や四肢が腐敗離散しないで居るものか、ドウか其点に関して、今日でも疑問としてゐる。医師が六ヶ月以上十四今（ママ）月以内として、僅に時間を繋ぎ止めてあるから、医学に無知識の吾輩は、大なる疑問を懐きつゝも、之を争ふことは出来なかつたの（で脱カ）あるが、今でも専門家の完全なる説明を聴きたいと思つてゐる。殺人罪に於て、被害者の屍体を発見せざるうちは、果して殺されたのか、行衛不明になつても、まだ何処かに生きて居るのか、即ち生死が不明であるから、殺人の事実を断ずることが出来ぬ。山憲が鈴弁の屍体を遠く信濃川に沈めたのは、屍体の発見を妨げて、殺人の罪責より免れんとした自家の防禦であつて、殺人の残虐では無い。警察が骨を折つて水中の屍体を捜査したのは、之に依つて、鈴弁殺の事実を確定せんとしたのである。本件に於て、犀川の屍体が、八作ならざることを推定すべき材料は、少くないが、其反対に、八作らしく思はせる材料も無いではない。然るに最後に陸軍省から、徴兵検査の際に於ける、身体検査の記録を取寄せ、高山正雄の鑑定があつたので、漸く、八作ならざることが、確定されたのである。万一偶然にも、此身体検査の記録と犀川屍体と身長が、髣髴たるものであつたならば、秀郎（マヽ）は、二十年前に絞首台上の露と消えたかも知れない。人間の裁判ほど恐るべきものは無い。殊に、日本現代の裁判は一層恐ろしい。仮りに、八作が借金に苦んで犀川に投身して自殺を遂げ、一二ヶ月にして其屍体を発見し、秀三郎が殺人の嫌疑を被り、それが巡査松村長利、証人丸山信太郎、西山慶治、検事杉野健三郎、予審判事加藤信存、公判判事本荘金三郎、室田国太郎、藤沼秀等に依つて料理せられたならば秀三郎は、如何にして其冤を雪ぐことが出来ようか。日本現時の刑事裁判に、是に類するものが甚多い。恐れても恐るべきは今の世の刑事裁判である。

司法の独立と誤判の責任

裁判官や、検事には、憲法や、構成法に、法律上の保障があつて、夫れが所謂司法権の独立の基礎を為してゐるのであるが、司法権の独立とは、立法行政に対する独立で、裁判官たる個人の無責任を意味するものでは無い。否彼等は、独立なるが故に、責任は重いのである。古来奴隷には責任が無い。此塩入秀三郎の事件に於て、第一審に干与したる前記の検判事は、無辜の秀三郎に、誤つて死刑を宣言したる責任を、如何にするか。今日誤判するやうなものは、明日も誤判するであらう。国民から見ても、危険至極である。彼等は、己の誤判で、良民が殺されようが、殺されまいが、殆んど無関心である。独立と無責任とを同一視して、其地位を穢がして顧みないのである。法律上の保障は、立法行政に対する独立の擁護として、至当の事に属するが、是れを拡張して、裁判官個人の誤判の責任を回避せんとするは、司法の神聖を保つ所以でない。私は著しき誤判に関しては、判事は良心に鑑みて、道徳上の責任を負ふやうにしたいと思ふ。是れは私の平素の持論であるから、此秀三郎事件に於ても、一言之れに及ぶのである。

悪魔の顔、天使の顔

此事件の審理中、私は屢々東京監獄で秀三郎に面会した。彼の容貌は、小怜悧に見えて、田舎人の朴訥な風が無い。本来赭顔の彼が、久しく日光に接せざる為め、薄赤く、透きとほり、そして少しも光沢の無い顔色に、鬚髭はまばらに生えのび、眼球は落ち込み、対話する私に、甚しい不快の感を与へた。弁護人の私さへ、人殺しでもする男らしく感じたこともあつた。秀三郎を何処までも八作殺の犯人と見込んだ判検事には獰猛の人相に見えたであらう。夫れが何程か多く彼を不利益に陥れたことであらう。併し出獄後の秀三郎は、頻繁に私方へ出入するが、事件当時とは別人のやうに見える程人相が良くなつた。私は今にして秀三郎に面接する毎に、古人が障子を隔てゝ訴へを聴いた用意に、新しき感慨を催ふさゞるを得ぬ。

（『実生活』第五九号　大正一〇年八月）

四八　噫綱紀粛正（大正一五年一一月）

噫綱紀粛正

今村力三郎

一

加藤子爵が内閣を組織するや綱紀粛正を以て政綱の一とし発表した。元来綱紀は常に粛正されて居なければならぬ筈のものであるから事新らしく政綱の一に加ふべき性質のものでは無い。夫れが加藤内閣の政綱の一と為つたのを見て国民が尤の事のやうに考へたのは、国民の脳裏に多年綱紀紊乱の事実が浸み込んで居たからである。若し此の綱紀粛正が原内閣や清浦内閣に依つて高唱されたならば国民は寧ろ滑稽なる狂言として一笑に附したであらうが、由来剛堂を以て自ら許す加藤子の事であるから、自分で綱紀紊乱の弊を認めて粛正の手形を振出した以上は或程度まで粛正の実を挙げて国民の期待に酬ゆるであらうと思つたのは独り吾輩のみではあるまい。惜哉、加藤子も口舌の粛正に過ぎなかつた。綱紀粛正の実行的政治家ではなかつた。

二

政友会が喧嘩別れをして大臣や政務官に空位が出来たとき加藤子は子爵井上匡四郎を研究会から抜擢して政務官の椅子を与へた。

中西清一の満鉄背任事件は如何に健忘性の日本国民でも百人に一人位は記憶に存して居るであらう。

井上子は西洋から帰つて船が横浜の埠頭へ着くと其儘自宅へも立寄らず東京地方裁判所の検事局へ出頭したほど満鉄事件に関係の深い人である。彼が中西の背任事件と如何なる因縁があつたかは当時の新聞に掲載された予審調書を見れば余程の低能でも直ぐに諒解される。

中西は一審で有罪になつたが二審で無罪になつた。一審と二審と何れの判決が正当であるかは形式的には議論の余地は無いが、実質的には容易に断定されない。一審で有罪の判決を下し検事の求刑よりも重刑を科した当時の裁判長下田錦四郎氏は現在東京で弁護士を開業して居る。又二審で無罪の判決を下した裁判長西郷陽氏は現に大審院判事であるから親しく両氏の説を聴いたら疑問が氷解するかも知れない。併し有罪の裁判と無罪の裁判とは両立を許さない。孰れか一方は誤判たるを免れない。有罪が誤りか、無罪が誤りかは知る人ぞ知るといふべきであらう。而して、此の孰れか一方の誤判判事も裁判官の独立を高唱するのである。独立なるかな独立なるかなといつてよい。

三

憲政会は当時の在野党であつて、此中西事件の予審調書を手に入れて政府攻撃の材料にしたいのであつたが政友会も要心堅固でどうしても手に入れる事が出来なかつた。其処で鈴木富士弥、横山勝太郎の二氏が一株主の代理人として公訴附帯の私訴を提起し民事原告人と為つたのである。両氏は民事原告代理人として公判廷に列し予審調書も公然と之を謄写することを得たのである。それ故に憲政会の幹部の人が満鉄事件の内容や井上子の関係を知らぬ筈はあるまい。

既に中西の背任事件は無罪の判決が確定したのであるから満鉄事件の関係者に犯罪的嫌疑は微塵もないが、綱紀粛正は道徳的人格的であるから其行為で犯罪にならぬからとて綱紀を粛正し得たりとは考へられぬ。若し犯罪者たらざる限り綱紀粛正に触れぬと云ふならば既決囚の外はみな悉く綱紀粛正合格者であるといつて可い。井上子の第三回予審調書に次の如き問答がある（問者は予審判事岡慶治氏答者は井上匡四郎子である）

問　岡総監からは其外に尚話があつたか
答　只今申上げた用事の外には私から新聞記者が付き纏つて困ると云ふ話を致し、総監からは神戸の労働者の「ストライキ」の話があり、又私は総監に向ひ昨夜は裁判所に於て書記に外国の紙幣を出した為め却て疑惑を受けたのであるが、自分が書記に出した金を以て直ちに自分が事件の秘密を聞出そうとしたと云ふ様に考へるのは誠に常識の無い書記であると云ふ話をした処、総監は私に向ひ自分も曽て教科書事件で裁判所にて取調を受けた際、上京届の日附の違つて居るのがをかしいと云ふ事で疑を招いたと云ふ様な話しがありましたが、外に記憶すべき話はありません

問　証人は書記が常識がないと云ふが予審廷に於て取調べられ、其立会書記に金を出すと云ふ事は日本の訟廷では普通なりと思ふか

答　そう御訊ねになると却て私が常識のなかつた事を感じます、取調関係の書記に対し取調を受けつゝある私が而かも其取調を受けたる訟廷に於て私の意思はどうであつたとするも、金を出したと云ふ行為は甚だ日本の訟廷を解せざる常識のない行為だと自覚しました、併し重ねて申上げますが私は前日申上げた通りで決して他意はなかつたのであります

問　証人は只今自分が書記に出した金を以て直ちに自分が事件の秘密を聞出そうとしたと云ふ様に考へるのは、誠に常識のない書記であると云ふ事を岡総監に物語つたと云ふのであるが、秘密を聞出そうとしたと云ふ様に考へたと云ふは如何なる点を以て云ふか

答　私は私が書記に金を出した為、書記が其事を貴方方に恰も私に於て他意あるが如く報告したので其為私が事件の秘密を聞出そうとした様に考へられたかと思ふたのです

私は金に付て他意があつた如き疑を受けたと自分に感じたのであります

要するに其根本は私が金を出して疑を受けたと思ふた常識のない事が原因であります

問　心に疚しからずば其感じはどうでも可い筈ではないか、本日証人の弁解により或は証人が一弗の紙幣一枚に相違ありませぬ、私が金を出した為自分でひがみ御手数を懸けたのは相済みませぬ

満鉄事件の予審調書は第四十五議会の貴族院予算委員会速記録の追録として議員に配布してあるから、之を一読すれば満鉄事件と井上子との関係は直に諒解し得るのである

四

吾輩は加藤子が井上子を綱紀粛正内閣の政務官に登用し、当時の民事原告代理人たる鈴木富士弥氏が参与官として横山勝太郎氏が幹事長として同じ政府与党たるを見て、政治家の応変的機能に驚いたのである。加藤子の綱紀粛正の政綱は泥土に委した。しかして加藤子薨去して若槻内閣の成るや政務官たりし井上子は一躍して国務大臣と為つた。

満鉄事件は原内閣の責任であり、政友会は満鉄事件の受益者と認められて居るから彼等は井上子の登用に向つて攻撃の矢を放つことは出来ない。政友本党も川村竹治氏の満鉄社長時代の五十万円機密費問題に深い関係があるから浮つかり攻撃すれば却て藪蛇になるかも知れぬ。

三醜の三すくみの体である。姦淫しない者のみ石を投ずる資格があるのだ。

現代は瀆職の時代である。教科書事件、シーメンス事件、日糖事件、大浦事件、東京市水道事件、製鉄所事件、亜片事件、瓦斯事件、曰く何、曰く何等数へても数へ尽せぬ。綱紀粛正の政綱が国民に歓迎せらるゝ所以である。去らばとて一内閣の力で此積幣が果して一掃し得るであらうか。

五

現代は瀆職の時代である。瀆職で刑事問題となるのは遣り方の下手か若しくは運の悪いのが検挙の憂き目に逢ふので法網を免れた瀆職が幾らあるか知れない。瀆職と云ふと公務員が職務に関して収賄するのであるが或地位を利用して汚れた黄白を受けても夫れが職務に関係せざる限り瀆職罪とはならぬ。近来是等の輩を呼ぶに利権屋を以てする。所謂利権屋は瀆職罪にならずとも、綱紀粛正の表看板に泥を塗るのは当然である。

機密費事件、三百万円事件、御料林払下問題等醜怪なる問題が次から次へと種が尽きない。是等の問題が一度社会に発表せらるゝと仮令積極的の証拠はなくとも国民は疑惑の眼を以て見る。事件其者に就ての疑惑と云はんよりは彼等政治家の常習として彼等の遣りさうな事であるとの疑惑からである。宮内省の大官に関する御料林払下問題に於て、前警視総監たり現貴族院議員たる赤池濃氏が出所不明の三千円を提供したのは何を意味するか。

若槻首相が松島事件の証人として予審判事の訊問を受けるとか受けたとか在野党は之を以て政府攻撃の一題目として居るが証人は国民の義務であるから唯証人として訊問されたのみでは問題にならぬ。問題は証言の内容如何に存する。曽て大隈伯が野依秀一氏の事件に関して証人として訊問された事がある。大隈伯が国府津の別荘に滞在中小田原区裁判所の判事名越勝治氏が出張して訊問したのであるが、訊問を終り判事が予審調書に伯の署名を求めると伯は例に依て吾輩は字は書かんのであるんであると署名を拒んだといふことである。名越判事は然らば書記に代書させます。そして傍に無筆につき書記代筆すと附記致しますが宜しいかと念を押すと、伯は無筆につきとあつては代書はさせられぬと終に自署されたと云ふ逸話が残されてゐる。伯の自署された書類は吾輩も見た覚えがあるが今は東京地方裁判所の検事局に保存されてある筈だ。

筆が岐路へ這入つたが、吾輩が茲に大隈伯の証人となつた事を引合に出したのは、大隈伯が野依事件の証人となつても当時何等社会の問題とならなかつたのは証言の内容が伯の人格と無関係であつたからである。夫故若槻首相が仮令松島事件の証人と為つても其内容が首相の人格を傷くるものでなかつたならば証人と為つた一事が綱紀粛正に触れる訳はないのである。之に反して若槻首相と松島事件と多少なりとも関係があつて夫れが濁つたものであつたならば、証人に呼ばれなくとも綱紀紊乱となるのである。国民は綱紀粛正問題を外形的よりも内面的に法律的よりも道徳的に見るのであるから、単なる形式的声明では疑惑は解けぬのである。

総選挙の党費の莫大の支出は如何なる財源から来るのであるか。之が公表を既成政党に望むことは出来ない相談であるが、百弊の源は茲にある。政党に暗い巨費を要する間は綱紀粛正は政党の任では無い。若し既成政党が真に徹底的に綱紀粛正を遂行したならば同時に其存在を失ふのである。然れども政党をして巨費を要せしむる根本の責任は国民に在る。国民の自覚は前途遼遠であるから綱紀粛正は宛も百年河清を竢つの類であると言つてさしつかへない。

(『我観』 大正一五年一一月)

四九 大浦事件の裏の裏 うがてども遂に判らぬ事件の正体（昭和三年一〇月）

大浦事件の裏の裏 うがてども遂に判らぬ事件の正体

今村力三郎

大正四年の五月十八日、政友会の広岡宇一郎君が突然神田三崎町の僕の事務所へやつて来た。面会すると『政友会が時の内務大臣大浦兼武子を告発したいのだが、僕にその代理人になつてくれないか』との相談であつた。僕は弁護士として告発代理人を引受けても差支ない事件であるとは思つたが、念のため広岡君に『誰が告発の本人になるのか』と訊ねると、広岡君は『院外団の某氏にする積りだ』といふから、僕は、

『いやしくも時の内務大臣を告発するのに、院外の一政友会員の名をもつてすることは賛成出来ぬ。この告発の成立すると否とは政友会の死活問題であるから、総裁たる原敬君自ら告発の本人となり、君を始め政友会所属の小川平吉、横田千之助、鵜沢総明等錚々たる弁護士諸君がその代理人となつて堂々と戦つたらいゝぢやないか』

といふと、広岡、鵜沢、横田の諸君が両三回往復して結局総務村野常右衛門君が、告発の名義人となり、僕と塩

谷恒太郎君とが告発代理人となることに決定して、同月二十四日、芝公園の塩谷君の事務所に、塩谷恒太郎、小川平吉、横田千之助、鵜沢総明、松田源治の五君と僕とが集まつて告発状を起草した。村野君はその席へ一寸顔をだして『宜しく頼む』と一言したのみで、事件の内容もよくは知らないで、万事を一任してロクに口も利かなかつた。翌二十五日僕は塩谷君と同道して、検事総長平沼騏一郎君に面会して告発状を提出した。

告発の要点は『香川県選出代議士白川友一氏が立候補の際、時の農相大浦兼武子爵、林田亀太郎（当時衆議院議員、書記官長）、足立綱之（貴族院議員）の仲裁で白川の競争者加藤寿衛吉に断念せしめ、白川は断念料一万円を大浦子に提供し、大浦子は一万円を貰つて白川友一の選挙の応援をしたのが選挙法違反である』といふのである。

総長は告発状を一読して『困つたことをしてくれますなあ』とさびしく一言したのみであつた。然るにこの告発が動機となつて、大正三年十二月の第三十五議会において、林田亀太郎君が大浦子の手先となつて、多くの政友会代議士を買収した事実が露顕して、六月十七日に村野常右衛門名義で、東京地方裁判所検事局へ上申書が提出せられ、それから世間でいふ高松事件なる空前の大事件となつたのである。高松事件の予審判事は、例の松島事件でおなじみの角南美貴君であつた。あの男が大いに馬力をかけてやつたのだからたまらない。多数知名の士が続々挙げられた。

政友会は議会解散後の特別議会が開かれると、六月八日には村野常右衛門君が総務を辞任して、大浦内相告発の顚末を発表した。これで大浦事件も表面一段落となつたが、前に話したやうに三十五議会で議員買収の事実が露顕して、六月十七日からその方の取調が進んだため、流石に強情の大浦子も七月二十九日に辞表を捧呈し、外務大臣加藤高明、大蔵大臣若槻礼次郎、海軍大臣八代六郎の三氏は連帯責任を帯びて野に下り、やがて大隈内閣瓦解の端を開いたのである。尾崎行雄氏はこの頃にも大臣病との世評があつて連帯責任を取らなかつた。

八月二十三日検事総長から電話があつて、塩谷君と僕と総長室に行つたら、平沼総長は、

『捜査の結果検事局が事実なりと認むるところは、白川友一は大浦子爵の請求により金一万円を林田亀太郎に交付したこと、林田は大浦子爵の意を受けてこれを大正クラブ員に分配したこと等であるが、当時農商務大臣たりし大浦子がこの金を受けたことが、職務に関係ありと認むべき証拠がないから涜職罪にはならない。又白川友

一が選挙に関する報酬として贈つたと見るべき証拠もないから、選挙法違反の犯罪も構成しないといふので、高松地方裁判所検事正が不起訴の意見を付して来たから、本官はこれに認可を与へた』

と総長としての談話を結び、続けて平沼個人の資格にて、『自分の感想を述ぶれば、大浦子爵の行為は政治道徳より批判すれば許すべからざる行動であつて、必ずこれを弾劾しなければならぬが、今日は自らその非を悟り隠居して一切の公職を辞し、財産とても今後の生活を維持するに足るや否やほとんど危ぶまるゝほどで、永き公生活をなせる前の子爵としては財利に淡白だつた性格もうかがひ知ることが出来るのである。然し政治上の行動を誤つたため一朝にしてかゝる境遇に陥つたことは誠にお気の毒に思ふ』

と語られた。

僕と塩谷君は総長としての非公式の話と平沼君個人としての感想とを綜合して、その真意の存するところは十分に察し得たのである。何故かといふに、大浦子の行動が全然犯罪とならないで、単に政治上の責任に止まるならば、隠居したり公職を辞したりしてまでも、社会に向つて謹慎の誠を示す必要はないのであるから、検事総長としては犯罪を構成せぬと口にはいつても、暗にその成立を認めて、詰腹を切らせたものであることを言外に示したものと諒解したのであつた。そこで僕は平沼君に向つて『大浦子が一切の公職を辞し隠居したため、不起訴となつたことは多く意見はありませんが、このやうな処分を大浦子一人に止めず、今後類似の場合にも大浦子同様に取扱はれたい』と希望を述べたところ、平沼君も同感のやうであつた。

大浦事件があつて何年かの後に、僕の先輩目賀田種太郎男に会つたとき、男爵は『あなたは大浦子の告発をしてうまく行つたが、何故うまく行つたかその訳を知つて居るか』といはれ、僕は男爵の言葉の意味を諒解し兼ねて居ると、男爵は続いて次のやうに語られた。

『一体大浦子爵が大隈内閣へはいることは、当りまへでは理解出来ぬことであるが、大浦子は山県公に向つて自分が大隈内閣へはいつて議会が解散になれば、次の総選挙で多数を取つて官僚党を作つて見せる。といつて公の同意を得たのである。尾崎氏その他の民間出の政治家連中も薄々はこれをかぎ知つて居たので、大浦子の内務大臣になることは極力反対したから、大隈伯も大浦子を農商務へ回はし、内務は一時自分で兼任したのである。

併し十二月に議会が解散になつて三月に総選挙を行ふ段になると、嫌でも大浦子を持つて来るより仕方がないから、いよ〳〵大浦子が内務大臣となつて、物の見事に政友会を打破り政府は大勝を博した。さて選挙が済んで仕舞へば、官僚の廻者同様の大浦子は用は無い。出来ることなら早く出て行つてもらひたいのである。そこへ君等の告発が来たから、司法大臣尾崎行雄氏は自分も連帯責任者であることにも頓着せず、大浦子に責任を負はして、彼の始末になつたのであるから、君方が勝つたとも見られるが、実は丁度尾崎氏等の思ふつぼへはまつたやうなものだ』

僕はこの目賀田男爵の話を味はうと、何が何んだか僕自身にも分らなくなつて仕舞つた。

（『その頃を語る』　東京朝日新聞発行所　昭和三年一〇月）

五〇　裁判の信用の為に惜む（昭和六年九月）

裁判の信用の為に惜む

今村力三郎

昔は裁判の審理は秘密にして、刑罰の執行は之を公行した、今は裁判の審理は之を公開し、刑罰の執行は之を秘密にする、昔時裁判の審理を秘密にしたのは、民は頼らしむべし知らしむべからずと云ふ、専制時代の政治主義から必然の結果であつて、此時代には独り裁判のみならず、政治の全部が秘密であつたのである。然るに同じ時代に於て、刑罰の執行のみが公行されたのは何故かと云ふに、夫は一人を刑して万人を戒むる他戒主義から来たもので、此者は斯々の悪事をしたから磔刑に処した、此者は放火をしたから火焙に処したと、一般国民に開示して、汝等も若悪事を行へば此者と同様の刑罰に処せられるから、決して悪事をしてはならぬと万民を戒むるのである。

専制政治から憲法政治に時代が一転すると、裁判の信用が最大切な問題となつた、何処の歴史を見ても、裁判の信用が薄くなるに比例して、国家の安寧秩序が乱れて来ることを示して居る、裁判の信用が国家治乱の先駆を為すと見ることも出来る。帝国憲法が司法権は天皇の名に於て裁判所之を行ふと規定し、又裁判官を終身官にしたり、裁判の審理を公開すると規定したのは、皆裁判の信用を保つ為である。

世界の文明国が、刑罰の執行を秘密にするやうになつたのは、専制時代の他戒主義が、実際に徴して少しも効果なきことを知るに至つたからである。幕府時代の死刑の執行場は、南は鈴ヶ森、北は小塚原であつたが、同時に此二個所が追剥や強盗の仕事場であつた、歌舞伎で一仕事して立退かうとする権八を、後から長兵衛が、お若けいの待ちねへと呼び留めるのは、鈴ヶ森である、今自分と同じことをして梟首せられてある曝し首を見ながら其梟木の下で斬取強盗を働くのであるから、他戒主義の効果なきことが判る。加之残忍なる刑罰の執行を公開すると、一般国民は之を畏れるよりも、却て之に慣れて残忍性を養ふ傾向があるので、今日の文明国は出来るだけ受刑者の苦痛を軽くすることゝ、刑の執行を秘密にすることゝの方針に一致したのである。

裁判の公開と、刑の執行とは、右の如き理由に依て、専制時代と立憲政治時代とは法律は正反対になつたのであるが、公開裁判は憲法の明文に依る、裁判の信用の一大支柱であるから、非常なる重大性を有するものである。

裁判の公開は裁判の信用を保つ為の基礎的規定であるが、憲法は一の例外を認め、安寧秩序又は風俗を害する虞あるときは、法律に依り又は裁判所の決議を以て、公開を停むることを得る旨を規定してある、此は憲法第八条の緊急勅令と同じく例外規定であるから、其適用は極めて厳格でなくてはならぬ、特に憲法が法律に依て公開を停止すべきことを明かにし、勅令では公開停止が出来ないと定めたのに徴しても、公開停止の容易ならぬことが窺はれるのである、然るに此安寧秩序又は風俗を害すとの文字が其範囲が漠然たる為め、何んでもない事まで安寧秩序を紊るとか風俗を害するとか云つて、検事が公開停止を請求すると、裁判所は文句なしに検事の請求に応ずるのが従来の例である。

公開停止の法廷では、被告が如何なる行為あつて弾劾せられたのか、判事が如何なる訊問を為し被告が如何なる弁解をしたのか、犯罪事実に対して如何なる証拠があるのか、一般国民は毫も之を知ることが出来ないから、判決の結果が有罪になつても、無罪になつても、裁判を信用すべき資料が得られないのである。特に政治犯の場合に於ては、時の権力階級に反抗して起るものであるから、裁判の公平が疑はれ易いのである。

共産党事件も一の政治犯であるから、裁判所が神に等しき至誠を以て臨まなければ、輙もすれば公正を疑はれる虞がある。

検事は公益の保護者であるから、共産党の被告等が法廷を通じて大衆に宣伝したり、資本主義制度の欠陥を極論したりすることは、安寧秩序を紊るものとして公開停止を請求すべき立場に在るのであるが、一般国民は法廷を通じて被告の主張を知り、其処罰の当否を常識的に判断するのである。而して此常識判断と裁判の結果が一致すれば裁判の信用と為り、甚しく齟齬すれば裁判の不信用を招くのであるから、公開停止は国民から裁判の信用の支柱を奪ふことゝなる、公開停止の如何は、被告と、裁判所と、検事と、国民との四方面から、研究すべき大切の問題である。

公判廷に於ける被告の供述は多くの場合に於て反社会的のものである、現に反社会的の行為があつて糾弾されるのであるから、法廷の問答は反社会的行為に渉らざるを得ない、例之ば窃盗の被告人が、巧妙の手段を以て戸締を外ずして忍び込んだ方法を法廷に於て説明し、之を傍聴したる良民が、其方法に倣つて今夜から窃盗を初めようとする虞ありと見れば、窃盗事件の公開も安寧秩序を紊ると認むる事も出来得るのである、又実際多くの犯罪は模倣性のあるものであるから、斯の如き虞がないとも断言し難いのである。

共産党の如き政治犯は、被告の一挙一動が、共同被告や、或は被告以外の同党員を鼓舞することあるべきは想像し得るのである、併し公開を停止しても主義主張の蔓延を防ぐことは出来ない。

福島事件で、故人河野広中君の一味徒党が、藩閥政府顚覆の陰謀で投獄せられ、高等法院の裁判を受けたときは絶対公開であつた。其後時代の変遷は、河野君を台閣の人として補弼の重責に就かしめた。

共産党の主義主張が、将来人類の進むべき指針として正しきものであるならば、国家の裁判を以てしても之を阻止することは出来ない。之に反し彼等の主義主張が、他人情に遠く、共同生活の原理を外れたものであれば、他から圧迫を加へなくとも自然と自滅する時が来るに相違ない、特に彼等の目標とせる無産者独裁の如きは、一の暴政であつて進歩したる国民に施し得べきものでないと思ふ。

刑事被告人に一の通有性がある、夫は法廷に於て努めて自己を偉らさうに見せようとする虚栄心である、政治犯に於て特に夫が著しい、然るに局外者から見れば、此薄つぺらな虚栄心が、却て、彼等の人としての価値を低下せしむるのである。時としては此見え透いた虚栄心が、第三者をして嘔吐を催ふさしむることさへある、だから法廷を通じて自己を誇示せんとする言動が、却て反対の結果を見るのである、国民は冷笑を以て迎ふる場合もあるのである、る事柄も、検事が安寧秩序に害ありと思惟す国民は夫程馬鹿ではない。

大杉栄は、古い共産主義者であるが、人物としての偉大さは認められない、彼が今日まで生存しても、一党を率ゆる首領とは為り得ないであらう、然るに震災騒ぎの際、甘粕某に殺されたので、却て共産党中の一大人物に祭り揚げられた、甘粕は大杉を生理的に殺して、歴史的に生かしたのである。

今度の共産党事件でも、裁判所や、検事局が、強て圧迫的態度を採れば、被告を一敵国と見做すようになつて、却て被告を重からしむる結果を招き、甘粕某と同じ愚道を歩むことになる。

伊藤公の憲法義解に
裁判ヲ公開シ公衆ノ前ニ於テ対理公審スルハ人民ノ権利ニ対シ尤効力アルノ保障タリ、裁判官ヲシテ自ラ其義務ヲ尊重シ正理公道ノ代表トナラシムルハ蓋又公開ノ助ニ倚ル者少シトセサルナリ。

安寧秩序ヲ害ストハ内乱外患ニ関ル罪及嘯聚教唆ノ類人心ヲ煽起刺衝スル者ヲ謂フナリ。

とあります、帝国憲法が公開裁判を如何に重視したかゞ察せられる。

当局者の眼界が段々狭くなるに従つて、神経は愈々過敏になつて、内務省まで裁判の公開に容喙するとの噂が伝はるやうになつては困つたものであります。

（『中央公論』第五二四号　昭和六年九月）

五一　一検事が内閣を潰したはなし（昭和二五年五月）

一検事が内閣を潰したはなし　今村力三郎

昭和七年五月十五日は、恐るべき五、一五事件の起つた日である。この日海陸軍の青年将校十八名は隊を分ち、総理大臣官邸、牧野内府邸、警視庁、政友会本部、三菱銀行を襲撃し、犬養総理を暴殺した後、一同は桜田門外に集結勢揃ひして大手町の憲兵隊へ自首したことは、今尚国民の記憶に新たなることである。この事実に依て彼等青年将校十八名は、事前に於て夫々定めたる部署を襲撃したる後、桜田門外に集結して憲兵隊へ自首するとの申合せのあつたことは明白である。しかしこの事実のみに依て、大手町憲兵隊が事前に於て青年将校等の暴行を知り、彼等の自首を今か今かと待受けて居たとまで推定することは許されないが、事件以後に起つた各種の事実に依て判断すれば、自ら事件の真相は明かになつて来る。

五月十九日西園寺公は後継内閣の御下問に奉答するため興津より上京したが、此日憲兵司令官秦真次中将は国府津に待受けて秘書原田に強要して面会を求め、十分間と云ふ許を得て公に面会したが、遂に東京駅まで同車したのであつた。此車中に於て如何なる談話があつたかは我々の知る能はざる所である。従来の例に依れば政党内閣の総理大臣が、在職中に死亡すると、後継総理は其党の中から任命される例になつて居る。原敬の後に高橋是清が推され、加藤高明の後に若槻礼次郎が推されて一の不文律となつて居たのである。然るに犬養総理の殺された後に総理大臣に推されたのは、意外にも政党に関係なき海軍大将斎藤実であつた。此前例に反する後継総理の推薦が、秦中将の国府津より同乗した車中談と関係ありや否は、是亦我々の知る能はざることである。

以上は五、一五事件と憲兵との関係であつて、これは当時の新聞に公表された公然の事実である。これから検事の関係に移るのであるが、話が少し飛躍するから、読者諸君は以上二つの事実を頭に置いてこの次を読んで頂きたい。

世間では帝人事件と呼んで居るが、詳しく云ふと、台湾銀行が帝国人絹株式会社の株券千三百株を賄賂として各方面へ贈つたと云ふのが公訴事実であるが、これが全然事実無根であつて、結局は被告人全部が無罪になつたのである。その公訴事実の一として当時の大蔵次官黒田英雄が四百株を貰ひ受けたとの公訴があつて、黒田は被告として拘留されたのである。黒田は一株たりとも貰つたことはなく、帝人株など見たこともないのであつた。然るに黒田英雄は主任検事黒田越郎に欺かれ公訴事実を承認すれば監獄から出してくれると思つたのか、うつかり四百株貰つたと虚偽の自白をしたのである。次で検事からその株はドウしたかと第二の追求を受け答弁に窮し、黒田は一株百五十円に換価し六万円を得て二万円を政友会へ、一万円を三土忠造へ贈与し、三万円を高橋大蔵大臣の令息高橋是賢に貨《ママ》与し、その借用証書は三橋と云ふ待合の女将三橋ていに預けてあると架空の供述をしたのである。検事黒田越郎は直に三橋ていを召喚して黒田英雄から三万円の高橋是賢の借用証書を預かつて居るかと厳重の取調を行つたが、三橋女将は全然無根の事であるからこれを強く否定したのであつた。検事もこれに依て黒田英雄が高橋是賢に三万円貸与したとの事実は虚偽の申立であることを知つて、三橋ていの聴取書は作らなかつたのであつた。これが昭和九年六月廿日の出来事である。然るに黒田越郎は翌日市ケ谷の刑務所に出張して黒田英雄に面会し黒田英雄より岩村検事正宛の嘆願書と題する書面を認めしめたのであつた。その書面は長文のものであるが、本問題に関係する点は、高橋是賢に三万円を貸与しその借用証書は三橋ていに預けてあるから同人の取調べを願ふとの趣旨であつた。前日三橋ていを調べて虚偽であることを承知しながら虚偽の嘆願書を書かせるとは実に職権濫用の悪虐である。この嘆願書は黒田越郎検事より岩村検事正へ提出し、岩村は小山松吉司法大臣へ提出し、小山がこれを内閣へ持参して斎藤実へ披露したのが六月二十六日であつた。斎藤総理はこの話の大要を聴て仮令大蔵大臣が受取つたにあらずとも大蔵大臣の御令嗣がかゝる不純の金に手を触れたとあつては、最早この内閣は信を国民に繋ぐことは出来ないと決意して、内務大臣山本達雄、大蔵大臣高橋是清の両氏を招いて、総辞職の決定をしたのであつた。

斎藤内閣総辞職の発表は、同年七月三日であつた。斎藤実は組閣後機会ある毎に政党内閣が憲政の常道であるから、政党の信用回復次第政党に内閣を引渡すと声明したことが再三あつた。軍国主義者は元来が政党亡国論である。犬養毅の暗殺まで決行して政党の撲滅を謀つたのにも拘はらず、政党に内閣を引渡し政党政治に逆戻りすることは、軍国主義者の忍ぶ能はざることである。その斎藤内閣が簡単に転覆したのであるから彼等が大恐悦であつたのは当然である。この斎藤内閣倒壊の殊勲者黒田越郎は同年七月廿三日に突然死去して同月廿五日に青山斎場で告別式が行はれ、この日大手町憲兵隊から花輪と吊辞が贈られたのである。東京地方裁判所検事が在職中に死去したものは幾人もあつたが、憲兵隊から花輪や吊辞を贈られたものは黒田越郎検事が唯一人最初にして最終であろう。

読者諸君は断続せる以上の事実を回顧して頂きたい。五、一五事件の十八名の少壮軍人が揃つて憲兵隊へ自首したのは予め憲兵隊の諒解があつてのことか。次に秦真次中将が国府津より同乗した車中談は果して何であつたか。黒田越郎が虚構の文書を作成して内閣を潰したのは憲兵隊と連絡があつたかドウか。我々帝人事件の弁護人は当時種々の噂を耳にしたが警察権もない弁護人は遂に確証を握ることは出来なかつた。斎藤実は後に至り高橋是賢が三万円借受けたとの事は全然虚偽虚構であることを知り非常に残念に思ひ、機会あらば再び内閣を組織し抱負を実行したいと語つたこともあつたそうだが、二、二六事件の犠牲となり空しく此世を去つたことは、斎藤実個人のためのみならず日本国家のためにも悲しむべきことであつた。

斎藤内閣の後を受けた岡田内閣の陸軍大臣林銑十郎は粛軍政策を行ひ、当時第二師団長たる秦真次中将を待命に処せんと欲せしも教育総監真崎甚三郎が同意せざるにより、真崎を軍事参議官に転じ、渡辺錠太郎大将を教育総監とし秦真次を待命に処したのであつたが、此粛軍処分は軍務局長永田鉄山の献策なりとして、昭和十年八月十二日相沢三郎が陸軍省軍務局長室に於て永田鉄山を斬殺し、翌十一年二月廿六日所謂二、二六事件に於て高橋是清、斎藤実、渡辺錠太郎等三重臣が暗殺されたのである。

遡つて既往を回顧すれば五、一五事件、斎藤実内閣倒壊事件、二、二六事件等重大事件はその根底に一貫して流れる或ものがあつた。而してそれが肇国以来未曾有の国辱を招いたのである。

（『日本弁護士連合会会誌』第五号　昭和二五年五月）

五二　裁判する心を読んで私の持論に及ぶ（昭和二五年四月）

裁判する心を読んで私の持論に及ぶ　今村力三郎

裁判は神の御心を人事に適用するものである。法廷は検事と弁護士と相撲をとつて裁判官が勝名乗りをあげる土俵ではない。検事と弁護士と裁判官とが一致協力して、真実を発見する聖壇である。裁判する心と題する小著は、東京地方裁判所及び簡易裁判所に奉職する若き裁判官八氏の合作である。記事の内容は多少の相違はあるが、被告人に寄する同情と、裁判の神聖観とは、八氏の精神に於て共通するものが感ぜられる。裁判官も永い年月刑事裁判に従事すると、所謂職業意識に慣れて、屠殺業者が残酷を感ぜぬと同じ心境になり易い。曽て江木衷博士が或書の序文を頼まれ、日本に公設の屠殺場あり名づけて裁判所と言うと書て発売禁止と為た、笑えぬ笑話がある。八人の執筆者は、若いから敏感だけれど、最高裁や高裁の老人が書いたら或は江木博士に公設の屠殺場と痛罵せられるかも知れぬ。諸君が、五年或は十年の後に、高裁最高裁に栄進せられた時にも、尚今日の清新の意気を失わざることを希望に耐えぬ。大木遠吉氏が、司法大臣になつたとき、今日の司法官は化石して居ると放言して、部下の反抗を招いたことがある、人間は年と共に化石することは誰でも免れぬ、屠殺場の抜手たらざるもの、化石せざるもの果して幾人ありや。

○

人間が人間を審くことは僭越であるとの説は古くから唱えられておる。人間は誰でも罪人である。罪人が罪人を審く権利は無いと云う尤至極の道理である。此説に従て、一切罪人の審理を神に任せておいては現世の秩序が保てぬ。夫故、不完全でも、人間が人間を審く制度を設ける外はない。故に裁判官たるものは、妄りに優越感を懐いて被告人を見降したり、私心を懐いたり権勢に諂つたりする心が微塵もあつてはならぬ。自分は、何時も神と共にあることを忘れてはならぬ、裁判官は人類のうち最も神に近い人達の撰ぶべき職務である。

○

現代の刑事制度は、根本的に矛盾があると思う。刑罰の主義目的は、幾多の変遷を経て現代に至つたのである。詳しい歴史は、浅学の筆者は知らない。二三の書物に、教育主義と云う文字を散見する、犯人を教育して、善良の国民にするとの趣旨なるべし、幸に之が出来て犯人を悔過遷善せしめ得るなら、刑罰制度の有史以来の画期的革新であつて、人類の誇りとするに足る一大進歩と称すべきであるが、其教育主義に適応して、果して如何なる施設を行うかと現実を直視すれば、監獄では、厳罰主義、応報主義の旧套を墨守し、犯人の生命、自由、名誉を奪うのであつて、寸毫も悔過遷善の実を挙げず教育主義と、正反対の悪結果を招き、犯を累ぬる毎に、其悪性を増強するに非ずや。

犯罪は人類に固着せる病的現象である。人類の存する限り、犯罪は根絶することは不可能である。我々は、病気に罹らぬように、平素から衛生を守らなければならぬ。併し若し衛星を怠つて、一朝病気に罹つた以上は、衛生を守らなかつた怠慢を厳しく叱責しても病気は癒らぬ。先医薬を第一とせねばならぬ。然るに現在の刑罰は少しも病気の治療に意を注がずして、病人を叱責するのみである。病気は治癒せず、却て伝染し、蔓延し、繁昌するは監獄のみである。

人間は両親を撰んで生れたものは無い。悪遺伝は被告の責任ではない。有形無形の社会的悪感化や、直接間接の動機が、犯人に結晶して、人為法の条件を具備して犯罪を形成するのである。刑罰制度を説かんとするものは、先以ては根本問題に着眼することを要する。治水の要は、植林にある。堤防は第二義である。犯罪の予防は、人間自身の進歩に俟たねばならぬ。日暮て道遠しと雖も大に努めねばならぬ。

○

昔唐の太宗皇帝は、死刑囚を憐み、三百九十人の囚人を縦て家へ帰らせた。家族や、親友に袂別して、明年秋までに京師え帰て来て、刑の執行を受けよと言渡して皆故郷え帰らせた。明年秋になると、三百九十人が一人残らず帰て来た。太宗皇帝は皆其罪を赦した。是は太宗皇帝の君徳として、著名な史実であるが、後世北宋の大儒、欧陽修は、是を非難して、太宗が死刑囚を立ち帰らし（ママ）たのは名を求めたのである。死刑囚が約の帰如（ママ）くて来たのは、帰れば必ず赦されると思つたからである。名を求める君主と、死を赦されると考えた囚人と、上下相欺いた行為であつて恩徳や信義の致す所ではないと痛烈に攻撃したのであつた。欧陽修の説は、正鵠を得て居ると思われるが、太宗皇帝が、仮令売名たりとも、此大芝居を打つ、盛唐の舞台は驚嘆に値いするものがある。全世界に斯うした芝居の打てる治世は二つとあるまい。而して其由て来たるところは、太宗皇帝の罪囚に対する愛と憐みとにある。厳刑酷罰を以て天下を治めんとするのは、油を以て火を消さんとする愚に等しい。

重ねて言う、犯罪は人類の病気である。犯罪は被告が犯したのではない。犯さしめられたのである。犯罪は人類の共同責任である。

（『日本弁護士連合会会誌』第四号　昭和二五年四月）

五三　和田秀文『訓育の教程』序文（昭和二五年七月）

序文

専修大学校友和田秀文君、神奈川県警察学校長の職に在り「訓育の教程」と題し警察教育の要領を説示したる小著あり、予に序を求めらる。予は全生涯を弁護士に捧げ微力ながら人権擁護に尽したるものなれば、警察とは終始反対の地位にあり、何等貴著に序すべき訓示も思想もなしと一応謝絶したるに、和田君は重ねて曰く、法廷五十年中の警察権不当行使の事例を挙示せらるゝも以て他山の石となすべく必ずしも美辞麗句を要せずと、予曰く諾、悪口は予の性に合ふ所也、以下悪口を恣にせん。幸に許されよ。

旧警察制度時代に行政執行法（注明治三三年六月法律第八四号公布 - 昭二三年五月廃止）があつた。第一条に「当該行政官庁は泥酔者、瘋癲者、自殺を企つる者に対し、必要なる検束を加へることが出来る。但し翌日の日没後に至ることを得ず」とあつた。

警察官は此の条文を悪用して一片の令状もなく、自殺を企つるものとして、天下の良民を検束し甚だしきは拷問を加えたのであつた。警察制度改革に当つてマ元帥の指摘に及んだことも、予多年の主張と同じである。

曽て冤罪で天下に有名な横浜事件（或は神奈川拷問事件といつた）で百五十人に及ぶ被告人は一人残らず自殺を企つるものとして警察に検束されたのであつた。其の内多数の被告人は拷問を受けたので、拷問の被害者が告訴を提起すべきや否やの問題が起つた。拷問されたと訴える被告は約二十名あつた。

その担当弁護人の話では、被害者約十名は仮え告訴しても検事が取上げるものでない、却つて反対に悪感情を懐かれるが落ちである、といふて告訴に反対し、残りの十名は、告訴が成立しようがしまいが拷問の事実がある以上告訴するのが当然なりとして敢然と東京控訴院に拷問の告訴を提出した。

当時東京控訴院次席検事、松坂広政君は、その事件の主任となつた。或る日弁護士、一松定吉君が松坂検事に面会した処、彼の拷問事件は検事が監獄医まで調べたが拷問で受けた傷が書類に残つていないのと、監獄医も覚えていないといふから結局駄目だ、との話であつた。予は其の報告を受けて補強証拠の立証準備を整えさせ、一松君と相携へて松坂君を其の次席室に訪れた。青年弁護士三四名も同席した。

先づ一松君が昨日松坂君より聞いた通り「監獄医を調べたが記録も残つて居らず、且つ傷のあつた記憶もないから駄目だといふたが其の通りか」と質問すると松坂君は「その通りである」と答えた。それで予は松坂君に「それで宜しいですか」と念を押した。而かも繰返して「それで宜しいですか」と三度念を押した。然る後徐に、被告の身分帳の写を取り出した。この身分帳といふのは被告が入監するとき、監獄署で調査し一々異変を記入するのである。この身分帳には被告の右眼の下に黒痣の打撲傷があると詳しく記入してあつた。これを見た松坂君は急に「そういふ訳でもない」と言葉を濁した。

一松君は「今日はそうは言わせぬ、昨日確に記録はない証拠はないといふたが立証する補強証拠を如何にするか」と詰寄ると、松坂君は面目を害し「それでは調べ直す」といふことになつた。察するに次席検事の命を受けた其検事は上官の意を迎えて不起訴処分になすべき意図を以つて書類を作成したがとんだ処で尻尾を押えられたのである。

再調査によつて神奈川県警察部から四人の拷問警察官が検出された。それで予と一松君は金山秀逸検事長に招かれた。彼曰く「今神奈川県警察部へ交渉中である。其の大要は四人の警察官を県で行政処分にすれば不起訴にするが県で行政処分をしなければ検事局は起訴する」というのであつた。神奈川県でも起訴されては面目上困るので四人の警察官を免職し裏面から就職運動をしろとのことであつた。この事件に関連して担当検事も辞職した。拷問の告訴事件は予想外の成効を収めて冤罪事件は全部無罪となつた。

以上で人権擁護の立場から大団円目出度〳〵といつて大詰になるべきであるが、人生は小説ではない。昨日まで電気局や水道部や夫々の職場で働いていた主人が突然拘引せられて失業する。公判中は無収入になる。無罪になつても元の地位は既に塞つて居る。冤罪は人生の中断である。例へば突然無病の健康者を解剖台に載せ、心臓や胃の腑を引張り出し一々検査した後「君の身体には何処も悪いところはないから有難くお礼をいつて帰れ」といわれても元の健康体には還えせぬと同様に、冤罪が晴れても満身瘡痍となり、社会的に葬られた人や、或は陰で泣いた人が百人中九十九人あつたであろう。

而して由因するところは、検事と警察官の捜査権行使の適否に帰着する。法の運用は人に在るとは千古不磨の言である。

予は明治大正時代の検事と警察官の昔話であつて、昭和の民主主義時代の警察権行使を語るものではない。されど将来を建設するものは過去を反省することも必要である。過去は人生社会に於て終結確定したものではなく、まだ完了しない一部に過ぎない。人間生活が他の動物と異る点は歴史といふものを持つておるからである。人間は歴史を持つが故に現在の事を知つて居る計りでなく、又過ぎ去つた後の事も知り、まだ来らない先の事も考えて行くことが出来る。過去の貴い所以は現在の生活に活現せる事によつてである。過去と現在の間には永遠の真理が交通流動しておる。

国権の尖端に立つて強制力を以つて、国民に直結するものは警察権である。これを行使さるものは警察官公吏である。脅かすにあらずして救ふのである。愛の精神こそ古今を通じて、一貫せる警察の神髄である。

昭和二十五年盛夏

於伊豆修善寺専修荘

専修大学総長　今村力三郎

（和田秀文著『訓育の教程』神奈川県警察学校校友会　昭和二六年一月）

五四　芻言

自序

明治四十三年十月二十七日、予と花井弁護士とは大審院弁護士室に在り、偶々予審判事潮恒太郎氏より面会を求められ、両人相携へて潮氏をその予審廷に訪ひしに、氏曰幸徳伝次郎が両君に弁護を依頼したしとの事なるが、両君之を承諾せらるべきや否や、と予等両人即座に承諾の旨を答へしに、潮氏は然らば幸徳を此席に招くべしとて、其旨を書記に命じ、暫時にして幸徳は廷丁に伴はれて入り来り、曰是まで両君には非常に御世話になつて随分御迷惑を掛けてゐるが、夫れに何等酬ゆることも仕ないで、今度又御迷惑を願ふことは甚恐縮であるが、今度は最後であるから両君で僕の為に死水を取つて貰ひたいと、最沈痛に依頼の辞を述べ、予等両人は旧友の事でもあり直に承諾の旨を答へたり、幸徳は重ねて今度の事件は僕が平素より親くせし数人の外、多数の青年も加つて居るから迷惑ついでに両君にて夫等の青年の弁護もして貰ひたいと云ひ、予等両人は夫れも宜しいが多数の被告人中には或は利害や申立の矛盾するものあらんか、果して然らば矛盾せる被告を一人にて弁護する能はざるべしと云ひしに、傍より潮氏は私は全被告を調べ各被告の申立を知つて居るから、私か被告を分ちて適当に両君の担当を定むべしと言はれ、茲に予と花井弁護士とは潮予審判事の分類せる被告の系統に依り、多数被告の弁護を分担せり、尓来烏免匆々十四年を経て、大正十三年二月二十二日、大審院長横田秀雄氏より面会を求められ、約束の時間に院長室を訪ひしに、予を難波大助の弁護人に官選せんと欲するが承諾せらるべきや、且共同弁護人は花井・岩田両博士なりと、予は謹んで命を奉ずべき旨を答へたり

幸徳事件の判決は被告人二十六名にして、内二名は爆発物取締罰則違反として有期懲役に処せられ、他二十四名は悉く大逆罪として死刑の宣告を受けたるが、其半数は特赦の恩命にて無期懲役に減刑せられ、他の半数は刑の執行を受けたり、而して最近虎の門事件に於て難波大助が死刑に処せられたるは、尚何人の記憶にも新たなる所なり

弁護人たる位地より両件を比較するに、難波大助の事件は事実にも法律にも刑の量定にも一の疑問を存せず、到底極刑を免るべきに非ず、唯大助の精神状態が刑法上の責任能力ありや否やの点のみ多少の問題となれども、既に専門大家たる医学博士呉秀三氏が、精神に異状なしと鑑定せるありて、常識論を以て之を動かす能はず

幸徳事件にありては、幸徳伝次郎・菅野スガ・宮下太吉・新村忠雄の四名は事実上に争なきも、其の他の二十名に至りては、果して大逆罪の犯意ありしや否やは大なる疑問にして、大多数の被告は不敬罪に過ぎざるものと認むるを当れりとせん、予は今日に至るも該判決に心服するものに非ず、殊に裁判所が審理を急ぐこと奔馬の如く、一の証人すら之を許さゞりしは予の最も遺憾とした る所なり、当時予は弁論を結ぶに斯の如き事件に在りては、裁判所は宜しく普く被告に利益なる事実と証拠とを調査し、苟も疑あるものには無罪の判決をなし、其上にも未だ無罪の人は無いかと一人にても多く無罪の人を出すことに努力すべきである、斯くすることが国史の汚点を薄くする所以であるとの言を以てせしことを記憶せり、幸徳事件の一件記録は、今尚保存せられあることなれば、特志の仁ありて之を調査するあらば、判決の当否も自ら明かなるべく、又警察や裁判の結果が如何に深刻なる不測の兇変を生ずるものなるか、思想問題の対策を如何にすべき乎等に就き、発明する所蓋尠少にあらざるべし

上に仁慈なる皇室を奉戴し、下には忠君愛国の精神に充てる国民を擁し、僅々十有四年間に二回の大逆事件を生

みたるは、真に驚魂駭魄国家の不祥国民の不幸之より大なるは莫矣、難波大助事件に愕きたる社会は、雑誌に新聞に此問題を論議するもの甚多し、然れども悉く皆抽象論にして事按の真相を知らず、予不幸にして幸徳難波両件の法廷に列し、事按の真相を知るに於て道塗の人に優れり、即禿筆を叩して事実と感想とを叙す、其幸徳事件に疎にして難波事件に密なるは、幸徳事件時代に於ては審理の形式的客観的なりしと、予か記憶の范漠たるとに由れり

再序

本篇は大正十四年一月其稿を卒へ、三月二日数部を浄写して要路に呈せり、而して三月八日東京地方裁判所の発表したる和田久太郎外四人殺人未遂爆発物取締罰則違反事件の事実に依れば、其中心人物は肺患又は重き花柳病に罹り、余命幾何もなきことを自覚し、一命を抛つて重大なる犯罪の決意を為すに至りたるものなること、及同主義者の首領たりし先輩の為め、復讐の挙に出でたるもののなること宛も、予が本篇に述べし所と符節を合するが如し、由是観之怖るべき多種多様の大犯罪も其動機に遡れば、犯罪の根底に一脈の原因相共通せるものあることを看取るを得べし、為政者たるもの須らく此根本原因に活眼を開く可し、徒らに刑罰の末節に拘泥せば犯罪は月に益滋く、社会の不安は日に愈々甚しかるべし

頃日仄かに聞く所に依れば、内務省は弘く難波大助に関して蒐集したる資料を印刷して之を関係官衙に配布し、本稿も亦収められて其の中に在りと、予は本稿ノ執筆の徒尓ならざりしを欣ぶ、而して予は内務省が蒐集せる資料に依り、更に予の研究に益する所あらんと欲し、或日電話にて一冊の分与を求めしに、警保局長某氏自ら電話口に立ち、極秘に藉口して強硬に之を拒絶せり

抑予が本篇を執筆するに至りたる微衷の存する所は、読者の諒察せらるゝ所ならん、凡禍は機微に隠れて人の忽にせる所に発す、朝野同憂の士共に心血を濺き、禍根を未萌に絶たざるべからず、予は我が内務省の狭量を遺憾とす、我等国民は独官僚に託して枕を高ふする能はず、是歳丙寅一月、少しく増補を為すに方り記して以て再序と為す

大正十五年一月　　今村力三郎識

総説

明治四十三年幸徳伝次郎等の大逆事件あり、後十四年を経たる大正十二年に又難波大助の大逆罪を犯すあり、曽て刑法制定の際、一委員は苟も日本臣民にして大逆罪を

企つるが如きことあるべからず、故に刑法第七十三条の如き規定を設くるの必要なしとの意見を陳べたりと伝聞せり、思ふに刑法第七十三条の存置論者と雖も、同条が実際の適用を見るが如きことは万々なかるべきことを信せしならん、然るに僅々十有四年間に再度の大逆事件発生し、大審院特別刑事部の開廷を頻々たらしめ、前後二十五名に死刑を宣告するが如きは、独我国の歴史に空前の事実たるのみならず、世界を通じて未だ曽て見ざる所なり、斯る不祥事の頻発を見て、日本帝国の臣民たるもの誰か深憂浩歎を禁ぜざるものあらんや、彼等逆徒の罪固より天地の容れざる所なるも、彼等亦骨肉の情あり、朋友の誼あり、生を楽み死を悪むの念に於て吾人と異なるものあるに非ず、然るに骨肉の情を棄て朋友の誼を擲ち、進んで死地に就く所以のものは何ぞや、其細条に至りては多岐多端之を悉す能はさるも、内にしては彼等の思想外にしては彼等の境遇二者相交錯して、未曾有の不祥事を醸したるに外ならず、境遇は思想を生み、思想は境遇を招き終に累を　皇室に及ぼすに至る、顧みて彼等の思想を按するに毫も　皇室と相関するものに非ず、皇室は固より億兆を族つに一視同仁を以てし、而して彼等初めより　皇室に怨恨あるに非ず、然るに敢て大逆を企つるに至る所以は何ぞや、不肖力三郎前後二回大逆事件の法廷に列し、深く犯罪の因縁を察するに、因果の関係実に恐るべく愕くべきものあり、抑々一の事実より起る感想は、知識境遇の異なるに従ひ、各人必ずしも同一ならざるも事実は遂に枉ぐべからず、本篇は主として事実を掲げ間々交ゆるに感想を以てす、若夫感想の当否に至ては予の魯鈍を恕し、識者教を垂れて可なり、他日此扁を読むものあらば事実に拠りて自家の見地を開くべし、予の感想の当否を以て事実を棄つること勿れ

無政府主義と暗殺

幸徳伝次郎が獄中より磯部・花井両博士と予との三人へ送りたる明治四十三年十二月十八日の信書中に左ノ一節あり

無政府主義の革命といへば直ぐ短銃や爆弾で主権者を狙撃する者の如くに解する者が多いのですが、夫は一般に無政府主義の何者たるかゞ分つて居ないためです、弁護士諸君は既に御承知の如く、同主義の学説は殆んど東洋の老荘と同様の一種の哲学で、今日の如き権力武力で強制的に統治する制度が無くなつて、道徳仁愛を以て結合せる相互扶助共同生活の社会を現出するのが人類社会自然の大勢で、吾人の自由幸福を全くするのには此大勢に従つて進歩しなければなら

ぬと云ふに在るのです
従つて無政府主義者が圧制を憎み、束縛を厭ひ、同時に暴力をも排斥するのは必然の道理で、世に彼等程自由平和を好むものはありません、彼等の泰斗と目せらるゝ「クロポトキン」の如きも、判官は単に無政府主義者かとお問になつたのみで、矢張乱暴者と思召て御出かも知れませんが、彼は露国の公爵で今年六十九歳の老人、初め軍人となり後ち科学を研究し、世界第一流の地質学者で、是まで多くの有益なる発見を為し、其他哲学文学の諸学通ぜざるなしです、彼の人格は極めて温和親切で、決して暴力を喜ぶ人ではありません、又「クロポトキン」と名を斉ふした仏蘭西の故「エリゼイ・ルクリユス」の如きも地理学の大学者で、仏国は彼が如き学者を有するを名誉とし、市会は彼を紀念せんが為に巴里の一道路に彼の名を命けた位です、彼は殺生を厭ふの甚しき為め、全然肉食を廃して菜食家となりました、欧米無政府主義者の多くは菜食主義者です、禽獣をすら殺すに忍びざる者、何んで世人の解する如く殺人を喜ふことがありませうか
此等首領と目さるゝ学者のみならず、同主義を奉ずる労働者は、私の見聞した処でも他の一般労働者に比すれば、読書もし品行もよく酒も煙草も飲まぬのが多いのです、彼等は決して乱暴者ではありません
成程無政府主義者中から暗殺者を出したのは事実です、併し夫は同主義者たから必ず暗殺者たるといふ訳ではありません、暗殺者の出るのは独り無政府主義者のみではなく、国家社会党からも愛国者からも勤王家からも沢山出て居ります、是迄暗殺者と云へば大抵無政府主義者のやうに誣られて、其数も誇大に吹聴されて居ります、現に露国亜歴山二世帝を殺した如きも無政府党のやうに言はれますが、アレは今の政友会の人々と同じ民権自由論者であつたのです、実際歴史を調べると他の諸党派に比して無政府主義者の暗殺が一番僅少なので、過去五十年ばかりの間に全世界を通じて十指にも足るまいと思ひます、顧みて彼の勤王愛国者を見れば、同じ五十年間に世界でなくて我日本のみにして殆んど数十人、或は数百人を算するのでありませんか、単に暗殺者を出したからとて暗殺主義なりと言はゞ、勤王論愛国思想程激烈な暗殺主義は無い筈です、故に暗殺者の出るのは其主義の如何に関するものでなくて、其時の特別の事情と其人の特有の気質とが相触れて此行為に立到るのです、例之は政府が非常に圧制し、其為に多数の同志が言論集会出版の権利自由を失へるは勿論、生活の方法すらも奪はるゝとか、

或は富豪が横暴を極めたる結果、窮民の飢凍悲惨の状見るに忍びざるとかいふが如きに際して、而も到底合法平和の手段を以て之を処するの途なきときに於て、感情熱烈なる青年が暗殺や暴挙に出づるのです、是は彼等に取つて殆んど正当防衛ともいふべきです、彼の勤王愛国の志士が時の有司の国家を誤らんとするを見、又は自己等の運動に対する迫害急にして、他に緩和の法なきの時憤慨の極暗殺の手段に出づると同様です、彼等元より初めから好んで暗殺を目的とも手段ともするものでなく、皆自己の気質と時の事情とに駆られて茲に至るのです、そしてその歴史を見れば、初めに多く暴力を用ゆるのは寧ろ時の政府有司とか富豪貴族とかで、民間の志士や労働者は常に彼等の暴力に挑発され酷虐され、窘窮の余已むなく亦暴力を以て之に対抗するに至るの形跡があるのです、米国大統領「マツキンレイ」の暗殺でも、伊太利王「ウンベルト」のでも、又西班牙「アルフオンゾル」に爆裂弾を投じたのでも、皆夫れ々々其時に特別な事情があつたのですが、余り長くなるから申しません

要するに暗殺者は其時の事情と其人の気質と相触るゝ状況如何に依りては、如何なる党派からも出るのです、無政府主義者とは限りません、否同主義者は皆平和自由を好むが故に暗殺者を出すことは寧ろ極めて少なかつたのです、私は今回事件を審理さるゝ諸公が「無政府主義者は暗殺者なり」の妄見なからんことを希望に堪へませぬ

幸徳の此書面は裁判所が無政府主義者は暗殺主義者なりとの前提を以て多数被告の罪を断ぜられんことを慮り、多数青年被告の為弁護の資料を提供せしものにして、既に大逆の予謀に与したる幸徳自身は罪の免れざるを覚悟せし時なるが故に、無政府主義の説明として之を見れば浅薄の訕ありとも、当時に於ける彼の信念を偽りたるものに非ざるべし、文中政府が非常の圧制をなし、多数同志が言論集会出版の権利自由を失ひ、甚しきは生活の方法すらも奪はるゝの時、感情熱烈なる青年が暗殺や暴挙に出づるは正当防衛なりとの意味を強調せるは、当時に於ける幸徳伝次郎に対する当局の圧迫を憤慨するの言なり、外は言論出版の自由を奪い、内は生活の糧道を絶つ、自暴自棄に陥ること故なしとせず、窮鼠却つて猫を噛む、戒めざるべけんや

難波大助も大正十年五月某日、神田青年会館に於ける第二回日本社会主義大会の講演会の傍聴に赴きたるに、錦町警察署長が一言も発せしめず、司会者及弁士に暴力を加へ片つはしから勾引せるを見て憤慨の絶頂に達し、社

会主義者が言論に訴へる事を止めて、行為に依て思想を宣伝するは権力者自ら社会主義者に向つて仕向けたる罪なりと唱へ、又震災当時に行はれたる平沢計七其他南葛労働組合の首領及大杉栄等の虐殺事件に於ける官権の処置を不当とし、義憤を感じたる事を以て大逆罪決行の動機の一なりと陳述せり、即ち幸徳事件に於ても難波事件に於ても不当なる警察権の行使が、古今未曾有の大逆事件を醸したる動機の一たることは其の揆を同じふせり、幸徳伝次郎の書面に依れば、元来無政府主義者は自由と平和を好み、主義として暴力を排するものなるに、彼等を駆つて大逆を敢てするに至らしめたるものは却て官権之を促したるものあるに似たり、警察官が社会主義者無政府主義者若くは労働運動者に圧迫を加ふるは、依て以て彼等を鎮圧し国家の安寧を維持せんとするに在りて、其奉公の観念は之を嘉すべきも、苟も人類生活に密接せる主義主張は、警察権の行使に依つて屏息せしめ得べきに非ず、弱者は一時の強圧に堪えずして逃避することあるべきも、梟悍なるものは却て益々反抗の念を加へ、終には予想すべからざる結果を生するものなり、強圧に恐れて逃避するが如き弱者は、初めより圧迫を加ふるの要なきものなり、而して強者は之に依て益々反抗を強ふするものとせば、警察権の圧迫は畢竟有害無益に終るものなり、有害無益なる彼等の行為が大逆罪を生むの一原因たるを知らば、彼等は如何にして其罪を闕下に謝せんとする歟

裁判官の苦心

幸徳事件に於ても難波事件に於ても、裁判官は門外漢の容易に窺ひ知る能はざる用意と苦心とを払へり、幸徳事件の判決の冒頭に曰

被告幸徳伝次郎ハ夙ニ社会主義ヲ研究シテ、明治三十八年北米合衆国ニ遊ビ、深ク其地ノ同主義者ト交ハリ、遂ニ無政府共産主義ヲ奉スルニ至ル、其帰朝スルヤ専ラ力ヲ同主義ノ伝播ニ致シ、同主義者ノ間ニ重ンゼラレテ、隠然其首領タルノ観アリ、被告菅野スガハ数年前ヨリ社会主義ヲ奉シ、一転シテ無政府共産主義ニ帰スルヤ、漸ク革命思想ヲ懐キ、明治四十一年世ニ所謂錦輝館赤旗事件ニ座シテ入獄シ、無罪ノ判決ヲ受ケタリト雖、忿恚ノ情禁シ難ク窃ニ報復ヲ期シ、一夜其心事ヲ伝次郎ニ告ゲ、伝次郎ハ協力事ヲ挙ケンコトヲ約シ、且夫妻の契ヲ結フニ至ル、其他ノ被告人モ亦概ネ無政府共産主義ヲ其信条ト為ス者、若クハ之ヲ信条ト為スニ至ラサルモ、其臭味ヲ帯フル者ニシテ、其中伝次郎ヲ崇拝シ、若クハ之ト親交ヲ結フ者多キニ居

ル

明治四十一年六月二十二日、錦輝館赤旗事件ト称スル官吏抗拒及治安警察法違反被告事件発生シ、数人ノ同主義者獄ニ投セラレ、遂ニ有罪ノ判決ヲ受クルヤ、之ヲ見聞シタル同主義者往々警察官吏ノ処置ト裁判トニ平ナラズ、此ヲ以テ政府カ同主義者ヲ迫害スルノ意ニ出テタルモノト為シテ、大ニ之ヲ憤慨シ、其報復ヲ図ルベキコトヲロニスルモノアリ、尓来同主義者反抗ノ念愈々熾ニシテ、秘密出版ノ手段ニヨル過激ノ文書相尋テ世ニ出テ、当局ノ警戒注視厳密ヲ加フルノ止ムヲ得サルニ至ル、是ニ於テ被告人共ノ中深ク無政府共産主義ニ心酔スル者、国家ノ権力ヲ破壊セント欲セバ、先ツ元首ヲ除クニ若クナシト為シ、国体ノ尊厳宇内ニ冠絶シ、列聖ノ恩徳四海ニ光被スル帝国ノ臣民タル大義ヲ滅却シ、畏多クモ神聖侵スヘカラサル聖体ニ対シ前古未曾有ノ兇逆ヲ逞セント欲シ、中道ニシテ兇謀発覚シタル顛末ハ即チ左ノ如シ（下略）

難波事件の判決は被告人の思想の変遷より犯罪の直接間接の動機を叙すること最詳密なり

被告人大助ハ歴史上由緒アル難波家ニ生レ、嘗テ県会議員衆議院議員タリシ難波作之進ノ四男ニシテ、曽祖父覃庵ハ維新ノ際王事ニ尽シタルノ故ヲ以テ、特ニ先帝陛下ニ拝謁ヲ賜リ、歿後贈位ノ恩典ニ浴シ、被告人ノ父作之進モ亦皇室尊崇ノ念篤ク、被告人ハ厳格ナル父ト慈愛深キ母トノ薫陶ヲ受ケテ人ト為リ、克ク父母ニ仕ヘ難波家ノ伝統的精神ヲ体シ、皇室中心主義ヲ奉シ、其中学時代タル大正六七年頃ニ於テハ、書ヲ雑誌武侠世界ニ寄セ、乃木将軍ノ死後我国ノ上下浮華軽佻ニ流レ、世界無比ノ皇室ヲ奉戴スル我帝国ハ危殆ニ瀕スルモノトシテ、大ニ之ヲ慷慨シ、大元帥陛下ノ統帥シ給フ軍隊ニ入営スルヲ以テ臣民ノ光栄ナリト為シ、徴兵忌避者ヲ不忠ナリト論シタルコトアリ、又当時大阪朝日新聞カ皇室ノ尊厳冒瀆ニ関スル記事ヲ掲載シタル際、同新聞ヲ攻撃シ父ト共ニ其ノ不読不買ヲ知人間ニ奔走勧誘シタルコトアリテ、臣民ノ大義ヲ守リ愆ル所ナカリシカ、被告人ハ曩ニ大正六年二月、慈母ヲ失ヒ其ノ境遇ニ変化ヲ来シタル、以来東西各地ニ転学流寓シ、再三上京シテ或ハ中学検定試験ニ志シ、或ハ屢高等学校入学試験ニ応シタルモ、終ニ其志ヲ得スシテ大正十年ニ及ヘリ、其間父ヨリ支給セラル丶学資頗ル薄ク、常ニ父ヨリ倹素ヲ旨トスヘキコトヲ命セラレ、已ムコトヲ得スシテ自炊ヲ為シ、又ハ新聞配達ニ従事シテ自給ヲ計リ窮乏ヲ忍ビ、具サニ辛苦ヲ嘗メタル処、大正八年偶々四谷区谷町ノ陋隘ナル一室ニ起居シテ通学ヲ為スニ方リ、親シク附近ノ貧民窟ヲ目撃、之ヲ自己ノ悲境ニ比シテ生活ノ艱難ヲ覚ユルニ従ヒ、漸次思想ノ変化ヲ来シタルニ際シ、恰モ世界大戦ノ後ヲ承ケ、露独ノ帝政崩壊シ、ソヴエット政府ノ組織セラルルアリ、又欧米民主主義ノ風潮我国ニ瀰蔓シ、為ニ被告人ノ精神ニ多大ノ刺激ヲ与へ、茲ニ我国建国ノ歴史ニ疑念ヲ狭《（ママ）》ミ、皇室ニ対スル被告人ノ従来ノ信念ニ動揺ヲ生スルニ至レリ、大正九年第四十二帝国議会ノ開会セラルヽヤ、当時被告人ハ衆議院ノ傍聴席ニ在リテ其混乱セル議場ノ醜態ヲ観、議員ニ対スル尊敬ノ念ヲ失ヒ、又普通選挙反対ノ演説ヲ聴キ、我国ノ政治家カ頑迷ニシテ民衆ノ利害ニ意ヲ用ヒサルモノトシテ大ニ之ヲ憤慨シ、痛ク議会政策ノ非ナルヲ感シ、同年五月帰省シタルニ時偶々総選挙ニ方リ、確乎タル主義政見ヲ有セサル父作之進カ単ニ家名ノ為候補ニ立チ、巨額ノ冗費ヲ為スコトヲ吝マサルヲ見テ、自己ニ対スル節倹ノ訓告ハ固ト是一片ノ虚言ニ過キストナシ、父ニ対シテ大ナル反感ヲ懐キ、越テ大正十年ニ至リ雑誌改造解放社会主義ニ関スル著書露国ノ小説等ヲ耽読シ、又社会主義的傾向ヲ有スル朋友ニ交ハルニ及ビ、社会主義思想ハ漸ク被告人ノ脳裏ニ浸潤スルニ至レリ、当時被告人ハ父ヨリ僅少ナル補給ヲ受ケ、勉学ノ傍再ヒ新聞配達ヲ業トシ、父ノ代議士タル地位ト自己ノ労働者タル境遇ヲ対比シテ益々反感ノ度ヲ高メ、私有財産制及家族制度ヲ呪詛シ、又大正十年発売禁止トナリタル雑誌改造ノ四月号ニ掲載セラレタル断片ト題スル文章ヲ読ミテ、露国ノ「テロリスト」ニ同情シ、「テロリスト」ノ行動痛烈ニシテ、露国ノ革命ハ此等ノ徒ニ負フ所尠ナカラストシテ大ニ之ニ共鳴シ、尋テ同年四月中幸徳事件ノ判決ヲ掲載シタル当時ノ新聞ヲ読ミ、其ノ処罰ヲ残忍ナリトシ、深ク幸徳一派ノ者ノ心事ヲ憐ムト共ニ、彼等ト主義ヲ同シクスル者ノ何等為ス所ナク屏息スルヲ以テ、怯懦ナリトシテ大ニ之ヲ憤慨シ、決死ノ覚悟ヲ以テ自ラ暴力即時遂行者タラントスルノ意ヲ決スルニ至レリ、其後幾バクモナク社会主義ノ講演会ニ赴キタル際、臨監警察官カ其ノ演説ヲ中止シ、片言隻句ヲモ発セシメズ、即時解散ヲ命シタルヲ見テ、言論ノ自由ヲ与ヘサルコト既ニ斯ノ如シトセバ、主義者カ言論ニ訴フルコトヲ為サスシテ直接行動ノ手段ニ出ツルコトアリトスルモ、是レ皆官憲自ラ招ク孽ニシテ、其責主義者ニ存スルニ非スト思惟シ、又従来躬ヲ実験シタル労働生活ニ稽フレハ、現時ノ社会ハ多数窮民ヲ救済スル施設ニ乏シキヲ以テ、速ニ社会ノ状態ヲ変革スルコトヲ努メサルヘカラスト為シ、学生生活ヲ擲チ専心此ノ種ノ運動ニ従事セントシタルニ、父兄ヨリ痛切ナル訓戒ヲ受ケ之ニ服シテ、大正十一年四月以来早稲田高等学院ニ入学シタルモ、平素労課ヲ怠リ好テ社会問題ノ講演会ニ出席聴講シ、傍ラ暴力社会主義者及無政府主義者ノ著書ヲ耽読シテ、益々社会ノ変革ハ暴力ニ依ルノ外ナシトノ信念ヲ鞏固ナラシメ、其ノ思想愈々悪化スルニ及ヒ、被告人ハ断然其ノ学生生活ヲ廃シ労働者トナリテ下層生活ヲ営ミ、自ラ労働者解放運動ノ一兵卒ト為リ、主義ノ為メ奮闘スルノ意ヲ決シ、大正十二年二月退学シテ深川区富川町所在ノ木賃宿ニ移リ、下層労働ニ服シタルニ、労働ノ辛苦生活ノ困憊深ク心肝ニ徹シ、有産者ニ対スル忿恚反抗ノ情ヲ激越ナラシメタリ、同年五月病ヲ得テ帰省シ、父兄ノ言ニ服シテ足ヲ生家ニ駐メタルモ、被告人ノ思想却テ一層ノ険悪ヲ加ヘ、無自覚ナル労働者ヲ指導統卒シテ多数ノ団体ヲ組織シ、政権ヲ獲得シテ無産者独裁ノ制ヲ採ルノ要アリト為シ、終ニ共産主義ニ共鳴シ、更ニ「マルクス」ノ共産主義宣言ヲ熟読スルニ及ビ、益々其ノ信念ヲ強フスルニ至レリ、其ノ間屡々東京ニ往来シ、大正十二年九月ノ大震災ニ際シ、官憲ノ採レル措置ヲ快トセス、速ニ徹底シタル行動ニ出ツルニ如カスト思惟スルニ方リ、父ヨリ汝ノ主義ヲ棄テ父ノ命スル所ト長兄ノ訓戒スル所ニ従テ行動ス可シト厳訓ヲ受ケ、被告人ノ進退茲ニ谷マリ、遂ニ暴力遂行ノ計画ヲ決然敢行セントシ、我国ノ列聖汎く万民ヲ愛撫シ給ヒ、皇恩四海ニ洽ク臣民亦挙テ皇室ヲ翼戴シ、苟モ帝国臣民タルモノハ其ノ地位階級ノ如何ヲ問ハス、均シク皇恩ニ浴スヘキモノナルコトニ想到セス、畏クモ皇室ト共産的思想トハ両立スヘカラスト妄断シ、言論ニ依ルモ其ノ効果少シトナシ、皇族ニ対シ危害ヲ加ヘテ共産主義者ノ決意ヲ示シ、因テ以テ一面ニ於テハ現時我国ニ於テ主義宣伝ニ関シ言論ノ自由ヲ許サス労働組合ヲモ公認セス、銃剣ヲ以テ自由思想ニ対スル権力階級者ト戦ヒ権力階級者及資本家カ皇室ヲ奉擁シ、労働者及社会運動者ニ加フル圧迫ヲ除去シテ無産者ノ危急ヲ防救スヘク、他面ニ於テハ大震災ニ当リ無辜ノ労働者及社会主義者ヲ殺戮シタル反動団体ノ暴状ニ対シ其ノ反省ヲ促シ、尚進ンテハ現ニ我国ノ無産者間ニ澎湃タル皇室中心主義ノ信念ヲ放擲セシメンコトヲ目的トシ、同志ニ図ルコトナク独リ其ノ事ニ当ルヲ万全ノ策ナリト為シ、其ノ機ヲ窺ヒ居リタル処、同年十一月中父作之進ハ被告人ノ心気ヲ転セシメンカ為メ銃猟ヲ許スヤ、被告人ハ家ニ杖銃ノ在ルヲ憶ヒ、之ヲ使用シテ不逞ノ意志ヲ遂ケン

ト欲シ云々（下略）

幸徳事件の当時は客観主義刑法論の末期に属し、犯罪成立の条件を審理し終れば直に法律を適用し、刑の量定を為すを以て足れりと為し、被告の主観若くは直接間接の犯罪の因縁若しくは犯罪後に於ける被告人の悔悟等は、之に重きを置かさりしを以て、判決理由も頗る簡単にして多数被告人の主観的動機の如きは、全然之を知る能はされとも、之を概括して赤旗事件に於ける警察と裁判とに対する不平及同主義者に対する行政官の圧迫が犯罪の原因なることを宣明せり、難波事件に在りては主観主義の刑法論時代に入りたるを以て、自ら裁判官の事件に臨む態度を異にし予審判事より公判判事に至る迄、一に主観主義に準拠して審理を尽し、其判決理由も悉く犯罪の動機を列挙し、且犯罪の前後に於ける被告の心理状態まで之を説示せり、若幸徳事件の裁判官をして難波事件を審理せしめたらんか、恐くは茲に出でず、又難波事件の裁判官をして幸徳事件を裁判せしめんか、判決の結果に彼と大に異なるものあるべきや必せり、唯彼是を通じて同一なるものあり、何ぞや、判決理由に於て官民に警告し、其反省を促さんとするの苦心是なり、凡裁判官として警察裁判閣臣代議士の非を挙げ、彼等に嫁するに責任の一部を以てするが如く見ゆる文字を判文に示すことは、時に世人の誤解を招くの虞ありとして彼等の最嫌忌する所なり、然るに両判決が忍んで之を判文に示す所以のものは敢て犯罪の原因を公開し、官民をして斉しく茲に考慮するところあらしめんとするに外ならず、抑々同一の原因は同一の結果を生ずるは物理の原則なり、予は幸徳難波両件の犯罪の動機に共通せるものあるを見て転々寒心に堪へず、幸徳難波の両判決を読むもの宜しく意を茲に留むべきなり、私に怪しむ朝野先憂の士一人も裁判官の苦衷を解するものなく、忠君愛国の結昌を以て自ら任ずるの輩も皇室と国家の重大問題に無関心なること風馬牛の如くなるを

警察と裁判と大逆罪との因果

幸徳伝次郎等の大逆事件を醸生したるものは、赤旗事件に於ける警察及裁判に原因するものなることは該判決の明示する所なり、而して難波大助は予審に於て左の如き申立を為せり

四月何カノ本カ雑誌テ幸徳氏等ノ大逆事件ノ公判ノ日附カ書イテアツタノヲ見タコトカアリ、夫レテ上野図書館へ行ツテ公判ノ翌日ノ新聞ヲ見タノデス、処ガ二十四人ニ対シ死刑ノ宣告ガ下サレテ居リ、二名ニ対シテハ無期懲役ノ判決カ下サレテアルノヲ見テ、一個

ノ吾々ト同様ナ○○○○○○○○○○○○○陰謀ヲシタト云フ丈ケデ、未ダ何等実際的行動ニ出デズニモ拘ハラズ、残忍ニモ若キ二十四名ノ生命ニ対シ死刑ノ宣告ヲ下スノハ実ニ暴虐ト云ハウカ、非人道ト云ハウカ、之レ以上残忍ナ法律カ世界ノ何処ニアルダロウト云フ事ヲ感ジ（中略）秋水氏等ガ未ダ事ヲ為サザル内ニ発覚シテ、断頭台ノ露ト消ヘタ事ハ秋水氏等ニ執ツテ残忍極マル事デアツタロウト非常ニ同情ヲ寄セ、未ダ其陰謀ニ加ハラズシテ生キ残ツタ同志達ガ秋水氏等ニ何等酬ユル丈ケノ行為ヲ為シ居ラス（即チ死シテ志ヲ継グト云フ意味デス）、其事件ヲ動機トシテ一時盛ンデアツタ処ノ日本ノ社会革命運動カ屏息シタ形ニナツタコトハ、残ツタ同志達ガ十分ナル奮闘ヲシナカツタ結果デアル、実ニ意気地ノ無イ極リデアルト斯フ憤慨シ、私ガ死ヲ決シテ「テロリスト」トナツテ見様ト其時初メテ「テロリスト」トナルコトヲ決心シタノデス

刑罰を以て一般警戒となし、重刑主義を唱ふるものもあり、其説一理なきにあらざるも、其弊や苛酷に流れ却て反動を招くことなきに非ず、凡刑罰は之を怖れ之を忌むものに対してのみ効果を有し、之に怖れず之れに甘んずるものに対して威赫の力なきや勿論なり、予曽て監獄署にて幸徳伝次郎に接見の際、同人が屢々死の覚悟を語るを以て、君か潔く一死を覚悟せるは左もあるべきことながら、若君の覚悟せる死を求めて之を得る能はざりせば奈何と反問せしに、彼は愕然顔色を変して夫りや困ると答へし事あり、鼎鎮甘如飴の徒に向つて厳刑酷罰何かあらんや、赤旗事件が幸徳事件を胚胎し、幸徳事件が難波事件を醸生したりとせば、治国の要員たる警察と裁判とが相俟つて遂に不測の禍を招きたるなり、若之に反対論理を適用すれば赤旗事件なくんば幸徳事件なく、幸徳事件なくんば難波事件莫矣と断するを得ん事に警察と裁判とに徒ふもの大に鑑戒する所なかるべからず

西園寺内閣は明治三十九年一月七日成立し、明治四十一年七月総辞職を為し、同月十四日第二次桂内閣成立せり、西園寺内閣辞職の原因に関し、文学博士吉田東伍氏の倒叙日本史に載するところに拠れば

西園寺侯は前内閣派の大不興を招き、已に前内閣派は外交財政に就きて元老をして速に内閣を詰責せしめしのみならず、遂に某某を通じて宮中に入り「政友会は西園寺首相を初め、原松田等総て仏蘭西学系統に属し、随つて共和政治を喜ぶものにして、近時我国に於ける社会主義無政府主義者の取締を緩漫《ママ》に附するも全く之が為なるのみならず、此多数党たる政友会員の

議決せる新刑法の如きも社会主義を含有し、又近時教育上に於ても社会主義の加味し来りたるは全く我国体を傷くべき危険の政策なり」と云為せしめたりと云ふ、蓋西園寺侯此飛語に駭き病に託して辞職す、世論之を以て官僚は西園寺を毒殺したりと云ふに至る、中らずと雖も遠からず

此説の当否は知らざるも、当時西園寺内閣毒殺の世評ありしは事実なり、然るに之を幸徳事件の陰謀の経過に対照すれば、所謂錦輝館事件は明治四十一年六月二十二日に起り、幸徳伝次郎・大石誠之助・森近運平が大逆罪を謀議したるは四十一年十一月十九日にして桂内閣時代に属す、又宮下太吉が上京して初めて伝次郎を訪ひ、逆謀を告げたるは四十二年二月十三日なり、故に幸徳事件は社会主義の取締寛大なりとて毒殺されたる西園寺内閣時代に起らずして、却て其取締りに厳密を加へたる桂内閣時代に陰謀されたるは奇なる現象にあらずや、幸徳事件の判文中、当局の警戒注視益々厳密を加ふとの一句を精読せば、蓋思半に過ぐるものあらん、古より重刑主義を以て天下を経営せんと試みたる多数の為政者は、悉く失敗の教訓を後世に貽せり、秦の始皇帝は厳刑酷罰主義の尤なるものなり、四百六十人の儒者を坑にし、己に反する思想の絶滅を期したる猛烈の君主なり、自ら始皇帝と称し二世三世以て万世に伝へんと豪語せしが、二世四十年にして其祀を絶てり、秦に代りて天下を統一したる漢の高祖は法を三章に約したる寛厚の長者たりしが、却て漢代四百年の太平を開けり、是等は三尺の童児も熟知せる史実なるに、一たび局に当るや自ら戒むることを忘れ、厳峻苛辣を以て国を誤り身を滅したるもの東西枚挙に遑あらず、慨嘆の至りなり

徳川五代将軍綱吉の時代に、和蘭の医師「エンゲルベルトケムフエルト」の著はしたる日本史に、長崎より遥々江戸に来り、将来綱吉に謁見するまでの紀行文を載せり、沿道の風景土俗車馬の費用に至るまで詳細に叙述し、苟も眼に触れたる奇習風俗一つとして洩すことなく、彼が品川宿の入口なる鈴ヶ森まで来りし時の

恰も品川に入る手前にて吾等の眼中に入れる公刑場所の光景は、転た戦慄すべく嫌ふべきものありき、或は腐爛せんとし、或は半ば食ひ散らされたる人の面部及体部は他の屍体の間に累々として横はり、犬鴉其他食を貪る禽獣は群を為して斯る惨怛なる遺棄物によりて、其飽くなきの食慾を満さんとて其処に待ちつゝありき

との記事を発見したるとき、予は思はず是だから重刑主義は駄目だとの嘆声を発せり

徳川時代に江戸の近郊に於て最多く強盗殺人の行はれたるは南は鈴ヶ森、北は小塚原にして、此二ヶ所は江戸南北の公刑場たりしなり、兇漢は現前自分と同一の罪を犯して梟首せられたる刑死者の醜骸を目撃し、己も明日之と同一の運命に陥ることを知悉して、公刑場に罪悪を恣にしたるに非ずや

徳川幕府は所謂一人を刑して万人を戒むる他戒主義の刑罰を信仰し、惨刑酷罰を公開し死屍を白日に曝露し、断頭を高く梟木に掲げ以て一般を警戒し犯罪を予防せんと努め「ケンフエルト」をして公刑場の光景に戦慄せしめたるものなるも、此重刑主義が果して幕府の期待せる効果を奏せしや否やと省みれば、却て反対の結果を招きたることを知るべし

「ケンフエルト」の好奇心よりせる此一文章は、予の専攻せる知識に強き刺激を与へたり、不良少年に体罰を加ふれば益々反抗執拗癖児等の不良性を増長せしめ、却て教誨の効を挙ぐる能はさるものなることは教育家の唱ふる所なり、官権が厳刑酷罰を以て国民に臨めば、国民は終に厳刑酷罰に慣れて益々残虐なる犯罪を敢行するに至るものなり

姉崎博士の著切支丹宗門の迫害と潜伏に依れば、寛永十五年以前に在りては切支丹信者を捕ふれば、何等の審問もなく火あぶり、つるし、斬罪の重刑に処し、信者の妻子は縦令信者にあらず共悉く死刑に処せしが、此時代には火刑者の骨や灰を盗み国外まで持出され、極刑は益々殉教者を多からしむるの結果を招き、又殉教者の勇敢なる最後が見物の公衆まで感動を与ふるを見て、寛永十五年宗門改役に就きたる井上筑後守は旧来の宗門改めの方法を改正し、火あぶりの刑を廃し信者の妻子は之を不問に附し、又信者と雖も棄教したるものは食録(ママ)を与へて之を好遇し、恩威並び施したる為め著しく禁教の効を奏したりと云ふ

同書に掲載せる井上筑後守の残した宗門改記録に左の如き記載あり

台徳院様御代より大猷院様御代に罷なり候ても、始は伴天連とらへ候ても大形火あぶり仰付けられ候由、其後加々爪民部少輔堀式部少輔町奉行致し候時より、吉利支丹宗門の者はつるし候様にと仰付けられ、長崎にてもつるし候由、然れども吉利支丹法の穿鑿は之なく、伴天連渡り候へば或は火あぶり、或は斬罪に仰付けられ候故、伴天連度々日本へ渡り申し候由

とあり、姉崎博士は此候故の二字に深き意味ありて、井上筑後守の自信を表せるものなりと敷衍(アキママ)られたるが、媽港の宣教師等が先輩の虐殺に遭ひしことを伝聞し、己

れ其志を継がんと欲し、躍然として日本に渡来したるの状此二字に顕然たり、又同じ宗門記録文書中
つるし殺又は斬罪火あぶりに仰付けられ候内は、伴天連切々渡り申す由、其後御ころばせ日本の宗旨になされ、小日向にさしをかれ女房を下され、伴天連には十人扶持に銀子一貫づゝ下され、切々色々の義御尋ねなされ、申上ざる時は噉問仰付けられ候様に遊ばされ候てより、宗門の者はすくなく罷なり候由
とあり、井上筑後守の後任北条安房守も能く前任者の政策を套襲して、寛永年間には島原の乱を起し、徳川の天下を震撼したる吉利支丹宗門も享保年間に至つて遂に禁教の目的を達したりと云ふ
予が茲に「ケンフヱルト」の紀行文と姉崎博士の切利支丹宗門の迫害と潜伏との一節を引用したるは、厳刑が犯罪の防遏の力なきを示し、一は寛大なる刑事政策が却て刑罰の目的を達したる例証を示さんが為なり
我国の裁判所は社会主義者と朝鮮人とに特別に重刑を科する傾向あり、幸徳事件に於て二十四人に死刑を宣告したるは最も顕著なる事実なるが、先年朝鮮人金益相が上海にて田中大将を狙撃し、誤て米国婦人を殺害したる事按に於て、長崎地方裁判所は無期刑を宣告したるに、長崎控訴院は検事の控訴を容れて之を死刑に処したり、又最近朝鮮人金祉燮が爆弾を携へて上京し、宮城前にて捕縛せられたる事按に於て、東京地方裁判所は無期刑を宣告し、検事は死刑を相当として控訴を為し、東京控訴院は一審同様無期刑の判決を為せり、之を伊庭想太郎・福田和五郎・中岡艮一等の判決に比較すれば、朝鮮人と内地人との間に刑罰量定の標準に著しき差別あることを疑はざるを得ず、此外出版法違反治安警察法違反の如き条例違反に於ても社会主義者と朝鮮人とに対しては著しく科刑を重くするの傾向あり、裁判所や検事局は斯る反国家的の人物には重刑を以て之を懲すの必要ありと信ずるならんが、斯くすることは彼等に法律は支配階級の便宜の為に設けられたるものなりとの観念を与へ、法律を蹂躙することを以て階級戦の一手段と為すに至り、彼等をして益々反国家的ならしめ、一人斃るれば後者之に継ぎ、畢竟彼等の闘志と団結とを鞏固ならしむるに終るべし
幕府の他戒主義刑事政策の中心地点が却て兇悪なる犯罪の実行場に化したると、幸徳事件の厳罰が難波事件の動機となりしことゝは、共に重刑主義の弊害を示したる同一轍に非ずや

暗殺心理の種々相

暗殺者の心理は失望反抗怨恨復讐等種々の複雑なる心理

が互に交錯して、最後に常規を逸するに至るものなれども、暗殺に政治的若くは社会的の意味あるものに在りては、最多量に名誉心の満足を含むものとす、露探前田某を殺したる今村勝太郎、原首相を殪したる中岡艮一、今回の難波大助の如き何れも兇行後に於ける新聞記事、又は同主義者の批評に深き注意を払ひ、之に依つて自己の名誉心の満足を得んとするの傾向を有せり、難波大助の如きは日本臣民たるもの一人として彼に同情するものなきは勿論なるが、彼は心窃かに同主義者の仰望を期待せしが如し、或時予が彼に告ぐるに共産主義者某氏が社会主義共産主義は運動方法として「テロリズム」に反対なりと語りしことを以てせしに、彼は失望の色を現はせり、又幸徳事件に於ける唯一の女性にして狂熱的の情緒と徹底したる言動とを以て社会の耳目を聳動したる菅野スガの如きも、一面より之を見れば火の如き虚栄心の持主にして、其稚気寧ろ笑ふに堪へたるものあり、菅野は明治四十一年の赤旗事件の際、錦町警察署の一警吏より「しやくんだ女」として呼ばれたるを洩れ聞き大に憤慨し、出獄後直に隆鼻術を施して得々たりしが如き其の一例にして当時の好話柄たりしなり

各被告に依りて多少程度を異にすれども、自己の健康に不安を懐くことも共通の事実なり、幸徳伝次郎が親友大石誠之助に腸間膜羸痩なりと診断せられ余命の長からざるを知り、今村勝太郎は在監中屢々多量の喀血を為し、生命危篤として出監治療を許されたるものにして、彼が今日まで永らへるは一の奇蹟と請ふ可し、難波大助も腎臓病の痼疾あり、中岡艮一も肺尖に患ありしと云ふ、故に他人よりして之を見るときは、彼等は到底余命幾何もなき身を以て楽しからざる生活を送り、窮巷に徒死せんよりは若かず破天荒の活劇を演じ、天地を驚動し、晴々しき舞台に於て短き一生を終らんにはとの棄鉢的行為なりと映ずるものなきに非ず、而して世人より斯の如く見らるゝ事は彼等の名誉心を傷くるものなれば、彼等は自己の病を否認し、若しくは比較的軽症なりと主張すること殆んど異口同音なり、彼等兇徒に通有なるは彼等の全部が悉く無信仰なるの一事なり、斯く言へば宗教家は直に夫れ故に人生に宗教は必要なり、無信仰程危険なるはなしと疾呼するならん、然れども彼等は初めより現代宗教を敵党なりと認むるものなれば、既成宗教を以て彼等を感化せんとするは、水に火を点せんとするよりも難し、神儒仏耶の高徳を会して思想の善導を謀るが如きは時勢に迂なるものなり

暗殺と新聞記事とは重大なる干係あり、星亨氏の毎日新聞に於ける、原敬氏の阿片事件満鉄事件の記事に於ける、

難波大助事件の大杉事件亀戸事件の記事に於ける、何れも暗殺者の決意に大なる関係あり、或場合には彼の記事なくんば此暗殺なかりしならんと思はるゝことあり、勿論新聞記事にも誤謬あり、誇張あるは免れざるも全然無根なりとすべからず、故に公人にして社会より攻撃せらるゝ時は、弁明すべきは情理を尽くして弁明し、承認すべきは率直に承認するを以て他日に禍根を残さゞる最善の処置なりとす、徒に強弁して非を蔽ふが如く見らるゝ態度は之を避くるを以て賢明なる方法とす、山本内閣が亀井戸事件に於ける処置の如きは予の最も与みせざる所なり

暗殺者は常に熱狂者にして、幸徳事件の一人菅野スガの如き其の最も甚だしきものとす、彼女は某検事の訊問に対し貴官は私達の同志に最も圧制を加へた人です、若私達の革命が成功したとき貴官の頭に爆裂弾を投げつけて、貴官の頭から鮮血が迸つたらサゾ愉快でしようねへと激語して、其の他の答弁を拒絶し、又公判の最終の陳述として私達の計画は中途にて発覚し不幸にして失敗せしが、一葉落ちて天下の秋を知る、他日必ず私達の志を継ぐものあらんと豪語せり

幸徳伝次郎は主義に於て首領なるも、大逆罪に於ては首謀者に非ず、菅野スガ・新村忠雄・宮下太吉の三人は或時相談して自分等は一身を犠牲にして事を挙ぐるも、先生（彼等伝次郎を先生と呼べり）は無政府主義の学者なれば我等と共に一命を失ふは惜しむに堪へたり、今後先生を除外して我等三人主として事を挙げんと、伝次郎も其意を諒し中途より謀議に遠ざかしり《(ママ)》も、刑法第七十三条の犯罪は陰謀のみにて成立するものなれば、伝次郎の半途脱退も遂に其身を救ふに足らざりしなり、伝次郎は畢竟彼女の狂的情熱に抱擁せられ心身共に焚き尽されしなり、若伝次郎とスガとが夫婦たることなかりせば彼の大逆事件は決して発生せざりしならん

暗殺に与みするが如き徒輩は固より豪胆不適にして、身命を鴻毛の軽きに比するものなること勿論なるが、暗殺が彼等の奉持する主義に原因するものなるときは、殉教者たる信仰と満足とを以て従容として死を迎ふるものなり、斯る徒輩に科するに死刑を以てするは彼等の進んで求めんとするものを此より与ふるものなれば、刑罰の目的たる制裁若しくは苦痛の意味を為さゞるべし

幸徳伝次郎の辞世の詩は

　昨非皆在我、何怨楚囚身、才拙惟任命、途窮未祷神
　死生長夜夢、栄辱太虚塵、一笑幽窓底、乾坤入眼新

の絶句にして、彼も死に近きて悔悟の念を兆したるを推知し得べし、又菅野須賀子が予に寄せたる辞世の歌は

やがて来む終の日思ひ限りなき生命を思ひ笑みて居ぬ

限りなき時と空とのたゞ中に小さきものゝ何を争ふ

彼女の強さ負惜みと革命家たる衒気の閃めけるうちに、無信仰の彼女が永遠の生命を思ふて自ら慰むる心機を見る可し、幸徳等の死刑執行に立会せる教誨師沼波政憲氏の談話を市場学而郎氏の筆記せるものあり、彼等が死に臨んで其態度の従容自若たる真に人をして古の殉教者を思はしむるものあり、原文の儘左に転載す

幸徳一派の刑死刹那

市場学而郎　記

明治四十四年一月二十四日、社会主義者幸徳秋水一派十二名（菅野スガ子一名は翌二十五日執行）が刑死したる当時の有様に就ては、これまで絶対秘密に封ぜられてあるので、立会はれた役人を除くの外、何人も窺知することが出来なかつた、私は此話を聞き出したのは確か其年の九月頃であつたと記憶する

当時刑の執行に立会はれた教誨師沼波政憲氏が死刑執行の凄惨たる光景に痛く頭脳を刺激せられ、子々孫々に至るまで決して監獄の教誨師たるべきものに非ずと直に職を辞したりと聞き、氏を深川区西町の第二無料宿泊所に訪問した、談たまたま死刑囚に移りたる際、私は幸徳一派が刑死当時の状態に就て話されたきことを氏に強要した、氏初めは容易に話されそうも無かつたが、余りに熱心に迫つたので漸くに其一斑を洩された

併し是れは絶対に秘密を厳守せねばならぬのであるから、断じて他に洩してくれるなとの条件であつた、併しながら今日となつては最早幾多の星霜を経て居るので余り差支もあるまいと思ふし、殊に本会（日本犯罪学会）の席上で話すのであるから、さしさわりはなからうと思ふし、殊に在野史家の参考にもならぬとも限らないと思はるゝので是れを洩すことにした、沼波氏に対しては前約を破り申訳ない次第であるが幸に恕せられたい

幸徳伝次郎　死刑の二三日前のことであつた、彼は沼波氏に向ひ私が死刑の執行を受くるは事件の成行上止むを得ぬ所であるが、唯気の毒に思ふのは我々と共に死刑宣告を受けた人々である、彼等の中には親のあるものもあり妻子のあるものもある、今更ら何と云ふた所で致し方ない、同じ舟に乗り合せて海上難風に遭ひ共に海底の藻となつたと諦めて貰ふより外はないと云々、彼の監房より引出されて死刑執行の旨を告げらるゝや、彼は典獄に対ひ原稿の書きかけが監房内に散乱してあるから、一度監房へ戻して貰ひたい、そすれば原

稿を整理して来るからと願立てたが許されなかつた、尤も彼れは其朝まで筆を執つて原稿を書いてゐたのである、彼れが絞首台に上るや従容として挙止些かも取乱したる様子は見えなかつたが、或は強て平気を装ふたのではなからうかと疑はれもした

大石誠之助　是れも同じく死刑の二三日前であつた、沼波氏が彼れを独房に訪れると、彼は氏に対してかやうのことを話された、世間には能く冗談から駒が出ると云ふ諺があるが、今回の事件の如きは正に好適例だと思ふと冷かな笑を洩されたさうである、死刑の当日呼出されて典獄の前に立つたとき、彼れは自分永らく獄中に在つて絶へて喫煙した事がない、願くは巻煙草一本を喫してせめて此世の暇乞を為さんと、そこて沼波氏は敷島一本を与へたるに彼は欣然として半ば喫し尽して云ひけるには、暫く喫はずして喫ひますとどうも頭がグラついて来ます、是では絞首台へ上つても気持能く往生出来ますまいと、其儘煙草を捨てた、然し彼の一度絞首台へ上るや全く従容自若たるものであつた

内山愚童　彼れが刑の執行を宣告せらるゝや、沼波教誨師は彼に対つて「貴方は元僧侶の方であつたのだから、せめて最後の際だけでも念珠を手にかけられたらどうですか」と尋ねると、彼は暫く黙然として考へて居たが、唯一語「よしませう」と答へた、そこで氏は「夫は又どう云ふ訳ですか」と反問すると、彼れは「仮令念珠をかけて見た所でどうせ浮ばれっこはないのです」と笑つて答へられた

宮下太吉　彼れが絞首台に上るや否、無政府党万歳を叫ばんとし、将に無政府党万まで叫んだ処を執行の看守は周章狼狽して、直に機車を転じて辛くも絞首台下の屍骸たらしめた

新美卯一郎　彼れは元熊本新聞の記者だつたので、獄中に在つても好んで文学的書籍を耽読した、一月十八日死刑の宣告を受くるや、切に辞世の句を読まんものと苦心した容子であつた、刑執行の二三日前に沼波氏は彼を独房に訪ぬると、彼れは喜んで左の一句を示《（ママ）》すた

死ぬる身を弥陀にまかせて雪見かな

刑に臨むや死ぬるを消ゆると改め、即ち

消ゆる身を弥陀にまかせて雪見かな

彼は従容として死に就いた

奥宮健之　刑執行の前日であつた、沼波氏は偶然彼を独房に訪れると、彼は氏に対つて「どうも世の中には不思議の事がありがちのものです、私が死刑の宣告を受けるとは私としては妙な感に打たれます云々」と其当時世間では奥宮だけは政府の間者だと噂されて居ただ

け、此一語は不可解の謎として見るより外はないやうに思はれると氏は語られた
彼が死に臨むや従容自若些かも後事を顧念するの容子も見えず、寧ろ幸徳以上の落つき振りであつた
新村忠雄　彼は刑の執行の宣告を受くるや、フト恐怖に襲はれたる如き能度《ママ》でありしが、同時に軽度の脳貧血を起し、将に後に倒れんとしたるを教誨師は後より之を抱き止めたるが、直に回復し従容として刑の執行を受けた
古河力作　彼れが刑の執行は十一人目、即ち其日の最後であつた、午前八時幸徳を絞首台に上げてより刑の執行を迅速に取扱つたのであつたが、彼の執行は既に午後四時に近かつた、日の短かい季節であつた為最早夕食の刻限であつた、彼れに刑の執行を言渡すと彼は平然として戒護の看守に向ひ「まだ夕食を頂戴しませんでしたねー」と云つた、そこで沼波氏は彼れに対して「今日はお前も薄々知つての通り、非常に忙しかつたのでツイ夕食までには気がつかなかつた」と云ふと、彼は「どうも腹が減つてゝは元気よく死ぬことも出来ますまい、どうか阿弥陀様に供へてあるお菓子でも頂きませう」といふので、氏は簡単に読経を済まして番茶と羊羹とを与へると、彼れは如何にも美味そうに二本の羊羹と蜜柑一つとを平げて「もう腹も充分ですからスグ出懸けやうではありませんか」と自ら腰掛を離れた、其態度の従容たるは豪胆と評すべきか、無神経と称すべきか、兎に角彼れが如きものは是迄の死刑者中未だ曽て見たことがない
菅野スガ子　翌二十五日午前八時、スガ子の刑に臨むや顔色平日に異ならず、寧ろ快然として微笑を湛え自若として死に就いた、蓋し彼女の心情を忖度するに後世若し革命家列伝を編するものあらば、自分は日本に於ける婦人革命家として筆頭第一に叙述せらるべきものと自ら夫れを誇りとして居たのではあるまいか
余談
幸徳一派死刑の当日には蜜柑と羊羹とを与へたのである、所が彼等は殆んど申合せた如く蜜柑の皮をむき筋を取り食したる後キチンと皮の中に筋を収め、そしてそれをテーブルの片隅に置き少しも取乱さなかつた、夫れだけ彼等にはどこかに落付きがあつた、大低《ママ》の死刑者は蜜柑なぞを与ふれば皮も筋もあたり構はず棄てたものである云々
幸徳事件の発覚は如何なる端緒に依りたるか、記録を閲するに明治四十二年九月奥宮健之が伝次郎を訪問せし時、伝次郎は今若し日本に於て大逆を行ふものあらば、其結

果如何と問ひ、健之は我国に於て斯くの如き挙を為すものあらば、人心を失ひ失敗するのみと答へたることあり、其翌十月健之の再び来訪せしとき、伝次郎は健之に爆弾の製法を問ひ、健之は知人西内正基に質して之を伝次郎に教へたる事実あり、同年十一月三日宮下太吉が明科附近の山中にて爆弾の実験を為し、其の効力甚大なるものありとて之を太吉より忠雄に通知し、忠雄は伝次郎に、伝次郎は健之に報告し、其後健之が飯野吉三郎を訪問したる事実あり、是等の事実を綜合すれば健之は陽に伝次郎の謀議に与みし、陰に之を吉三郎に売りしならんと推測せらるべき事情なきに非ず、予は当時より健之の行動を疑問とせしが、前掲沼波政憲氏に語りたる健之の言に依りて、健之の口より此疑問を解く鍵を与へられたるの感あり、予をして臆測を擅にせしむるならは、明科に於ける宮下太吉の爆弾の実験は長野県の警察を驚かし、長野県より内務省に報告ありしも内務省は未だ何等の端緒を握る能はずして、徒らに疑惑に包まれつゝありし際、健之より密謀を耳にせる飯野吉三郎が当局へ密告し、茲に逆徒を一網打尽し得たるものならんか、而して密告者たる健之が自己の運命を不思議がりつゝ共に大逆罪の共犯者として絞首台上に消へたるは奇縁と請ふべし、幸徳事件は関係者多数なれば仮令健之や吉三郎の密告なしとするも早晩発覚の運命にありしならんも、難波大助は単身独行せるを以て遂に発覚の機会なく、彼が如き兇行を演するに至れり、彼が十二月二十二日山口県柳井津に友人梅田与一を訪問せる際、与一は大助がステツキ銃を携帯せるを見て危険を感じ、再三之れを自分に預けよと言いたれども、大助は辞を設けて之を携へて上京せり、而して与一は十二月二十五日大助の後を追いて京都に来り、二十七日京都にて兇行の号外を見るや即夜上京せし程なれば、与一は兇行前に於て大助の危険を察知し居たるものなるべし、故に同人が密告すれば或は未発に防ぎ得たりしならんも、然らずんば他に発覚の機会なし、我等同胞は皇室の警衛を警察官吏に一任することなく、各自身を挺して警衛の任に膺り以て皇室を擁護し奉るの覚悟なかるべからず

抑圧に酬ゆる復讐

幸徳伝次郎の大逆罪が政府の迫害を憤慨し、其報復として計画せられたるものなることは、大審院特別刑事部の判文に明示せらるゝ所なり、又難波大助の予審調書の一節

言論集会運動（社会運動、労働運動）ヘノ暴圧ハ、日本ノ権力者ガ口癖ニ云フ思想ニ対シテハ思想デ争ヘ

ニ全然違反セシコトヲ示シテ居マス、而シテ彼等ハ今ヤ更ニ思想ニ対スルニ銃剣ヲ以テスル過激思想取締法案ノ如キモノヲスラ出スニ躊躇セザルコトヲ表明シテ居マス、私共共産主義者ハ銃剣ニ対シテモ尚思想デ戦フ程ノ御目出度イ信条ヲ有スルモノデハアリマセヌ、私達ハ「テロリズム」ノ流行ヲ極力忌避シマス、然レトモ言論ノ自由毛頭ナキ暁ニ於テハ、私達主義者ガ其ノ窮余ノ一策トシテ「テロリズム」ヲ採用スルノハ当然ノ処置デアリマス、私達ハ言論暴圧ノ結果トシテ起ル暴行ト流血ガ無産者ノ幸福ヲ害フ事甚大ナル事ヲ鑑ミ、斯ウナルコトヲ前以テ防グ為メ権力者ヘノ反省トシテ「テロリズム」ヲ採用スルノデアリマス、千九百二十三年五月以降ヨリ日本ニ於ケル反動団体ハ権力者ノ保護ト鼓舞ト指導ニ依リ其ノ勢力漸ク高マリ、九月一日ノ大震災以後其ノ跋扈益々甚シカラントスル傾向ヲ生ジマシタ、大震災以後一部ノ権力者及反動諸団体ノ者共ガ社会主義労働者鮮人労働者支那人労働者ノ多数ヲ残忍野蛮ナル方法ニ依テ虐殺セシコトハ、私達主義者ノ憤激憎悪措カザル所デアリマス、反動諸団体ハ大震災ノ「ドサクサ」ニマギレテ凱歌ヲ奏セシヲ好機トシテ、一部国家社会主義者ノ指導ニ依リ更ニ此上衆行ヲ左傾社会主義者組合労働者ノ上ニ加ヘル形勢ヲ示シテ居リマス、私共共産主義者ハ反動団体ノ暴力ニ屏息シテ労働運動社会運動ヲ中止スル程意気地ナシデハナイ、寧ロ却ツテ逆襲的ニ彼等ニ向ツテ挑戦スル丈ケノ意気ト決心トヲ有シテ居ルノデアリマス、私達ハ私達ノ決心ヲ権力階級ト資本家階級ノ傀儡タル反動諸団体ニ明示スルコトハ共産主義者トシテノ義務ト信シマス、故ニ私ハ反動団体ノ此上ノ暴虐ナル行動ニ対シテハ、私達ノ向フ所ヲ示ス手段トシテ彼等ノ絶対神聖ト看做シ尊信措ク能ハザル皇族ニ対シテ「テロリズム」ヲ遂行スルモノデアリマス、是レ私共共産主義者ガ反動団体ニ挑戦スルニ先テノ抗議デアリ警告デアリマス

大助は此の外に亀戸事件に於て、軍隊と警官とが十数人の組合労働者を虐殺したるに拘らず遂に一人も処罰せられたることなき事実と、大杉栄外二人を殺したる甘粕某が十年の有期懲役に処せられたる事実と、原首相を殺したる中岡艮一が無期懲役に処せられたる事実とを対比して、国家の法律が実に勝手気儘の者なりとの批難を加へ居れり、大助の主張は事実に於ても理論に於ても粗笨杜選《(ママ)》を免れざれども、之に対しては反動団体や警察や軍隊に在りても亦深く自家の責任を自覚せざるべからざるものあることを否定すること能はず、加之吾人の最も怖

る丶所は誤りたる事実、又は理論に惑溺して大事を惹起する者の多きに在り、古来妄りに大事を惹起したる者の多くは誤れる事実と理論に動かされたる者なり、故に吾人は彼等の主張が事実又は理論の誤れるの故を以て之を忽諸に附するを得ず、況んや較もすれば累を皇室に及ぼすものあるに於ておや、無政府主義共産主義社会主義等民衆の実生活を基調とするものは、宛も昔時の宗教の如く殆んど一の信仰に類するものあり、人に依りて信念に強弱あるは勿論なるも、其の強きものに在りては他の圧迫を以て容易に信念を擲つものに非ず、却つて圧迫に反抗して復讐の挙に出つるものあることを知らざるべからず、吾人は天理教や大本教の教祖に多くの尊敬を払はざるも、彼等の信徒は其の教祖に対し殆んど盲目的の尊崇を捧ぐるが如し、彼等主義者間に在りても其首領に対する信仰と尊崇とは吾人の想像以上にして、難波大助が幸徳の為め復讐せんと決意したること、又甘粕事件の後大杉栄の同志が某々将軍を狙撃したるが如き最も有力に之を証す

既に陳ぶるが如く赤旗事件は其復讐として幸徳事件を発せしめ、幸徳事件は更に其復讐として難波事件を醞醸せしめたり、而して其茲に至る所以は思想の衝突に基くを以て反対思想反対団体の中心に攻撃の目標を定むるの勢を為し、危害を皇室に加へんとする危険思想を発生する所以なり、予が或る日大助に接見の際、若し幸徳事件の裁判を不当なりとして幸徳の為め復讐せんとするものならば、宜しく其の裁判に関与したる判検事に向つて復讐を謀るべし、毫も裁判に干係なき皇室に危害を加ふべき理由なきに非すや、（アキママ）と詰問せしに彼は頗る答弁に窮し予審の申立を翻し、幸徳事件の復讐としての「テロリズム」に非ず、支配階級への抗議、若くは警告としての「テロリズム」なりと弁解したることあり、又公判の最終の発言として共産主義の正面の敵に非ざる皇室に対し危害を加へんとしたるの軽卒なりしことを陳謝せり

皇室は正面の敵に非ざるのみならず、我皇室は思想や階級に超越して常に一視同仁なり、此一視同仁なる皇室を彼等をして敵党なるが如く誤信せしめたるは抑々何人の責任なりや、予は当局者が深く思を茲に致さんことを熱望して止まざるものなり

責任論の一

幸徳伝次郎の大逆罪は予備中に発覚し纔に事なきを得たるも、難波大助に至つては鳳輦に咫尺し、銃身は車台の外面を衝きて塗料を剥離し、弾丸は硝子窓を破りて弾痕を御座席内に止め、陪乗の侍従は硝子の破片にて顔面に

出血するに至る、玉体に微傷だも負はせ給はざりしは実に天佑と請ふ可し、兇漢大助が南谷検事正に申立たる兇行の現状は如左

皇太子ノ自働車ガ私ノ真正面カラ五間位赤坂方面へ寄ツタ位置へ来マシタ時ニ、私ノ前ニ立ツテ居タ小供ヲ突キ除ケ、左ニ警官、右ニ憲兵ノ居リマス其間ヲ通リマシテ、皇太子ノ自動車ノ硝子窓ヨリ筒先ガ三寸カ五寸位ノ距離マデ接近シマシタ、皇太子ノ顔ト銃トガ一致シタトキニ引金ヲ引キマシタ、夫レガ為メ弾丸ガ確ニ硝子窓ニ当リマシタ、大キナ亀裂ガ入リ穴ガ明イタ事ヲ見届ケマシタ、私ハ直グ革命万歳ヲ響キ渡ル様ナ声デ連呼シツヽ、其ノ自動車ノ後ヲ追駈ケ五、六間走ツテ行キマシタガ、其処へ警官ヤ憲兵ヤ群衆ガ来マシテ取囲マレテ仕舞ヒマシタ

兇漢をして警戒線を突破せしめ、御召自動車に肉薄して兇器たる「ステツキ」銃の狙を定むるの余裕あらしめ、加之発砲後革命万歳を連呼して五、六間自動車の後を追駈けたる後、漸く逮捕したるは言語に絶へたる怠慢に非ずや

予審判事に対しても略同様の申立を為し、尚予審判事の被告は皇太子殿下の何処を撃つ考へであつたかとの問に対し、顔です、首から上を狙ふ積りであつたのですと答へたり、読者は更に左の検証調書を見よ

検証調書

被告人難波大助ニ対スル刑法第七十三条ノ罪ノ被告事件ニ付キ、大正十二年十二月三十日大審院特別権限ニ属スル被告事件予審判事沼義雄ハ、裁判所書記稲垣正ニ立会ノ上検証スルコト左ノ如シ、此検証ハ大審院検事事務取扱東京地方裁判所検事正南谷知悌、事務取扱同裁判所検事岩松玄十、宮内書記官二荒芳徳及宮内技手隈元一郎立会ス

検証ノ目的物ハ

皇太子殿下御召自動車ナリトス

検証ノ結果ハ

一、右皇太子殿下御召自動車ハ英国デムラ会社製造ニ係ル「スペシヤル」号貴賓車第十一号ニシテ、宮内省主馬寮車馬課自動車係第一車庫ニ安置シアリ、同車ノ長サ約二間半、幅約五尺、高サ約七尺アリ、車台ハ暗赤色ニシテ「ルーム」ノ上方ハ黒色ヲ呈ス

一、「ルーム」の御座席ノ左右ニハ孰レモ高サ約一尺九寸、幅約二尺八寸ノ硝子窓アリ、又左右ノ「ルーム」ノ「ドアー」ニハ孰レモ約一尺九寸平方ノ硝子窓アリ、又後方ニハ高約九寸一分、幅約

二尺八寸ノ硝子窓アリ、尚前方運転手台トノ境ニハ総硝子ノ設備アリテ、其各硝子ノ厚サ孰レモ一分八厘アリ

一、御座席ノ右側硝子戸ニハ前方ヨリ約四寸三分、後方ヨリ約二尺二寸、下方ヨリ約一尺一寸五分、上方ヨリ約六寸、地上ヨリ約六尺ノ個所ニ弾丸貫通シ為ニ生ジタル縦約一寸四分、横約一寸八分ノ不整図形ヲ為セル一個ノ孔アリ、又該孔ヨリ四方ニ生ジタル無数ノ亀裂存ス、孔ノ内側ハ其周囲約七八分ノ間硝子著シク剥落セリ、其模様別約（ママ）第一図ニ図示スルガ如シ

一、尚硝子窓ノ前方下端ニ接シタル車台ノ外部ニハ、「ステツキ」銃ノ当リタル為メ生シタルモノト認メ得ヘキ長サ約二寸三分、幅約三分乃至四分ノ一個ノ毀損個所アリ、其毀損個所中前端ハ最初銃口ノ衝突ニ依リテ生シタルモノト認メ得ヘキ銃口形ノ毀損アリ、其模様亦別紙第一図ニ図示（イ点）スルガ如シ

一、尚ホ右毀損個所ヨリ後方ニ当リ「ルームドアー」トノ境ヨリ、約九寸五分ノ個所ヨリ斜メ後下方ニ亘リ、銃口ガ接触シタル儘自動車ノ進行シタル為メ生シタルモノト認メ得ヘキ長サ約七寸四分、幅約一分ノ一条ノ摺リ瑕アリ、其ノ摺リ瑕ハ只外部ノ漆ヲ剥シ、内部ノ鉄板ヲ露出スル程度ニシテ、其模様ハ別紙第一図ニ図示（ロ点）スル如シ

一、次ニ「ルーム」内ヲ検スルニ、幅約四尺八寸、長サ約六尺二寸アリテ、御座席ハ後方ニ設備サレ左右両側窓ノ下端ヨリ約一尺存ス、御座席ノ中央ノ前方ニハ侍従長ノ座席アリ、其他御座席ノ稍々前方ニ於テ左右ニ各一個ノ化粧箱設ケラル

一、天井及其他周囲ヲ検スルニ、天井ノ左後隅ニ偏シタル附近ニ五個所ノ示指頭大ノ弾痕アリテ、其弾痕ハ何レモ顕著ナリ、而シテ弾丸ハ天井ヲ貫通セズシテ只布ヲ毀損シタルニ止マル、其模様ハ別紙第二図ニ図示スルガ如シ

一、「ルーム」内ノ各硝子窓ノ下縁框化粧箱御座席下等「ルーム」内一面ニ、硝子ノ破片及磨砂ノ如キ硝子ノ粉末並弾片散在シ、殊ニ後方硝子窓ノ下縁框上ニハ硝子ノ粉末一面ニ堆積セルヲ認メタリ、之ヲ別紙ノ通リ押収シタリ

一、尚「ルーム」の左側及後方硝子戸ノ内側ニハ、数個ノ弾痕点々トシテ存在セルヲ認メタリ、仍テ以上ノ事実ヲ綜合スルトキハ、弾丸ガ右硝子窓ニ中リタル為メ右ノ如キ孔ヲ生ジ、硝子ガ剥落スルト共ニ其

弾片及其粉末ガ「ルーム」内ニ渦巻キテ散乱シタルコトヲ推知シ得ヘク、皇太子殿下ガ当時如何ニ御危険ノ状態ニ在ラセラレタカヲ拝察スルニ余リアリ

一、此検証ハ午前十一時十分ニ着手シ、午後二時四十分終了ス

読者は更に其煩を厭はず侍従長入江為守氏の予審に於ける供述を見よ

問　御召自動車カ芝区琴平町一番地先道路ニ差シカカラレタル際、不敬漢カ現ハレ殿下ノ御召自動車ニ向ツテ発砲シタ模様ニ付テ陳ヘラレヨ

答　其日ハ午前十時二十五分御出門デ、三十五分乃至四十分近クニ虎ノ門ノ処ヲ御通過ニナリマシタ、其際私ハ殿下ニ向ツテ御陪乗シテ居リマシタ、不敬漢ノ現ハレタ所ハ即チ私ノ左後ロニ当ルト思ヒマス、従ツテ少シモ心付キマセヌデシタ、皇太子殿下モ少シモ御心付キハナカツタ様デシタ、突然砲声ヲ聞キマシテ私ハ砲声ノ方ヘ顔ヲ向ケマシタ、其時ニ私ノ顔面ヘバラ々々ト何カ知ラン掛ル様ナ心持ガシマシタ、殿下ノ御様子ヲ拝シタ処カ一向御変リノナイ模様デシタカラ安神致シマシタリシテ、自動車ノ私ノ左ノ方ノ硝子ヲ見ルト一ツノ孔カ明イテ居リマシタ、右ノ方ヘ弾丸ガ抜ケタカト思ツテ右ノ方ヲ見マシタガ何等変リガアリマセヌデシタ、蓋シ弾丸カ自動車ノ上方ノ何レカニ止ツタモノカト思ヒマシタ、其時自動車ノ方向ガ少シ右廻シタ様デシタガ、直ニ前方ニ向ツテ速度ヲ速メテ前進シマシタ、咄嗟ノ事デアリマシタカラ什フ云フ事柄デアツタカ少シモ判リマセヌデシタ、只自動車ガ前方ニ進ム時ニ後方ニ多勢ノモノガ兇漢ヲ取押ヘテ居ルノヲ瞥見シマシタ、尚其際ニ私ノ手袋ニ血カ滴ルノヲ認メ「ハンカチ」ヲ出シテ顔面ヲ拭フタ処ガ「ハンカチ」ニ血ガ附イタノヲ認メマシタ、夫レデ顔面ニ負傷シタコトカ判リマシタ、夫レガ弾丸ノ破片デアルカ或ハ硝子ノ破片デ出来タモノデアルカ不明デアリマシタ、其ノウチ間モナク自動車ハ議院ニ到着シタノデアリマス

問　皇太子殿下ニハ何等御怪我ハ無カツタカ

答　殿下ニハ何等御怪我ハアリマセヌデシタ

問　証人ハ如何ナル傷ヲ負フタカ

答　小サイ傷デ恰度十五許リアツタソウデス、多分硝子ノ破片デ出来タモノデアリマシテ、極テ小サナ傷デ痛モ感シマセヌデシタ

此検証調書と侍従長の証言とを一読せるものは、殿下の微傷だも負はせ給はざりしを見て、寧ろ不可解なる神秘的天佑として祖宗の神霊に感謝すべきなり

我等臣民は暴漢が斯く玉体に迫りたるを聞知し、驚愕と憤怒と恐懼との感情一時に胸に迫り、茫乎として言ふ所を知らず、夫れ禍は機微に隠れて人の忽にする所に発す兇行を未発に防ぎ能はざりしこと既に曠職の責なしとせず、況んや兇徒をして鳳輦を犯すことを得せしめたるが如き何等の怠慢ぞや、斯くの如くして警衛の任果して何れにありや、或日刑務所に於て大助に接見の際、彼冷然として曰、警戒の巡査や憲兵が群衆に後背向きでは駄目ですなと、以て警戒の迂を嘲笑す

菅野スガも予審判事に向ひ、私も天子の通行を見ましたが警衛なぞ笑ふべきもので、爆弾さへあれば何人の手も借りないで私一人で目的を達せられますと豪語し、麗々と調書に記載せり、当時此調書を読みたる判検事等は警衛の当局者に注意を与へ万全を策すべきに、旧態依然たること実に十有余年、遂に一大助をして兇行を恣にせしむ、幸にして危機を一髪に免れたりと雖も、職に警衛の任にありたるもの其責決して軽からず

警衛の警吏一定の間隔に直立不動の姿勢を保つは警衛の形式にして警衛の精神に非ず、形式ありて精神なし、故に一旦緩急あり事変咄嗟の間に起るや瞬間に之に応ずる能はず、遂に兇徒をして容易に警戒線を突破せしむ、鳳輦の通過は一秒時間なり、此一秒時間を真剣勝負の緊張せる精神を以て警衛し奉るあらば決して過を再びすること莫かるべし、予は警衛の当局者が精神的の訓練に意を用ゆるあらんことを切望す

責任論の二

山本内閣は難波大助の大逆事件に因りて崩壊したれども、総辞職の理由は偏に帝国の国体に鑑み、国務に超越して皇室に謝罪の誠を致したるものなりや、或は憲法第五十五条に従ひ国務の連帯責任を負ひしものなりや、今尚国民の惑ふ所なり、独警視総監に在りては職務曠廃の全責任者にして懲戒免官の処分は固より当然なり、加藤内閣の成るや当時の警視総監たりし湯浅倉平は擢んでられて内務次官となり為に世上の物議を醸せり

大正十三年一月二十六日勅令第十一号を以て、同日以前の懲戒処分は免除の恩典に浴したるを以て、湯浅氏の新任は法律上の形式に於て一も間然する所なし、然れども同勅令に依りて免除せられたる懲戒者は其数頗る多かるべく、其懲戒処分の原因たる事実に至りては千容万態にして、従て責任の大小軽重は原因たる個々の事実に依て判断せらるべきものとす、其軽きものに在りては欣々然として蘇生の恩を謝し、再ひ公生涯に奉仕するを妨けさるも、其重きものに至りては縦令恩典ありと雖も自己

の責任の重大なるに省み、皇恩の渥きに感激し愈自責の観念を深ふせざるべからず、若夫恩典に浴し公生涯に復活すべきや否やは一に懲戒の原因たる事実に鑑み、本人の主観に依て決定すべき精神上道徳上の大問題なり、法律の形式に於て欠くる所なしとて靦然要職を汚すものあらば、是所謂免れて恥なきの徒なり、恩命の形式に隠れて謹慎の誠を致さゞるの輩なり、懲戒処分免除の恩典は、唯将来に向つて懲罰の効果を消滅せしめたるに止り、新なる任命と相関する所なきや勿論なり

湯浅氏が内務次官に新任したるは、湯浅氏の主観に於て恩典に浴したる上は、内務次官に就職するも内に顧みて疚しき所なしとせしものなることは言ふ迄もなし、然れども我等国民は更に客観的に之を批判するの自由を有す、前章に転載せる難波大助の南谷検事正聴取書検証調書・入江為守氏の証人調書を一読せば、何人と雖も最大危険が玉体に迫りたるを見て、慄然として夏尚寒きを覚へざるものなかるべし、危機一髪間髪を容れず等の古来の形容詞は未だ以て此最大危険を形容するに足らず、其当面の責任者が果して恩典に依りて自責の観念を消滅し得べきものなりや、抑恩命は外より来り、自責は内より発す、恩命に藉口して自家を回護するが如きは初めより自責の念なき者なり、某議員の如く忠誠を云為して政府を攻むるものと恩命に藉口して自ら守るものとは、共に政渦を宮中に及ぼすことを憚らざるの徒にして不臣の罪に於て撰ぶ所なし、予は当時の警視総監たりし湯浅氏の懲戒処分の原因たる事実を挙示し以て仝氏の曠職の責任の大小軽重を読者の判断に任せ、進んで同氏が内務次官の要職に就きたる責任観に関して、精神上道徳上の批判を乞はんと欲するものなり

責任論の三

難波家は山口県の名家にして、曽祖父覃庵は維新勤王家の一人として贈位の恩典に浴したるの士なり、大助も中学時代に在りては熱心なる皇室中心主義を奉じ、曽て大阪朝日新聞が皇室の尊厳冒瀆の記事を掲げたるを憤り、率先して非買非読同盟を募りたることあり、又雑誌武侠世界に徴兵忌避者を痛撃せる論文を投書したることあり、斯る可憐なる好青年が戦慄すべき逆徒に一変したることは、鬼神も予測する態（ママ）はざる所にして、之を以て一に家庭の責任となすが如きは実に浅見と云ふべし、現に難波家には大助の外正太郎・義人・健寛の三男、安喜・弥代子の二女あり、皆学業優良にして性行温良の青年淑女なり、独大助のみ過激思想に心酔し危険なる言動あるを見て、父兄や近親等が之を匡正せんと欲し、百方苦心した

るも遂に其効なかりしことは前掲判文の示す所なり、大助は単に思想の赤化したるのみならず、漸次徳性を欠き、早稲田高等学院の入学試験に失敗しながら入学し得たりと欺き、父より洋服代金其他入学に要する学資金を送らしめんと企てしも、長兄に看破せられて遂げざりしことあり、或時は魔窟に出入し娼婦に戯れしことあり、父兄より過激思想を棄つべしと厳戒を受くるや、陽に其意に従ふが如き態を示して金銭を得たる事あり、故に父兄は大助が「テロリズム」を口にするは之を以て父兄を脅迫して金銭を得んとするものと察し居たるなり、若大助が大逆を犯さんとするを寸毫にても察知し得たらんには、彼の父兄は如何なる強圧を彼に加ることも敢て辞すると ころに非ず、思慮浅薄なる青年が時に空想突飛なる放言をなすも多く意に介せざるが常なれば、大助が如何なる放言を為せりとも彼が如き行動に出でんとは夢にも思ひ及ばざりしことは、通常人として免れ難きに属す事後よりして之を見れば如何なる批評も為し得へきも、社会が全責任を難波家に負はしめんとするは苛酷なるべし、幸徳事件の連累者の一人奥宮健之の実兄奥宮正治は当時控訴院検事長の重職に在りて、兄は検事長なり、弟は大逆罪の被告なり、実にも古今絶奇の現象を呈したるも、世論は兄正治の責任を問はざりしなり、然れども難波一家のものは上皇室に対し下社会に対し恐懼措く所を知らず、挙家謹慎して罪を上下に謝し、父作之進は一室に籠居し、髪梳らず、髯剃らず、客を謝して囚人の生活を為せりと云ふ、又山口県人は同県民中より兇徒を出したるを自責し、山口県教育会の主催にて県下各団体一致して、大正十三年九月二十一日亀山公園に祈誓式を執行し、二州の山河光輝を失ひ百世の忠魂地下に哭すと嘆息し、勤王先賢の英霊を祀り皇運の隆盛を祷りしと云ふ、然れども兇徒大助を出したることは其責難波一家又は山口県人に止まるべきや、山口県なる限られたる行政区域に責任を限定すべき理由を発見し得ず、大助も我等の同胞にして日本社会の生みたる一人なり、若鹿児島県人なるが故に我に責任なし、北海道なるがゆへに我に責任なしと云ふものあらば、一国家一国民たるの実何れに在りや、我等日本人は普天の下、率土の浜悉連帯して其責任を負ふべきものとす、之を事実に徴するに大助の思想の変化の機因と認めらるゝものを年月順に叙すれば左の如し

大正六年二月母死亡す

大正六年四月二十日頃鴻城中学在学中、突然精神に異状を呈し、同宿の従兄電報し父作之進来り、郷里へ連れ帰りたることあり

大正六年武侠世界に寄書して、大元帥陛下の統帥し給ふ

軍隊に入営するを光栄とし、徴兵忌避者を不忠者なりと攻撃す、又大阪朝日新聞が皇室の尊厳を冒瀆するの記事を掲げたるを憤り、父と共に同新聞の不買不読同盟を募る
大正八年四月陸軍大将田中義一氏が山口に帰省し、中学校小学校の授業を廃して全生徒の閲兵を為したるを見て憤慨す
大正八年九月東京に来り、政談演説に興味を有し各所に傍聴す
大正九年二月第四十二帝国議会を傍聴し、議場の醜態を見て議員に対する尊敬の念を失ふ、同日総理大臣原敬氏の普通選挙は我国体の基礎を危くすとの演説を聴き、直接行動に依るの外なしと考ふ
大正九年五月父が主義政見なくして議員の候補者と為るを見て、父に対する尊敬の念を薄ふす
大正九年九月四谷区鮫ヶ橋の貧民窟に間借生活を為し、社会主義思想を萌す
大正十年一月より雑誌改造を読み、社会主義思想の第一歩に入る
大正十年三月改造に河上肇氏の書きたる断片を読みて、専制に対して「テロリスト」の起るを当然と考ふ
大正十年四月幸徳事件の判決を読み「テロリスト」たることを決心す
大正十年五月より七月迄新聞配達を為す
大正十年五月青年会館社会主義大会講演会に於ける警官の横暴を憤慨す
大正十一年四月早稲田高等学院に入学す
大正十二年二月退学、富川町木賃宿に止宿し、屋外労働に従事し淫売窟に出入す
大正十二年五月一日「メーデー」に参加す
同日読売新聞に「レーニン」が日本を倒すには十億の金と十人の血で沢山なりしとの記事を見て、十人の血といふ事に感ず
大正十二年九月亀戸事件大杉事件を見て憤激す
想ふに大助が自覚せる多くの現象の外、彼自ら知らずして感化を受けたる事亦甚多かるべし、或時刑務所に於て彼に接見したるとき、君が若高等学校の入学試験に合格し目的に向つて進むことを得たらんには、今回の如き直接行動に出づることなかるべしと思はるるが奈何んと問ひしに、彼は言下にソーかも知れませぬと答へたり、此点は独大助のみならず中岡良一と雖も、彼が好める大学に向つて順潮に進み得べき位地に在りしならば、東京駅頭の兇行に及ばざりしなるべし、如斯彼を兇行に導きたる原因は数へて之を悉くす能はず、又彼と同一境遇同一

事情に包まるゝものと雖、彼と同一行動に出づるものは彼一人の外なかるべきや必せり、故に彼に原因の一部を与へたるものと雖ども、法律的には勿論、道徳的にも何等の責任を負はざるべきも、我日本社会を一体として之を考ふる時、我等の社会より彼を出したる責任を免るべからず、故に予は此国家の一大災禍に臨んで、国民全体が自己の責任を自覚し、各自に反省する所あらん事を望むものなり

直接行動と其責任者

立憲代議政治に在りては、国民が議会を信用すれば自ら直接行動に出づるの要なきなり、然るに議会は国民の或る階級を代表せず、若くは議会は以て国民の福祉を託するに足らずと看做されたる時、茲に直接行動を生するは蓋し已むを得ざるの帰結なり

難波大助は大正九年二月第四十二帝国議会を傍聴し、議員が議場に於て醜態を極むるを見て尊敬の念を失ひ、又同日原首相が普通選挙は我国体の基礎を危くするを以て之に反対すとの演説を聞き、我国の政治家が民衆の利害に無関心なるに憤慨し、直接行動に出つるの外なしと決意したるものなることは、特別刑事部の判決も亦之を認むる所なり、前掲幸徳伝次郎が磯部・花井両博士と予との三人へ送りたる書面に、直接行動と暴力革命との区別を諭したる一節あり、曰

直接行動の意義

私は又今回の検事局予審廷の調べに於て、直接行動てふことが矢張暴力革命とか爆弾を用ふる暴挙とか云ふことと殆んど同義に解せられて居る観があるのに驚きました、直接行動は英語の「デレクトアクション」を訳したので、欧米では一般に労働運動に用ゆる言葉です、労働運動組合の職工の中には無政府党もあれば、社会党もあり、忠君愛国論者もあるので、別に無政府主義者の専有の言葉でありません、そして其意味する処は労働組合全体の利益を増進するには、議会に御頼み申しても埒が明かぬ、労働者のことは労働者自身に運動せねばならぬ、議会を介する間接運動でなくして労働者自身が直接に行動しやう、即ち総代を出さないで自分等で押し出さうと言ふに過ぎないのです

幸徳伝次郎の弁解に依れば、直接行動必ずしも暴力革命に非ざるも、直接行動本来の性質は議会不信任に存し、議会不信任は立憲政治の根底を動揺せしむるものとす、国民の代表機関は小は町村会より、大は帝国議会に至るまで皆基礎を国民の信任に置かざるべからず、然り而して之を現時の状態に徴するに代表機関が国民の信任を求

めんとせば、彼等先づ猛省一番せざるべからず、予は茲に議会攻撃に筆鋒を転ずるものに非ず、見よ原敬氏の歿後数年ならずして、原氏の引率せる政友会が率先して普通選挙即行と貴族院改革とを絶叫するに徴するも、原氏の普通選挙は国体の基礎を危くするとの一語が如何に軽率にして、且無責任の放言たるかを知るに足らん、君子其言に於て苟もする所なし、小人時に臨んで説を為す、予は改めて原首相の軽率なる一語と議員の醜態とが、一青年をして直接行動の決意を為すに至らしめたる重大なる結果を挙示し、大小政治家の言行の波及する所が如何に弘くして、且大なるものあるかを警告し以て彼等の反省を促さんとするものなり

大助の悔悟

大逆罪の犯人難波大助が予審に於て陳述せるところは、暴言を極め茲に之を筆にするに忍びざるものあり、彼が暴言する所以を察するに、大逆罪決行の直後にして精神の昂奮せること其一なり、共産主義革命戦の第一線に立ち、主義の為め斃れたる勇士なりとの名誉心に駆られたること其二なり、故に静に彼の言ふ所を察すれば、感情と癖見とを縫ふに名誉心の糸を以てせるものなることを看取するを得るなり、一例を挙げんに彼は屢々皇室を尊崇すべき科学的根拠なしと放言して憚からず、皇室の尊崇を科学に求めんとするが如き稚気と浅薄とを脱せざる、彼は同時に此稚気と浅薄とを以て「レーニン」や共産主義に惑溺したるものなり、裁判官や弁護人が彼をして悔悟せしめんとして、或人々と彼との接見に便宜を与へたるは事実なり、之につき多少の批難あることを耳にせり、詳細は聞かざるも一は大助が悔悟したりとて死刑は免れず、免れざる死刑を免るゝが如く装ひて悔悟を促すは非なり、二は宗教家など時勢後れのものが感化をなさんとするも、不可能なること初より知られたることなり、三は主義の為めに死を賭したるものなれば、悔悟せしめんなど裁判官としても弁護人としても無用の業なり、此他にも批難の理由ありしやも知らざれども、予が耳にせしは右の三項に出でず、刑罰の目的よりすれば、被告人が自分の為したることは決して悪事にあらずとの信念を有するものに、強て権力を以て刑を執行するも刑罰の目的を達し得るものに非ず、大助に死刑を執行するに際し、彼が前非を悔ひ甘んじて刑を受くると自分は民衆の為に主義戦の第一線に立ちて戦死するのである、死刑の執行は権力階級の横暴なりとの観念を懐きて刑を受くるとは、刑罰の目的より見れば霄壌の差異あることは多言を要せず

板垣伯が自己の監輯せる雑誌社会政策に藩政時代に於ける土佐藩の刑事裁判に関する談話を掲載せられたることあり、曰

曽て予の郷里土佐に於て、父を殺したるが為に官に捕はれたるものあり、彼は感ずべき青年にして勤勉力行の結果少しく産を興せば、父は酒食の為に蕩尽し従つて興せば従つて靡し、斯の如きもの其幾十回なるを知らず、百方之を諫むるも敢て其行を悛めざるにより、斯て過ぎ行かば終に家の祀を絶つの已むべからざるに至らんことを憂ひ、彼は千思万考の末、不倫にも遂に其父を殺しぬ、是を以て彼は法廷に出でて鞠問を受くるや悍然として抗弁して曰く、予は祖先を思ふが為に已むを得ずして敢て之を為せり、我父は父として為すべきことを為さずして、却つて祖先の祀を絶たんとしたるが故に予は之を殺せしのみ、斯の如き不法なるものは父として父に非ず、故に予は之を殺すも毫も我心に疚しき所なしと、斯の如くにして少しも其罪を悔ゆるの色なく、法官は如何に之を諭して父を殺すの不倫なるを説くも自ら其罪に首服せざりき、当時罪人の首服せざるものは之を刑することを得ず、故に官は頗る之が処置に苦しみつゝありしが、時に小監察某なるものあり、彼が教育な為に倫常を知らざるを憫み、上官に請ふて自ら獄中に行き、彼の為に論語を講じたり、斯の如きもの数十日、将に其書の三分一に及びし頃、彼は滂然として涕を流し甫めて其罪を悔ひて曰、予や今日に至るまで人倫の大道を知らず、敢て父を殺すの大憝を犯せり、今閣下の聖人の教を講ぜらるゝに由りて豁然として大悟す、予の罪は大に万死を以て之を償ふに足らず、願くば速かに刑に就て泉下の父に謝せんと、即ち喜んで其罪に首服し従容として刑せらる、之に類する美談は独土佐藩のみならず、幕政時代に於ては諸藩に伝はれり

弁護人や裁判官が被告をして翻然悔悟せしめんと思ひ立ちしは刑罰の目的よりせるものなれど、其人と方法と得ざりしとの批難は之を辞せず、其他の批難は刑罰の主義目的に関する意見の相違にして、今之を呶々せず

顧みて難波大助が最後まで其非を悟らざりしや否やの点に至りては、世間の伝ふる処粗笨にして事実に遠きものあり、依て大助の此心裏の秘密を窺ふに足るべき数個の事実を列挙すべし

大助は或時教誨師藤井恵照氏に北海道に行きて百姓をしたいと語りしことあり、某氏と接見の際、政府は決して僕を殺すことは出来ぬと語りしことあり（註若政府が自分を殺せば却て後難あることを惧るとの意味）

予が初めて接見の際、刑務所は彼の自殺を警戒する為め、革帯にて彼の両手を縛しありたり、彼曰、自殺は後悔者の為す所なり、自分は決して悪いことをしたと思はぬから後悔もせぬ、自殺もせぬ、斯んなものは寝起きに邪魔ですから止めて呉れるやうに先生から言つて下さいと語りしことあり、又或時予が大助に君が今前非を悔ひ謝罪の意を表して生命が助かるもの仮定せば、謝罪して命を拾ふが良いか、夫とも飽くまで是ま（マヽ）の主張を固執して死に就くが良いか、君は何れを撰ぶかと問ひしに、彼は主張を棄てれば僕の為した事が無意義になるから、僕は死んでも主張は棄てませぬと答へたることあり、大助の性質は殆んど無感情にて藤井教誨師も如何なる極悪人も茲へ来ると温き言葉を聴きて「ホロリ」とするものなるが、大助は入獄以来決して左様な事なし、斯る人物には是まで曽て接したることなしと語られたり

予も度々接見したるが彼が声を揚げて笑ひたるを見たるは唯一回あるのみなり、某氏は彼に君は山水花鳥の自然に接して美を感ぜざるかと問ひしに、感ぜぬと答へし由なり、大正十三年六月五日予に寄せたる通信中に

先生の熱烈なる忠義心に感じて読める歌あり

介石や泣土鳴土や青嵐の役者を借りて御用を力《つとめ》三郎

（註泣土鳴土は「マクドナルド」をもぢりしもの、又青嵐は予が永田秀次郎氏の平易なる皇室論を差入れしがゆへなり）

手を変へて品を変へての軟化策新羅の王よ尻を喰へよ

批評する価値だになけれ皇室論役人殿の独りぎめ哉

此頃の大助は自ら悔悟の念を萌さゞらしめんと努め、他より誘導啓発を為さんとするものあれば、却て反抗心を強くするの風ありて、予に斯る嘲弄を与へて私かに快とせしなり

十一月十四日即判決言渡の翌日彼に接見したるとき、予が開口一番「ドウダ」昨晩寝られたかと問ひしに、彼は寝られんこともなかつたですなあと答へたり

或時予は大助に摂政宮は君の狙撃に遭つても少しも驚き給はず、神色自若として開院式に臨ませ給ひ、平生の通り極めて沈着に勅語を御朗読遊ばされたので、便殿へいらせらるゝまで山本総理大臣始め一人も事変のあつたことを知らなかつたと云ふが「ドウダ」お偉いだろうと語りしに、彼はアヽ云ふ人は物に驚いた経験がありませんからなあと答へて眼を外らしたることあり

是等二三の問答に依りて大助が負惜しみの天性を具へたる極めて強情の男たることを知り得べし、斯る大助も自分の行為よりして父兄が社会的に迫害を受くることを伝聞し深く之を悲しみ、接見の際、屢々之に言及せり、或

時予に何故に裁判が斯く長びくかと問ひし故、予は君の裁判は大抵判つて居るから急ぐ必要はなからんと答へしに、彼は僕の裁判が済めば父兄に対する社会の迫害が止みましようと語りしことあり、又親族の林某氏が接見したる際、大阪より父に短刀を送りたるものありと告げし時、流石の大助も頭を俛し暗然たりしと云ふ、大助の眼にも涙あるらしく見へたるは前後此時のみなりしとは、藤井教誨師の語る所なり

大助が公判廷にて最後の陳述として述へたる言葉は頗長きものなりしが、其中彼の悔悟の心理に干するものは自分は父兄が社会より受くる迫害を軽く計算して居た、若予め今日の如き迫害を父兄が社会から受くることを知つたならば、今度の事は決行しなかつたであらう、共産主義の正面の敵で無い皇室に向つて危害を加へんとしたるは間違ひであつた

罪を皇太子に謝す

との数語にして、大助の従前の主張とは大なる相違あり、大審院特別刑(アキママ)事部は判文の末(ママ)段に至り、大助悔悟の情を次の如く説示せり

　被告人ハ公判最後ニ於テ、自己ノ行為ハ其ノ懐抱スル主義ノ為ニハ仍正当ナリト思考スルモ、皇室ハ無産者ニ対シ直接ニ圧迫ヲ為スニ非サルニ拘ラス、独断ヲ以テ一時タリト雖、又単ニ手段ノ為ナリト雖、皇室ヲ敵トシタルハ軽率タルヲ免レス、共産主義者ハ必スシモ暴力ヲ以テ直チニ革命ヲ実現セントスルモノニアラス、言論思想ヲ以テ戦ハント欲シ、唯権力階級ノ挑戦ニ因リ已ムヲ得ス暴力ニ訴フルモノニ過ギス、故ニ皇室ハ共産主義正面ノ敵ニ非ス、若夫レ権力階級ニシテ皇室ヲ私シ之ヲ無産者ノ圧迫ニ利用スルカ如キコトアランカ、共産主義者ハ皇室ヲ敵ト為スニ至ルヘキモ、畢竟共産主義ノ希望スル所ハ彼ノ英国ニ学ハントスルニ在リテ、決シテ露国ニ倣ハントスルモノニ非スト陳述シタリ、是被告人ノ犯罪動機ニ干スル信念ニ付、若干ノ反省ヲ伝へ稍懺悔ノ情ヲ示スモノナリト請ス(ママ)可シ、然レトモ被告人ノ行為ハ万世一系ニシテ、一視同仁ナル皇室ヲ奉戴スル我国建国以来ノ光輝アル歴史ニ拭フベカラサル一大汚点ヲ印シタルモノニシテ、其罪責極メテ重ク、従テ叙上ノ情状アルモ其ノ罪責ヲ軽減スルニ足ラサルモノト認ム

予は公判の終結後、彼に接見の際、君が共産主義の正面の敵にあらざる皇室に危害を加へんとしたるは間違ひであつたと云ふ考は何時から起つたのかと問ひしに、彼は暫時黙想して後、実は僕の本心ではないのです、ア丶云へば幾分か父兄への迫害が緩和されると思つたから言つ

たのですと答へたり
判決言渡を終るや否や、彼は大声を発して日本無産労働者日本共産党万歳、露西亜社会主義ソビエット共和国万歳、共産党インターナショナル万歳と万歳を三唱せり、是より先き司法省は大助最後の陳述として
自分は独断を以て軽率にも皇太子殿下に危害を加ふるに至りたるは衷心遺憾に堪へず、又自分の親を初め兄弟姉妹及び女人等に対し、今日の如く大なる迷惑を及ぼすべきことを事前に察知したらんには、本件の如き暴挙を敢行することを避けたるべし、茲に自分は自分の行為の為、直接間接に迷惑を被りたる天下一切の人々に誠心誠意謝罪の意を表するものなり
と多少の文飾を加へて謝罪の意を公にしたるを以て、大助の此不謹慎なる万歳三唱に狼狽し、周章して記事差止めを為したるも、自ら社会に伝播し之を聞知したる人々は皆大助を以て頑冥不霊を終始一貫せしものと思はしむるに至れり
判決言渡の翌十四日、予は彼に接見し君が昨日万歳を唱へたることは、公判の最終の陳述として共産主義の正面の敵に非ざる皇室に危害を加へんとしたるは間違であつたとか、罪を皇太子に謝すとか云つた言葉と矛盾するに非ずやと詰りしに、彼は言下に先生ソンなことはありません、昨日の万歳は決して皇室に関係はありませぬ、自分は皇室に罪を謝するも共産主義は棄てない、夫故自分は最後の万歳を唱へて同主義者に敬意を表したのであるとの意味に弁解し、且私は昨日の法廷にて罪を天下に謝すと一言し、猶傍聴人にも一言したかつたので看守長さんに相談したら、看守長さんは最早弁論も終結した後だから言はない方が宜しからうと申されたので止めましたと語れり、吁大助の口より此一語を聞かんと欲して吾人の為したる苦心幾何ぞや、公開の法廷に於て罪を天下に謝せんと欲したる彼大助に空しく其機を逸せしめたるは何たる遺憾ぞや、之を聴きたる予は千仭の功を一簣に闕きたるの思を為し、遺憾の色面上に顕然たるものありしか、立会ひ居たる該看守はサツト顔面に汗を浮べ、私は弁論も済んだ後だから言ふべき機会は無からうと止めましたと傍より言葉を添へたり、此接見は十四日午後三時過四時近くなりしかば、予は刑務所の時間外の迷惑を察し成るべく早く退出せんと欲し、大助が看守長に相談したるは罪を天下に謝すといふ言葉をも明かして相談したるか、又は単に発言の相談にて内容を告げざりしやを問ひ訊さず、又傍聴人に云はんとせしことの如何なることなりしやも聴くことを為さざりしが、尚彼は語を継ひで自分が罪を天下に謝すと言はんとせしことも、判決言渡

の際に自ら進んで起立して敬意を表したることも（註公判審理のとき大助は腰打掛けて無作法の態度にて応答せり）皆社会の父兄に対する迫害を緩ふせんとの情よりなりと語れり、此接見は最後の接見にして、翌十五日刑の執行あらんとは彼此共に思ひ及ばざりしかば、語り残したることの多かりしは今も尚残念に思ひ居れり、大助の心理状態を察するに生を万一に僥倖せんとするの希望を存し、此希望を達するには頑強に主張を維持し、自分を殺せば反動にて更に第二第三の大助の出で来るべき威嚇を示し、死を免れんとすることを謝罪の意を表し、同情を得て命を救はんとすることゝ矛盾せる考の往来せしと見らるべきものなきに非ず、然れども彼は名誉心強きが故に此名誉心を泥土に委し、彼の為したる行為を全然無意義たらしむるは彼の忍ぶ所にあらず、彼は生の愛惜と名誉心の絆とを両断する能はずして最後に至れるならんか、又彼が父兄の迫害緩和に藉口する公判廷に於ける謝罪の陳述も、寧ろ本末転倒にして謝罪が本心にて父兄の迫害緩和は予に向つて言葉を飾りたるものと解すを当れりとす、其証拠には彼の最後の陳述中に他日有産階級と無産階級の闘争を生じたる場合に、皇室が有産階級に味方したるときに於てのみ共産主義者は皇室を敵とすべきものなりとの言あり、即ち彼は理論に於ても皇室を敵としたる自己の行為を否定したるものなれば、彼は本心より自己の非を承認したりと察するを得べし、世間が彼が最後の万歳を唱へたる一事に着目して大胆不敵頑(アキママ)冥不霊にて終始せしが如く伝ふるは真相に非ず、大助の性格は前に一端を述べし如く、普通人とは大なる相違あり、善悪とも自信強く偏固の男なれば、最後の万歳も彼自身には激甚なる反感の波動を社会に起すものとは考へざりしなり、故に此一事を以て彼の悔悟の念なかりしと断ずるは軽率なり、或時予が大助に君等の主張は現在の資本主義を攻撃し之を破壊せんとするには相当に強き理拠を有すれども、之に代つて建設さるべき具体案を示さゞるは弱点に非ずやと詰りしに、彼は左様です、左様です、夫れが第一の弱点ですと首肯したることあり、大助の如き殆んど精神異状者に近きものゝ性質や心理を或方面の言動よりして全豹を断ぜんとするは、却て正鵠を失ふものなり、倩々彼の思想言動の推移を考ふるに、彼の意思は常に極端より極端に転じ、少しも中庸に止まる能はざることを発見すべし、即ち中学時代の或時までは熱心なる皇室中心主義を奉じ、後五六年間に共産主義に変じ、皇室と共産主義とは両立(アキママ)ざるものと軽信して兇行を敢てし、予審中に極めて露骨に之を陳述し、書記が調書に殿下との敬称を記せしとき、彼は自分は殿下と申さずとて敬称を削除せしめながら、一方には幸徳氏、中岡良一君など「テロリスト」派の兇徒に敬語を用ゆる程頑冥なれども、公判の最終の陳述として罪を皇太子に謝すと公言せり、又大助は予審に於て父作之進とよりの関係を述べ、日常の些事を列挙し幼時漬物に醤油を掛け過ぎて父に叱られし事まで数へ上げ、終には父は「ブルジョアー」である、私は「プロタタ（ママ）リヤ」である、「ブルジョアー」は主義の敵である、父も亦例外では無いとまで極端の言を吐き、人をして読むに堪へざらしむるものあり（註大助も此一節を余りに言ひ過しと後悔せしと見へ、公判の際、自ら請ふて此部分の朗読の省略を求めたり）、然るに予審終結後に至り、彼の意思は大なる変化を為し、自己の行為に依り父兄が社会より受くる迫害を軽く計算したることの誤りなりしことを公言せり、予は大助が衷心悔悟の念ありて充分なる明言を為すの機会を失ひ、往々にして誤伝せられたるを悲しむ

法官有情

罪を憎んで人を憎まずとは千古の金言なれども、極悪の罪人が頑然として反抗すれば平素温厚の君子と雖も、遂には怒気を発して昂奮し、被告と相争ふに至るを免れず、況んや難波大助の如き癖見に陥りたる強《すね》者に接したるとき、自己の平静を保つことは何人も難しとする所なり、然るに大助は予審判事沼義雄氏の取調に満足し、或時予に予審判事は申分ないですなあと語りし事あり、又公判の裁判長横田秀雄氏は衷心より被告を憐み、仏の慈悲神の愛も之に過ぎずと思はるゝ温き態度にて審理を進められたるを以て、流石の大助も之に動かされたるものあり、横田裁判長が涕を流して共産主義にも真理のあることは認めるが、なぜ共産主義と皇室中心主義と両立することゝ考へなかつたかと問はれしときは、大助も強き感動に打たれしが如く見受けられたり、此時に彼は即答せざりしが、彼が最終の陳述にて共産主義国家に於ても皇室は尊厳を保つと述べしは、横田裁判長の温情に動かされたるものなるべし

予は刑事法廷に出入すること三十有七年、裁判長が激怒して顔色を変じ、被告と相争ふを見たること屡にして、常に之を苦々しく思へり、裁判長が激語を発し職権を以て被告を威圧することあれば、被告は益々反抗するのみにて反省の念を生ぜず、反省なければ悔悟なし、悔悟なければ刑罰の目的を達する能はず、乃知一裁判長の態度は刑制全般に影響するものなることを、予は大逆事件の法廷に列し横田裁判長の審理を目撃し、全国の裁判官の之を模範とせんことを熱望して止まさるものなり

其仁如天

天孫降臨列聖相承上下三千年未だ曽て皇室と国民との乖離ありしこと莫矣、謹んで惟みる　皇統連綿として百二十二代時に汚隆ありと雖も、肇国以来一皇室を奉戴するもの全世界中、唯我日本帝国あるのみ、「ブールボン」家と称し「オルレアン」家と呼び「ロマノフ」と号し愛親覚羅と名く各国のの《ママ》皇室皆其姓あり、同一民族中より起て主権を掌握したるもの皆然り、彼等皇室の尊貴も歴史を遡れば、畢竟陳呉の徒のみ、独我皇室が姓を有し給はざるは有史以前より君臨せる万世一系の皇室なるが故にして、歴史の誇り何物か之に若かんや、私かに三千年の星霜を積み、世界唯一無二の歴史を飾るに至りし所以を稽ふるに、一に君徳の光被に由らずんばあらず

明治天皇は憲法発布の告文中

皇祖皇宗の遺訓を明徴にし典憲を成立し条章を昭示し内は以て子孫の率由する所と為し外は以て臣民翼賛の道を広め永遠に遵行せしめ益々国家の本基を鞏固にし八洲民生の慶福を増進すべし、茲に皇室典範及憲法を制定す、惟ふに此れ皆皇祖皇宗の後裔に貽したまへる統治の洪範を紹述するに外ならす、而して朕が身に逮て時と倶に挙行することを得るは洵に皇祖皇宗及我が皇考の威霊に倚籍するに由らざるは無しと宣はせ給へり

藤原氏以来覇者政柄を執り、徳川氏に至るまで皇室は政治の責任の衝に当られたることなく、学者或は武門政治を目して皇室は虚器を擁せりと慷慨するものあれとも、北条足利の梟悍を以てするも尚皇室を奉戴するにあらずんば、以て群雄を御する能はず、武門政治を目して皇室は虚器を擁するものなりとするも、唯兵馬の権を自らせざるに止まり、日本帝国の重心として主権の総攬者たる大義名分に於ては絶対の権威を保たれしなり

皇室が政治を親らし給はざりし因果の研究は之を史家に委ね、一言にして之を尽せば日本の政体は其時代に依りて各形式を異にするも、要するに皇室が時の有力者最適者に政権を授け給ひしに外ならず、代議政体時代に於て国民の重望を担へるものを挙げて国務に膺らしむるも、封建時代に於て武力あるものに政柄を授け給ふも、畢竟時代に従つて形式を異にするに止まれり、是明治天皇が皇室典範に憲法も皇祖皇宗の後裔に貽し給へる統治の洪範を紹述するに外ならずと宣へ給へる所以なり、寔に我国は大化以来の立憲国にして、天皇は政治上の責任を負はせ給はず、皇室は其仁如天只管億兆の慶福を軫念あらせ給ふあるのみ、是我皇室の伝統的精神にして古今に一貫す

古のふみ見るたひに思ふかなおのがをさむる国はいか

にと

民のため心のやすむ時そなき身は九重のうちにありとも

世のためにもの思ふときは庭にさく花も心にとまらざりけり

事あるにつけていよ〳〵思ふかな民安かれと思ふ心を

ちよろつの民の心を治むるもいつくしみこそ基なりけれ

国民のうへやすかれと思ふのみわが世にたえぬ思ひなりけり

明治天皇の御製十万首に達すと拝承す、悉く是治国安民億兆愛撫の聖慮の流露にあらざるはなし、之を拝誦するもの誰か感涙に咽ばざらんや

明治四十四年七八月の当時大阪控訴院検事長水上長次郎氏が、旧藩主伊井家の用件を帯び、舞子別邸に御養病中の有栖川威仁親王殿下の御前に伺候せしに、殿下より種々の御物語ありて、其御話のうちに次の御言葉ありしとて水上氏の謹話を拝聴せり

殿下

水上は司法官であるから能く知つて居やうが、幸徳はあれはどうにかならぬものであつたらうか

水上

陛下の御大権の特赦か又は減刑で如何やうにもならうと拝察いたします

殿下

左様か

水上

唯今お尋ねの御言葉の思召の程は如何で御座りましようか

殿下

総て人事は互に拮抗して居ては益々事がもつれるものであるから、一方が一段高き所にある方が宜しくあるまいか、左すれば抗争は自然に止むであらふ

水上

御趣意を承りまして誠に恐れ入りました

予が特に水上氏の許諾を懇請し、茲に親王の御言葉を本稿に援用するの光栄を得たるは、我皇室の寛仁大度にして、彼等逆徒の上にも等しく仁慈の恵を垂れ給ひしことを世人に周知せしめんと欲するが故なり

罪あらばわれをとがめよ天津神民はおのれが生みし子なれば

明治天皇の此御製は実に幸徳事件の頃の五詠なりと洩れ承る、爾の敵を愛せよとは敵を想定しての言なり、我明治天皇は敵なる観念に超越し、啻に逆徒の罪を憎み給は

ざるのみならず、天に向つて我を咎めよと自責し給ふに至りては、至仁至慈言辞の以て形容すへきものあること なし、若彼等逆徒をして此御製を拝誦せしめんか、翻然悔悟して血涙千行たるものあらんのみ

朝みとり澄みわたりたる大空の広きをおのか心ともかな

明治天皇は斯く御感懐を詠じ給ひ、御一代の行事は皆此天地を包容する大度量より出でさせ給ひしなれば、徳川慶喜・西郷隆盛の如き一たび方向を誤り朝敵の汚名を蒙りしものにすら恩命を以て其罪を赦し給へり、当局の吏僚器局狭少苛察以て奉公と為し、厳峻を以て忠と為し、上下を壅蔽して国民を惑はしむ、悲しむべきに非ずや

今上天皇御践祚し給ふや、畏くも大正元年九月二十六日、勅令第二十四号を以て大赦を行はせ給ひ、爆発物取締罰則第一条治安妨害の目的を以て犯したる爆発物取締罰則の罰も亦大赦の恩典に浴せり

幸徳事件の共犯者として起訴せられたる一人に新村善兵衛なるものあり、彼は大逆の事実を知らず、爆裂薬製造の情を知りて鶏冠石磨酔に用ゆる薬研を供給したりとの故を以て有期懲役八年に処せられたるものなり、故に善兵衛は当然此大赦令に浴して出獄すべき筈なるに、司法当局者は彼の出獄を許さず、彼善兵衛は大正四年七月二十四日仮出獄に依りて出獄せり、若善兵衛に逆謀に与みするの意思ありせば、勿論幸徳等と同罪たるべし、彼に其意思なかりしが故に単純なる爆発物取締罰則違反として処罰せられたるなり、然るに彼善兵衛に大赦の恩典を及ぼさざりし司法当局の処置は、恣に天皇の恩命を遮るものに非ずして何ぞや、小人の忠君観一に何ぞ茲に至れる

斯る誤れる忠君観より、曲学阿皇の説、天下に公行し讜直の言は其跡を潜むるに至る、斯くして秋霜の威は即ち之あらんも、春風の情に乏しきを憾む、予は二、三の実例を有するも之を引証すれば、又新たなる紛糾を惹起するを恐れ、茲に之を唱へざるも具眼の士憂を同じうするものあらん

神皇正統記後嵯峨院の条に

凡保元平治より以来の乱りがはしさに頼朝と云ふ人もなく、泰時といふものもなからましかば、日本国の人民いかゞなりなまし、このいはれをよくしらぬ人は故もなく皇威の衰へ武備のかちにけると思へるは誤なり、所々に申し侍る事なれど天日嗣は御譲に任せ、正統に帰らせ給ふによりて用意有るべき事の侍るなり、神は人を安くするを本誓とす、天下の万民は皆神物なり、君は尊くましませど一人を楽しましめ万民

を苦しむる事は天も許さず、神もさいはいせぬいはれなれば、政の可否に随ひて御運の通塞あるべしとぞ覚へ侍る

と論せり、直言諱むなき皇室論なれども、之に依りて皇室の尊厳は瀆されず、又之を以て準后源親房卿の誠忠を疑ふものあるを聞かず、若大正の聖代に於て親房卿に倣ふものあらば、災禍踵を反さゞるべし

我国政治の要諦は多言を要せず、我皇室の御精神を宣揚し之を実践するに在り却て怪しむ百官有司言行相反し、独り至尊をして社稷を憂へしむ

ひとり身を省みるかなまつりことたすくる人は数多あれども

の御製ある所以なり

まつりこと正しき国といはれなんものの司よちから尽して

賤が上に心を止めて県守たつきなき身をいつくしまなむ

中央地方の有司心に恥づる所なくして御製を拝誦し得るものありや

陛下の信任を辱ふし、大政燮理の局に膺るものは、大公至正一身を空ふして以て聖明に酬いざるべからざるに、一たび大命を拝すれば貪婪飽くなく醜聞続出し、私曲を公行しても毫も抑遜する所なし、我国近時の歴代内閣中の山本内閣の「シーメンス」事件に於ける、大隈内閣の大浦事件に於ける、原内閣の満鉄事件阿片事件瓦斯事件に於ける其最顕著なるものなり、彼等の政治が刑事裁判を惹起するに至る底の手段を避けざると刑事裁判にて迫らるゝまで政権に執着して離れざることゝを証明するものに非ずや

大正十三年十二月三十日報知新聞が「細民辛苦の結晶か斯くして無になる」「政商政客結託の犠牲となつた預金部と云ふ一大伏魔殿」と題して掲載せる預金部の不良貸附を見るに、巨万の金員を不信用の債務者に貸附け、殆んど回収困難に陥りたる事実明白にして、其債務者を一見すれば情実を以て国家の預金を私したる因縁系統は容易に之を看取するを得べし、是恰も銀行重役が細民の預金を濫費して銀行を破産に陥れ、預金者に損失を与ふるものと撰ぶ所なし、銀行を監督する職責を負へる大蔵省が、政商政客相結託して国家の預金を情実に絡れて濫費するに至つては悪政を超へて公盗なり、又大正十三年五月の総選挙に際し、南満洲鉄道株式会社の機密費を濾に増加せしめて、某某政党の選挙費用に搾取したることも公然の事実なり

右の二件は新聞に公表せられたる国民周知の醜事なれど

も、此他大小の秘悪際限なかるべし、大官巨党相比周して白昼公盗を敢てす、斯の如くして民心の悪化を避けんとするは油を注ぎて火を防かんとするに等し
政権に接すれば漁利を専にして百の術策ありて一の誠実なし、民心の安定せざる故なしとせず、独至尊をして社稷を憂へしむ、速に国家を泰山の安きに置かんとせば、上下一致我皇室の叡慮を体して之を実践躬行するに在り、仁者無敵と我皇室の謂也

（今村力三郎著『芻言』　大正一五年一月）

五五　私と花井君（草稿）

私と花井君

大正十一年七月、古賀廉造、中野有光、遠藤良吉、外若干名、俗に所謂阿片事件で大連へ出張し、私も花井君も共に遼東ホテルに滞在して居た時のことである、東京から多数の弁護士が出張して法廷を賑はすので、土地の新聞が、競つて毎日何か東京の弁護士の挿話を書いた、或日満洲日々新聞に

花井博士は青年の時代に、今村弁護士の玄関番をして居た、今日の今村夫人が、其頃妙齢の少女であつたが、或朝花井履物を出せと云つたので、憤然として今村家を飛出し、再来志を立てゝ今日に至つた。

との記事が載せられた、此記事は花井君が、少年の頃、山尾庸三子の玄関を飛出した逸話を誤伝したもので、筆者は木村某と呼び、福田和五郎君の長男実甫君の友人であるから、実甫君が乃父より耳聞したことを大に誤り伝へたのである。

此記事を読んで驚いて居ると、給仕の女中が、花井先生は先生（今村）の宅に居たのですつてねー、夫で判りましたわ、先生（今村）が、大井さん（大井静雄君）、山田さん（山田半蔵君）とお呼になるのに、花井、花井と呼ずてにするので、変だと思ひましたが、先生（今村）のお宅に居たのですか。

此女給仕の意外の解釈を聴て、私は更に驚きを重ねた、花井君と私とは、明治二十一年頃知り合つたのですが、お互に花井君とも今村君とも呼んだ事はない、オイ花井、コラ今村で、口癖になつて仕舞つて、花井先生とか、花井博士とか、花井君とか、敬語をつけるのが却て他人行儀の冷い感じがするので、花井今村で過して来たのである。偖両者の社会上の地位を顧みると、是は又何と云ふ大きな隔りであろう、一方は貴族院議員、法律審議会副総裁、法学博士、勲一等、一方は無名の一弁護士、此無名の平弁護士が、貴族院議員、法律審議会副総裁、法学

博士、勲一等を、花井々々と呼ずてにしては、第三者が異様に感ぜずにはゐない。猶遼東ホテルの女給仕のみではない、厳子陵が、光武帝と一緒に寝て、光武の腹の上へ足を上げたとの昔話もあるが、如何に竹馬の友でも、刎頸の交でも、社会上の地位に対しては、相当の敬意を払ふべきものであることを痛感した、爾来大に気を付ける積であつても、不用意に昔の地金が出てアッ失敗つたと思ふ事が屢ある。

私が花井君に感謝すべきことは、数へ切れないほど多い、就中明治廿七年に判事になつて、飯田へ赴任した後始末と、守屋此助君の附帯犯事件のときには、実に容易ならざる恩誼を受けた。附帯犯事件の顛末は、附帯犯論に詳かであるが、従来刑事訴訟法上附帯犯理論の如きは、何人も深く研究したことはなく、刑事訴訟法の註釈書にも、多くは二三行で済ましてあつたのを、此事件の為に、前人未到の法奥に進み、一貫せる理路を開拓したのであるから、花井君の頭脳の卓絶は勿論であるが、其努力も到底企及すべからざるものであつた。此頃の花井君は、一生涯中最多忙の時期であつたから、附帯犯論の為に一時、二時、或は徹夜して研究せられたのであります。花井君の研究心の旺盛と、燃るが如き友情との抱合が此明晰なる法理論を産んだのであります。総ての書物は其紙面に羅列せられたる文字を読むよりも、其書物は如何なる因縁があつて書かれたか、其書物を完成する為に如何なる奮闘努力が払はれたかを知ることは、更に強き感化力があると思ひますから、附帯犯論を読む後進の為に一言したのであります。

花井君の法廷に於ける弁論は、他の追随を許さないので、今更呶々するは却て冒涜するやうなものであるが、唯一ツ私の外に誰も知らないことを書くことを許して下さい。年代は判然しないが、明治四十年前後の事であろう、一日花井君や小川君、卜部君其他二三の莫逆が、裁判所の弁護士室に落合つて、公園の松本楼へ揃つて昼食に行つた、其帰りに花井君は例の歩行き嫌ひで、今村車を貸せと連れを残して、私の人力車に乗つて一足先に裁判所へ帰つた。私達はブラ々々しながら、彼の大審院の刑事法廷の傍の弁護士室へ来ると、先に帰つた花井君が、大変々々と中から飛出して来たので、驚いてドウしたのかと聞くと、紙入を落したと云ふ。夫から廊下や、門内を捜したが結局見附からない、紙入の中には千円這入てゐたと云ふ、花井君は鹿児島に出張して、其朝新橋へ降り、其足で裁判所へ来たので旅費の残りが千円あつたのである。此頃の千円は、今の五千円位に相当し、花井君としても大痛事で、周章てゝ廊下へ飛出すのも無理はないのである。然るに此出来事の直後、私と花井君とが共同弁護の法廷に立ち、花井君の弁論か始まると、タッタ今迄の紙入遺失事件はカラリと忘れ去つて、極めて沈着の態度で、雄弁滔々として大河の流るゝが如く、弁論三昧に入つて一切を脱落し去つたのを見て、私は強き感激に打たれた、花井君の弁論は、剣道の達人が剣を執つて立つた時と同し心境であろう。是だから言々、句々、聴者の胸奥に利刃の如く穿貫するのである。法廷は花井君に於て真剣勝負である、法廷を以て生活の土俵と解したり、弁論の遊技場とするの徒は、花井君に対して愧死すべきのみならず、弁護士道の賊である。

花井君の弁論は、法律論、事実論、情状論を巧に組立てゝ実に天馬空を行くの概がある、事件に依て千変万化するは勿論であるが、論陣の中堅は多くは法律論である、元来裁判官は、法律なら此方のものだと云ふ風があつて、弁護人の法律論は余り聴きたがらない傾きがあるが、花井君のは聴かせるのではない教へるのである、弁論に一種の気合があつて、聴者の胸奥に利刃の如く突込んで行くのである、聴かざらんと欲するも聴かざるを得ないのである、少壮弁護士諸君が、何時間の大雄弁を揮つて、弁論の質よりも量で行かんとする手法には、花井君の気合を会得せされば、精気が欠如して人を動かすに足らぬ。

私が花井君に陪して、法廷に立つたことは、恐らく何百回と云ふ数に上るでしよう、花井君が代言人試験に合格したのは、私より一年か二年後れてゐます、私も花井君も受験年齢に達した年に合格したのであるが、花井君が私より一年か二年の年少の為に、受験が後れたのてあります、夫故合格順から云へば、私が先輩と申ても僭越ではありませぬが、機鋒犀利の花井君は、何時の間にか、鈍才の私を乗越して追随を許さなくなつたのであります。斯くして自然と後塵を拝するやうになつた、私は法廷に於ても花井君に兄事して、其誘掖を受けることになりました、花井君は私の弁論を能く聴て、割合に出来の好かつたときには、自分の事のやうに喜んで呉れたこともありました。亡友桜井熊太郎君も、私の文章を読んだり、弁論を聴たりして、夫が自分の気に入ると心の底から喜んで呉れました。桜井君が故人になつてからは、花井一人になりましたが、其花井君も、今は法廷に英姿を見せなくなつたので、私に取つては伯牙断琴の寂寥を感ずるのであります。私達の壮年時代は、斯くして互に砥励しやつたものでありますが、今日の青年諸君は、如何なる方法で切磋琢磨して居られるでしようか。

東村山に癩病々院反対運動の為めに起つた騒擾事件の私

の弁論は、予期せざる成効で、私の弁護士史に於て一エポックを為すものでありますが、花井君は私の弁論を聴きつゝ泣かされたと云つて、大に褒めて呉れましたので、私は当時何者にも換へ難き喜びを感じたことがあります。幸徳伝次郎、堺利彦両君が、平民社に籠城して、平民新聞を発行してゐたときは、朝憲紊乱秩序妨害、等、等、殆んど毎号起訴されまして、其弁護人は花井君、卜部君と、私の三人が平民社常雇かのやうに決まつて担当したのでありますが、曽て一度も成効したことはありません、唯一度次のやうなことがありました。

平民新聞に、秋水枯川共訳の共産党宣言を載せたら、安寧秩序を妨害するものとして起訴せられました、裁判長は今村恭太郎君であつた、此時花井卜部両君と、私とが弁護人として、共産党宣言は、世界到処で翻訳されて、其数何百何千に達するであろう、其翻訳を罰するのは、宛もバイブルの翻訳を罰すると等しく、実に日本の国辱であるとの趣旨を強調したのでありますが。判決理由は共産党宣言を翻訳する事夫自らは不法ではないが、平民新聞の如き、社会主義を標榜する新聞に掲載することが治安を乱す虞があるとして、矢張罰金に処せられました、平民社は、此判決理由を楯として、共産党宣言を単行本にして売出した、是には警視庁も幸何ともすることが出来なかつた、平民新聞弁護として是等が先成功と云へば云へるでしよう。

コンナ事が縁になつて、大逆事件の時には、予審判事潮恒太郎君を通ふじて、花井君と私とに幸徳から弁護を頼まれたのであります。

幸徳事件の頃は、花井君も私も少壮組で、裁判所に対し威望が足りないと思つて、両人相談の上、江木衷博士を頼み、連隊族に押立てやうとして、二人揃つて博士に会ひ、幸徳等の弁護を頼んだのであります、博士も快く承諾して呉れたので喜んで帰り、翌々日頃再訪すると、博士は何の理由も告げず、前言を翻へし弁護を謝絶したので、私達は事の意外に驚いて、随分不愉快を感じました。私は江木博士には、明治廿一年頃から師事して、謦咳に接するを楽んで居ましたが、此時のやうなことは前後にありません。花井君も同様であろうと存じます、後になつて何故謝絶したのか、博士にお訊ねする機会もなく、遂に幽冥境を異にしたのであるが、私達両人が不愉快な顔をして、立去る後姿を見送る博士は、更に一層不愉快であつたろうと察します。平出修と云ふ青年弁護士で、且文士として雑誌白樺の編輯をしてゐた人が、幸徳事件の内の誰かを弁護した関係から此事を聞込んで、妙に修飾して畜生道と題する小冊子に書いたので、博士は頗迷惑されましたのであります。

江木博士に謝絶せられた私達は、更に磯部四郎博士に頼みましたら、博士は快諾して一日も欠かさず法廷に出られました。

某検事が論告の際に、弁護人の議論を予想して、一々反駁を進めましたが、一論毎に斫うした弁護論もありますが云々と、弁護論、弁護論を四五回も重ねると、耐へ兼て、磯部博士は、大喝一声、弁護論とは何ですと、叱り飛すやうに怒鳴まして、当の検事は勿論、列席の私迄吃驚致しましたが、同しく立会てゐた、平沼騏一郎君が静に立つて、弁護論とは穏でないから取消しますと述べられました、私は磯部博士に一面斫うした偉いところのあるのを初て知りました。幸徳事件の公判審理の進行中、土佐の中村に居た幸徳の実母が死にました、お母さんは事件が起ると、土佐から上京して、市ケ谷監獄にて永訣し、近く幸徳の刑死を覚悟して、土佐へ帰つたのですが、其母が幸徳より一ヶ月程先に死んだので、幸徳は却て安神して死に就くことが出来ました。

堺利彦君が、花井君と私とに幸徳の母の死を知らせたので、両人相談して寧ロ幸徳にも知らせた方が良かろうと思つて、午前の審理が終つたとき、立会検事の許を得て、幸徳に告げることに致しました。

幸徳も、管野も、毎日同じ法廷に出て居ても、席も遠く離れ、口をきくことも出来ませぬが、此時は管野を招き幸徳と並ばせて置て、花井君が、誠にお気の毒のお知らせですが、昨日の何時にお母さんが郷里で遠逝せられましたと告げると、幸徳も管野も暗い顔になつて無言で居りましたが、此時花井君は、突如として、握手し玉へ、〳〵と二口云ふと、幸徳と管野は、何んとも云はず手を伸ばして、固く〳〵握手した、永い獄窓生活で、青白く大理石像のやうなスガ子の頬に、真紅を潮し、両人の眼は電光の如く耀いて見へた、幸徳、管野が、心に是が最後の握手だと、満身の熱を隻手に注ぎ、花井君が無言でヂツト之を諦視し、此凄絶、愴絶の光景に打たれて、私がボンヤリ其傍に佇立して居る場面は、二十五年後の今日も、眼前に髣髴として浮き出されます。此日の事を書いて、堺枯川へ送つた幸徳の手紙に、「廿八日の正午の休憩時間に、法廷の片隅で、花井君や、今村君が、気の毒さうな顔をして告け知らしてくれたときは、扨ころと思つたきりでドンナ返事をしたか覚へぬ位だ、嘸々見苦しかつたであらう、仮監へ降りて来て、弁当箱を取上げると急に胸が迫つて来て、数滴の熱涙が粥の上に落ちた」と、あるが握手のことは書てない。

明治三十四年の頃、鉱毒事件で東京の弁護士が多勢前橋へ出張し、某旅館に合宿してゐたときのことですが、塩谷君が按摩を呼んで、肩を揉せてゐると、花井君が、按摩さんなぞ色々の人を揉むので随分偉ひ人の療治をしたこともあるだろうねー、按摩、ヱ丶永い間には夫は仲々偉ひ人を揉んだこともありますよ、花井、ドウダね館林から出た人で塩谷恒太郎と云ふ人を知つてるかね、按摩、まだ聞いたことはありませんよ、花井、東京で弁護士で仲々偉いんだよ、按摩、館林のお方も知つた方が多いのですが塩谷さんてツイ伺ひませんなア。塩谷君が済んで、花井君の揉ませる番になると、塩谷君は、怎うだい按摩さん花井卓蔵と云ふ人を知つてるかね、按摩、イ丶ヱ一向存じません、塩谷、東京では迚も偉い評判の人だよ、按摩、ソンナニ大した人じやあないんでしようで、流石の花井君も頭を掻いた。

花井君が漸く五六千円の貯金の出来たとき会計の某氏が投機に手を出して根こそぎ取られて仕舞つた、一万足らずであるが当時の花井君の全財産である、事発覚後も花井君は依然として会計を某氏に託した、某氏は花井法律事務所の会計主任で一生を終つた、花井君は刑罰仁愛論の開山であるだけに人の過を赦すに寛裕である

花井君は先輩の遺族の世話をしたり、友人の病気を看護したり、後進の面倒を見たり、極めて人情味の豊かな人である

人の過は咎めず、人情味はタップリであるから、如何なる人でも初対面からトロケ込むかと云ふにソウでない、交友四十余年一雨汝相許す私でさへ花井君と相対する時、轟立三千丈の巨巌に対するやうな心地がある、一寸付が甚宜しくない、是は何故であるか、私は甚失敬だが其原因は容貌と坐談の下手とにあると思ふ、若い時から花井君の持てたことは自他共に認める、否他認より自認が多いであろう、恐らく丹次郎や源氏を凌駕する美男子と自任してゐたであろうが、夫れは金離れと男性的一本調子にあつて君の容姿ではない、誠に君の壮年時代の写真を見よ、篷髪白眼ブルドツク的闘気が溢れてゐるではないか、若夫四十年前の花井君を拉し来つて今日の不良団に投したならは、誠に好個の団長であろう、花井君と親友になるには一度喧嘩した後であると云ふ評判もあつた、事を為すものは向ふ所何物をも破砕する底の気魄がなければ駄目だ、此頃は二十三十の老成人が多い、却て不良団から鍛錬された偉材が耀出するかも知れない、併し今日の花井君が不良老年でないことは私が保証する

明治廿八年、私が飯田区裁判所に最下級の判事を奉職して居たとき、花井君から百円の借用証書に、私の連帯保証を求めて来られたことがある、貸主は、高畠と云ふ米穀問屋の傍ら、金貸をして居た人であるが、花井君よりも私の方が旧識なので、花井君から僅か百円の借金を申込まれたのに、今村の連帯があれば貸すと云はれ、其処で信州の僻地に居る、私に連帯保証を求めたのである、私の手許に余裕があれば、金貸に膝を屈するに及ばないのですが、私の俸給は五十円の内から、製艦費と、百分の一の積立金を差引かれ、正味四十四円五十銭であるから、固より百円の金がある筈がないので、私は連帯保証の判を押して送つたことがある、後で聴けば、長く此百円の返済が出来ず、高畠からロハで訴訟をさせられて、高い利足になつたと云ふ貧乏話も、子孫の為には、庭訓の薬石となるであろう。

明治三十四年、伯爵徳川篤守外数名、文書偽造詐欺被告事件があつて、花井君や、私や、故人青柳正喜君、其他多数の弁護人が出廷して居つたときの事である、花井・青柳両君は、徳川篤守の弁護を担当し、四五の証人を申請したところ、全部却下となつたので、両君は大に憤慨し、袖を払つて退廷してしまつた、事件が重罪であるのに、弁護人が退廷してしまつたから、公判の審理を進行することが出来ません、裁判長柿原武熊氏は、花井・青柳両人が公判の進行を妨害したりとの理由に依て、懲戒裁判を求め、遂に両君の為め懲戒裁判が開始せられ、私の当時の日記に依ると、九月廿三日、卜部君が花井君の代理と為り、私が青柳君の代理と為つて、受命判事川島台蔵君の下調を受け、十一月の五日に、懲戒裁判所の公判が開廷せられて居ります、公判には私も花井君の弁護人の末席を汚しましたが、判決主文は、犯罪でないから、無罪と書くことは出来ないので、弁護士花井卓蔵ハ懲戒ス可キ行為ナシと宣告せられ、花井君の勝利に終局した。立会検事は、平沼騏一郎君で、判決文の起草者が、小山温君であつた。後に花井、平沼、小山三君が、卓を並べて刑法起草委員と為つたのも奇縁であります。当時合議の模様を漏れ聞けば、斯る場合に、自信が容れられなければ、弁護人が退廷するのは、寧ろ当然であるとの説も出たさうですから、弁護人の力なりと誇る程でもありませんが、花井君に弁護して貰つて、助かつた人は万を以て数へるほどでしようが、花井君を弁護した人は至つて少数であります。而して私は其少数者中の一人であることを揚言する権利があります。

花井君の公生活の表面を見れば、男児の理想を一身に顕揚して、赫灼として人目を眩するの概があるが、其反面には、大に同情すべき複雑なる五月蝿いことがある、私はあれだけのハンデキヤップを負ひながら、能くも嶄然群を抜いて、人生行路の先頭に立つことが出来たものだと感嘆するのである。

前後もなく、脈絡もなく、爰まで書て来たが、書くに書かれず、語るに語れないことがあつて、夫は他人には想像も出来ない事です、花井君も、私も、極楽往生なぞの非望を持ちませんから、地獄に落合つた時の話の種に残して置きましう。

（専修大学今村法律研究室所蔵）

五六　勝訴の愉快（草稿）

勝訴の愉快　　今村力三郎

弁護士と云う職務は必ず敵手があつて勝敗を争うのである。或時は戦が思ふように進展せず苦心惨憺しても、遂に敗訴に終ることもある。斯ういう時は夜寝ても安眠が出来ずつくづく弁護士が嫌になることもあつた。又其反対に自分の意見が貫徹して依頼人と共に凱歌を奏する時は実に嬉しく天へも昇る心地になる。此勝訴の愉快があるから弁護士が勤まるのである。私が取扱つた事件で勝訴の愉快を満喫して今日に至るも忘れられぬ事件がある。其事件が我専修大学創立者相馬永胤先生の御依頼の事件であるから事件の大要を記述して大学新聞の紙面を汚す因縁もある訳です。順序として事件の争点を摘記します。

東京電灯株式会社が桂川に水力発電所を設け、其送電に必要なる送電線架設工事を為し、戸塚村の先生の所有地へ電柱を建て送電線を引いた。然るに会社は建てた其電柱の周囲僅一坪位の損失を補償するに過ぎない。然るに当時の法律に依れば二本の電線の中間及高十尺の電柱の二倍の地内には家屋の建築を許さぬ。依つて電灯会社は此家屋建築禁止区域内の損失補償を為すのが当然であると云うのが原告たる相馬先生の主張である。此主張は事理明白であるから私は先生の委託を受けて東京電灯の首脳である岡崎邦輔氏（代議士、後に商工大臣になつた）に再三交渉したのであつた。（明治四十一年のこと）岡崎氏は頑強に拒絶した。私が理由を詳かにして若し訴訟にすれば東電の不利なることを説明すると、彼氏は傲然として若し裁判所が会社を負かすなら法律を改正すると暴言を吐いた。当時彼氏は政友会の代議士で勢力を振い、東京の府市政も政友会の意の儘に動き、現に本件に於ける収用審査会も会社の云うが儘に裁決したのであつた。相馬先生も已むなく行政裁判所へ訴を提起して私が其代理人と為つた。其時対手の弁護士は鳩山和夫（一郎の父）、上原鹿造（鳩山和夫の親せき）、鳩山一郎、関直彦で当時の弁護士界の重鎮であつた。私は先生に相手弁護士の氏名を告げ此方も誰か有名な弁護士を応援に頼みましようかと提議しましたが、先生は君一人でよろしいと無名の私を信用して動かなかつた。法廷は有名の四人の弁護士に対し孤影悄然たる私一人で寂しかつた。然るに判決は見事に原告の全勝であつた。私は意気昇天とは此事だと踊躍して欣んだ。岡崎氏は私の事務所へ飛んで来て示談をして呉れと申込んだ。私は此時とばかり冷然として、君示談するより法律を改正する方が宜しいではないかと応酬した。私は生れてからコンナ愉快なことは始めてであつた。

（専修大学所蔵）

五七　死刑囚に教へられた（草稿）

死刑囚に教へられた

今村力三郎

幸徳事件に連坐して死刑に処せられた、新宮の神様と村民に尊敬せられた、大石誠之助と云ふ医師があつた。無慾で、重厚で、私は幸徳事件の連類、廿六名中の第一等の人物として尊敬を払つた。此人が、医師と社会（両者衝突の真相如何）と題して書た、一節に次の文句がある。斯の如き議論は外にして、実際世間には払へぬものを払はぬ人もあらう、又払へぬものを強て請求する医者もあらう。余は自ら此問題を如何に解決せばよきかと、熟考の上、三年前より、断然無請求主義を実行した。それで、月末や、年末に至つても、全く向ふから持て来るのみに任せ、此方から催促に行かぬ、前の不納者でも、快く再び之を治療してやり、過去の不足か、滞納と云ふ事を、成るべく此方では忘れる様に勉めた。偖て、斯ふして見ると、世の中の人は、皆正直なもので、払へる人は大概払いに来る、払いに来ぬ人は、払へぬ程貧困なものか、或はそれ以上の事情があるものと見なすことが出来る。余が、之を実行して以来の結果は、意外に収入の歩合を多くし、之に依て何等の損失を蒙らぬ事を発見した。尤も、今は此無請求主義なるものを以て、一般の真理と云ふにあらず、従て、余と異なる同業者に向て、之を推薦する訳ではないが、唯自分だけは、之を固執する積なのである。

私は、大石君の此一文を読んで少なからず感激した。私が、此文章を読んだのは、明治四十三年の事であつた。私も爾来、私も弁護料や謝金は喜んで持て来れば、喜んで請取るが、此方から催促したり、請求する事は絶対に為さぬことにした。私の事務所は、収入の少い事務所でしたが、絶対無請求でも、年々幾何か収入は増加したと記憶して居る。刑事被告人でも、約束の謝金を払った人は、謝恩の感念が薄いが、無報酬で弁護した事件は、恩を感ずることが強く、今日に至ても、当時を忘れない人が多い。私の楽みの一ツである。私は死刑囚、大石誠之助に教へられた、絶対無請求の有難さをしみじみと感謝する。

（専修大学所蔵）

五八　冤罪考

冤罪考

昌泰三年、右大臣菅原道真を太宰権師に貶したのは、流刑に処せられたのであるから、一の刑事裁判である。法皇が、之を聞きたまひて、即夜来り拯ひ玉はんとしたのは、道真の為めに弁護せられんとしたのである。道真の貶謫は、藤原時平の讒訴に因るものであるから、誣告の成効である。道真が大宰府にて薨去したる後、本官を追復したり、祠を北野に建てゝ天満自在威徳天神として祭られたのは死後に冤罪が雪がれたので、現代で言へば、非常上告が成効したのである。斯んな風に考へると、裁判の形式は今も昔も大なる共通点を発見するが、私が菅原道真を借りて来たのは、其方面を説くのではなく、菅原道真こそ我国の歴史的冤罪者として、最も代表的の存在であることを言ひたいのである。道真が配所に在りて、九月十三夜の月を詠じた。去年今夜侍清涼。秋思詩篇独断腸。恩賜御衣今在此。捧持毎日拝余香。との七言絶句は、知らないものはないほど有名なもので、之を解するものは、恩賜の御衣を筑紫の辺陬まで捧持して日々余香を拝して君恩の辱きを謝し、冤罪を蒙りても怨まず、憤らず益々公の精忠を見ると言ふのである。道真は一代の巨人であり、高徳であるから怨んだり、嘆ひたり、する人でないにしても、此詩を読んで深き哀調を感ずることは千万人皆然りであらう。此詩を読むまでもなく、配所に在りて道真の胸中を往来したものは、公的には小人の専権を憂ひたであろうが、私的には花に、月に、親戚友人に、都の空を思はぬ日とてはなかつたであろう。道真ほどの高徳の人であるから、鬼界ヶ島の俊竟《ママ》のやうな怨嗟悲憤の態度はないにしても、冤罪者の胸中が如何に哀れに、如何に悲しきものであるかは、言語や形容に絶したものである。冤罪で死刑に処せられ絞首台上の露と消えた後、真犯人が現はれた実例もある。冤罪を蒙りて絞首台上に載せられる時の、本人の憤惋、懊悩、苦痛はドンナであらう。最近淀橋の殺人事件で、第一審で死刑を言渡された被告が、第二審で無罪になつた事実があるが、死刑から無罪、実に極端から極端である。第一審の裁判官は果して、確信を以て死刑の宣告をしたであらうか。第二審で無罪を言渡すほどであるから、第一審当時に於ても、疑問が絶無とは信ぜられない。裁判官が確信を得ずして判決することは、危険千万である。毫厘の微と雖ども疑を存して判決することは、神聖なる裁判官の職責を汚すものである。

冤罪、誤判の実例は遺憾ながら乏しくない。

第一例　昭和五年四月二十六日、朝鮮忠清南道青陽県飛鳳面滝川里、博石山の頂上に、年齢十五歳位の鮮人少年の変死体を発見した。所轄青陽警察署は、加害者として同県化城面龍道里、逍起俊（三十六年）と飛鳳面中墨里、韓百源の妾、高玉丹（二十一年）の両名を検挙した。殺害の動機は、被害者少年は忠清南道保寧県青所面聖縁里、朴陰中の長男朴昌銖（十六年）であつて、此少年は予て被告逍起俊と高玉丹との密通を知りて、之を韓百源に密告したことがあるので、被告両名は共謀して此少年を殺害したと云ふにあつた。公判に於て、昭和五年七月、逍起俊は光州地方法院に於て、懲役十年に処せられ、高玉丹は覆審法院に於て、懲役十五年に処せられ、判決確定して両人とも服役中であつたが、昭和五年十一月に至つて、殺害されたはずの少年朴昌銖が、ブラリと帰つて来たので、逍起俊、高玉丹に下したる判決が、誤判であつた事が判明し、検事より再審の請求を為し、昭和六年七月二十六日に至り、被告両名に無罪の判決が下つた。

第二例　昭和四年十月、福岡県八女郡にて、支那行商人某が、強盗の為め殺害せられた事件があつた。佐世保海兵団脱走兵、斎藤保（二五）が嫌疑者として検挙せられ、軍法会議に於て無期懲役の判決を言渡され、服役中、昭和六年八月に至つて真犯人が現れた。真犯人は、同県浮羽郡大石村、矢野太郎（二二）同郡御幸村、遠藤好（二三）の両名で、昭和七年四月二十一日、福岡地方裁判所に於て、両名は支那の行商人強盗殺人犯として、何れも無期懲役の判決を言渡され斎藤保に対しては、軍法会議の検察官より、再審の請求があつて無罪の言渡を受けた。

第三例　昭和七年十二月二十七日、仙台市弓野町、高橋渉所有の空家より出火して全焼したことあつた。保険放火と認定せられ、高橋渉は宮城控訴院に於て、懲役四年に処せられたが、大審院に於て事実審理を為したところ、警察署にて拷問されて不実の自白を為したことが証明せられて無罪に為つた。

此外にも類似の実例を求むれば、決して少いものではない。

世人は冤罪とは、常に全然無実の罪に陥つたものゝみのやうに考へて居るが、我々専門家の言ふ冤罪とは、或罪を犯したる事実はあつても、裁判官の認定が事実の真相を誤つたり、或は法律の適用を誤つたりして、相当刑よりも過重の刑罰に処せられたる場合も等しく冤罪とするのである。犯罪者と雖も自己の犯したる罪よりも重き刑罰に処せらるべきものではない。是が法治国民の幸福であり、人権である。感情や誤認の為め、相当刑より重き刑罰を科することは、是亦一種の誤判であつて、部分的冤罪とすべきである。裁判は何処までも、事実の真相を直視して、正しき法律の適用を要求するのである。裁判は強制にあらずして心服でなければならぬ。固より法律的には、裁判が強制であることは勿論であるが、国民が心服せざる裁判は、裁判としての実質的価値は零である。裁判は罪人の悔過遷善を目的とするのである。心服するから反省する、反省するから悔悟するのである。心服は悔悟に導く唯一の門である。強制は反抗を招き、反抗は自棄に終る。同一の裁判で、心服と強制とは、正反対の結果を見るのであるから、裁判を強制と心得てはならぬ。

　最近の実例として、五・一五事件を挙げて読者の明鑑に訴へる。五・一五事件の突発したとき陸軍、海軍、司法の三省会議なるものが、再三再四開催せられたことは、読者の記憶に新たなるところであらう。此会議の内容は我々門外漢の与り知るところでないが、其内には法律の適用が重要なる議題となつたと見ることは、外れた推測ではあるまい。然るに此三省会議に於て、法律適用の見解が一致するに至らず、軍法会議に於ては、検察官は反乱罪を適用し、通常裁判所に於ては検事は、殺人及爆発物取締罰則違反を以て起訴するに至つたので、起訴の常（ママ）時より識者の物議を招いたのであつた。而して昭和十年十月廿四日、大審院の最高判決は軍法会議の見解と一致したのである。法律専門家に非ざる軍人を加へて構成する軍法会議の見解が正しくて、法律専門の検事の見解が誤つたことになつたのであるから、近来の一奇観たるを失はない。

　茲で又一の推測を下すのであるが、通常裁判所の検事が、軍部の見解に反対し裁判不統一の非難を甘受しながら、敢て殺人及爆発物取締罰則違反なる破廉恥罪で起訴したのは何故であるか。想ふに、検事局は近来暗殺が続出して、原敬、浜口雄幸、井上準之助、団琢磨、犬養毅等の名士が相次いで斃されたので、此際五・一五の被告を政治犯として取扱つたならば、暗殺者を遇するに国士を以てすることゝ為り、彼等一味の虚栄心を鼓舞して、益々類似の犯罪を頻発するであらう。彼等に負はすに破廉恥罪を以てし、将来を警戒せんに如かずとの刑事政策的見地より、敢て殺人及爆発物取締法罰則違反を以て、公訴を提起するに至つたのであらうとは、私の推測であるから、若し此推測が違つてゐたら是正して頂きたい。

斯くの如き刑事政策の当否は、議論の存するところであるが、茲では其当否を論ずるのが目的ではない。仮令検察当局が刑事政策の見地より如何なる公訴を提起しても、裁判官は飽くまで冷静に法律の命ずる所に忠実でなければならぬ。大津事変のとき、児島惟謙が時の政府大官の総掛りの圧迫干渉を排して、正しき法律の適用を貫徹したことは、日本の裁判史に永久の光輝を放つものである。大津事変の政府と裁判官の争も、一言に約すれば政策と純理と何れが重きかに帰着する。政策は一時的であり、純理は永久的である。裁判は正義の権化である。政策の為めに正義を枉ぐれば裁判の生命は失はれたのである。五・一五事件は既に大審院に於て、叛乱罪として処罰したのであるから最早多言を要しないが、陸海軍少壮軍人等の目的は、都下に戒厳令を布き、憲法を停止して独裁政治を行はんとするにあるのであるから、之が軍刑法の叛乱罪に該当することは聊かの疑問もない。然るに第一審の神垣裁判長及其部員たる判事は、検事の刑事政策的公訴を、其儘に鵜呑みにして、殺人及爆発物取締罰則違反として判決を下し、第二審の吉田裁判長及其部員たる判事は、騒擾罪として判決を下した。第二審の判決も大審院にて破棄せられたのであるが、第一審判決と比較すれば、検事の刑事政策的公訴に羈束せられざる、独立性を有する点に於て、敬意を払ふに足るものがあるが、神垣秀六判事等の第一審判決に至つては、実に甚しき誤判であつた。

従来我々の判決に対する攻撃は、上級審に於て之を行ひ、稀に法律専門雑誌に判例批評を為す程度であつたが、裁判の神聖、裁判の是正は国家国民の休戚に関する大問題であるから、此機会に寸毫も忌憚なき私（アキママ）を述べる。

人伝に聞いた耳学問であるから、多少の違はあるかも知れぬが、ウヰルヘルム一世がポツダムに離宮を造つたところ、離宮の門前に粉屋の風車があつて甚だ目障りであるので、宮廷の官吏を使として、其取払を命じたが、粉屋の老爺は頑として応じない。再三の王命を拒んで怎しても取払ひますと言はない。或日、王が狩猟の帰りに偶然此粉屋の老爺に途上で邂逅したので、王は、先頃から侍臣を遣はして風車を取払へと申すのに何ぜ取払はぬかと直談判を始めた。粉屋の老爺は、陛下よ、陛下は最近此地へ離宮をお造りでありますが、私の家は三代前から此処で粉屋を致して居ります。後から来られた陛下が、三代前から住んで居る私に風車を取払へと言はれるのは無理であります。夫とも陛下が何んでも取払へと仰せられるならば、陛下の裁判官に裁判して貰ひませうと答へた。流石は名君で、この老爺の言を聴いて、独逸国民は朕の裁判官を是程まで信用するのかと、非常な御満足で、爾来此風車は国賓的存在として今日まで保存されてあって、私は留学生より此風車の絵葉書を送られたこともある。独逸国民が裁判官を信用する限り独逸は永久に滅びない。我々の同胞が裁判官を信用することが、此老爺に劣らざることを切望する。

国家の官吏として、自己の理想を実現し得るものは、裁判官に如くはない。此点が裁判官を崇高ならしめ、尊厳ならしむる所以である。然るに人々の理想なるものは、千種万態、一人として同一のものはない。裁判官中にも温情に富むあり、冷酷なるあり、形式に傾くあり、実質に重きを置くあり、主観主義あり、客観主義あり、検事に偏するあり、検事に拘はらざるあり、公判を中心とするあり、予審を信ずるあり、世情を解するあり、解せざるあり、責任を重んずるあり、然らざるあり、古の酷吏に似たるあり、寛厚にして慈父の如きあり、職権の城壁に立籠るあれば、毫も辺幅を飾らず旧知の友人の如きあり、人心の同じからざる其面の如し。一人として同じものはない。而して此裁判官の個性が日々の裁判事務に現はれ来るのであるから、裁判官の甲たり、乙たるに依て、被告の利害は実に毫厘千里の差を生ずるのである。併し同一又は類似の事件が、裁判官の甲たり乙たるに依て、審理が鄭重であったり、粗末であったり、判決が軽くなったり、重くなったりすることがあっては裁判の威信が保たれない。故に裁判官たるものは、極端なる自己本位であってはならぬ。何事によらず世間には通り相場と云ふものがある。並外づれた自己本位は、夫が他人と交渉を持つ場合には、其処に被害者を生ずることを免れない。裁判にも通り相場がある。相類似した犯罪に科する刑期は全国を通じて同程度である。証拠調べでも、被告の訊問でも裁判官に依て、著しき懸隔があってはならぬ。然るに裁判官の個性の相違は奈何ともし難いもので、被告人や弁護人の間で、有罪判事と云へば其名を言はずして判る人さへある。是は判事の個性より来るものであるが、裁判官としては大なる欠点である。裁判は一方に於ては被告人を心服せしめ、一方に於ては時代の通り相場を外れてはならぬ。前に挙げた誤判の如きは僅少なる事例に過ぎないが、総て誤判とせらるゝ裁判は後から調べて見ると、何処かに粗漏とか独断とか誤判の由て来る欠陥を発見するのである。若し裁判官に被告に満足を与へよう、被告を心服せしめよう、との親切心があつたならば、決して誤判なぞするものではない。裁判を強制と心得るから凡百の弊害が是より続出するのである。

裁判官の第一要件は自己を空しうするにある。或判事は転向したる共産党被告に向つて、転向は事後のことであるから、減軽の理由とならぬと説示したと伝聞したが、刑事訴訟法は、犯罪後の情況に依つては、公訴を提起しないでも宜しいとまで規定してあるのだから、現行法の精神を尊む人ならば、転向は減軽の理由とならぬなぞと、放言することは出来ない筈である。想ふに此判事の如きは、犯罪を憎悪をする個性が強くして、不知不識、斯る言葉が流露したのであらう。固より犯罪は、共同生活を毒するの甚しきものであつて、其根絶を希望すべきことは勿論であるが、犯罪に必ず其由て来る原因があるのであるから、其原因を考へずして、犯罪人のみを憎むのは、一種の復讐心に燃ゆるものであつて、裁判官としては慎まねばならぬ。

五千年も昔に、孔夫子は訟を裁くことは六かしいことではない。訴訟の起らないようにするのが政治の要諦だと喝破して居る。昭和の聖代に、原因と結果とを混同して厳罰主義に惑溺し、牽て誤判に陥るものあるは慨嘆に堪へない。

或高僧の歌に

慈悲の眼に憎しと思ふ人もなし罪ある身こそなほふびんなれ

といふのがある。裁判官としては此心掛がなければならぬ。

前に部分的冤罪として挙げた、五・一五事件に見ても、第一は懲役十五年、第二審は禁錮七年、大審院は禁錮五年、第一審は殺人及爆発物取締罰則違反、第二審は騒擾罪、大審院は叛乱罪と、刑期と罪名に霄壌の差異のあるのは、一に裁判官の個性の相違より来るものであるから、己を空しふすることの出来ない、人並外れて自我の強い人は、裁判官として適格者ではない。

憲法や、裁判所構成法に於て、裁判官の地位を安固にして独立を確保したるは、行政官や上司の圧迫を恐れざらしむる保障であることは勿論である。独立なるが故に、道徳上の責任は、一層重かるべきである。古来奴隷が無責任なるは、独立したる人格がないからである。独立は対外的であり、責任は内省より来るのである。独立に藉口して責任を免れんとするは、却て憲法や構成法の精神に反するものである。然るに未だ曽て、誤判の責任を負ふて職を辞したる裁判官あるを聴かない。仮令一事件と雖も、著しき誤判を為すが如きものは裁判官の資格を欠いたものである。

検事は判事ほどに、憲法や構成法で保護せられてはゐないが、夫でも構成法に、刑法の宣告、又は懲戒の処分に由らなければ免職されないことになつて居るが、道徳上の責任は負はなければならない。最近五・一五事件に於て、検事は陸海軍の軍法会議の意見に反して、殺人及爆発物取締罰則違反等の破廉恥罪名で起訴して、第一審は、検事の主張通りになつたが、上告審では、最初検事の反対した軍法会議の解釈が是認せらるるに至つて、検事の面目は丸潰れである。加之聞くところに依れば、検事総長は、近日第一審にて確定したる他の被告の為に、非常上告の手続を執るとのことであるが、非常上告とは刑事訴訟法第五百十六条に

判決確定後其ノ事件ノ審判法令ニ違反シタルコトヲ発見シタルトキハ検事総長ハ大審院ニ非常上告ヲ為スコトヲ得

とある条文に依るものであつて、検事は先に自己の主張したる、殺人及爆発物取締罰則違反が誤りであつて、自己の反対したる叛乱罪が正しいとして、非常上告するのであるから、法律を以て職務とするものとしては、此上なき失態と謂はざるを得ない。斯る前後矛盾の行動は、検事総長として相当考慮せらるゝことであらうが裁判所構成法第四十八条に

大審院ニ於テ裁判ヲ為スニ当リ法律ノ点ニ付テ表シタル意見ハ其ノ訴訟一切ノ事ニ付下級裁判所ヲ羈束ス

とあつて、検事を羈束するとはないが、法律の統一を目的とする立法の精神を尊重して、既に確定したる他の被告の為め、非常上告の手続を執て裁判の是正を為すことは、公益の代表者たる検事の当然の責務である。若し夫れ検事の失態曝露を恐れて、非常上告を為すことを躊躇するが如きことあらば、更に失態の上塗りをするものであつて、天下後世の史家の筆誅を蒙るであらう。

検事総長が非常上告を為すと否とを問はず既に大審院が判《(ママ)》乱罪なりと明断を下した以上は、検察当局の失態は掩ふべからざるものであつて、斯る失態を演出したる検事が無責任であつては、国家の風教上に及ぼす影響も大いに考慮しなければならぬ。人を責むるものは先己を正しふせよとは、不磨の道徳的規範である。公益の代表者であつて、刑事裁判の原告官たるものが、自己の過誤について馬耳東風の態を為すあらば遺憾に堪へない。世人と共に今後の推移を監視することにしよう。

筆の序に一言するが、近来司法省は大臣以下枢要の地

位は殆んど検事の占むるところと為り、又裁判所に於ても、大審院長、東京控訴院長の如き要職が悉く検事出身者の占むるところとなつて、司法省や裁判所に、検事偏重の勢が旺んである。河村善益、水上長次郎等の検事長級の人々が貴族院議員と為つても、横田秀雄、牧野菊之助、和仁貞吉の如き歴代の大審院長が、毫も顧みられないのは、司法部が検事偏重となつた証拠である。検事は職制上、命令服従の関係であるから、学説としては検事一体論である。判事は独立ではあるが、独立は時として孤立に等しいので一体の検事勢が孤立の判事陣に対して、優位を占むるのは自然の勢である。立法者は予め慮かるところがあつて、構成法第八十一条に

　検事ハ如何ナル方法ヲ以テスルモ判事ノ裁判事務ニ干渉シ又ハ裁判事務ヲ取扱フコトヲ得ズ

と明文を以て、判事と検事の職務の限界を明かにしてある。此条文は、職務上に於ける検事の干渉を防禦したるものであるが、縦令特定の裁判事務に干渉せざるも、監督官たる大臣や、院長が悉く検事出身たるが如きは、此法律の精神に鑑みて堅く避けなければならない。

冤罪や誤判を防がんとすれば、第一に判検事の道徳上の責任を明かにし、第二に検事偏重の弊を撓めることが肝要である。

菅原道真は天満宮として、日本国中如何なる僻村でも、一村に二三社祀られないところはない。道真の国家に於ける勲業は、中臣鎌足と比較して、其右に出づるものとは思はれないが、夫れが全国的に国民崇拝の的となつたのは、冤罪を蒙つて筑紫の辺陬に窮死したる、冤罪者に対して国民の同情が、然らしめたのである。此反面に我々の同胞が、冤罪を悲しむの精神を見ることが出来る。切に裁判に関与するものゝ自省を祷る。

（今村力三郎著『法廷五十年』　専修大学　昭和二三年）

第3章　今村力三郎が語る政治論および教育論

五九　社会の重心点大阪に遷る（大正六年六月）

社会の重心点大阪に遷る　　弁護士　今村力三郎

一、江戸ツ子の弱点を遺憾なく暴露した総選挙

吾輩は今日の官僚と政党とその孰れに対しても殆ど何の興味をも有せざるものである。彼等は共に真正の意味に於ける政治、即ち大多数国民の生活と没交渉のものである。けれども今回行はれた総選挙の結果を、単なる社会の出来事として観察すると、其処に面白い幾多の傾向が看取せられる、吾輩は先づ、東京の市部及び郡部の選挙と、大阪の市部及び郡部の選挙とを比較対照して、其処に日本に於ける社会的重心が、非常の勢を以て、大阪に遷りつゝあることを認めざるを得なかつた。先づ東京市部に於ける総選挙の結果を見るに、前回三千百五十六票の多数を以て第一位当選の栄誉を勝ち得た古島一雄氏が、遽然その地位をかへて最下位に落ち、千四百九十八票を以て危ふく落選の悲運を見んとして居るのは何事であるか。勿論古島氏の政治的生活に変化があつた為ではない。軽佻にして浮薄、狂躁にして放濫なる所謂江戸ツ子の感情が之を然らしめたのである。

更に鳩山一郎氏と、磯部尚氏とは吾々の立憲的観念と全く相容れざる一種の世襲代議士である。吾輩は鳩山氏と磯部氏とが、政府党たるが故に之をいふのではない。又、彼等が共に政友会の代議士たるが故に之をいふのではない。鳩山氏も磯部氏も、勿論厳君の名を辱めざる俊秀で将来有為の人物たるに相違はあるまい。唯、両氏の公的生涯の出発点が、共に厳君の社会的地位以外に何ものもなかつたといふことは事実である。思ふに両氏は其厳君の社会的地位を以て、我身生涯の不幸と歎ぜらるゝ程実力に充ち満ちた人であらう。併しながら、東京市民の両氏を選出した理由が、一郎氏に非ずして鳩山家に在り、尚氏に非ずして四郎博士にあつたことは世間一般の認める所である。殊に磯部尚氏を間違へて父四郎博士に

投票した市民のあつた如きは実に天の東京市民に加へたる一大諷刺ではないか吾輩は。(ママ)鳩山磯部両氏の鼎の軽重を問ふのではない。東京市民の非立憲思想を嘲るのである。日本の文明の為に世界に類例のない代議士世襲制度を悲しむのである。

　更に東京市の代議士がそれ〴〵根拠地といふものをもつて居るのも、立憲政治の上に於いて面白からぬ現象である。彼等が真に主義と政見とによつて立ち大多数国民の台所の調節に任ずるものであるならば、根拠地などいふものゝ有るべき筈はない、或る候補者の主義、政見に賛成する全市の階級は、挙つて彼に投票し、大なり小なり得票は各区によつて数の平均を示すべき筈である。然るに高木益太郎氏の日本橋区に於ける千二百十七票に対する赤坂区の五票は抑も何を意味するか。鳩山氏の四谷、牛込、小石川、本郷四区の得票小計千七百一票に対し他の十一区の得票を合して九百十六票、即ち約半数に過ぎざるは何を意味するか。此点に於て稍や理想に近き得票を示すものは鈴木梅四郎氏と古島一雄氏との二者あるのみである。

二、大阪市民の政治的自覚

　翻つて之を大阪市部の選挙と比較し来る時、吾輩は其処に大阪人の中心に、鞏固なる政治的自覚の鬱勃として発せんとしつゝあるを認めざるを得ない。白河次郎氏の如き今井嘉幸氏の如き吾輩は未だ、親しくその人に接するの機会を得ぬが、兎も角も、一個の主義、政見を以て立ち、言論文章を以て政戦の武器とした、新人物を擁して政府に肉薄せしめんとする大阪市民の意気と、世界に類例なき代議士世襲制度を創設して、元老政治と対応せしめんとしつゝある東京市民の頑愚とを比較し来る時、吾輩は其処に驚くべき勢を以て社会の重心点が東京から、大阪に遷りつゝあるの事実を見るのである。

　更に郡部の選挙に就て之を見るに、東京では、唯一人の高木正年氏を除いて、他の四人の当選者は尽く政友会員である。大阪の郡部に於ては、憲政会と国民党とが、政友会を全滅させたことになつて居る。重ねていふが、吾輩は憲政会に味方するものでもなく、又政友会に味方するものでもない。唯、この事実を事実として観る時に於て、吾輩は、大阪人に、政府の力を眼中に置かぬ、強い強い政治的自覚が生れつゝあるといふことを認めざるを得ない。然り、政府何ものぞ、官僚何ものぞ、我等は我等の実力を信じて我等の利益と幸福とを計る政府を建設しなければならぬといふ真に政治的興味が大阪人の中心に萌しつゝあることを認めざるを得ない。東京の郡部は政友会の政治的勢力牢乎として抜くべからず、其永久的地盤として自他共に許した所であるに拘らず、大隈侯の破壊的斧鉞が一たび触れると、案外にもその弱点を暴露した。而も政友会が再び政府の与党となつた今日に於いては、又靡然として政友会の勢力に服して居る。見よ、彼等は常に政府の与党に追従し政府の力に依倚してその生存上の利益を計らんとするの外、何等の主義もない。何等の定見もない。彼等は未だ自己の実力を識らぬ。人民が自己の力を信ぜざる所に立憲政治は行はれぬ筈である。

三、大阪の実業と東京の実業

一言にして云へば今や大阪は天下の実力である。之に対して東京は唯学校と官庁との所在地たるに過ぎぬ。大阪の実業は、政府の力に依らずして発達し、政府の権勢に倚らずして立つて居る。東京の実業は徹頭徹尾政府の力に依倚し、政府の予算に由つて立つて居る。大阪の実業家は天下の町人を以て誇りとし、東京の実業家は、政権に攀縁して特殊の便益を得んことにのみ腐心して居る。此傾向は既に江戸時代から顕著であつたが。維新の改革によつて東京は一時不自然に膨張し、大阪は一時、不自然に圧迫された形であつた。処が、日清、日露の両戦役を経て、日本が商業時代から工業時代に入るに随つて、社会の重心は非常な勢で大阪の地に移動を始めた。

東京の実業家の意気地のないことは、近頃の郵船会社の紛擾が遺憾なく之を証明して居る。此世界的大変乱の機会に投じて、僅か二十万や三十万の利益を獲たとて、その金の使途に困つて重役と株主とが喧嘩を始めるなどは抑も何等の醜態であるか。摺つた揉んだの末が棺桶から首を出して、纔に余喘を保つで居る渋沢だの、中野だのいふ連中を引張り出してヤツト仲裁をしたのは未だしもとして、厭がる老人を無理に入社させて難有いお葬式を頂戴するなどは会社の無能も余りに甚だしい。宛然二十日鼠が鰹節をくはへて台所をウロウロした形である。今時大阪へ行けば二十万や三十万の金は、気の利いた番頭さんが、一人の頭で差配して居る。何時まで経つても政府に手をひかれることばかり考へて、独立の出来ぬ東京の実業家の意気地のなさは大抵こんなものである。

大阪の勢力が東京を支配して居るといふことは既に過去の問題で今は唯、その事実が何人の眼にも著るしくなりつゝあるといふに過ぎぬ。兜町は東京の取引所に非ずして、正に大阪の取引所である。大阪の人が売れば下り、大阪の人が買へば騰る。東京の人は唯その後に尾いてヨタ〳〵して居るだけのもので、実に見られた態ではない。若し大東京市から大阪の力の影を除き去つたならば広い武蔵の平原に残る所のものは、官立学校と、官庁の建物だけであらう。

四、日本の民本主義と大阪

力の存する所には必ず自覚がある。大阪人は今やその恐るべき力を自覚し始めた。大阪には近頃全く人民自体に発する社会運動、政治運動が芽を萌しつゝある如く見受けられる。

之に例ふれば、近く上畠、岸本、白川、長尾、湯浅の諸君を始めとし、大阪弁護士団の有志により疾風迅雷的に決行せられ、僅々三日にして其目的を達したる大阪市の市電第三期線完成祝賀会公金浪費問題の如き、少数富者の豪華衒耀に対する大多数市民の憤懣呪詛を以て反対の旗幟となし、与論の沸騰と識者の同情とによりて、市当局者をして倉皇其準備を徹するのを止むを得ざるに出でしめたるが如き、実に大多数市民の利益と幸福とが極端に蹂躙され、無視され、侵犯せられつゝある東京市に於ては、曽て例を見ざる近来の大快事である。東京市に於ては瓦斯問題に於ても、電灯問題に於ても、電車問題に於ても、大多数の貧民階級は常に少数富豪階級の犠牲となつて、残酷極まる負担を課せられて居る。而も之に対する与論の抵抗は極めて微弱である。識者の反対も殆ど絶無に近い。江戸ツ子は宜しく膝まづいて『義侠』の二字を大阪人に捧げ、甘んじて『贅六』の二字をその頭上に戴くべきである。更に、かの関税引上反対運動の壮烈にして、中心より当局の心胆を寒からしめたるが如き、東京市民の無力無能を以てしては到底企て及ばざる所である。

五、大阪市の実力と新聞紙

更に驚くべきは大阪市に於ける新聞紙の発達である。新聞紙は其国、其都市、其地方に於ける国民生活の反映である。日露戦争後、大阪の新聞紙は、一躍して日本の権威となつた。報道といふ方面から見ても、指導といふ方面から見ても、東京の新聞紙は今や全く大阪の新聞紙に及ばないことが明かとなつた。東京に住みつゝ全日本の国民生活に関係のある仕事に掌つて居る人々は、大阪の新聞紙なくして日を送ることが出来なくなつた。切言すれば東京の新聞紙は見ずとも、大阪の新聞紙だけは見なければならぬことゝなつた。日清戦争までは、三州岡崎駅に止まつた大阪新聞の売声が、時勢の推移と共に浜松に及び、静岡に及び、国府津に及び、横浜に及び、今日に至つては東京市中に於ける大阪新聞の配達部数が日に日に多きを加へんとしつゝある。見よ大阪の勢力の東京を征服しつゝあることは、大阪の新聞紙が東京市を風靡せんとしつゝあることによつて知られる。

大阪市民は今や国家の中堅である。国家の元気である。人民の力を根柢とする日本の新しい立憲政治は、将来必ず大阪から生れるに相違ない。

（『実生活』第九号　大正六年六月）

六〇　濫りに憲法違反論をなす勿れ（大正九年一〇月）

濫りに憲法違反論をなす勿れ　校友　今村力三郎

何か少し進んだ立法を企てると、反対論者はよく憲法違反論を持ち出す、憲法は無上の大権であるから、之に違反することは実に容易ならざることで何人と雖、憲法に違反することを認めて、違反立法を企つる筈はないのであるが、反対論者は声を大きくして、論敵を圧するには憲法を笠に着ることが議論の内容よりも、寧ろ、其外形を強くするので、屢々憲法違反論が持出されるのではあるまいか、陪審制度にも、憲法違反論があつた、司法官停年法にも憲法違反論があつた、私は今爰に陪審制度や司法官停年法が憲法に違反するや否やの憲法論を批判しやうとするのではない、之等の立法が一般社会に必要とすれば、固より問題はないが、若し今日の弊を救ふに陪審制度や、司法官停年制が、応病与薬の効ありとすれば憲法違反論を振翳して必要の立法を阻止せんとするは余りに形式に囚はれたものではあるまいか、憲法違反論の対者となり、憲法違反者として攻撃せらるゝことは誰でも快とせないのである、可成はそんな攻撃より免れんとするは人情である、陪審制度は現に法制審議会で立案中であるそうだが、憲法違反の攻撃を避けんとして反つて不徹底のものになりはせぬか、出来上つたものは存外識者の期待に反くかも知れない、憲法違反論者中には、声を大にし、名を憲法論にかりて、自己の利害を包装するものがあると聞く、司法官停年法の裏面には此種の編者が隠れてゐたとの世評もあつた、法律は固定し社会は進歩する、随つて一度制定した法律は常に社会の進運に後るゝのか自然である、然し成文法を屢々改正して社会の進歩と並置せしむることは、到底不可能である、そこで法律の解釈と適用によつて、僅かに其弊を救ふのである、法律の成文は、今も昔と異らざるも、解釈によつて新たなる意義を与へ其適用を改め、時代の要求に適応せしむるのである、若し法律の解釈や適用に於て飽くまで其制度当時の意義を維持せんとするものあれば、柱に謬して琴を弾ずるの愚を学ぶもので一般社会は之が為め法律中毒の害を蒙るのである、憲法とても時代に適応して解釈すべきことは一般法律と異なる筈はない、ある時ある法律の制定を必要としたならば、多少法文上の疑義はあるとしても憲法の大精神に適ふならば、濫りに憲法違反を以て反対すべきでないと信ずる、近来屢々問題となれる、朝権紊乱といふ文句の如きも其解釈に大なる注意を払ふべき事と思ふ、ある論者の如く、広く憲法に異れる主張を網羅するものとせば将来憲法改正論などは甚だ窮屈なるものとなるが、憲法は其第七十三条に於て自ら改正を許してある、だから一方には例令へ憲法と相容れざる主張と雖も其手段が不法ならざる限りは朝権紊乱とならぬといふ議論もある、勿論これ等の議論は積極消極何れとしても、更に大なる議論の存することではあるが、私の言はんと欲するところは其議論の可否にはあらずしてかゝる朝権紊乱といふ憲法に直接したる文字の解釈でさい、学者や実務家に議論が一致せんのであるからある問題が憲法違反論となるか、ならぬかの問題を生じたる時、これを軽々に憲法違反として論敵を攻撃することは大いに慎むべきであるとの点にある、昔、刀剣家の中に正宗といふ鍛工が実在しないといふ説と、否実在したといふ説があつて盛んに互に論難攻撃したことがあつた、其実在論者が反対論者は正宗はないと主張するがそんならば御物の正宗はどうすると攻めよせた、かう言はるれば議論は出来なくなるが、それが唯議論を止めた丈で真理研究にはならない、多くの憲法違法違反論は此正宗論と似てゐる。

（『専修大学々報』第一巻第一号　大正九年一〇月）

六一　戦争責任の反省（昭和二五年一月）

戦争責任の反省

今村力三郎

今は弊履の如く棄てゝ顧みられない明治憲法にも宣戦講和は、天皇の大権に属するとの判然とした条文があつた。しかるに軍国主義者は満洲事変、北支事変、上海事変遂には支那事変と、事変の名を以て日清、日露の両大戦を凌駕する大兵を動かして巨万の軍費を請求し、帝国議会も唯々諾々として軍国主義者に盲従したのであつた。これは明治憲法第十三条の明文に照しても天皇の裁可しない戦争は絶対に有り得ないのである。しかるに貴衆両院は勿論のこと国民の唯一人として天皇の裁可なき戦争は絶対に有り得ないのに、議会に於ても戦争軍事費を拒絶すべきであるとの説を吐たものは皆無であつた。加之岡田朝太郎が支那事変は無名の師だと語り、渡辺徹蔵が大本営発表の米国軍艦の撃沈は米国の保有軍艦に其後の進水軍艦を加えた数よりも遥かに多いと語つたことが虚妄の言として起訴せられ、両人は何れも有罪の判決を受けた。人権擁護の大任を司る裁判所も軍国主義者の前に甲を脱いだのであつた。終には推薦候補の名を以て政党まで軍国主義の一色に塗り潰されたのであつた。しかして我等国民は軍部のなすがまゝに任せ、憲法は遺憾なく蹂躙せられたのであつた。今から顧みて恥づべき日本国民であつた。この日本国民が果して堅実なる民主主義国家を樹立する任に耐ゆるや否や。

昭和二十四年十一月十三日の朝日新聞に茂木昭子さんと云ふ一夫人が東京の或る米人の家庭を訪問し、その直感をパールバツク女史へ手紙に書いて送つた。その一節に

彼女が訪問した一アメリカ人の家庭で示された高度の物質文明には驚嘆したが、それにふさわしい知性と云ふようなものは感じられなかつたことや、アメリカの人々が日本人を理解しようとする愛情に欠けているのではあるまいかと云ふ、この一つの家庭から受けた疑問を述べ、食糧の輸血と同じように精神的な愛情の輸血を希望して止まないとの意が述べられた。

この手紙に接したパールバツク女史は最大の感銘を受けその写しを作り、現在アメリカで最も優れた三人の婦人へ送り、その意見を求められた。その三人の婦人とはスミス女史、グールド夫人、ルーズヴエルト夫人である。その中で私の最も深い感銘を受けたのはルーズヴエルト夫人の返書中左の一節である。

日本政府のしたことについて日本の人達はほんとうには何も責任もなかつたのかもしれませんが、アメリカ人にはそうは考へられないのです。アメリカ人はもう長い間民主主義の下に暮して来ているので政府のすることには自分達も責任があると考へることが習慣になつてしまつています。だからアメリカ人としては二つの国の間に戦争を起した責任はどうしても日本人にあるのだと云ふ考へ方をするのです。真珠湾攻撃の日以来アメリカではこんな見方が一般に受け入れられた日本観になつてしまつているのです、これが貴女のお会になつた人達との関係が何となくぎこちない原因でしよう。私はこの点について貴女が殆んど考慮を払つておられないように思ひますが、私たちに取つては忘れると云ふことはなかなか六づかしいと云ふことを御記憶下さい。

全部の日本人は戦争は軍閥のしたことで日本人のしたことではないと考へているが、憲法あり議会ある日本人の全部が軍部の独裁に盲従した我々日本人に戦争の責任があることはルーズヴエルト夫人の云ふ通りである。もし日本人各自が戦争責任者たることを深く反省したならば、直に社会の秩序も回復するのであろうし、闇商売も跡を絶つであろうし、国際信用も回復するであろう。終戦後四年の歳月を閲し今なお混沌たる不安状態を免れざ

るは、戦争責任の自責を忘れて私利私慾にふけるからである。

民主主義は正義の主張に勇敢なることである。泣く子と地頭に勝たれぬとの諺を金科とする日本人に、民主主義を徹底させることは容易の業ではない。今日国民の先頭に立つて勇敢に正義を主張し得るものは弁護士を以つて最とする。偶然、ルーズヴエルト夫人の書簡を読んで我々が事変の名に隠れた大戦争を黙認した過去の鄙怯を回顧し匆々この文を草した。

(『日本弁護士連合会会誌』創刊号　昭和二五年一月)

六二　政治と国民の自覚（昭和二五年二月）

▽現在各政党は内部抗争に没頭している。その原因は感情の衝突と権勢の奪い合いであり、国民の利害とはまつたく遊離している。これでは政党が国民のために存在するものとは考えられぬが、なぜこうなつたかといえば、国民が余りに政治に冷淡であり無知識だからである。国民が熱意をもつて政治を批判すれば政党もドロ試合にのみふけつているわけにはゆかぬ。憲法によつて主権を与えられた国民自身が主人であるとの責任にめざめ、厳しい批判を政党に加えるべきである。政党の腐敗は結局国民の無自覚から生れる。

▽第二次世界大戦の当初、故ルーズヴエルト米大統領は度々戦争不参加を放送したがその後は参戦したばかりでなく戦争の主導力をつとめた。ところが米国人はだれ一人大統領の二枚舌を責めるものはなかつた。一見不思議に思えるが再考すればこれは民主国家の当然の措置で、大統領が不参戦を唱えた時期は米国民の世論が戦争参加を許さぬ時であり、開戦説に転じた時は即ち世論がこれを歓していたからである。ルーズヴエルトは終始民衆の声を聴きその指さすところに従つて解和を博したのであつた。

▽日本国民が一日も早く政治に目覚め厳正な批判を下すようにならなければ到底生活の福祉を守る民主主義制度の確立は期し得ない。（静岡県・今村力三郎・専修大学総長）

(『読売新聞』昭和二五年二月一六日)

六三　戦争放棄は至尊の御宿志と拝察（昭和二五年）

戦争放棄は至尊の御宿志と拝察

戦争放棄哉、戦争放棄哉、人類の最高道徳、国際間の至上道徳は、究極すれば戦争放棄の四字に帰着す。戦争放棄哉、戦争放棄哉、もし今より十年前に、戦争放棄が実行せられしならば、現在の悲境を迎えずして、真に王道楽土の泰平の極楽世界たるべかりしに。敗戦日本、軍備丸裸の日本、戦争無能力の日本が、戦争放棄の憲法を制定するも、足腰立たぬ廃人が腕力を振わずと揚言するに等しく、多くの讃辞を呈する価値に乏しといえばあるいは然らんも、万々一、大東亜戦に優勝して、軍備は愈々益々倍加し、軍人は愈々益々跋扈跳梁し、人類の生存は挙げて悉く戦争目的の犠牲となる社会を想像すれば、たとえ敗戦の結果止むを得ざるに出でたる戦争放棄たりとも、人類の幸福を至上目的とする、国家の終局目的に一歩近づきたる意義において、吾人は満腔の喜悦を覚え、起草者に感謝せざるを得ず。戦争放棄が十年後れたるは、如何にも残念至極なるもその上更に更に、残念至極なるは、我が今上天皇は、十年よりもっと以前から、平和愛好、戦争反対の大御心にておわしませしに、輔弼の重臣にその人を得ず、年々歳々軍国主義を培養育成し、終に金甌無欠の国家を破壊し、屈辱の深淵に陥れたる痛恨事である。

筆者は昭和三年以降、年々御嘉例の御歌会へ賜わる御製を、尾崎千代子女史の揮毫を請い、今年まで十九年継続して、時に触れ、折に触れて拝誦しておりますが、御製は、一首として平和愛好の聖慮の自然の溢れにあらざるものはない。殊に昭和七年、社頭雪の御題に、

降る雪に心清めてやすらけき世をこそいのれ神のひろまへ

昭和九年、朝海の御題に、

天地の神にそいのる朝なきの海のことくに波立たぬ世を

昭和十三年、神苑朝の御題に、

静かなる神のみそのゝあさほらけ世のありさまもかゝれとそ思ふ

昭和十五年、迎年祷世、

西ひかしむつみかわしてさかゆかむ世をこそいのれ年のはしめに

昭和十七年、連峰雪の御題に、

みねつゝきおほふむらくもふくかせのはやくはらへとたゝいのるなり

筆者は、我等草莽の臣が、終世拝謁の機を得ることなかるべきを以て、この一年一度の御製を以て、我々閫外の臣民へ賜わる、一年一度の御言葉として、時々これを拝誦して、独で楽んでいるのであります。

日本人は忠君愛国の精神において、世界に冠たりと誇称し、太平洋戦においても、この精神を以て米国の物量

を征服し得べしと放言する連中もあったが、これら精神論者中の大部分は、いわゆる忠君愛国商であって、口に、筆に臣道実践、忠君愛国を高唱する徒輩の日常は、非忠君、非愛国の唾棄すべき行為の多きことは、世人の多く経験するところであろう。かつて筆者の寓居へ来訪せる禊の大家と自称する人物があって、盛に精神論を吐くので、筆者は、君は今年の御製を知っておるかと問えば、知らぬ、というから、筆者は、君の精神論は偽者だねと一発喰わしたら、彼は率直にこれは一本参ったと、頭を掻いたことがあったが、陛下の御下問に奉答する、いわゆる重臣連に、一年一度の御製を拝誦し、平和を神に祷る聖慮を奉戴し、一身を犠牲としても、君のため国のため精忠の純精神を捧ぐるものがあったならば、この悲しむべき敗戦を俟たずして、戦争放棄の実を挙げ得たことであろうと、残念に堪えないのである。最後の御前会議の実相は、終戦後に至って近衛文麿手記によって、発表せられたのであるが、それによれば、

国策遂行要綱決る

かくして、九月六日、御前会議を以て「帝国々策遂行要綱」が決定されるに至つた。其要綱次の如し、

（御前会議課題）

帝国は現下の急迫せる情勢、特に、米、英、蘭（オランダ）等各国のとれる対日攻勢、ソ連の情勢、及び帝国々力の弾撥性等に鑑み「情勢の推移」に伴ふ「帝国々策要綱」中南方に対する施策を左記に依り遂行す。

一、帝国は、自存自衛を全ふするため、対米（英、蘭）戦争を辞せざる決意の下に、概ね十月下旬を目途とし、戦争準備を完整す。

二、帝国は右に並行して、米英に対し、外交の手段を尽して、帝国の要求貫徹に努む。対米（英）交渉に於て、帝国の達成すべき最小限度の要求事項、並に之と関連し帝国の約諾し得る限度は、別紙の如し（別紙は省略す）。

三、前号外交々渉により、十月上旬頃に至るも尚我要求を貫徹し得る目途なき場合においては直に対米（英、蘭）開戦を決意す。対南方以外の施策は、既定国策に基き之を行ひ、直に米ソの対日連合戦線を結成せしめざるに勉む。右第三項中「十月上旬頃に至るも、尚我要求を貫徹し得る目途なき場合」とあるが、是は最初統帥部提出の原案には「貫徹し得ざる場合」とあつたのを、政府側が交渉して、目途なき場合と訂正したのである。

聖上平和を御主張

御前会議前日、余は参内して議題帝国々策遂行要綱

を内奏したところ、陛下は、

「是を見ると、一に戦争準備を記し、二に外交々渉を掲げてゐる、何だか戦争が主で、外交が従であるかの如き感じを受ける、此点に就て、明日の会議で、統帥部の両総長に質問したいと思ふが」

と仰せられた。余は之に対し奉り、

「一、二の順序は必ずしも軽重を示すものに非ず、政府としては、あくまでも外交々渉を行ひ、交渉がどうしても纏らぬ場合に、戦争の準備に取りかゝるという趣旨なり。」と申上げ、尚「此点につき統帥部に御質問の思召あらば、御前会議にては、場所柄如何かと考へられますから、今直に、両総長を御召になりましては如何」と、奏上せしに、「直に呼べ尚総理大臣も陪席せよ」との御言葉であつた。陛下は両総長に対し謁し、余も陪席した。陛下は両総長に対し、余に対する御下問と同様の御下問があり、両総長は余と同じ奉答をした。続いて陛下は杉山総長に対し「日米事起らば陸軍としては幾何の期間に片づける確信ありや」と仰せられ、総長は「南洋方面だけは三箇月位にて片づけるつもりであります」と奉答した。

陛下は更に総長に向はせられ、

「汝は支那事変当時の陸相なり、其時陸相として、「事変は一箇月位で片づく」と申せしことを記憶す、然るに、四箇年の長きに亘り未だ片づかんではないか」と仰せられ、総長は恐懼して、支那は奥地が開けてをり、予定通り作戦し得ざりし事実を、くどくどと弁明申上げたところ、陛下は励声一番総長に対せられ、「支那の奥地が広いと言ふなら、太平洋は尚広いではないか、如何なる確信あつて三ヶ月と申すか」

と仰せられ、総長は唯々頭を垂れて答ふるを得ず、此時、軍令部総長助け舟を出し、「統帥部として大局より申上げます。今日、日米関係を病人に譬へれば、手術をするかしないかの瀬戸際に来て居ります。手術をしないで此儘にして置けば、段々に衰弱してしまふ虞れがあります。手術をすれば、非常な危険があるが助かる望みもないではない。此場合思ひきつて手術をするか、どうかといふ段階であると考へられます。統帥部としてはあくまで外交々渉の成立を希望しますが、不成立の場合には思ひきつて手術をしなければならんと存じます。此意味で此議案に賛成致してをるのであります」

と申上げたところ陛下は、重ねて、「統帥部は今日のところ、外交に重点を置く主旨と解するが其通りか」と念を押させられ、両総長共、其通りなる旨奉答した。

翌九月六日午前十時、御前会議が開かれた席上、原枢密院議長より、

「此案を見るに、外交より寧ろ戦争に重点がおかれる感あり。政府、統帥部の趣旨を明瞭に承りたし」との質問あり、政府を代表して海軍大臣が答弁したが、統帥部からは誰も発言しなかつた。

然るに陛下は突如御発言あらせられ、

「唯今の原枢相の質問は、誠に尤もと思ふ。是に対し統帥部が何等答へないのは甚だ遺憾である」とて御懐中より明治天皇の御製、

よもの海みなはらからと思ふ世になど波風のたちさわくらむ

と記したる紙片を御取出しになりて、是を御読み上げになり、「朕は常に此御製を拝誦して、故大帝の平和愛好の御精神を紹述せんと努めてをるものである」と仰せられた。理路整然、暫くは一言も発するものなし。やがて永野軍令部長立ち、曰く「統帥部に対する御咎めは恐懼に堪へません。実は、先ほど海軍大臣が答弁したのは政府統帥部双方を代表したものと存じ、独決して居りました次第であります。統帥部としても、勿論海軍大臣のお答へ致した通り、外交を主とし、万已むを得ざる場合、戦争に訴ふるといふ趣旨に変りはございません」と答へた。斯くて御前会議は未曾有の緊張裡に散会した。

御前会議の課題は、その第一項に、帝国は米、英、蘭に対し戦争を辞せざる決意を断言し、十月下旬までに戦争準備を完整すと確定し、さらに外交々渉を十月上旬までと限定せるを以て、主戦派は、この課題が御前会議を通過すれば、対米、英、蘭開戦の承認を経たりと看做し、作戦に好都合の時日を択んで、自己の意の儘に開戦せんとする意図を以て提案したるものなることは、智者を竢ずして明らかなり。第二項、第三項に外交の二字挿まれてあれども、刺身のツマと同様、文章の体裁上取り合せたるに過ぎず。陛下がその前日、宮中にて杉山、永野両総長に御下問後「統帥部は今日のところ外交に重点を置く主旨と解するがその通りか」と念を押され、また御前会議の席上、原枢相が政府および統帥部は、外交と戦争といずれに重点を置く趣旨なりやと発問したるは、この案に対する当然の疑いである。しかるに、政府および統帥部は、この課題を以て戦争承認と看做さんとする、秘策を蔵するものなれば、この質問は開戦派の急所を刺したるものなり。政府ならびに統帥部の輩も、御前会議の席上、戦争が主であるとも答えられず、特に前日陛下より、外交に重点を置く趣旨と解するがその通りかと念を

押されたる次日なれば、政府および統帥部も己れの真意に反して、外交に重点を置く趣旨なりと答えざるを得ざる苦境に陥りたるものなり。近衛手記は、平々坦々と会議席上に現れたる応答のみを記述すれども、原枢相は、主戦派の秘略を看破して発問し、主戦派は急所の一撃に狼狽し、特に杉山は、昨日宮中における陛下の利刃のごとき御質問に懲々して口を開くを得ず。表面に現れたる言葉は少なくかつ冷静なるも、原枢相対政府、統帥部の無言の戦いは、互いに胸中の心火焔々として燃え上がるものあるを痛感する。この凄然たる無言の戦いを目撃し給える陛下が、突如明治大帝の御製を御朗読遊ばされ、平和愛好の聖慮を宣言し給えるは、原枢相対政府、統帥部無言の争闘に、至高の裁断を下し給うたのである。近衛手記は「未曾有の緊張裡に散会した」と結んであるが文章の表面のみにてはそれほどの緊張を感ぜざるも、質問応答両者の無言の激戦に思い及ぼすと、真に未曾有の緊張を感ずる。況んや、その席に列したる人々は、なおさらであろう。筆者は、原枢相の質問にて、戦争を主とするこの国策要綱は、遺憾なく根柢より破砕し尽されたものにて、果して外交を主とする国策ならば、さらに原按を改め、外交主按に訂正すべきであったと考えるが、九重雲深きところにかかる慣例の有無は知らない。政府および統帥部は、原枢相の質問と、陛下の御発言にて、帝国々策要綱は破砕され、彼らの秘略は一敗地に塗れたのである。

第一級戦犯人起訴状付属書類によれば、「昭和十六年六月二十五、六、七、八の四日間大本営連絡会議を開き六月三十日、軍事参議官会議、七月二日、御前会議に於て、南方進出は勿論、北方も時到れば断乎攻撃するといふ、日本の侵略政策の大綱を確立した画期的なものであった」とある。

主戦派は七月初め、すでに開戦を決定し、南部仏印にまで進駐しているのであるから、九月六日の御前会議席上にて、原枢相の質問に対し、外交を主とする旨を答うるは、自ら主戦派の画策を破るに等しく、不本意千万であったであろう。その上陛下が明治大帝の御製を朗読あり、平和愛好の精神を紹述せよとの聖慮を奉戴すべく命ぜられたのであるから、彼等は恐懼し、万難を排して衷心より外交に全力を注ぐべきであるに拘らず、重点たるべき外交を斥けて戦争の一途に盲進し遂に振古未曾有の困難を招いたのである。その最も顕著なるは、昭和十六年十二月七日米国大統領ルーズベルトより、我が天皇陛下へ送りたる親電を遅延せしめ、グルー大使をして天皇陛下に捧呈することを得ざらしめたるは、彼等が直接陛下に奉答せる言葉や、御前会議席上、原枢相に答弁するところと正反対にて、外交蹂躙、外交無視である。主戦派は、精神を否決せられたる国策要綱を盾として聖慮に反き、小策を弄して今日の悲境を招いたもので、その罪たるや実に天地容れざる大逆である。しかるに陸軍はなお反省することをなさず、戦争終息の最後の御前会議まで上陸決戦を固執し、特に八月十五日の近衛連隊の暴動に至っては、狂と言うべきか、愚と称すべきか、評すべき言葉を知らない。国の滅びるときはコンナものかと、長大息するのみである。

活社会に悪事は絶えぬが、悪人が悪事と知りつつ悪事を行う場合と、善人が善事と確信して悪事を敢てする場合とある。甲の場合ハ人に隠秘して窃かに行うから、その影響する範囲も狭いが、乙の場合は、公然と恥じず、畏れず強行するから、その害毒も強烈で、およぼす範囲も広い。五・一五事件、二・二六事件、永田鉄山事件のごときは、乙の適例として近来最も顕著なるものである。これらの事件以来、軍部の企画に反する言動を敢てするものは、生命の覚悟をしなければならぬ。原枢相が御前会議において、主戦派の弱点を突き彼らの秘策を破砕したる事実が、外間に漏れるかまたはこれがため、開戦専行の自由を妨げられたる事実が起ったならば、原枢相は、直接行動派に狙われること、牧野伸顕伯と同様であったであろうと信ずる。多くの閣僚重臣中ただ一人敢然として、主戦派の鋭鋒を挫いたのであるから、陛下も頼もしく思召されたことであろうと拝察する。筆者は原枢相とは多年の親友であるが、死を決して勇往邁進する勇者とは見ていなかった。ただ自己の信ずるところは、平然として日常茶飯事のごとく行動し畏れず、矜らず、淡々として言うべきは言い、行うべきは行う人と見ていた。それが真の大勇であったかも知れぬ。御前会議における発問も、原としては、事前に生命の危険までも覚悟したのではないかと察するのが当っているかも知れぬが、彼の簡単な発問が導火線となり、陛下の重大なる宣言を仰ぎ、未曾有の緊張を迫出したるは、史上に大書特筆さるべき悲愴なる一景観と愚考する。原嘉道は人生の大半を、在野法曹に送り、晩年田中義一に抜擢せられて司法大臣となりて令名あり、退官後貴族院議員の推薦を辞し、余生を楽しみしに、枢密院議員に推され、副議長を経て議長に陞りし経歴の人であって、御奉公の期間は比較的短期日である。しかるに、昭和十九年八月、その薨去するや男爵を賜わり、異例の優遇に筆者はいささか解しかねるところがあったが、この近衛手記を読みて、これある哉と膝を打った。そして賜った誄詞に、

温厚ニシテ強毅、誠実ニシテ綿密

とある冒頭の八字が原嘉道の全性格を尽してある。陛下の信頼厚かりし所以、薨去後優渥なる恩寵を賜わりし所以が釈然として理解されたのであった。

原枢相に関する感想や、追憶にて筆路が少し横途へ外れたが、善人が悪事を善事なりと確信し公々然として、悪事を強行した軍国主義者中には、たとえ聖慮に反するも、その結果において邦家を利すれば可也、満州事変のごときその好例なりと揚言するものあり。この精神が増長慢となりて、九月五日、杉山総長は、前記近衛手記にあるごとく陛下の詰問を受けて答うる能わず、惶々然として退下する際、

杉山と武藤章（軍務局長）は、御前を退下する途中で、「今日は陛下に叱られた」と不遜な口吻で、傍の人に話したという挿話が残っている（旋風二十年）。

杉山は陸相として、支那事変の作戦の大違算について、直接陛下より、その責任を問われたのである。もし彼杉山が、我が国体と臣道とを理解するならば、即日辞表を呈し、その不明を陳謝すべきであるに、かえって不遜の態度を示し、君権を蔑視し、一意開戦に狂進したるは、史上にその例少なき驕臣というも過言に非ず。そして彼等は、国民に向って臣道実践を呼号するのである。彼等は、他人の言議が僅かに統帥権に触るることあらば、大権干犯なりと大声叱咤しながら、事変の名を以て日清、日露の大戦を凌駕する大兵を動かしても、宣戦の御裁可を仰がないのである。

ミッドウェイ敗戦以来、第一線から来る報告は、悲観的要素が次第に濃くなつて来た。かういふ報告を東条が喜ばないことを、知り抜いている武藤軍務局長は、あまり悲観的な部分は削除して、東条にさし出した。之を受け取つた東条は、更に此報告に手を入れてよくしたものを、天覧に供したのであつた（旋風二十年）。

日露戦争当時にあっては、作戦の必要より国民に厳秘することはあっても、陛下へは事の利不利を問わず、細大漏らさず真実を奏上したのであった。太平洋戦の首脳者輩は、陛下と国民を欺き罪とも悪とも思わず平然たるものであった。四月十八日、米機第一回の空襲を受けたとき、大本営は九機撃墜したりと発表した。当時花柳界において、法螺吹客に向って、あなたそれは九機撃墜でしょう、という流行語があった。筆者は心窃かに大本営の何人が、如何なる責任を負うて陛下に虚報を謝し奉ったことであろうかと考えていたが、今日より想えば、彼等は陛下を欺くを常習として平然たるものであった。かくして平和愛好の聖慮を妨害し奉り、振古未曾有の国辱

を招き、七千万同胞を塗炭の苦しみに陥れたのである。筆鋒が、思わず好戦軍閥の攻撃に進められたが、過去の罪悪を追窮しても、すでに遂行されたる事実は、これを如何ともすることは出来ない。筆者が以上述べ来たったのは、平和愛好の聖慮を蹂躙し、聖明を壅塞したものがあったために、無謀の戦争を惹起し、現在の国難を招いた顛末を明らかにせんとするにある。

今や七千万同胞は、追うべからざる既往を顧みず、再建日本に専念驀進する一途あるのみである。

昭和二十一年、御歌会始の儀の松上雪の御題に、

ふりつもる深雪にたへて色かへぬ松そ雄々しき人もかくあれ

と詠じ給いし大御心は、我々同胞が新平和、新日本の再建に努むる信条であります。我々は松の勁さを鑑とし、深雪に耐えて進むほかはない。

日本は現在、外力により強制せられた革命の進行中である。軍国主義を掃蕩して、民主主義を確立せんとする無血革命の真最中である。形の上では軍部は完全に解体し、中心人物は戦争犯罪者として、連合国の審判を受くるに至り、軍国主義絶滅の域に達したりと見ることも出来るが、これに代るべき民主主義の確立に至っては、殆ど未だ緒についていない。政治経済の方向さえ定まらないので、民心の不安は、時々刻々険悪になるばかりである。

民主主義とは、正義の主張を平等ならしむるに外ならぬ。自己の正義を厳守すると同時に他人の正義を尊敬するのが民主主義の神髄である。正義は自己にのみあるものと固信して、他はすべて不正義なりと偏執するのは、古の暴君の態度であって、民主主義の敵である。この点につき、筆者の最も遺憾に思うのは各政党の態度である。彼等は朋党比周して、互いに他を罵り、論争を事としているが、胸中私心満々であるから、虚心担懐対手の正義を認めることが出来ない。正義は我のみに存して、対手は常に不正義であると、独断するのであるから、国民の苦難を忘れて論争に耽るのである。しかしながら、正義は我にあることもあり、また時として彼にあり、また彼我の中間にあることもある。我以外にある正義を、冷静に受け入れることの出来ないのは、我が胸中の私心がこれを拒むからである。苟も公党を標榜せる政党たるものは、私心を綺麗に棄て去って公心日月のごとくあらねばならぬ。正義とか公平とか抽象的には判りきったことのように、誰でも口にするが、一つの事実問題につき、なにがこれ正義、なにがこれ公平となると判断がむずかしくなる。現前、ソ連にはソ連の正義があり、米には米の正義があるので、連日の外電は、多くの問題につき米ソの背

反を報じている。米は大衆民主主義であり、ソ連は独裁共産主義である。この二大強国の正義が、不幸にして衝突したりと仮定して、我が日本の荷える運命や如何。

戦争放棄、軍備丸裸の日本は、戦わんとしても戦い得ないから、戦争放棄は容易にかつ簡単の問題であるが、もし米ソが旗鼓の間に相見ることあらんか、日本は必然戦争敷地となって、彼の中立国蘭、白（ベルギー）の轍を踏むことは免れないであろう。そして国内は、米国式民主主義と、ソ連式共産主義の抗争が起って、民主主義者は米国に味方し、共産主義者はソ連に加担し、ここに悲しむべき内部抗争が起らぬと、誰が断言し得るであろうか。

共産党の首領は、政党は国民に愛されねばならぬと言い、名言として各方面の称賛を博したが現実は、国民は共産党を恐れているが、愛してはいない。既往において、残酷な「リンチ」を行ったこと、「ロマノフ」朝の末路の残忍な虐殺のこと等が、国民の記憶に残っており、また運動資金をソ連の共産党本部に仰ぎ、運動の方針、手段の指令を受け、全世界を共産主義一色になさんとするものと、日本国民は信じている。あるいはこれら共産党に関する概念は、当時弾圧に全力を注ぐ日本当局の作為もあって、ことごとく真実でないかも知れぬが、国民がこれを信じているのであるから、右等の事実が無根なら、これを解くことが国民に愛せらるる先行条件である。そしてこの刻下の重大問題である天皇制につき、ソ連の機関紙が執拗に反対を主張し、共産党が天皇制廃止を主張するのは、一脈相通ずるものがあると見るのは当然であろう。先般天皇が、戦災地を巡視せらるるを選挙運動なりとして抗議したり、市民の先頭に立って宮中へ押し掛けるなぞ、日本国民をして憎悪せしむるも決して愛せしむる所以ではない。かくいうも、政党は愛せられんがために、国民に媚びよというのではない。政治家たるものは、満天下の怒りを買うとも自信を枉げざる剛毅あるを尊ぶこと勿論なるが、小策を弄して、無益の憎悪を招くことは、戒しむべきであるというのである。

戦争放棄を憲法条文に加えたのは、詔勅の聖旨を奉戴し、全世界嚆矢の憲法であるが戦争放棄は全世界の全国家を通じて、その実効を奏し得べきも、一国一民族のみでは、目的貫徹不可能である。軍備を有する国家が、戦争放棄の国家に臨むに武力を背景とすることあらば、世界は、早晩第三、第四の戦乱を招くことは火を見るよりも炳かである。我々日本人は、戦争放棄を信条として、世界に及ぼすべき至聖至高の天命を受けたのである。我が国の戦争放棄が範となりて、全世界人類を戦禍より救うことを得ば、人類の行事としてこれ以上貴くしてかつ偉大なるものはあるまい。肇国以来未曾有の困難に際会して、比類なき平和愛好の至尊を戴き、戦争放棄の大道を邁進する日本国民は、敗戦の悲哀を一擲して新天地の建設に猛進すべきである。戦争放棄哉、戦争放棄哉。

（昭和二十一年五月稿）

（今村力三郎著『法廷五十年』専修大学　昭和二三年）

六四　国家の寿命（草稿）

国家の寿命

今村力三郎

人間の生命が有限であると同じく国家にも自ら定命がある、古来国家の興亡は挙て数へ難く、其新興に方つては旭日の昇るが如く、永遠無窮を思はせるものがあるが、古来滅亡せざる邦国は一ツもない、而して之を達観すれば武を以て興り、文を以て守るものは比較的長く続き、武を以て興り、武を以て守るものは短命である、其長短はあつても天地の悠久なるに比すれば、実に一瞬間一刹那の寿命である

我等の青年以後を回顧しても、英仏独魯が世界の覇権を代る〳〵掌握し、英国は其植民地が東西に跨り、英国には日の没するときが無いと誇つて居たが、今や政治経済の中心が米国に遷り、英国は尾を振つて米国の鼻息を伺ふに汲々として居る、是一に英国の国齢が僕と同様頽齢に達したのである、世界の指導権を掌握する米国も日毎に近寄るものは老の一途である、世に万年の青壮年は無い、我日本は如何、世界の五大国と長夜の夢を見たのは余りにも短かかつた、生長発育の旺盛力が、天を衝く勢の新樹が一刀両断されて地に倒れ、今や僅に新芽を生み、弱々敷伸び始めたのである、天を敬ふ大樹となるのも日本国民の培養如何にある

驕るもの久しからず、驕らざるも久しからずと古人は教へた

（専修大学所蔵）

六五　軍備論（草稿）

軍備論

憲法第九条は誰が読んでも疑問の余地を残さぬ文章で其意味は明瞭である、即其冒頭に「日本国民は正義と秩序を基調とする国際平和を誠実に希求し」とあつて、日本国民が国際平和を念願する国民たる事を表明し、次に之を受けて「武力による威嚇又は武力の行使は国際紛争を解決する手段としては永久に之れを放棄する」とあり、即

国際紛争解決の手段として武力を用ゆる国家の権力を永久に抛棄する旨を宣明し、之を結ぶに「陸海空軍の戦力は之を保持しない」との明文を以てしたのである、即国際紛争解決の手段たる陸海空軍を保持しないと世界に向て宣言したのであつて、少しも自国防衛軍の再建保持を制限した意味はない、端的に憲法第九条の法意を述ぶれば、同条は旧軍閥が侵略軍隊を作り海を越へて朝鮮・満洲・支那・南洋に侵攻した罪悪を全世界に謝罪し、日本国民は今後斯る罪悪を再びせざることを誓つたのである、故に日本国民が自衛の為め軍隊を組織する事は国民の自由であつて憲法に違反するものではない、此点に関する芦辺均氏の議論は正しい、私は芦辺説に賛成するのである

次に近来再軍備につき制限説が行はれて屢眼に触れるのであるが、自衛軍と侵略軍とに依て軍の組織を異にすることは不可能であるから、陸海空の三軍とも用兵に適当する軍備を保持しなければならぬ、併しながら講和条約に於て制限すれば、自ら別問題であつて憲法の問題ではない、今やダレス特使の来日を機とし軍備問題に世論が集中したる感がある、第一に社会党の党大会に於て決議したる党議を見るに、一全面講和、二軍備反対、三軍用基地設定反対の三項目である、全面講和は何人も望む所であるが、今日世界の状勢を見るにソ連と中共を含む全面講和の締結は到底不可能である、然らば全面講和の締結し得る時期迄日本は世界の何れの国とも講和しないで手を拱して待て居るのか、夫こそ百年河清を竢つの愚に等しいではないか、現在の日本は仮令単独たりとも出来る丈早く講和して、自主的国家として平和の国交を回復するのが已むを得さる上策である、社会党の委員長は無刀の日本の姿を理想とし、吉川英治氏の剣聖は究理の結果、無刀に尽きるとの説に心酔して軍備に反対されるのであるが、此小説家の夢想が其儘国家の防衛に適用され(る脱カ)とは実に危険千万である、金日成が無宣言で突然戦車を駆で三十八度線を蹈越へて南鮮へ進入する時、百千人の宮本武蔵かあつても之を防ぐ事は不可能であろう、我々は旧軍国主義者の如く侵略の為めの用兵は絶対になさゞるも、金日成の如き侵入軍に対抗する丈の軍備を持たねばならぬ、其処で憲法の許す防衛軍と侵略軍との相違を考へなくてはならぬが、防衛軍と云ひ侵略軍と云ふも軍の組織や軍器に本質的差違はない、防衛軍とても陸海空の三軍は相助けて其用を為すのであるから其一を欠くことは出来ぬ、社会党の委員長は日本は海を隔てゝ居るから之が一ツの防壁と為ると楽観して居るが、軍艦もなく砲台もなくして日本海が何の防壁になるか可驚議論であ

る、南鮮の李承晩大統領は日本から対馬を還して貰ふと放言したこともある、斯る口実で日本に挑戦し兵を動かさんとする隣国があつた時、日本人は飽く迄無刀で対抗出来ると思ふのか、私は其稚愚に驚かざるを得ない
日本が自衛的軍備を必要とするや否は現在の世界形勢の観察如何に依て結論は正反対になる、全世界に風波なく四海波静に治まるならば、何れの国家も軍備の負担に苦んで拡張又拡張互いに仮想敵国を睨らんで構まへて居る必要はない、私はウエーキ島に於けるマツカアサー元帥とトルーマン大統領の会見に於て、米国の国策と方針は一決して爾后の内政や外交は総て此線に沿ふて一貫して居ると察するのである、金日成を撃退するのも台湾を保持するのも皆此国策の実現であると愚考して居ます、金日成が無宣告で三十八度線を突破したのは予めソ連と中共の認諾を得て、其後援を期待したからである、彼はソ連製の戦車を以て南朝鮮に侵入し、其勢い無人の地を行くが如くであつた、此時此際国連軍の防衛がなかつたなら彼は南韓を征伏し、機を見て日本本土に侵入するであろふ、此侵入軍に対して無防備の日本は無刀流で対抗が出来ると思ふものがあろか、吉川英治氏著書に宮本武蔵に樹上から小銃を以て武蔵を狙撃せんとする敵に向て武蔵は礫を投け（ママ）で眼を潰したと書てあつた、礫で銃に対抗するのは方に竹槍で原子爆弾を防ぐに等しい、鈴木委員長の剣の極致が無刀に帰すとの礼賛は小説の夢である
次に軍用基地提供の問題である、日本が無防備であればソ連や中共が何時地上部隊を上陸させるか、彼等の欲する儘である、世界戦争が起れば日本は戦略上必争の天王山となることは明々白々である、日本は現在ソ連と中共の提携せる一連の共産群と米国を中心とする民主々義国家の対抗に於て、民主主義国家群の末班に加はることは既定的不動の事実である、他は不幸にして此二群が戦争を開始すれば戦火が日本争奪に及ぶことは火を見るより明かである、この時民主国連合軍が戦略的基地を日本々土に求むるも当然である、然るに日本は連合国に安全保障は求むるが基地は提供しな（い脱カ）と云ふ理屈は立たぬ、夫れとも或は鈴木委員長は安全保障は求めぬ、基地も提供せぬ、日本は共産軍の蹂躙に一任して無刀流の丸腰で通すと主張するのであろうか、国政を負担する政党の首領が小説の夢を見て居ては困る
鈴木委員長は共産党は日本を内乱にかり立てる言動をして、国民の不安を益助長して居ると言明して共産党の行動を非難しながら、直に政府が共産党を非合法として弾圧することを非難して居られる、鈴木氏の主張に大なる矛盾がある、思想問題に弾圧を加ふるは畢竟効力なく、

却て或場合に逆効果を招くことは私も能く知つて居るが、凡庸の政治家は千遍一律に弾圧を以て之を処せんとするの愚を繰返して居る、凡そ危険思想を生むものは時の悪政である、国民が安寧し幸福を楽み平和の生活に終始する事を得るならば、何を苦んで危険思想に走らんやである、自ら悪政を施ながら国民の思想を善導せんとするは油を以て火を消さんとするに等しい、今や国民は負担力の限度を超へて重税に苦んで居る、馬に荷物を背負せるには鞍の工合を能くし、適度の荷物を背に載せるのである、然るに今や背に限度を超へた重荷を負はせ、前後の四足に荷物を結びつけ、馬が動かぬと云つて是に鞭撻を加へて酷使する（の脱カ）である、危険思想を培養するのは苛政であることを反省しなければならぬ、併しながら戦後の日本に安楽国の理想郷を作るは前途遼遠であるから、日本を内乱にかり立てる言動を敢てし、国民の不安を助長する共産党に弾圧を加ふる凡庸政治も已お（ママ）を得ざる一時の愚策である

ダレス特使と吉田首相の声明に依れば、日本人の多数は連合国の安全保障と米国の駐兵に心から満足して居るとある、無防備の日本が安全保障を得て共産軍の侵略を免るゝことを得れば幸である、凡独立国が他国の駐兵を許すことは独立国の体面を汚し、国家の恥辱であることは知らぬものはない、併しながら無抵抗で共産軍の上陸蹂躙に任かす事は猶更忍びない、日本が独立自衛の出来る迄、基地提供も駐兵も忍ぶべきである

鈴木氏は日本海があるから日本と南朝鮮とは地続きの東西独逸とは違ふと言はれる、地理的に有利なるとは其通りであるが、日本海が防壁たり得るは相当の軍備あつてのことである、軍備丸裸の日本海は何の防壁にもならぬ、ダレス特使も吉田総理も日本人の多数は連合国の安全保障と米国の駐兵に心から満足して居ると声明したが、日本人多数に反する少数者は恐らく社会党を暗示するものであらふ、社会党の全面講和・軍備反対・軍用基地提供反対を歓迎するものはソ連・中共・北鮮であろふ

（専修大学所蔵）

六六　内憂外患（草稿）

内憂外患

今村力三郎

地方選挙は、保守派の勝利、社会党の敗戦に終つた。一応政局は安定したが、選挙後に於ける政党の態度は、依然たるものであつて、我々国民の信頼を薄くするとも、重くすることのないのは甚だ以て残念である。負けた社会党は如何、国民は金で選挙したので、人を選挙したの

ではないと公言して憚からない。しかしながら、我々国民は、社会党の候補者がそれほど優秀の人物ばかりであつたとは思はない。東京、大阪を初め、各大都市の社会党の候補者に、ドレだけ沢山の優秀者があつたか、国民は不幸にしてそれを知らない、社会党は、選挙の結果を国民が金の多いものを勝たしめたのが悪いと、其責任を国民に転嫁して負惜しみを云つておるが。それより前に、社会党は自己反省をなすべきであろう、その反省によつてのみ進歩向上がもたらされるのである。自己の非を改めずして、敗戦の責任を、国民にのみ嫁するその根性を改めず、いつまでも旧態依然であつては、国民の同情と、後援は得られない、唯一の在野党のかゝる態度は甚だ残念であつて憂慮に堪へない。

勝つた自由党は如何、大臣の椅子や、党役員の争奪に、暗闘は益々深刻である。内部抗争の詳細は知らないが、一致協力して国家国民のため、己れを空うしてゝ邁進しておるとは信じられない。凡そ政治に有害なものは、私情に基く朋党である。国民が選んだのは、公党として選んだのであつて、私人として一票を投じたのではない。然るに党の有力者が、中央において、地位獲得のため醜争暗闘に没頭するとせば。国民の期待に背くことも甚しい。眼を国外に放つと、第一に、我々の頭に響くものは米国の大統領トルーマン氏と、総司令官を解任されたマツカーサー元帥の抗争である。新聞の伝なるところによれば、その争点は、朝鮮における戦略やその見透しに関する意見の相違であるが如くであるが。それは両者摩擦の発火点であつて、原因は、遠く英国の外交政策に基くと思はれる。英国の親中政策は、或時代の国策であつた、英国が卒先して中共政府を承認したことは、聊か世界の驚きであつたが。英国はそれに依て中共との貿易を維持すること及香港の攻撃を免かるることの国策に基くものであつた。英国が満洲基地爆撃や蒋介石軍進撃に同意しないのも、この国策維持のために外ならぬのであつた。トルーマン大統領が、満洲爆撃や蒋介石軍進撃に同意しなかつたのは、英国の不同意と云う云う《（ママ）》ことに関連があると推察される、英国の反対を斥けて、マツカーサー元帥の戦略を採用すれば、連合国の提携合従にヒビがはいつてくる恐れがあつた。これはどこかで狙つて、待つておるつぼである。元来英国外交は、実利主義に終始しておる、日英同盟にしても日露戦争に日本か勝つまでは、日本を後援し、戦争が終り、ロシヤ帝国か崩壊し、最早ソ連恐るゝに足らずとなると、日英同盟にはつめたくなり遂にこれを棄て去つた。英国外交は、利害が金であつて信義が少ない。この英国外交は連合国を繋ぐ鎖りの弱き一環であつた。若し大統領が英国の利害を顧みず、満洲を爆撃したり、蒋介石軍をして支那本土を進撃せしめたら、国際連合は、弱き鎖の英国より崩壊を始める危険は充分であろう。英国政界の風位を参照して、政戦両略の上に立つ、大統領と、戦略の一方のみから立論する、マ元帥と結論の一致せざるは当然である。而して両雄ともに、英国を口にせざるところに我々は着眼すべきである。米英の不一致や、ト大統領とマ元帥の抗争を見て、我事成れりとほゝえむものはどこかの奥深き一室に、安楽椅子に横たわつておる人であることを忘れてはならぬ。我々はトルーマン、マツカアサーの両雄の抗争が、さすがに君子の争ひと敬服するが、両親のけんかを見ておる子供は、何と思つても仲裁は出来ない。ハラ々々思つて、手に汗を握つておるが、与論の国、民主主義の本山たる、米国人によつて、速に解決して敵に乗ずべき間隙を与へざらんことを切に望む。（昭和廿六年五月六日記）

（専修大学所蔵）

六七　一票の貴重を知れ（草稿）

一票の貴重を知れ

今村力三郎

四月廿八日オーースタリヤの総選挙があつて政府党が勝つた、米国の新聞は是れで日本の講和条約も順調に進行し、大平洋の平和も確保されたと朗らかに報導した、濠洲の総選挙で万一政府が敗れたら反対党が政権を握り日本との講和条約も後退し、大平洋を囲む各国の平和条約も或は不成立に帰する危険の公算が多いからである、即濠洲国民の一票は大平洋の平和から牽て世界の平和に関係して重大の意義がある、今日は四月三十日である、日本の知事や都県の議員選挙である、保守と革進の決戦である、此日の投票は講和三原則を標榜する社会党と単独講和早期講和を政見とする保守党との一大決戦である、地方選挙と云ふと雖も、国民の意思表示たることは間違ない、若全面講和論の社会党が勝つたなら米国始め世界各国は驚くであろふ、日本人は今日の投票を為す刹那に於て、自分の一票が世界に響き世界人の批評を受けることを体得して投票すべきである

民主政治は選挙政治である、一票の効果は国内政治を支配する事は勿論であるが、更に世界の平和と人類の幸福迄支配するの力がある、偶々濠洲の選挙を見て痛感したので此悪文を草した、我同胞は徹底的に一票の貴重を知らなければならぬ（昭和廿六年四月三十日記）

（専修大学所蔵）

六八　病中病後（草稿）

病中病後

私は今年（昭和二五年）八月初旬脳血栓と云ふ老人病に罹り、医師は危篤と宣言し周囲の親近者は隣室で葬式の相談を為し、当人は人事不省の昏酔状態に陥り、命脈は時間の問題と為つたのですが、奇蹟的に回復し床の中で空想やら実感やら絶へず脳裏に去来し、少し好くなつたら彼も書かふ、此も書かふと瞑想したのが知覚の回復と共に平凡の愚説と判り、是も病気の一現象と独で苦笑致しました、其中で朝鮮事件は六月廿五日に起り、私の発病前の出来事で当時私に強い刺撃を与へましたので、病気中此事件に関連して考へた事は全く空想ではなかつたの（で脱カ）あります

北鮮軍が戦車を以て韓国軍を蹂躙し一挙に朝鮮国を席巻して進撃する時、私の頭に浮んだことは、若此儘に北鮮軍が全朝鮮を支配するに至れば、日本の共産党は急速に勢力を増強し、日本の政治舞台に大影響を与へるであらふ、然る時共産党は其宿論たる天皇戦犯論を強調するであらふ、是は単なる皇室の問題に非ず、日本をソ連に隷属せしむるや否やの問題である、明治憲法に依れば宣戦講和は天皇の大権に属するのであつて、実質は軍閥の専横であつても宣戦の詔勅に署名した天皇に無責任とは言はれない、夫れが起訴を免れ証人にも出なかつたのは、占領初当マッカアサー元帥が米大使館で天皇と直接面談して陛下の人と為りを洞察し、敗戦日本の混乱時代に天皇の在位は国民の精神的混乱を救ふに最も有力である、若天皇を被告とし、仏蘭西革命の真似をしたら日本は乱麻の如く混乱の極に至るであらふとマ元帥の明智を以て判断したのであらふ、是は誰から聴たのではなく私が病床で憶測したのであります、日本の新聞には天皇が米国公使館に行幸したと書てあつたが、米国の新聞にはマッカアサー元帥が天皇を召喚して訊問したと書てあつたと聞きました、私の憶測は当らずと雖も遠からずと信じて居ます、一寸横途へ這入りましたが、若共産党が天皇戦犯論を持出した時、之に対抗する論拠を何に求むるかと云へは一事不再理論の外あるまい、私は連合国裁判の書類は見ないが、夫には天皇不起訴理由が明記してあるに相違ない、此外に記録として存在するものは重臣会議や御前会議に於ける天皇の発言である、私は少しく意識を回復した後も一事不再理論を書た幻覚があつて、何処かに原稿があるやうな錯覚に陥て居たのであつた

今後若万一にも共産党が勢力を占むれば、一事不再理論

の如き学説は一蹴して、天皇戦犯論や天皇制反対論を繰返すことは眼に見へるような気がする、朝鮮戦乱は即日本の戦乱である、我々は自分の頭にかぶさつた問題として真剣に考へなければならぬ

朝鮮事変を偶発的に見て居る通信も少くないが私は甘い観察と思ふ、金日成が卅八度線を破り南鮮へ侵入するに先ち、ソ連や中共と完全なる協議を遂げソ連から強力なる戦車隊の提供を受け、突如として侵略戦を行つたのである、此不意打に京城は陥落し僅に釜山の一角に拠り、第二のダンケルクを想はしめたのであつた、ソ連は北鮮軍に戦車其他の援助を与へ万一北鮮軍が完全に勝てば、其名に依つて共産主義の衛星国を自己の翼下に加へ、若北鮮軍が敗北すれば余所を向て知らぬ顔に済まして居たのである、私はソ連が朝鮮に戦乱を起すに先ち、世界の何処にて始めるかを検討したことゝ察する、香港か台湾か印度か其中で北鮮が一番米の輸送路が遠く、中共やソ連は輸送路が短く共産軍には最便利として北鮮を撰んだのであると考へた、戦は金日成の名に依て起されたのであるが、実はソ連の第三次世界戦争の序幕であり、小手調べである、勝てば衛星国を獲得し、敗るれば我不関焉とソッポ向いて居る

朝鮮事件を契機とし日本内地に於て急に朝鮮人を中心とする騒乱が多くなつた、法務庁や検事総長等は共産党が陰に陽に煽動して居ると発表した、政府も共産党弾圧の方針を決定して強力に実行せんと努むるやうである、凡思想問題につき弾圧政策を採る事は何れの国、何れの時代でも同様千遍一律であるが、其効果は挙がらないで却て逆効果を生ずることもある、我国の共産党が現在何人あるか、何の位潜勢力を持て居るかは不明であるが、彼の九人の首領の地下潜入以来僅に一人を検挙したのみで、今以て八人の検挙が出来ないのは熱心なる秘蜜《ママ》党員が多数に存在する事を物語るものである、人心の不安と混乱に乗じ巧妙に説て引入れるのであらふ、夫故共産党の蔓延を防止するには国民の頭から不安と混乱を除く事である、苛政虎よりも猛なりと云ふ言葉がある、苛政を施すことは国民を共産党に追い込むのである、最近の新聞に次の如き記事があつた

一、重税に苦んで自殺した記事は二三に止まらない

二、税務署の決定が余りに高く一家心中を企てたが、死なゝいうちに発見され、同情者が税務署へ交渉したら税務署の決定が法外に高いことを発見した

三、前代議士某氏が滞納の為め競売処分を受け、其翌日自宅に放火して屋根に上り、自殺するのだから救助してくれるなと叫んで居た

四、自分が競売処分を受けた人が、今は税務署の競売品の競落者と為り、其収益が一ヶ月五十万円に上る、此競売品の競落業者は一税務署に二十人程で、三十幾つかの税務署に属して居る

五、群馬県の或税務署差押品を競売に附したところ、近隣の住民が滞納者に同情して買手がなく、税務署は差押へたトラック其他を倉庫に托し、今では倉敷料を払つて損を招て居る

以上の如き記事を求むれば無限にあると思われる、何人も好んで滞納するものはない、負担力を超へた納税に苦んで居る国民の日用品を差押へて競売し、良民の悲嘆を顧みず夫で自分職責を尽したと思つて居る、税務官と憐むべき滞納者を眼の前に置て蹈みつけた値段で競落する、競落商とは共に残忍性に富んだ人でなければ出来ぬことである、税務官に一片の親切心があるならば、滞納者と相談して月賦にするとか猶予するとか又は相当値段で買人を求むるとか同情ある取扱の方法があると思はれる、然るに国民を敵視して残酷の処置に出るから、此人達は共産党の甘言に欺かれて共産党に走るのである、善政を敷き国民の精神と生活に安定を与へれば進んで共産党に走るものは極めて稀であろう、然るに重税の為国民に自殺するものが出来ても構はぬと放言する大蔵大臣がある、政府自ら苛政で国民を遂つて共産党に入党せしむるのである

私は茲に共産党と云ふ文字を使つたが、マルクスの共産主義は彼以前の労働者は資本家の恩恵的又は宗教的に生産の分配を受けて居たのを、権利的学術的に生産分配の基礎を与へた点に尊敬すべき価値があると信ずる、然るにソ連の現在は秘密警察の網を張り反対党の成立を暴圧し、独裁の専制政治を実行して居るのである、名は共産主義と云ふもマルクスの学説とは頗る遠いものである、是れは革命の巨腕を有する第一世レーニン、第二世スターリンに依て共産主義の名を冠して、其実独裁的専制政治を行つて居るのである、彼等が鉄のカーテンを降して外国に内治の実況を漏さぬは之が為である、夫故私はソ連及其末流を呼ぶに共産主義国家と目するは其実に反すると信ずる、強いて名くればレーニン的共産主義、スターリン的共産主義とでも呼ぶべきである、資本専制に反抗する基礎的智識を与へたるマルクスは、専制政治家に悪用せらるゝを見て地下に苦笑するであらふ

スターリンと云ふ人物は史上稀有の梟雄で我国には其比を見ない、彼はレーニンの死後、己れに反する八人の将軍を裁判の名に依て虐殺し、又反対党の主領トロツキーが南米に逃避せるのを遠く人を使はして暗殺したのであ

る、国内の政治は秘密警察を設けて自己に反するものを芟除し、反対党の存在を許さず少数党に依て独裁政治を行ひ所謂鉄のカアテンを降して国民に他の思想や外国の智識に接するを許さす、古今未曾有の巧妙なる残酷の圧制政治である、而して外に対して共産主義の仮面を冠つて居るのである、斯る暴圧政治で小康を保つて居るのは魯西亜国民の文化智識が低いからである、若斯る暴圧政治を西欧や北米に行つたら即座に覆滅するであらふ、仮令ソ連に於て一時の成効を夢みても永続する事は絶対不能であらふ、民心に反する政治を権力を以て強圧する暴力政治は泡沫の如く消去るであらふ、私の死後五十年を待たずしてスタアリン政治は滅亡するであらふ事を予言して置く

古往今来戦争は極めて少数の意志に依て始められる、或は極端に言へば一人の意志に依て大きな戦争が起る、武田信玄・上杉謙信の両人、或者其一人がなかつたなら川中島の七年間の戦争は起らない、スタアリンが居なければ第三次世界戦争の心配はない、ヒットラアが出なければ第二次世界戦争は無かつたと思ふ、日本の満洲事変より大東亜戦に及ふ敗北戦争も少数軍人の妄想の火いぢりが意外の大火となつたので国民の意志ではない、国民の意志に反して何故戦争が起るかと云へば、此国民の意志なるものが、浮草や今日は向ふの岸に咲く、で甚心元ないものであつて、ソ連の勢力下にある東独や北鮮に共産党が選挙で多数を占めるのを見れば、時の勢力に依て東西南北を選ばぬ浮草と同様の国民が多いのである、禍は国民の無智識無定見にある、日本国民は明治維新に依て徳川幕府の専制より解放されても、次で藩閥政治・官僚政治・政党政治・軍閥政治と相次ぐ少数独裁に制せられ、人民に依る人民の為めにする政治に浴した事はない、今は弊履の如く棄てゝ顧みない明治憲法でも、国民の権利は認められてあつたのだが、夫すら享受する事が出来なかつた、権利の上に眠むつて居た日本国民である、暗殺と犯罪は世界一等国であるが民主主義の完全享受は前途遼遠である

私は曽て或事件の弁護をしたとき、警察官が不法に被疑者を勾留した事実があつたので、其被疑者に日本国民は法律に依るに非ざれば逮捕審問処罰を受くることなしと憲法の明文のあ（る脱カ）ことを語つたところ、其人は日本憲法にソンナ明文がありますかと驚いた顔をして居た、其人は帝大を出た立派な紳士であつた、又或被疑者が不法に拘留されたので憲法を引て抗論すると、警察官は此野郎ナマ意気だと言つて一層酷い拷問を受けた、或時冤罪の被告だつた或紳士が、私に向てコンナ冤罪で監獄へ入れら

れては日本国民は一時も枕を高ふして眠る事は出来ません、私は金は幾らでも出するから人権擁護に尽して下さいと申ますので、私は之に答へて人権擁護が金で出来るなら甚容易だが、人権擁護は金では出来ないよと答へましたら、然らばドウすれば出来かと申しますので、私は夫に答へて君自身が今度の冤罪事件を片時も忘れないことであると答へました、其紳士は遠く昔しに自分の冤罪事件を忘れ去つた様子である

国民が与へられたる自分の権利を知らなくては、主権在民も民主政治も人権も何の意義もない、猫に小判である、再建日本は八千万同胞の自覚が先決問題である

（専修大学所蔵）

六九　財権両亡の皇室（草稿）

財権両亡の皇室

主権在民と皇室の無財産

今村力三郎

日本の皇室が二千六百年継続したのは、皇室が政治の中枢から遠ざかり虚位を擁し、政治的権勢が無かつたことが幸いしたのである、私は歴史は知らないが、我国の皇室は王朝時代を除き藤原源平北条足利織田豊臣徳川と覇者の天下であつて、皇室が政治の実権を掌握した時代は殆んど無かつた、実権者が誰にならうと皇室の虚位たることに変化はない、承久の乱は皇室が実権を握らんとしたから、時の執権北条氏の怒りを買い天皇や上皇が流罪になつた、江木衷博士はペルリ渡来の際、徳川幕府が政治の実権を握つて居たのは幸であつた、若当時皇室が名実共に日本の主権者であつたなら、如何なる変革が行はれたか測り難かつたと語られたことがあつた

明治維新は薩長土肥の軽輩に依て遂行せられたのであるが、仮令彼等が抜群達識の豪傑であつても、対手たる徳川幕府は二百五十年天下に号令し、部下に大小諸大名を有する一大勢力であつて、西郷大久保木戸等足軽組の能く拮抗し得べきに非す、彼等は尊王攘夷と称して幕府に迫り、明治維新後は王政復古を唱へて皇室を推戴し、民心を繋ぎ、北越や東北の戦争も王政復古を標榜したのであつた

維新前の皇室は僅々三万石の収入で、小大名中の小大名に劣る収入であつたが、明治維新の功臣等は相謀つて、王政復古を以て天下に号令するには先以て皇室の威望を重からしめねばならぬと一挙に徳川幕府の所領八百万石を全部皇室の御料財産に移した、皇室は三万石より一躍して八百万石の大富豪と為つた、曽て私は世界皇室の財産調べを見た事がある、露西区のロマノフ家、土耳古の皇

室、支那の愛親覚羅氏及我日本皇室で、是等は世界の抜群の富豪であつた、惟ふに当時是等の皇室は権力財力を併有し、永久不変の主権者たるを失はぬ、我世の春は無限に続くと謳歌したであろう、然るに三十年か五十年の間に魯亜亜《ママ》・土耳古・支那の皇室は朽木の倒るゝが如く没落し、残るは我皇室と貧乏な英吉利皇室のみとなつた、終戦後財産税の徴収に依て、我皇室も一夜にして大富豪たる地位を失つたことは望外の幸福である

次に政治的権力の問題に移る、我皇室は二千六百年中僅に王朝時代を除き殆んど実権を握られたることは無い、実権を握らないから争奪の対手とならない、争奪の対手とならないから興亡の勝敗に与らぬ、一起一倒の豪傑は天子を挟さんで天下に号令する事を終世の目的とするのであつた、皇室は彼等に錦の御旗として担がれ、玉子に過ぎなかつた、担ぐものには勝敗はあつても旗それ自身は勝敗の度外であつた、皇室の二千六百年の永続は政治に無関係の錦の御旗の永続であつた、明治維新後の憲法に於て、天皇を絶対唯一の主権者とし、是を以て永久不変の国体と定め、苟も国体の変革を企つるものあらは極刑を以て臨むに至つたのであるが、事の実際を達観すれば、天皇と雖も全能の神ではない、補弼の大臣に依て政治の枢機は運転せらるゝのである、天皇は大臣の献策を嘉納せらるゝ御璽の保管者である、明治大正昭和を通じて曽て一回たりとも大臣の献策を拒否せられたる事例を聴たことが無い、大東亜戦争の如きは其最も著明なる例であろう、天皇が絶対唯一の主権者であつて万機を親裁せんとするが如きは、人間社界に於て不可能であり不安神である、昭和憲法に於て主権在民を規定したのを歓迎したものは、日本国民に非ずして昭和天皇であると恐察いたします、世界に於て国王制の存在は英国と日本とである、若此両国も主権を国王が掌握したならは、今後の継続は難関に遭遇するであろふ、新憲法主権在民と皇室の無財産は共に日本皇室の万歳である

列子であつたか又は荘子であつたか記憶を失つたが、人が得難き宝を得ると堅固なる金庫を造り、鍵を厳しくかけて仕舞つて置くが、大盗は庫や鍵の丈夫ならば丈夫な程喜んで金庫と共に宝物を奪て去ると云ふ話があつた、ロマノフ家に世界第一のダイヤモンドがあつたが、恐らく今日はスターリン夫人の首装りになつて居るかも知れぬ、清朝で大切に保存した古器物や幾多の宝物は蒋介石が米国の富豪に売却して革命軍の軍用金に為つたと承る、豊臣秀吉が金の展棒を秀頼に遺したが、大阪落城と共に家康の掌中に帰したとの伝説もある、人生の安全は無の一字である、財なく権なき我等の皇室は永久に安泰であ

らふ

（専修大学所蔵）

七〇　或日の新聞小説（草稿）

或日の新聞小説

今村力三郎

勝負師と題する小説に、将棋の強い青年が或師匠に入門して著しく進歩し、将棋は高段になつたが、人生は将棋に強くなつたばかりでは何か寂しいものがあると感じ、或高等の学校へ入学したが、学校は青年がお互を切磋琢磨する世界であるとの彼の予想を裏切つて、学生の大半は就職の為めの資格が重要であり、学問智識は第二の問題である、年少の青年が喫茶店の女や商売女の話で無中であることを見て失望したと述懐して居る、此将棋の強い青年は人格の完成を求めて入学したが、学園は彼の希望に満足を与へなかつたのである、斯ふした青年の不満に対して学校当局者は何と答へて宜しいのか、私は困惑した、原則とか理論とかを暗誦して優秀な成績を挙げても人格の完成にはならぬ、講堂で人の道を説いても唯感念の遊戯であつて人格を完成せざる学問は中毒を起す危険がある、諸悪莫作衆善奉行、学生を導くは一に行である、行ひの正しきもののみが教育の重任に耐へる、範を行で示すもの（の脱カ）みが教育者あろふ

（専修大学所蔵）

第4章　専修大学総長・今村力三郎に関する書簡

七一　〔総長就任を告げる家族宛の書簡〕（昭和一一年六月）

（封筒表）

金沢市上百々女木町三六内田殿方

蜂谷徹殿

（封筒裏）

静岡県修善寺町

今村力三郎

本月十六日付の書面拝見、早苗の生死不明は実に重大関心事で、僕も終日終夜念頭を去らす心配してゐますか、畢竟運命て如何に気を揉んでも成るやうに成るほかありませんが、夫でも諦めきれず無益の心配するのか人間てすから仕方ありません

今月急に勃発した事件て、君を驚かす事か出来ました

今月初めに僕の母校・専修大学に総長排斥運動か起り、総長・小泉嘉章と云ふ人か退任しましたか、後任総長に適当の人かないのです、後任総長かなければは小泉の退任も不可能ですから、校内の紛擾か治りませんので、僕を後任に推すと云ふ無茶な運動か起り、学生・校友・教授か修善寺へ押掛る騒きか始まり、僕か極か拒否しても彼等は到底引下からないのてす、八十一歳の老人か専修大学総長なと世間の物笑いですし、僕も到底其任に非すと千万承知して居ますか、僕か出なけれは騒動は日々拡大して治る時はないのです

依て止むを得す世間の物笑いも観念して、総長を承諾したのか一昨十八日てす、一度承諾した以上は老齢と雖も出来る丈の事はする積です

右の事情てすから洋服を着る事もあると思いますか、成宗ては僕の洋服を切て孫達の着物にしたり、又学郎か着古したものもあると思ふから、君の希望を容れる余地かあるかないか不明てす、刀か役に立たなかつたのは実に幸福であつた、彼の刀は名刀てすから蜂谷家の重宝にし

て下さい、今金沢にありますか、飯田てすか、若金沢にあるとすれは飯田へ持て来る途中気をつけぬと取上けられるかも知れません

此書面、姉さん達に見せて下さい

昭和廿一年六月廿日

力三郎

徹殿

（蜂谷家所蔵）

七二 〔初の校友出身の教授に宛てた就任に対する今村からの祝文〕（草稿）

草稿です、御加筆下さい

御手紙拝見、先以て教授就任之欣びを申上ます、今日の私立大学は其盛衰興廃は挙て校友の双肩に係て居るのであります、行く行くは多くの教授諸先生も校友中より輩出されることを望んで居ます、左りとて学力や品性の劣るものを採用することは却て学校の衰滅を招くことになります、唯学力や品性が全く同等の時にのみ校友出身者を採ると云ふに止まるのであります、貴兄は校友出身者中最初に撰ばれた教授であります、学校将来の運命を双肩に担ふものであります、願くは愛校の精神を以て一貫せられん事を

力三郎　至嘱々

（簗田家文書二一－二三　専修大学所蔵）

七三 〔今村から簗田に宛てた「計量経済学のメッカ」と題する通信をご一読願う旨の書簡〕一－一

僕今朝手紙を書て居るうちに遅刻してサボツテ仕舞た、身体に異状かある訳ては無いから心配しないて下され

本日の読売二ページに計量経済学のメッカと題する通信か出て居る、一読しても意味か通せぬ、新聞か掲けるのは一般読者に理解される期待かあるからと思ふ、然るに僕には判読不能てす、大に考ふべきであろふ、尊兄も御一読を賜はりたい

六月廿五日

今村力三郎

簗田大兄　座下

（専修大学所蔵）

七四 〔今村から簗田に宛てた年末賞与、労働協約ほかを適宜決定願う旨ほかの書簡〕（昭和二二年一二月）一－二

（封筒表）

東京都千代田区神保町
専修大学　簗田玖次郎殿
（封筒裏）
静岡県修善寺町
専修大学総長　今村力三郎
昭和廿三年一月八日

尊書年末賞与、労働協約、新学制準備、専修大学建設何れも重大問題なるも、老生には別段之意見も無之候条弘く衆智を問ひ、適宜御決定有之度候
相馬理事辞任は老生より提出を求めたる結果なれは、早速登記其他手続御進行可被下候
鈴木君へは老生よりも書面発送可仕候、歳暮の典儀等可然御計可被下候、訓示演説も宜しきが何か科外講義等如何に候哉、鈴木君と直接御相談有之度候
老生上京の必要相生じ候節は、何時にても努めて出京可致候
昭和廿二年十二月廿六日
今村力三郎
簗田専務殿
（専修大学所蔵）

七五　〔今村から簗田に宛てた前総長排斥騒動の件に関する書簡〕（昭和二三年一月）二

（封筒表）
簗田専務殿　吉田持帰
（封筒裏）
修善寺
専修大学総長　今村力三郎
昭和廿二年十二月廿六日

粛啓　同封は読売の切抜てすか、記事之主人公〇〇〇〇氏は昭和廿一年学生の小泉総長排斥騒動の折、一部学生と〇〇・〇〇・〇〇等に推されて学長に就任せんとし、六月廿四日拙宅に於ける理事会にて将に選任せられんとする一刹那に於て、同人は学生及教授の総意に非さる事実が曝露して、理事会を流会にしたる人物である事は尊兄も記憶に存する顕著なる事実である、今にして想へは当時彼氏が学長に就任し、而して今日の如き刑法上の罪を犯したならは、専大の名誉は地に堕ち学校死活の悲境に頻する事てあろう、実に危機一髪、偶然にも難を免れたのてある、〇〇排斥が飛火して〇〇・〇〇・〇〇等も絶縁したのてあるか、〇・〇両人が最高裁判所裁判官選任

当時、〇〇一派を扇動し、告訴事件迄苛烈に発展した事を思へば、彼等を一掃し得たる我専修大学は実に好運に恵れたと感謝に堪へぬ
我校か好運に恵まれ幸に今日に至つた事は、我々に鞭撻を加へるものと信ずる、唯前途遼遠にして老骨僕の如きは思余て力足らす、切に尊兄の勇奮を祷る
松坂前司法大臣も彼〇〇を重用したるは、人を見る明なき事を満天下に示したもので松坂も衆人稠座の席へは顔が出せぬであろう
人を見る明、是は庸人には困難です
歳末山田君が来たか僕不在にて面会せす、歳末賞与等滞なく実行されましたか

昭和廿三年一月八日　　今村力三郎

簗田玖次郎殿

（専修大学所蔵）

七六　〔給与改善の件、新学制の準備会の件ほか近況概要を告げる簗田からの書簡〕（昭和二三年二月）

二月三日午後三時認む　　簗田欽次郎

今村総長殿

拝啓、其後お変りありませぬか。お尋ねいたします。時節柄御自愛を切にお願いします。

扨当事の近況概要を左に御報申します。

記

一、給与改善の件、例の「でこぼこ」訂正のことは、毎年一月から何分延期、昇給と同時に実行すると云ふ建前のもとに一月早々相談を始めました。中途いろ〳〵の支障もありましたが、先日協議まとまり一月から実行いたしました。その人各御金額は別紙の通りであります。之は各人の給与の均衡のとれるようにし、又昇給の年限の来た者の内、成績の良好と認められたもの丈を選抜いたしたのであります。

二、新学制の準備会の件、前回より引続き開会し大河内学長も顔出出来るようになつたので、毎回出席され順次進行しております。新制大学とその大綱は一応成案を得ましたが、之からは教員人事の問題に及ぶ訳でありまして、之は会議では工合が悪くなるものゝようであります。大河内学長は用意深く慎重に考慮されて居る模様です。小生は近く大河内学長よりその構想を承《ママ》りたいと思つております。これは関連するところが相当大きいものがあると思います。

三、建設委員会の件、其後引続き開会し新学制問題、資金獲得問題、学内改善問題について相談□□たしました。近く小委員会を開き進行を計り結論を得て、その要綱を総長に進言することになるのではないかと思います。

四、学内は大体平静で、各方面の仕事は先づ順調に進行しておりますが、学生側・校友側の若干の動きと、新学制実施に伴ふ人事の問題も半分懸念される向きもあり、少々微妙な神経が動いて居るような様相が見受けられます。又事務方面にも若干異様な傾向が現はれて居ります。宇佐美室長が先般大河内学長に事務方面の仕事をやめたいと申出で、大河内学長は「承つて置く。簗田専務と相談する」と答へられた旨を小生に話されました。其後小生は宇佐美氏と会談して、その真相、真意を聴取りました。大河内学長と之から相談することになつております。(本人は日々出勤して仕事はいたしております)来る八日(日曜日)大河内学長と小生と学内で十分諸般の問題、特に人事問題につき御相談をして見ることになつております。一日丈で全部済むか判りませぬが、その模様により総長へ具申したいと思つております。大体に於て人事問題が少し複雑性を増して来ております。

五、全年の卒業式は三月廿一日挙行に内定しました。総長にはその前に御上京せられることゝは存じますが、先日山田事務長にお洩しの言に三月十日頃上京せんとのことであつたそうですが、願はれるなら三月一、二日頃、即ち三月早々に御上京下さるなら大変結構と存じます。人事問題、予算問題、敷地問題、資金問題等等重要問題が大分たまりました。三月早々の御上京をお願いいたしたいのであります。

(簗田家文書二―一二　専修大学所蔵)

七七　〔大河内から予科長・専門部長・総務課長・図書館長に関する人事を今村に報告した旨を告げる簗田宛書簡〕

拝啓、先日は御病中突然に邪魔申上げ大変失礼いたしました。思はず長ばなしをいたし、御健康に障つたのではないかと恐縮して居ります。

本日(五日)総長先生御上京、大変御元気で安心いたしました。人事につき大体小生より御報告申上げておきました。過日岩崎教授と御邪魔申上げました際おはなし致しました小生の案は、大体その後順調に進みつゝありますので、この点も御安神賜はり度う御座います。

左記の数点、御要約出来ますので重ねて書き記しておきます。

一、予科長、専門部長をそれぞれ法学部長および経済学部長の兼任とすること。これは四部長の承認を全部得ましたので、本日総長先生に御報告、御承認を得ました。但し発表は四月上旬頃といふことにしてあります。

二、宇佐美教授の総ム課長兼任は、経済学部の教授会にて兼任を原則としてみとめないように致さうといふことに定め、宇佐美教授も承諾されました。佐藤教授の兼任の件についても可及的速かに後任を探して兼任を解くようにしたいと予科長に申し上げ、予科長も大体承諾され、また兼任をやめることは佐藤教授の御意志でもある、と申されました。

三、図書館長には五島茂教授（経済学部）が部会長会議で内定いたし、過日の経済学部教授会にて全教授の承諾を得ましたので、出来るだけ速かに発令願ひ度う存じます。当分部課長会議はありませんので（三月二十三日頃の予定）発令していただいて、部課長会議では事後承諾願ひ度いと思ひます。

右の諸点は一応総長先生へ御報告いたしました。

それから先般来の厚生課対教ム課の問題につきましては、総長の御意見は著しく強硬にて、〇〇厚生課長の退職を求める御意向のようでありましたので、小生としては簗田先生の御意見を充分汲んで慎重を期していただき度いと申上げておきましたので、何れ総長からおはなしがあるかと思はれます。〇〇課長の件については総長先生は最初から非常に強硬にて、ノートを㊄以上に学生に売つたと言ふだけで退職に値するといふ点、また組合を利用して種々学内に波瀾を生ぜしめるといふ点、などが理由となつて居る様で御座いますが、小生は現在の情勢から考へて〇〇課長の退職は穏当でなく、たとへ手続上いろいろと不備な点がありましても充分反省していただけば、今後の建設の仕事について大いに校友として役立つ人物と考へて居ります。仝君をして充分弁解と謝罪の機会を与へ、寛容の態度を以て望むことが当面の必要事かと愚考いたして居ります。

何れ近日中に拝眉の上、万々申上げ度く存じますが、急を要する事項と思はれましたので使者差出しました次第で御座います。乱筆の段御海容の上、御判読賜はり度う存じます。乍末筆充分御静養の程念願いたします。

不一

大河内拝

簗田先生

（簗田家文書二一－一二三　専修大学所蔵）

七八　〔今村から簗田に宛てた突然の発熱のため上京を見合わせる旨の書簡〕（昭和二三年四月）三

（封筒表）

簗田玖次郎殿　託吉田氏

（封筒裏）

東京都神田区神保町三丁目八番地一

専修大学総長　今村力三郎

昭和廿三年四月八日

粛啓　二日付貴墨拝誦、種々御高配多謝々々、老生去六日突如熱発八度二分ニ昇りたるも、宮川女史之電気療法にて今日は平熱ニ相成候得共、ブリ返しの危険を恐れ安静平臥致居候、依て本日の上京は見合せ申候

十日発起人会も欠席は遺憾千万なるも、何卒尊兄ニ於て可然御裁き被下度候、誠に恐縮千万なるも左の電話誰かに御申付願上候

芝二七一　塩谷恒太郎

今村は風邪の為予定通上京出来ませんから、十一日の御約束は取消を願ます　以上

是迄再三ブリ返しの厄に遇ひましたから、今度は大事を取テ、アツモノに懲リナマスを吹く類か

昭和廿三年四月八日

力三郎

簗田学兄　座下

（専修大学所蔵）

七九　〔今村から簗田に宛てた風邪が治癒したため一九日上京ほか、予科人事問題の件に関する書簡〕（昭和二三年四月）四

（封筒表）

東京都千代田区神保町

専修大学　簗田玖次郎殿

（封筒裏）

静岡県修善寺町

専修大学総長　今村力三郎

昭和廿三年四月十五日

粛啓　十一日付芳墨拝読仕候、重大問題続出之際、永々引籠り一切を貴兄之双肩に懸け恐縮千万に存候、老生之風邪も夜に入ると咳か出るので、或は気管支を冒さるゝことあらん歟と杞憂仕候得共、幸に治り去十二日初ニ入浴し恐る〳〵用心致し、十三、四日も無事に経過、最早

大丈夫と安神仕候、老生是迄風邪之振返しを二、三回経験仕候間、今回は自分にも要心過る程警戒仕候、又今回の風邪には宮川女史の野一式電気療法の施術にて、速に解熱し、爾后連日施術を受けたることも速に治愈したる原因に有之、是も学校か女史を総長秘書に任命せられたる為とて校恩を感謝いたし居候、老生健康は完全に回復し、何時上京も差支無之候得共、土日の混雑を避け十九日出京と予定致居候、今回は先日吉田君に必要之荷物を託し候間、特に吉田君の迎への必要無之候間、宮川女史を人杖として出京可仕候、若十九日雨天ならは其翌日に変更可仕候条、東京駅への自動車も御配慮無用に願上候、先便中央工業の問題も自動社（ママ）会社か競争と為っても無資力の学校にては到底望み薄かるべくと悲観仕候

或は此儘老生との会見も流産かと察居候、予科教授の内燃は、何時迄も消火せさるべしと想像仕候、畢竟は科長自身に真の辞意なき事か内燃の因と存候、学校は人事問題の連続と諦観するの外なしと存候

老生旧知〇〇〇〇〇氏の紹介にて入学試験につき、同封之書面を送来るものあり、三名共自信なき学生と被察候、乍序申上候

昭和廿三年四月十五日

今村力三郎

簗田玖次郎殿

（専修大学所蔵）

八〇　〔大学教員の休講が多い事に対する学生父兄からの今村に宛てた陳情書〕（昭和二三年五月）五-一

（封筒表）

千代田区神保町

専修大学総長　今村力三郎様

（貼付）

左記へ転送願います、静岡県修善寺町南八七〇ノ一

今村力三郎様

（封筒裏）

中央区月島通四ノ七

能勢国市

五月十八日

拝啓

若葉茂き好季節、御尊台様益々御健勝に在らせられ欣慶此事に奉存候

日々子弟の御育成に御尽力遊はされ真に御心労奉拝謝候、

さて突然ながら無躾お赦し賜度、予めお詫び申上候

実は近来の無相の然らしむる処ならむも、学生の惰落真に寒心に不堪、此のまゝに推移せんか将来の日本ハ如何相成候や、実に戦慄を覚ゆる次第に御座候、就而愚息も御校に而厄介ニ相成居り、日々通学罷在候得共、常に先生方の欠講にて淋しき日常を送り居候者に御座候、犯罪の根源が斯る処に原因するハ必然的にて、聞く処に依れバ明大なども講師の欠席にて、学生の多くが空しく一日を費すといふ実状にて、全校が矢張り専大と共に犯罪者の多くを持つといふ風評に御座候

慶応、早大ハ欠構等も少く、従って犯罪者も極めて少しとハ学生間の定評に御座候、之ハ真面目なる学生を対照として大いに御考慮を煩はしたき点に御座候

先づ広義に解釈しても日本の将来を憂ふる識者としてハ、青少年の指導を本とし指導者ハ常に若人と共にあるといふ一事が最も肝要と存候

此の意味に於て御校に於かせられても、先生方の欠講を戒められ、真面目な学生の為め是非とも指導の職責に御精進賜度、呉々も御懇願申上候次第に御座候、よろしく御願ひ申上候、重ねて失礼お詫び申上候

拝白

〈昭和二三年〉五月十八日

能勢国市

今村総長殿

今朝の紙上に於ける御意見拝承し、且つ子供等の日常講師欠講不満の声を聞くにつけ、総長殿の御決意を御願ひする為め、かくハ右様失礼申上候次第、不念御赦し賜度奉懇願候

（専修大学所蔵）

八一　〔今村より父兄からの陳情書に対する返書控〕（昭和二三年五月）五－一

昭和廿三年五月廿七日中央区月島通四ノ七、能勢国市氏芳墨拝読仕候、御懇篤なる忠言を賜はり感謝之至りに御座候、教授講師の欠講は学校当局も痛恨事にて、日常深く注意致居候得共、未た根絶之能はざるは赧顔之至りに御座候、欠講は単に学生のみならす実に学校自らの興廃問題に御座候間、決して等閑に附したる次第には無之候、尚此問題のみならず、学校当局としては父兄の御意見は大に尊重仕候条、今後何事にても御遠慮なく御忠告被成下度候

学生の犯罪は言語に絶したる悲痛事にて、約言すれば日夜心痛罷在候、家庭と社会と学校との連帯責任にて、大にしては国家を毒し、小にしては青年の一生を葬り瞬時も黙視するを許さゝる刻下の大問題に、小生斯る重大問

題に直面し、責任の地位にありなから策の施すべきなく、無為無能の老生自ら顧みて恥入申候
貴書検閲と転送の為、遅着御返信遅延御寛恕可被下候
（専修大学所蔵）

八二〔父兄からの陳情書に対しての簗田に宛てた今村の指示書〕（昭和二三年五月）五－三

（封筒表）
東京都千代田区神保町
専修大学　簗田玖次郎殿
（封筒裏）
静岡県修善寺町
専修大学総長　今村力三郎
昭和廿三年五月廿七日

粛啓　本日在学生の父・能勢国市と申未知の仁より、同封の書状接手、直に扣し如き返信致候、欠講の重大関係を休講せる教授・講師に知らしめ、尚改悛せざれは適宜の処置を講せられ度と存候、老生六月八日出京の予定ニ御座候、斯く申老生か欠講第一と苦笑仕候
昭和廿三年五月廿七日
今村力三郎
簗田大兄　座下
（専修大学所蔵）

八三〔今村から簗田・大河内ほかに宛てた九月二〇日頃上京して校地敷地問題、授業料問題等に付善処したき旨の書簡〕（昭和二三年八月）六－一

（封筒表）
東京都千代田区神保町
専修大学　簗田玖次郎殿
（封筒裏）
伊豆修善寺
今村力三郎
昭和廿三年八月卅一日

粛啓　一昨廿九日飯田より無事帰修仕候、予想せし程の疲労も無之、先以て平安に御座候、宮川女史終始待仕誠に行届きたる婦人にて、是亦校恩の余沢と感謝仕候、学校も重要問題山積、諸君の御心労奉察候、老生は九月廿日頃出京可仕と自分勝手に考へ居候得共、其前にても何か按使ありて上京を必要とせらるゝあらは、御下命次第何時にても参上可仕候、法廷五十年之壮訂を龍子に、題

簽を驥山に依頼仕候、両氏より直接老生への返信に接せざるも、必高諾を得可しと存居候、学校宛に音信無之哉伺度候
校舎敷地問題、授業料問題等々各大学共通にて解決不容易と存候、機に応じ可然善処奉祷候
久振にて帰郷して旧知に面会仕候、山間之一小都市ながら闇成金やボスの横行、警察の無力等は大都市に譲らざるも良風美俗は地を払ひ、戦後之余震今尚強きを覚申候

昭和廿三年八月卅一日　今村力三郎

簗田玖次郎殿
大河内一男殿
野　田　豊　殿
山田政太郎殿

追伸
久保田氏来信乞、御回覧

（専修大学所蔵）

八四　〔校友から今村に宛てた大学および同窓会改革私案〕（昭和二三年八月）六－一二

（封筒表）
東京都千代田区神田神保町
専修大学　今村力三郎殿
親展

（封筒裏）
〔（欠損）〕区給田町九三七
久保田正之

（貼紙）
左記へ御転送願ひたし
記
静岡県修善寺町南八七〇－一
今村力三郎様

謹啓
炎暑の候、御高齢にも拘らせられず益々御壮健にて日夜校務に御精励の段、誠に感謝感激の至りに堪えず候、御就任以来校運愈々御発展、殊に此度新制単科大学制に躍進の一途を目指し、一増御苦心の程有難く感銘仕候
想ふに此度の改編は母校の興亡に拘はる重大事業と存じ候、就て去る七月上旬同窓会世田谷支部設置の砌り、御招きに預り委員の末席をけがし、其後八月五日支部に会合各委員と種々協議仕候へ共、何か遅々として実行の運びに着かず、他の大学に比し少々立遅れ居るやに考ひら

れ、誠に焦慮仕候、此の原因は何処に潜在するか、勿論門外漢には不明なるも、若し計画の構成に誤り若くは不純なところあれば、大綱に弛緩を生じ大成に齟齬を来たすの恐れなしとせず、潜越《(ママ)》真に恐縮に存じ候へ共、母校を憂う一念より、茲許私見を披歴して一日も速かに基本的構想を確立し、熱のある御命令を仰ぎ全国支部の火団となつて活動開始する日を待機致し居る次第に有之候

私見

一、寄附行為は母校を愛して醵出するので総長が母校を代表する尊体である、従て其一言一行が成果を約束する

一、改編に当り総長を中心として理事者が確固たる計画を立案し、其目的に向ひ、支部が協力する

一、理事者は実力ある後援者を選び、本事業の完成を期し、先づ一定の資金を確保し、特別会計となし、基礎的人件費、交通費、其他印刷費等事務費に充当し、計画不成立の場合に備えること

一、大学の興亡を担ふ重大事業なる故専任者を任命すること

一、寄附金は総長の責任で収支を明かにし、不浄な支出は厳禁する、従て報酬を求め若くは個人的利益を予約して寄附行為を斡旋せんとする校友は直ちに排斥する

一、校友名簿は年度別に、各同期卒業者数人を選び、其責任に於て相互照会し、至急再調査して本部に通知せしむ

一、理事者は現在及将来を考慮して土地建物及什器一切を含む予算を編成し、寄附金の募集総額を決定し、収支計算書を明示して各支部に送り、之を提示して寄附者に納得せしむ

一、全国支部長会議を開催して有力なる同窓後援会を創設する

一、総長は支部長を親任し、寄附金募集依頼状を（一定規格ノ寄附金申込用紙ヲ添へ）発送し、支部長之を校友寄附者に提示して一切の事務を追行し、其の収支を明かにして、毎月一回送金報告をなし、事務完了の際には最終決算表を作成し、一切の関係帳簿を添へて之を総長に報告する

一、母校の計画実施期間が、丁度国家の経済復興五ヶ年計画期間の中に這入る関係上、一般生活難と共に相当金融硬塞することも考ひられ、楽観を許さず従て完遂迄相当長期に延滞する恐れあれば、一時借入金と財団借款の縁故募集等も考慮して置くこと

昭和廿三年八月拾日

大正三年度校友　右　久保田正之

専修大学総長　今村力三郎殿

（専修大学所蔵）

八五　〔今村から簗田に宛てた新制大学申請書提出ほかに対する労いの旨の書簡〕（昭和二三年九月）七

（封筒表）

簗田玖次郎殿

（封筒裏）

東京都千代田区神田神保町

専修大学　今村力三郎

昭和廿三年九月六日

粛啓　老生修善寺に退避し諸君之炎熱苦境に健闘するを傍観するは、責任無視之罪海岳よりも大也、謝するに辞なし、新制大学申請書提出之由、千万御苦心奉察候、一応事務的一段落安神仕候得共、前途尚多くの難関有之候事と存候

稲田登戸売方の態度不可解の面有之候様被存候

大河内君愛児御罹病之由、謹而御見舞申上候

野田君地方御出張炎暑と乗物之混雑御苦労千万ニ御座候、法廷五十年の原稿大急ニ閲読可仕候、売行如何か心配也、老生廿日頃上京之予定なるも、諸君寸暇を作り御来修如何、一浴して都塵を洗ふも又一快適と存上候

昭和廿三年九月六日

今村力三郎

簗田学兄　梧下

（専修大学所蔵）

八六　〔今村から簗田に宛てたアイオン台風の被害状況お知らせほかの旨の書簡〕（昭和二三年九月）八

（封筒表）

簗田玖次郎殿

今村力三郎

（封筒裏）

東京都千代田区神田神保町三丁目八番地

専修大学総長　今村力三郎

昭和二三年九月一八日

粛啓　宮川女史昨十七日午后五時到着、其談に曰、駿豆は仁田より長岡迄線路被害にて徒歩と好意のトラックにて艱苦し、僅ニ長岡に達し来着せし由ニ有之候

元来駿豆線は低地故洪水之節は、線路か水底に沈み回復

頗困難の線に御座候、弊宅之の《ママ》北を流るゝ桂川も非常之洪水にて、人家の流失、堤防の破壊もあり、弊宅も雨漏にて一時はドウなる事かと存候、新聞もラヂオも駄目にて老生は昨日来バスの動くを見て、駿豆線も動く事と察し居候処、前記宮川女史の談にて初めて詳知驚入申候、廿日出京と予定し万事準備仕居候処、意外之天災にて不得見合申候
新聞は今日にて三日不来、電灯も二日間停電、昨日午后初て点灯仕候、弊宅は幸に被害無之御安神可被下候
右の状況にて昨日不取敢廿日上京不能の電報仕候得共、駿豆線の復旧何日になるべきか会社も予定致し難しとの事なれは、老生よりも何日と確答難仕候得共、廿四五日頃なれは大丈夫かと想像致居候、何れ後便可申上候得共、不取敢第一報申上候、今福君来去時を得て仕合に存候
諸君へ可然乞御伝言候

昭和廿三年九月十八日

今村力三郎

簗田玖次郎殿

（専修大学所蔵）

八七 〔今村から簗田に宛てた同窓会欠席に対するお詫びほかの旨の書簡〕（昭和二三年一一月一九日）

（封筒表）

東京都千代田区神田神保町

専修大学　簗田玖次郎殿

（封筒裏）

静岡県修善寺町

今村力三郎

昭和廿三年十一月十三日

粛啓　帰修後、既に一週間と相成候得共、何事も手につかず范然として空過仕候、幸に天候は小雨一日、他は秋晴にて頗快適に御座候、物資は欠乏にて甚不安、此点は学校住居にて今福君を煩はす事は無上の幸福ニ御座候
廿一日同窓会欠席は何共申訳無之と会員諸君へ陳謝之意御伝声是祷、法廷五十年校正は面倒至極の大役也、先に出発前夜守安印刷所よりゲラ刷持参、一見するに目次中前後組誤りを発見仕候、老生も来月初旬上京、一応は眼を通し可申候
野田君近く来修の約あり、御同伴如何、最近は旅館頗閑

寂の風也
庭園税新設にて、相当重き負担ニ有之も生活費は節約出来ても税金の節約は不能ニ御座候
啼き言半分御宥恕可被下候
昭和廿三年十一月十三日
今村力三郎
簗田学兄　玉案下
（専修大学所蔵）

八八〔今村から簗田に宛てた大河内より伊豆・嵯峨沢にて歓待を受けた旨ほかの書簡〕（昭和二四年一月）一〇

（封筒表）
簗田欽次郎殿
（封筒裏）
東京市神田区神保町三丁目八番地一
昭和廿四年一月十一

五日大河内学長に招かれ、当地より三里奥の嵯峨沢へ参り大なる歓待を受け、近年稀なる豪奢之新春を迎へ候、御序の節宜敷御伝可被下候
法廷五十年売行不面白、出版モ中々厄介のもの也
十七日委員会首尾能通過仕候得は、骨休めに一二泊の予定にて御来修如何、山田総務に特ニ返信せさるも宜敷御伝を乞ふ
昭和廿四年一月十一日
今村力三郎
簗田欽次郎殿
（専修大学所蔵）

八九〔今村から簗田・山田に宛てた校友へのガソリン代援助については支出を許さぬ旨ほかの書簡〕（昭和二四年一月）一一

（封筒表）
簗田欽次郎殿
（封筒裏）
東京市神田区神保町三丁目八番地一
専修大学総長　今村力三郎
昭和廿四年一月十五日

芳翰拝読、〇〇〇〇君ガソリン代援助之件、学校としては毫厘之支出も許さす、断然拒絶可然と存候、但校友として陣中見舞金を贈る企にてもあるならは、老生も一千円提供加入可仕候、校友中時に校私を乱る考へのあるは

遺憾に候
十七日出京は頗困難と存候、欠席之積にて万般御準備願上候、九月廿四日委員会あり、廿七日発病、諸君に心配かけたる前例あり、何となく気後仕候、不悪御諒承願上候
選挙は目前に迫っても選挙気分が浮ばぬ、世間がソウてあるのみならず、自分が是が民主々義再建日本の第一階梯てあると思へぬ
荒木君が法廷五十年五六二部を裁判所方面目的に出荷したとは何処かに違算があると察する、是は返還が多いか或は下手をすると元も子も無くなるかも知れぬ、大に注意すべしである
戦犯判決書が毎日新聞社で出版された、一部学校で買て、序での時貸して下さい
昭和廿四年一月十五日
今村力三郎
簗田欽次郎殿
山田政太郎殿
（専修大学所蔵）

九〇〔今村から簗田に宛てた『法廷五十年』が完売した際は、その利益を専大事業株式会社の引受株の払込金に充当願う旨の書簡〕（昭和二四年一月）一一－一

（封筒表）
東京市千代田区神保町
専修大学　簗田欽次郎殿
（封筒裏）
伊豆修善寺
今村力三郎
昭和廿四年一月十五日

法廷五十年が三千部売尽くすと仮定すれば、純益が三十万は確実と推算せられる
此三拾万円で簗田・大河内・今村三人の専大事業部株式会社の引受株の払込金に充当する（但一人の払込金が何程か私は知らない）
山田英吉君は払込金は学校で立替へる意図であるが、私は好まぬ、我々は事務当局であるゆへに学校の金を借る便宜があるが、真実学校を思ひ現金を提供する有志に対し、我々が学校の金を利用して名義のみでは大に恥づへ

く、非良心的と思ふ、幸に法廷五十年が利益を生めば之を一応払込金に振向けたいと考へた
此三人の株式は白紙委任状を附して学校へ寄附する、即寄附名簿に記載した五十万円の内払ひとする
法廷五十年の収利か幾千になるか、僕には見当かつかぬ、又株の払込金か幾ら必要かも知らぬ、利益金に余裕があれば他の発起人へ廻はして大に可也であるが、順位としては簗田・大河内・今村三人連帯の五十万円を支払ひたいと思ふ
此金を会計上如何に扱ふかは、貴兄の計理的頭悩て技術化して呉玉へ
昨夜寝つかれす夢のやうに考へた
是は当分極秘の事、大河内君へは成効の見通しがついてから話すこと

昭和廿四年一月十五日

今村力三郎

簗田欽次郎殿

（専修大学所蔵）

九一　〔今村から山田に宛てた『法廷五十年』販売活動に対する御礼ほかの旨の書簡〕（昭和二四年一月）一二

（封筒表）

東京市千代田区神保町

専修大学　山田政太郎殿

（封筒裏）

静岡県修善寺

昭和廿四年一月廿四日

法廷五十年販売につき御配慮感謝仕候、荒木君裁判所方面へ五百部以上とは、実に不思議千万也、到底裁判所方面に捌ける書に非ず、何か別の仔細あるべしと被案候、荒木君の顔か何にかの蔓か何れにても売れは結構也、朝日新聞社へ同封の名刺を添へ二部御届頼入候、是は社の批評を求める為故、無代進呈也、河合良成君より其内何部か申出可有之候
十七日の委員会状況、先以て級第迄也、諸君之協力と撓まさる努力にて茲迄行けば、先以て一安神也、多謝ニ候、修善寺も此冬は稀なる暖気、老人幸に無異以降慮可被下候

昭和廿四年一月廿四日

山田政太郎殿

（専修大学所蔵）

九二　〔今村から簗田に宛てた新校舎設立と教授陣刷新に対する労いの旨の書簡〕（昭和二四年二月）一三

（封筒表）
東京都千代田区神保町
専修大学　簗田欽次郎殿
（封筒裏）
東京都神田区神保町三丁目八番地一
専修大学総長　今村力三郎
昭和廿四年二月十日

電報拝読、幾多之難関を突破し成効を収めたるは、新校舎と教授陣刷新の賜にて、尊兄と学長との御尽力に依るもものにて《ママ》、深く〳〵奉感謝候、依之上は本校創立諸先生之英霊を慰め、下は後昆之文化を開く、同慶の至也

昭和廿四年二月十日

総長　今村力三郎

専務　簗田欽次郎殿　机下

（専修大学所蔵）

九三　〔今村から簗田に宛てた新入生応募者激減の伝聞に対して憂慮している旨の書簡〕（昭和二四年二月）一四

（封筒表）
東京市千代田区神保町
専修大学　簗田欽次郎殿
（封筒裏）
静岡県修善寺　今村力三郎
昭和廿四年二月廿五日

粛啓　過日は御揃御光臨被成下奉感謝候、新聞の伝なる処、本学年新入学応募者激減之由、若不幸にして定員に満たさる時、経費収支償はず経営困難に陥り可申歟、大に憂慮罷在候、他校は募集広告を見るも、我校未た弘告せざるは例年の事なから、少々心細き感有之候

卒業証書署名を終りし間、何時ニても使者御遣はし可被下候

当地桜花咲き初め候

昭和廿四年二月廿五日

今村力三郎

簗田欽次郎殿

（専修大学所蔵）

九四　〔今村から簗田に宛てた大学改革のため経費は倍加するも入学生は減少のため苦悩している旨の書簡〕（昭和二四年二月）一五

（封筒表）
東京都千代田区神保町
専修大学　簗田鈁次郎殿

（封筒裏）
伊豆修善寺　今村力三郎
昭和廿四年二月廿八日

芳翰拝読、百事御配慮感謝仕候、新制移行之為経費は倍加せるに反して、入学生の減少は浮沈之問題にて、思ふて茲に至ると眠食も安んせざる次第ニ御座候、数年前に比し社会的信用も聊回復したりと思へとも、多年の積幣は未た積極的に信用を博したりと言ひ難く、募集難の苦労多かるべしと独りにて苦悩罷在候

静岡市高松の人にて、廿一年経済学部卒業・久保田顕二と申す仁が大学院へ入学致度と申越候、近日中同氏上京、御訪問可致と存候、可然御計可被下候

法廷五十年の利益金処分按、兼而御話合の方針にて御進行可被下候

昭和廿四年二月廿八日

今村力三郎

簗田鈁次郎殿

（専修大学所蔵）

九五　〔理事会に宛てた今村・大河内・簗田の辞職願〕（昭和二四年三月）一六－一

（封筒表）
要書

（封筒裏）
東京市神田区神保町　専修大学

辞職願
専修大学総長　理事　今村力三郎
同　学長　理事　大河内一男
同　専務　理事　簗田鈁次郎

拙者共は前記の職を辞します、御承認を願ます

昭和廿四年三月廿二日

今村力三郎㊞
大河内一男㊞
簗田鈁次郎㊞

財団法人専修大学理事会　御中

（専修大学所蔵）

九六　〔今村から簗田に宛てたロンドンにて活躍中の森口忠造君の帰朝後の旅行談を楽しみにしている旨ほかの書簡〕（昭和二四年一一月）一六－一

（封筒表）
東京都千代田区神保町
専修大学　簗田欽次郎殿
（封筒裏）
静岡県修善寺町　今村力三郎
昭和廿四年十一月卅日

粛啓　歳晩御多端奉察候、御高配にて森口君も定て於倫敦御活躍中と存候、帰朝後之旅行談を楽居候、六日定例理事会老生出席之必要なくは欠席御許容賜度候、但年内上京、諸君と忘年仕度候得共、日増之寒威に聊脅威を感居候、今日之新聞の自由労働連盟の電報を読み、森口君一行の動静を空想し、勝手に感慨に耽居候

昭和廿四年十一月卅日

今村力三郎

簗田欽次郎

簗田学兄　梧下

（専修大学所蔵）

九七　〔今村から簗田に宛てた起草中の「専修大学とはどんな学校か」については後で拝見する旨ほかの書簡〕（昭和二四年一二月）一七

歳晩御多端奉察候、御起草之専修大学とはどんな学校か、吉田君今夕帰京との事にて一読の暇もありません、後にて緩々拝見いたします、君か回避した自己に関する事とは如何なる事項か、未た一読も致さないから何も申上へる事不能ですが、仮に第三者の地位に立て御執筆を願ひたい、自己に関する事は誰よりも自己か一番能く知るのですから、取越の遠慮は無用と考へます
自分の言ひたい事は他人は知らす、自分の夫程に思はぬ事を大きく宣伝される事もあります、兎も角現時我大学の中心たる者は、学校の現在を説く上に材料と為る事は免れすと存候
山田政太郎君より南秋蔵氏に関する申送あり、早速来旨の通取計つたと御伝を乞ふ

昭和廿四年十二月廿九日

今村力三郎

（専修大学所蔵）

九八　〔「専修大学とはどんな大学か」を通読し感服した旨ほかの書簡〕（昭和二五年一月）一八

（封筒表）
東京都千代田区神保町
専修大学　簗田欽次郎殿
（封筒裏）
静岡県修善寺
専修大学総長　今村力三郎
昭和廿五年一月七日

御起草専修大学とはどんな大学か漸く通読致しました、達意の文章は所謂昔採つた杵柄とも申すべきか感服しました、田尻先生の頌徳表としても、是迄此以上の文章は見た事がありませぬ

僕か田尻・相馬両先生の裾に掴り釣上けられて誠に恥かしい

専修大学の宣伝としては現総長は無智無能と少しも粉飾しない訳にも行くまいか、去りとて誇張に過ぎると専大が法螺を吹て世間を欺く事になるから、出来る丈内輪にして欲しい

特に甚しいのは「十四の明治、大正、昭和を通じ幾千万人になるか判らない、十の「力三郎」とは、相馬、田尻、今村の三偉人の力が合作された象徴であると云ふ人があるが決して過言ではない」恐らく学兄の創作であらふが、僕は穴があらば這入りたい、此外僕に関する部分は大に粉飾を削りたい、貴兄に関する部分は原稿の空白を埋める為、何とか書きたいと思ひ万年筆を握つたが一字も書けぬ、是は貴兄自ら第三者と為つて原稿を起して下さい、嘘でなけれは誰にも遠慮に及ばぬ、何も蚊も学校本位である

大河内・小林両先生に宣布、遺言書は届きました歟

昭和廿五年一月七日

今村力三郎

簗田玖次郎殿　玉案下

（専修大学所蔵）

（参考文献）専修大学とはどんな大学か。（在来の専大と現在及将来の専大）

専修大学とはどんな大学か。

（在来の専大と現在及将来の専大）

一、専修大学は初め明治十三年に刑法、治罪法が実施されたのを機会に創立され、法律、経済の専門学を教へ

る私立学校であつた、今年は丁度七十週年である。

二、創立数年後、本学の経済学授業が非常に良いと云ふので世間の評判となり、経済科へ入学する学生が劇《マ》増《マ》した。

三、爾来経済、商業、計理、法律、政治、社会の諸学を授業して来た、就中経済、商業、計理は終始一貫他の私大に勝つた特色ある授業をして、多数の卒業生を出し、官界、法曹界、実業界に有為の人物を送つた、銀行界などでは特に専修の卒業生は堅くてまじめで経済の力があつて良いと云ふ評判であつた。

四、本学がかくの如く経済面に於て好評で財界に人物を出した原因はどこにあるかと云ふと、明治十年台から明治、大正を通じ我国経済学の大先輩として有名な田尻稲次郎先生（子爵、法学博士）が本学創立者の一人として一意本学のため授業に当られた賜である。

五、田尻博士は明治時代の私立大学に於ける三大教育家の一人であると云はれる、三大教育家とは福沢諭吉先生（慶応）大隈重信侯爵（早稲田）田尻稲次郎子爵（専修）で、之は公平な批評家の批評である（宗教方面の学校には新島先生の如きもある）田尻博士は、鹿児島藩の人で明治の初め留学生として米国に行き主として エール大学で歴史及経済学を学んで帰朝し、大蔵省に入ると同時に本学を創立し（相馬、目賀田、駒井の三先生と共に）自ら経済、財政の学理を講義し又東京帝国大学、東京高等商業学校（今の商科大学）早稲田大学等々で経済、財政の講義をされたので日本の経済財政の学者で田尻博士の教へを直接間接に受けなかつた者はほとんどないと云へるくらいに博士は経済学の上に大先輩としての地位を持たれておつたのである。

六、田尻博士の育英方針は我国の経済を発達させ国民を富まし欧米先進国に劣らない文化国家にしようと云ふ念願から国民経済の理念を淳々と説かれ、国民は徒らに空理空論に走らず（明治十年前後から明治二十七、八年の約二十年間は我産業貿易が未だ幼稚で近代的産業が起らないのに外来の自由民権論のみが盛で政府攻撃に没頭する者が多かつた）農、工、商等の実業に従事精励し科学的知識で実利実益を挙げ、国民も富み国家社会も栄へるようにしたいと云ふ考へ方で、本学の学生に青年がとかく華やかな政治にのみ熱中せんとするは良くない政治も大切であるが実業がより以上大切である、富のない政治は空虚で一歩誤れば国家の破滅を招く、日本は何を措いても農、工、商業等の実業を振興し貿易を盛にせねばならぬ、学校を卒業したら郷里に帰り故老に説いて経済学の真理と科学的技術の急務を説得して日本産業の大革新を断行させよ、又近代的新事業特に鉄道、電気、鉱山等々の企業を発起計画せよと説かれた、従つて本学卒業生は官吏や代議士にならうとするものが割に少く農、工、商等の実業に多く従事した。今日本学の卒業生が財界に一つの大きな力を持つて居るのは即ちその効果の一端である。

七、田尻博士の育英方針は更に真の経済人を作るにあつて当時の日本国民が徒らに欧米文明に眼がくらみ之を模倣せんとするのを深く戒め、富の増加は国民が労働して生産をふやしその内を資本化するため蓄積し、その資金で機械をふやし更に之へ労働を加へて富の増加を図らねばならぬ、この理念を体得した経済人を多く作らねばならぬと云ふので大いに産業を起すと共に一面浪費濫費を戒めて貯蓄をする、所謂勤倹貯蓄の必要を強調した、田尻博士は身を以て青年にこの精神を植付けるため、粗衣、粗食（栄養には注意された）を終始一貫実行された、博士は累進して局長となり次官となり会計検査院長となり親任官の高位に登つても古洋服を一、二着しか持たない、その一つはエール大学の学生服を二、三十年間も着ていられた、田尻博士は号を「北雷」と称された、之は「きたなり」と読むので服が一、二着しかないと云ふ意味をあらはすのである、同博士の生活は実に質素で人力車にも馬車にも乗らない小石川の自邸から徒歩でどこへでも行かれたのである、之は専ら青年学徒に模範を示したもので、決して吝的な経済理念ではない、博士の真の経済理念は無駄を省き之を有効適切な生産に活用しようとする真の積極政策の遂行にあつた。

八、田尻博士の左《ママ》の如き経済理念は本学に於て「質実剛健」の校風を生み、自然と質素、着実、倹素、勤倹と云ふことが唱へられ実行もされた、明治の末期から大正にかけ「質実剛健」と云ふ言葉が本学の一つのモツトーとされ遂に校歌（現存存《ママ》する）にも之が歌はれた。之と云ふも明治、大正にかけ日本経済が漸く発展進化するに伴ひ、とかく軽佻浮薄に流れ世道人心が堕落せんとし、欧米物質文明の外観にあこがれ、華やかな奢侈、ぜい沢がはびこらんとするのを田尻博士は深く戒め、健全なる思想を持ち豊かな実質生活を営んで堅固に栄へ安定した生活をすべての国民が楽めるようにしたいと云ふ念願に基いたものである、故に「質実剛健」と云ふ言葉は国民の思想が病魔に侵されないように又、貧乏にならぬように精神的抵抗力を養ふ一つの保健方法と考へられた。

九、明治の末期から大正にかけ日本経済は発展し株式組織の企業が激増し国民の株式投資熱が盛になつたが、同時に山師的企業や、泡沫会社が続出し投資者が大損害を受けた、会計経理に関する知識の必要が大に唱へられ計理士法も制定された、本学はこの機運を察し計理科を設け会計学の授業を始めた、これが我国私大に計理科教育の設けられた元祖である、本学から多数の計理士が出て財界の会計技術の進運に将又国民の投資指針に大なる寄与をなしておる。

十、本学はかくの如く経済の面において益々特色を出して来たが、法律の面に於ても特色を出した、本学は創立の初めに法学の授業に力を入れた、創立者の一人相馬永胤先生は米国で法律を学び田尻先生と共に帰朝し、一時代言人（弁護士）をされ本学で法律を講義した、その後、財界の人となり正金銀行頭取に累進し、本学の校長、総長として本学に大きな功績を残された、本学現総長今村力三郎先生はその相馬先生の弟子である（本年八十四才）、今村先生が在野法曹人としての令名は贅言を要しないが、同先生の如き人格高潔、頭脳明晰、学殖豊富の法律人は極めて稀であるが、之はもとより先生の天禀と努力によるとは云へ又相馬先生の如き先覚有能の大家、田尻先生の如き博学高邁な大人格者の訓育感化があづかつて力あることは疑ひない、「力三郎」とは相馬、田尻、今村の三偉人の力が合作された象徴であると云ふ人があるが決して過言ではない。この外司法官にも著名な人を多数出した、特に明治の町奉行大岡越前守と云はれた、当時の東京地方裁判所長今村恭太郎先生の如き本学の出身で司法部内切つての逸材であつた、本学は明治二十六年以後法律科を一時廃したが後更に復活し続いて特色ある法学研究と授業に力を入れておる。

十一、本学は大正の末期から昭和にかけ大学としての陣容をいよいよ整備し予科の拡大、学部の新増設を始めとし校舎の新増設を断行し益々拡張を計つた、当時は田尻、相馬の本学二大恩人は既に幽明境を異にしていたが、その後継者である阪谷芳郎子爵（元大蔵大臣、法学博士）が総長として本学のため尽力された、阪谷子爵は明治十七年東京帝国大学卒業と同時に大蔵省に入り田尻先生の下で明治政府の財政経済基礎建設に絶大の貢献をされ、局長、次官、大臣と累進されたが、その間本学に来られ財政に関する講義をされた、後ち財政人、経済人、社会人としての勲功によつて子爵を授けられた、田尻先生と阪谷先生とは明治時代に於ける財政経済の大立者であつた、明治三十九年第一次西園寺内閣が成立するとき阪谷先生は大蔵大臣に親任された、田尻先生はその数年前会計検査院長に親任されてゐたが、田尻先生は阪谷先生に書簡を送り、「兄は多難なる日本財政を事前に計画按配するの重任に当り、余は事後にそれが適切有効に実行されたかを監督監査する、両人が前後に各々の力を十分尽したならば恐らく、多難の日本財政経済も整備され安定に向ひ、国民の信頼に酬ゆることができるであらうと云ふ意を述べられ共に献身的大努力を捧げられた、かくて両先生は日本の経済財政調理(ママ)の重責に当つて多大の功績を残されたのである。

十二、阪谷子爵が総長として本学に貢献されたのは昭和の初めから大東亜戦争の途中までゞあるが、阪谷子爵の下で本学の興隆に多大の努力を傾倒されたのが道家斉一郎先生である、同先生は農商務次官道家斉氏の息子で京都帝大を卒業し東京市に職を奉じ同時に本学に教鞭を執つてゐられたが累進して常務理事、学長、総長となり、昭和六年の満洲事件ぼつ発の前頃から大東亜戦争漸く酣ならんとする時までの間本学のため精力を傾倒し遂に此の世を去られた（昭和十七年三月）のである、従つて同先生は軍国主義下の教育者とならざるを得なかつた、従つて自然とフアツシヨ的色彩を帯びたが又一面積極進取の動向がよく現れて本学の発展に寄与され本学の隆興を見たのである。

十三、昭和二十年八月十五日は非理無謀の戦争が科学の権化原子力によつて終末を告げ、れい明、漸く出現して日本は全く生れ変つた、本学も亦生れ変らざるを得ない、フアツシヨは変じてデモクラシーとなり、学生は大会を開いて絶叫した、学園を学徒本位にし、学徒の将来性を顧慮尊重して学徒の自覚によつて勉学するよう教育してもらいたい。教職員は新総長の持つ教育理念に徹してもらいたい等々二十七ヶ条の改新要綱を昂揚し、遂に本学の大先輩である今村力三郎先生を伊豆修善寺の清地から伴ひ来つて、固辞されるのを、学生、校友、教職員が一団となつて懇願し遂に総長の重職に当つてもらうことに成功した。

十四、今村力三郎先生は長野県の出身で明治二十一年本学を最優等の成績で卒業し、直に代言人（今の弁護士）となり一時判事に任ぜられたが間もなく再び弁護士となり、前後五十有余年在野法曹人として令名いよいよ高く、先生の弁護力によつて生命財産、名誉を保持し得た者明治、大正、昭和を通じ幾千万人なるか判らない、就中我国の大事件として有名な大逆事件等々にはその多くが先生の手によつて貴重な人権擁護ができたので、その功徳は千歳に伝へられるべきである、先生は本年本学七十週年を迎へるに際し、記念の意で「法廷五十年」の著述を世に公にされた、之を一読すれば右の如き大事件の真相が手にとる如く明かで、また世に知られていない秘事、消息が明確にされ、しかも趣味しんしんと、つきないものがあるが、之によつて知らるゝ如く先生の如きは実に人間としての不朽の或るものを持つてゐられるのである、本学は終戦後昭和二十一年以来今日に至る間、この大先生によつて複雑多難なる現代の学園改新を断行し着々進歩発展の実を挙げて来た。

十五、本学は何んと云つても経済に最も特色ある大学である、戦後の日本の最大問題は経済の再建である、しかも戦時中の軍国主義的又は独裁的色彩は全然これを払拭して平和的、文化的、民主的の国家に切り変へねばならぬ、この根本理念が確立せぬば経済の再建は絶対不可能であるから真に日本経済を考へる者は思ひをこゝにいたさざるを得ない、本学は特にこれに着眼し今村新総長は経済学部の建直しに乗出した。

十六、本学の経済学授業は創立以来田尻博士の構想により同先生が常に計画実施されたものである、然らば同先生の経済学理念はどこにあつたかと云へば終始一貫進歩的であつたと云へる、先生は米国で一八七〇年代に経済学を学ばれたので大体英国正統学派の教育を受けられた人である、本学の始めの経済学は元より英国正統学派であつたが、田尻先生は明治二十年頃には既に本学に盛にドイツの歴史派経済学特にロツシヤーの学説を諸先生をして講義せしめられた、本学に「経済考徴」と云ふ科目があつた、之はロツシヤーの学説を講義するのであつた、当時経済学を講義する私立学校は慶応と早稲田と本学ぐらいのものであつたが慶早はいづれも英国正統派だけであつたが、本学はドイツ派の講義を併せ行つた、又田尻先生は明治二十五年から本学に「社会政策」の科目を設け金井延博士をしてこれを講義せしめられた、金井博士は東京帝国大学で経済学を学び(田尻先生指導さる)英、独に留学し帰朝早々帝大と本学とで「社会政策」を講義した、我国で「社会政策」と云ふ言葉が世の中に出たのも講義するようになつたのも之が始めてである、田尻先生は学問は常に日進月歩であつてその進歩は一日も休むことなく又どこまで往けばとまると云ふものでないと云ふことを深く信じ、本学の教育の上に常に之を実現された、本学が経済学教育に於て常に一頭地を抜いておつたのはこの進歩的理念の大方針があつたことに起因するのである、ポツダム宣言を受諾して無条件降伏をした我国は連合軍占領下にあつて軍国主義の諸政策、経済機構、主脳人物悉く放逐され、フアツシヨ的、封建的、搾取的の政策は一切かなぐり捨て自由主義民主主義一本の進歩的理念に方向転換をした、このふん囲気の内で本学の革新を断行するのであるから元来進歩的理念に深き理解ある今村新総長の新施設も自らこの方向に向はざるを得ない、そこで従来本学に於て経済学講義をされたことのある大河内一男先生（東大教授）に本学経済学部長の重職兼任を交渉しその受諾手続完了とともにいよいよ本学の改新に手が着けられた、先づ幾多新進の経済学者を学界の諸方面から（民間学者、東大、商大、慶大等々）流派の如何を問はず学殖高遠な一流学者を選抜して教授又は講師に委嘱して一斉に新構想の新講義が開始され、学生は歓喜してこれを迎へた、続いて今村総長は法学部の建直しに乗出し遂に杉村章三郎先生（東大教授）に交渉しその受諾手続完了とともに諸方面から広く法学者を教授講師に委嘱して授業の面目を一新し学生も又之を歓喜して迎へた、かくて本学二大学部は意気大に上り本学もこれで再建ができるとの信念を得るに至つた。

十七、本学の改新はかくして緒に着いたが更に当面の一大懸案は六、三、三、四による新制大学に移行することであつた、昭和二十四年度からは大学として存在するには新制大学としての諸条件を具備しなければならない、諸条件とは敷地、校舎、実験室、研究室、図書館、体育館等々の物的設備と各科目担当の専任教授、助教授、助手等の人的配置とが基準通りに整備され、更に大学として将来維持されるのに十分な財的基礎が存立することを必要とするのであつた、これらを整備して新制大学としての認可を得ることは安易の業ではなかつた。

十八、今村総長はこの新制大学移行の方策について想を練られ、大河内先生が経済学部の建直しの一段落とともに、辞意のあつたのを思ひ止まらせ新に学長として迎へ、又本学理事の簗田欽次郎先生が専務理事となり、のちに理事長に就任し経営面の要職につかれた。簗田欽次郎先生は広島県の出身で明治二十七年本学を優秀の成績で卒業し、さらに田尻稲次郎博士につき経済財政学を専攻された、明治三十二年中外商業新報（現日本経済新聞）の記者となり、編集長、専務取締役主筆、社長を歴任され、昭和三年御大典の際は大礼新聞団、大礼謹写団の委員長として活躍、その間臨時国語調査会、商工審議会、国際観光委員会等の委員、春秋会長、日本新聞協会相談役、同盟通信社、日本放送協会各理事等言論報道界のために尽された、この功績により昭和三年天皇陛下から金杯を賜わった。経営と教学と両々相俟つてこの機会に本学の飛躍的発展の対策を企図されたのである。

十九、両先生は今村総長の意を体し、いよいよその準備に取りかゝり新制大学の新陣容を整へるために諸般の改革実行とともに新機構を立て、大河内先生は先づ大学の組織機構を考案するとともに専任教授、助教授を広く学界から物色し、その人選に当られ遂に各方面から進歩的な有数学者を多く迎へ来り専任の教授陣を整へられた、又簗田先生は本学発展のため日夜身体をはつて今村総長に協力し新制大学成立のための画策を実行に移した、経営面では少額のものでも浪費と思われるものは極力おさえられ、新計画の資金の充足を図つた、なおこの新計画には多額の資金を要するのでその準備に着手し、醵金方策を立て「新制大学期成会」を創設し募金計画を進めるとともに本学の財政計画を立て将来性ある本学経営の基礎的要件を画策し、同時に敷地、校舎その他必要な諸設備の購入施設に取りかゝつて、遂に新に四万余坪の敷地、二千数百坪の建物を手に入れて、これに大改築を加へ又総合運動場の設計を立てその工事に取りかゝられたのである。

二十、かくして本学は新制大学としての新機構新容姿ができ、昭和二十四年度（四月一日）から在来の神田校舎と、新たにできた生田校舎（神奈川県生田・小田急線稲田登戸下車）とで商経学部、法学部の二大学部が新進の教授諸先生によつて新な授業が開始されたのである。

二十一、本学の敷地、校舎その他設備を挙げれば次のようになつたのである。

一、神田校舎
　土地　千五百六十一坪
　建物　千七百五十六坪
一、生田校舎
　土地　四万一千五百五十坪
　建物　二千五百坪
一、軽井沢及箱根の寮
　土地　一万百三十八坪
　建物　三百坪
一、図書館　二ヶ所
　図書数　七万部
一、研究所
ア、社会科学研究所
イ、会計学研究所

ウ、今村法律研究室
一、運動場　一万三千坪
ア、野球場
イ、陸上競技場
ウ、テニスコート
エ、プール
オ、其他
一、学生ホール、合宿所、
其他

二十二、本学は既に述べる如く、どこまでも大学としての進歩的授業に重点を置き、学問の自由と独立を尊重し真理の探究に向つて一路前進すると共に、学理の応用に意を用ゐ、実学的研究習練にも努めるのである、真理の探究には広くして深い視野において一方にとらわれない襟度を持たねばならぬ、例へば経済学において マルクス主義の研究も必要であり、正統経済学派の研究も必要であり、資本主義、社会主義、共産主義等々を真理探究の上から、どれも十分に研究することを必要とするものである、マルクス主義学者の講義を聴いておるときは本学は赤化の学園の如くに感ずるであろうが、資本主義の講義を聞いてるときは本学は資本家の学校かと思ふであろうが、いづれもこれは本学の終局目的ではない、本学はそれら一切を研究してマルクスでもレーニンでもない、アダムスミスでも、ミルでもない、オーエンでもない、ケーンズでもない、もつとそれらを乗り越すような学理を発見し物理学界における原子学説の如くに更に更に飛躍した学説を創造する学者を作り、これを応用しこれに基礎づけられた幸福な平和的、民主的、文化的社会を造り出すことを目的とするのである。

二十三、本学の方針は学問研究はあくまでも自由であるが、事苟も政治活動に関する限りにおいては、学生は勿論教職員でも決して自由と云ふ訳にはいかない、政治上において選挙の投票は自由であり、憲法で保障される人権は尊重するのであるが、暴力を用ゆる政党（左と右を問はず）に関係する如きは許されない、どこまでも実際活動に関しては制限又は禁止される、この区別は明確に厳守することを本学の建前としておる、本学は進歩的学者を教授に任命してあることから、徒らなる臆測によつて極左的傾向あるものゝ如く云ふ者がありとすれば、それは全然当らない、本学は極左的の活動がありとするときは断じてこれを許さないが、真に研究の一部に止まるものは学問の自由を保障するのである、（研究に名をかりて能働的行為ある者は制約さる）しかも本学のこの建前は終始変らないところであるが、国際的、社会的状勢の変化によつて一層そこに明瞭なものがあることをとくと知らねばならぬ。

二十四、敗戦日本は領土は半分以下となり、生産力は三分の一以下となり、しかも内地人口は八千万に近く、これではとても人間らしい生活はできない、連合国の援助なくては餓死する者一千万人にも及ばんとした、この惨憺たるどん底にあつた終戦直後、本学はこの悲惨な日本を再びよみがへらす原動力は一つに八千万国民の労働力であることに思ひをいたし、労働力こそ経済再建の礎であることを信じ、労働を科学的に研究し、その効率をいやが上にも発揮して、労働力の生産化、労働力の輸出化を図ることが極めて緊要であると思ひ、昭和二十二年から本学内に労働学院を設け労働の科学教育を開始した、終戦後の我国労働運動はいよいよ活溌で組合員数の如き俄然激増を見、その勢ひ中々猛烈で危機到来まで持つてゐたが、本学労働学院は始めより極端に走ることを厳重に戒め真の労働学を授業し労働の科学化、労働の合理化に最も重点を置いた教育方針を採つて労働力の尊重を高調した、この労働教育を受けた者既に多数に上り各職場でその多くが真の有為有能の労働指導者として我産業のため大きな寄与をなしつゝある、院長には今村総長自ら当り学監に大河内一男先生就任し、我国唯一とも云つてよい労働教育の学園として世間の好評を受けつゝある、本学は時勢の変転に伴ひ益々これを拡充し創設の目的を達成せんと努力しておる。

二十五、本学の企図するところは敗戦国日本の経済を再建して国民生活を安定向上せしめ日本国民を平和的文化的民主的の世界人の一員たらしめて人類のために貢献できる国民たらしめようとするのである、そのためには経済人の立派な者を沢山造らねばならぬ、本学は真の経済人の育成を目ざし学問の研究と学問の応用と両面からその目的を達せしめんとしておる、大学院を設けて優秀な経済人を造る、又既に設立した社会科学研究所は益々その研究を拡大する、会計学研究所は公認会計士の創設に伴ひいよいよその斯学の研究を進める、今村法律研究室は独特の法律研究を開始する、こうしたことによつて研究を一段と強化すると共に経済人として財界に活動する人材の育成に新機軸を出して、本学卒業の新人が講和後の日本国民新活動の舞台に立つその準備訓練にも役立しめる計画である。

二十六、前項の目的を達するため昭和二十五年度から本学に特別な奨学金制度を設け優秀な学生を選定し、四ヶ年を通じて給費し又特別の指導訓育を施して益々その学力を高めさせ、卒業後米、英へ本学留学生として留学させ、帰朝後は学の内外において大にこれを活躍させるようにする。

二十七、本学創立以来の七十年間を顧みると本学には誇るべき伝統とその業績が相当にあるが、創立者相馬、田尻両先生、後継者阪谷先生等の大先輩はいづれも堅固と万全を尊び、浮華軽佻をきらい、着実、健全、力行と云つたことを自らも実行し学生にも勧められた人々であつたから、本学は物的施設において十分でない点が多々あつた、世間から募金をして拡大を計ろうとすれば相馬、田尻、阪谷諸先生の声望を以てすればできたのであるが、一切之をされない、又することを寧ろきらわれた。

二十八、時代の変化は大学の設備を十分に具備しなければならぬ、「大学基準」と云ふものができた以上物的設備、財的基礎を有しない大学は落第である、大先輩諸先生が今日に在らしめたならばその必要を是認し大にやられるに違ひない、即ち今日は最早古き殿堂に閉じ込んでおるべきでない、本学は今や正にルネツサンスの時代と云ふべきで古き伝統を精神的に大に復活し、新しい文化的設備を物心両面から創造し生気発らつの新時代を造るべきである、今これを実現しつゝある。

（専修大学所蔵）

九九　〔今村から簗田に宛てた一二月初めに風邪にかかったほかの近況報告〕（昭和二五年一月一九）

失礼を顧みず二三朱筆を加へたが、自分でも驚く程能力を失ひ耄碌を痛感せり、宮川女史帰京の好便に託しましたから諸君と御推敲を乞ふ

老生現在何の異状もありませんが、十二月初め軽き風邪に冒さん、又二回下痢に罹りました、何れも宮川女史の電気治療や食餌の注意にて日ならずして回復致し、今は倍旧の健康であります

当地降雪なきも室内二度の日もありました

昭和廿五年一月九日認

今村力三郎

簗田玖次郎殿

（専修大学所蔵）

一〇〇　〔今村から簗田に宛てた尊名を間違っていたことに対する詫び状〕（昭和二五年一月二〇）

（封筒表）
東京都千代田区神田神保町
専修大学　簗田鈫次郎殿
（封筒裏）
静岡県修善寺町
今村力三郎
昭和廿五年一月廿一日

粛啓　大失敗大失礼、僕何時頃よりか尊名を誤て玖字と思ひ違ひ、遂に深入りして空海が空棄と署せし前例に習ひ、鈫字迄作り失礼に失礼を重ね何共申訳ありません、叩頭万謝御寛恕是祷る、或人は次郎を治郎と誤り、朗を郎と誤るも大失礼と憤りし由、夫に比すれば僕の罪は重い、是も近来健忘症の致す処也、僕の旧友某氏チリン〳〵とベルの音を聴き、ハッ電話と思ひ立あがり、其瞬間何の用にて立ちしか忘却せしと云ふ、僕も近来殆んと夫に近し、重て御寛容を乞ふ

今字書を閲みするに玖、玉に次く黒色の美石とあり、鈫字は見当らす、恐く古字なるべし

昨年は年賀状十通に達せず、本年は百通に達す、幾分人心の安定を察すべきか

各政党の内紛甚敷信頼感を薄くす、国家国民の福祉の為に争はずして、党利と私益の為相噛む可憂

婢女の病も治愈、僕の幸に健在、御降慮是祷る、暖冬にて老人大当り也

昭和廿五年一月廿一日
今村力三郎
簗田鈫次郎殿

（専修大学所蔵）

一〇一　〔今村から簗田に宛てた校友主催の宴会を欠席したことに対する詫びおよび校友への感謝の旨ほかの書簡〕（昭和二五年一月）

二一

（封筒表）
東京都千代田区神田神保町
専修大学　簗田鈫次郎殿
（封筒裏）
静岡県修善寺町
今村力三郎
昭和廿五年一月廿五日

新装した専修大学の全貌、専修大学の概観を一読すれば僕と雖も入学したいとの感が起る、併し他の学校も夫々

の趣向をこらすことてあろふから、楽観は許さぬが此以上の手の打ちやうはあるまい
故人たる三六先輩及老生の写真か頗鮮明に複製されたのに一驚を喫した
三十日の迎春会には老生も当然出席すべき義務があるが、此厳寒の出京は後難の虞あり、頗断行に躊躇致します、端書の趣旨より察すれば校友諸君が学校当局に好意を寄せられた宴会であつて、尚更出席すべき義務ありと考へるのでありますが、寒威は老人には深刻な苦手でありますが、遺憾千万ですが欠席致します、従来学校は校友に冷淡也との批難の声を耳に致しました
我々学校当局として他山の石として、益校友との連絡を密にすべく努むるは当然なるも、校友諸君の愛校の精神は今日程旺盛なる事は曽て見ざる処であります、恐らく他の私立大学に於ても専修大学校友諸君の如く一致団結して母校の為献身的に努力せらるゝ例はなかろふと存じます
是が即我専修大学の精神的新装であると考へます
講和条約は本年最大最重の問題ですが、吉田首相の言ふ通り国際関係に左右され、直にも締結されるかと思ふと無期限に先きへ延び失望を重ねるのてありますが、何れにしても全面的講和か部分的講和かは国家の利害に大関係あり、又戦争抛棄は国防抛棄を意味せさるは勿論なるも、軍備なき国防は其手段如何等何れも国家の大問題なり、斯る生きた問題を捉へて有志学生と研究することは、学生に溌溂たる生気を与ふるとも考へますか、適当なる指導者ありや否、暇に任せて詰らぬ寝言へ（ママ）考へます、御一笑

昭和廿五年一月廿五日

今村力三郎

簗田欽次郎殿

（専修大学所蔵）

一〇二〔今村から簗田・藤江に宛てた森口忠造君帰朝報告会への欠席に対する詫び状〕（昭和二五年一月）二二

（封筒表）
東京都千代田区神田神保町
専修大学　簗田欽次郎殿

（封筒裏）
静岡県修善寺町
今村力三郎

昭和廿五年一月廿八日

粛啓　校友森口忠造君帰朝報告会万障を排し出席可致処、厳寒に避易して蟄居生活に毎日を送て居る実状ですから、欠席の多罪御宥免を願ひます
此度の森口君の使命は、彼の渡米議員団に比し一層重大と存じます、彼の議員諸君は、議員たる職務遂行の為であつて其資格を離るれば同時に義務も離れるのですが、森口君の義務は、今後の労働指導であつて終身之義務であります
而して労働問題の解決は世界之平和であり、日本の再建であります、私は此重大にして永久の任務を負はれる森口君を我校友中に得たる事を大なる光栄なりと存じます

昭和廿五年一月廿八日

今村力三郎

簗田鈖次郎殿
藤江黙成殿

（専修大学所蔵）

一〇三　〔今村から簗田に宛てた五島家の御不幸に対して大学および個人での弔慰を願う旨の書簡〕（昭和二五年二月）二三

（封筒表）
東京都千代田区神田神保町
専修大学　簗田鈖次郎殿
（封筒裏）
静岡県修善寺
今村力三郎
昭和廿五年二月二日

五島家之御不幸には実に喫驚致しました、会葬も不仕全く相すみませぬ、学校之弔慰の外我々個人之儀礼は可然御計ひ願ます、万一諸君之御見舞後であつたら老生分として別に御届け下され
ペニシリン発明後、肺炎で逝く人は無いと思つて居たが、人生は無常の嘆を新たにした

昭和廿五年二月二日

今村力三郎

簗田鈖次郎殿

（専修大学所蔵）

一〇四　〔今村から簗田に宛てた専門部法科三学生より依頼の原稿を送付の旨の書簡〕（昭和二五年二月）二四

（封筒表）
東京都千代田区神田神保町

専修大学　簗田欽次郎殿

（封筒裏）

静岡県修善寺町八七〇ノ一

今村力三郎

昭和廿五年二月四日

粛啓　立春を迎へ愈寒威之峠を超へ聊安神致しました、当地一月十日霙ありしも降雪を見す、老人には恵まれたる暖冬なり

同封之原稿は専門部法科三年・山本源次郎、関野易治、都築和男之三学生之依頼にて旬々筆を走らせたものです、議論の骨子は老生多年之宿論也、三人の来書には卒業記念として小書を作りたいとあります、尊兄へも依頼のあつたことゝ察します、不文之拙稿一応尊兄之斧正を煩はしたいと存しまして御送り致します、御多忙中乍恐縮朱批を願ます、此頃修善寺は毎日風か強く外出も戒めて居ます、県内は風邪大流行之由なるも、当地へは幸に侵入して参りませぬ

学監・学長・局長諸君へ可然御伝言を乞ふ

昭和廿五年二月四日

今村力三郎

簗田欽次郎殿　梧下

（専修大学所蔵）

一〇五　〔今村から簗田に宛てた今年は稀なる暖冬のため感冒も流行しなかった旨ほかの近況報告〕（昭和二五年二月）二五

（封筒表）

東京都千代田区神田神保町

専修大学　簗田欽次郎殿

（封筒裏）

静岡県修善寺町

今村力三郎

昭和廿五年弐月十日

芳翰拝読、本年は暖国伊豆にても稀なる暖冬にて、一回の降雪もなく老人大助りです、流行感冒も当地迄は侵入し来らず、此儘陽春となれは先安全かと思はれます、老生は毎年冬期中は湯タンポの湯にて、毎朝洗面する例てあつたが、此冬は冷水にて洗面しました、是は暖冬の故でもあるが、一ツは健康の為です、暖冬と申ても室内四度、室外は零度以下の事もあつて、冷水洗面で通した事は体の調子か順調の為と思います、便通は老人には厄介

の問題です、僕は下りかげんの時はビオフヱルミンを用ゐます、近来蝮胆丸と申売薬を常用して居ますが、緩下剤は慣れると利かぬので時に更へる必要かある、新入学生の問題は心配です、僕が引込んて居てクヨ〳〵しても何の役にも立たぬが、下根の我々は役に立たぬ心配をするばかりです

五島先生の不幸は同情の至也、先生か英国漫遊の時、同伴の令嬢と思ふ、秀才て両親の期待する所であつたと察する、老頽僕の如きが安泰で秀才の夭折可嘆

昭和廿五年二月十日　　力三郎

簗田賢契　座下

（専修大学所蔵）

一〇六〔今村から簗田に宛てた貴君の風邪に対する見舞いほかの近況報告〕（昭和二五年二月）二六

（封筒表）

簗田欽次郎殿

（封筒裏）

東京都千代田区神保町三丁目八番地

専修大学総長　今村力三郎

昭和廿五年二月廿二日

君が風邪と承り少々心配だ、僕は床の間の置物だ、何時取替へても差支へないが君は大国柱だ、建築全部を支へて居るのだ、身体を大事にして呉玉へ、僕は先便申上た通り、幸に健康状態は順調ですが、全体的に耄碌は必至だ、唯病気のないのは実に幸福だ、宮川女史の電気治療が与て力ありと思へは是も校恩である

入学生の事は心配てある、山田君の書面に一口も書てない、今後の問題として報告しないのか、或は成績不良であるからか、兎ニ角気掛てす

最近当地も二回降雪かあつた、今朝室内六度て相当に寒い、吉田君の話では東京より寒い感じだと云ふ

三局長・学長・学監へ宜敷御風声を乞ふ

昭和廿五年二月廿二日　　今村力三郎

簗田欽次郎殿

（専修大学所蔵）

一〇七〔今村から簗田に宛てた大河内先生の問題、新入生の事に付善処したき旨ほかの書簡〕（昭和二五年二月）二七

（封筒表）
東京都新宿区二十騎町一六
簗田欽次郎殿
（封筒裏）
静岡県修善寺町
専修大学総長　今村力三郎
昭和廿五年二月廿六日

芳翰拝読、流感御平愈に至らす御就褥之由、御苦脳奉察候、御静養専一に奉禱候、大河内先生之問題は重大と存候、可然善処被成下度候、発展途上幾多の難関ある可しと覚悟せしも、予想外之問題踵を接し苦心至極と御察申候、読売の記事は老生も一読仕候、記事之内容は学校より見て今少し提灯をと考へることもあらんが、彼丈の行数を費やし、学校の為に宣伝したのであれは必すしも悪しからす、〇〇君が話したとしても、之を追窮する責任とは思はれず、若老生が語れはモット悪言したらんと存候、〇〇君の辞表可然善処有之度候

老生出京は三月十五日以後、十七八日頃と私に予定仕居候、其頃には気候も温和なるべしとの空想にて、他に子細無之事故、学校の都合次第何日にても出京可仕候
新入学生の事、第一の関心事也、永年の頽敗は一朝にして回復し難し、噫老生は宮川女史の監督にて、少しの風雨にも外出せす兢々として保健第一也、御降慮是祷尊兄も解熱後五七日は入浴・外出は御慎、戒肝要也
昭和廿五年二月廿六日
今村力三郎
簗田欽次郎殿
（専修大学所蔵）

一〇八〔今村から山田に宛てた読売新聞の専修大学に関する記事の感想ほかの書簡〕（昭和二五年二月）二八

（封筒表）
東京都千代田区神田神保町
専修大学　山田政太郎殿
（封筒裏）
静岡県修善寺町
専修大学総長　今村力三郎
昭和廿五年二月廿六日

雑誌題号乍遅延一揮仕候、拙筆強要せられ難渋至極也、今後若同様之事尊兄へ申出候者有之候節は断然御謝絶可被下候、書を学は剣を学ふ可如し、具人の天才にて誰も宮本武蔵たる能はさるか如く、何人たりとも義之や顔其郷たり得さる也
○○局長か読売記者に語りたる事か問題となりし由、新聞を利用して提灯記事を書かせようとするは無理之注文也、僕か語れは彼記事以上也、彼行数丈専大記事に費し宣伝したるは上々の出来也
簗田君流感後の注意肝要也
僕上京十五日以後と予定せり、早きを要すれは乞御一報

昭和廿五年二月廿六日

今邨

山田政太郎殿

（専修大学所蔵）

一〇九　〔今村から簗田に宛てた新入生の数は予想通り、電車通りの角の地所建物入手は大慶の旨ほかの書簡〕（昭和二五年三月）二九

（封筒表）

東京都千代田区神田神保町
専修大学　簗田欽次郎殿

（封筒裏）

静岡県修善寺
今村力三郎

昭和廿五年三月十一日

簗田君之病気全快、先以て大慶至極、全く安神致しました、大河内・杉村・藤江と幹部級の人事が一時に殺到し、其処に理事長の病気、引籠にては校内の士気に多大の影響を免れずと心配しました、老人は予後に無理する事は大禁物ですから、充分大事を執て下さい
新入学生も先予想に近き数字と察せられます、私立大学の予算は毎年学期初の新学生の数に依て決定するのですから止むを得ませぬか、彼の大学の内幕に於ける日本・慶応・早稲の如き学校商と選を異にするは、聊自己満足であります、昨年北海道の或人より、巨額の寄附するから入学さして呉との申込を拒絶した記憶があります、人は貧の張肱と申すであらうか、何時か世間が認めるでしよう
電車通の角の地所建家の入手は大慶々々、先に希望せしも失敗せし由にて駄目と諦めたるに、入手出来し事は意外の大成効ですが、代金支払に又一ツの難関でしう、詳しきは出京の上伺ふことにします

九日に〇〇君来修、一泊して十日に帰京した、局長辞任之件に就ては多くを語らず、殊に不平らしい言葉もなく、唯挨拶程度であった
朝日の私設放送局の問題は社の方針は、東京・横浜の中央の位置を選ふとの事であるが、他の条件は兎も角、是丈は合格ですが、学校として無条件に歓迎して宜しいか御考願ます

昭和廿五年三月十一日

今村力三郎

簗田鈫次郎殿
書中の大意取捨して山田君へ御伝を乞ふ

（専修大学所蔵）

一一〇〔今村から簗田に宛てた自治会委員長がイールズ博士の演説に反対のため司令部に意見書を出すとの用件で来訪の旨の葉書〕（昭和二五年六月）三〇

（葉書表）

東京都千代田区神田神保町
専修大学　簗田鈫次郎殿

静岡県修善寺町

今村力三郎

（消印）昭和二五年六月一一日

（葉書裏）

御書面拝見しました、僕は二十日に上京しますから、吉田君を十九日に御遣はし下さる様、山田君に御伝へ願ます。先日自治会の委員長か来てイールズ博士の演説に反対てあるから、司令部に意見書を出すと申ますから、僕は博士に同意見たと申し、小林学長も同席して話した事もあります、小林学長の意見は耳か遠くて能く判らなかつた

（専修大学所蔵）

一一一〔今村から簗田に宛てた内山慶之進君博士論文提出の件ほか病状報告の旨の書簡〕（昭和二五年六月）三二

簗田鈫次郎殿

今村力三郎

御恵贈のアトロゾン半打及文明堂長崎カステラが本日午前無事到着致しました、深く御厚情を感謝します
老生其後の容態は先以て順潮です、歩行の稽古に杖にすがつて廊下を往復して居ます、医師は此病気は半身不随か言語神経障害を残すが普通だと申ますか、今の処其何れも免れそうです、唯現在は膝の関節が弱く自力で立つ

事が不可能です、併一日増に力がつく様です、記憶力の全滅は驚く可しです

学校の内規に何ヶ月休課・欠勤すれば俸給を減ずる規定があると考へます、此規定は御遠慮なく適用して減俸して下さい、総長自ら内規を破ては校紀が保てないと思ふ、八月廿日頃内山慶之進君か穂積重遠先生の添書を持て、此地迄態々来訪してくれたが、其頃は漸く人事不省から立直つた時で多分失礼した事と思ふ、用向は博士論文の提出てある、内山君は現在講師であるから或は既に論文提出かと察する、小林学長と御相談可然処置願ます

老生から穂積先生へ一言返信したいのですが、其中に次の様な意味を加へたいと思ふが、学校当局の御意見を予め承知したいと藪から棒になる虞がある

最高裁判所の判決は絶大の権威を持つものであつて、時には裁判官諸公が国家社会風教の為め、国民に判決理由を周知せしめたいとお考への事があると存じます、斯様な時に専修大学の講堂を提供致しますから、粗末貧弱の講堂ですが御使用下さい、而して本校の学生や一般智識階級に御話し願たい故、横田秀雄博士が男子にも貞操の義務ありと判決理由を公示した事は、日本の風教に多大の貢献を為したと信ずる

尊兄始め諸公か御賛成ならは穂積先生へ返信の序に書添へます

本年の卒業証書に署名は不能と思ふ、毛筆は全然駄目です

本年は霜が遅く先以て暖気です、唯一ツ成宗の地所や家屋の処分が後れて居るのが気懸です

昭和廿五年十一月十一日

（専修大学所蔵）

一一二〔今村から簗田に宛てた五島君と教授連の反目の件、寄附申込書草案の返送なき旨ほかの書簡〕（昭和二五年一二月）三三

（封筒表）

簗田鈫次郎殿

（封筒裏）

今村力三郎

謹啓　昨日吉田使丁来修、其話に尊兄風邪にて御引籠之由、歳末多端の無理押が崇つたのかと心配です、尊兄は現在学校の大国柱です、自重自愛を切望します

老生は発病以来、昨廿二日初めて入浴しました、何の支障もありません、現在は腰と膝の関節の力かなく聊フラ〳〵です、聾と健忘性は益々ヒドイ、其他異状なし、無

事迎年可能です
五島君と教授連の反目は気に掛ります、沢庵石は或程の重量が必要ですね
僕の寄附は今以て中村氏から寄附申込書の草按の返送なく、後れて居ます
昭和廿五年十二月廿二日
今村力三郎
簗田欽次郎殿
（専修大学所蔵）

一一三〔今村から簗田に宛てた部長問題および寄附申込書の落掌の旨ほかの書簡〕（昭和二五年一二月）三四

（封筒表）
東京都新宿区二十騎町一六
簗田欽次郎殿
（封筒裏）
静岡県修善寺
今村力三郎
昭和廿五年十二月廿七日

復章、部長問題縦令暫定的解決にても小康を得れは、根本的解決は他日に譲つて一時善処して頂けば結構と存します、右につき舞出先生が理事を御承諾下さらは、序に部長御引受を願ふ事は如何でしよう、先生が部長を引受けられても教授連が治まらぬ様なら、大に考へなくてはならぬと思ふ
寄附申込書は既に御落掌と存ます、正式に理事会の承認を待て学郎に申与へる積です、生前処分ですから八月の急病の如き事があつたら、処分は民法に依る外なく是が一ツの心懸りであつた、可成早く御承認を待て居ます
世界状勢険悪の一途を辿り不安至極です、ソ連が北海道を占領したり、内地へ爆弾を落したり、最悪之場面がないとも限らない、其時徒らに周章狼狽の醜態を演せぬ様今より覚悟したい、老婆心を懐いて居ます、御一笑下さい
僕病后の回復状態、先以て良好です
尊家之御安泰と迎年を祝し奉る
昭和廿五年十二月廿七日
今村力三郎
簗田欽次郎殿
（専修大学所蔵）

（参考資料）寄附申込書〔杉並区宅地〕（昭和二五年一二月）

寄附申込書

東京都杉並区成宗壱丁目五拾番ノ壱
一、宅地　八百参拾壱坪弐合八勺
東京都杉並区成宗壱丁目五拾番ノ弐
一、宅地　壱千弐百弐拾坪四合八勺
（但此ノ内今村学郎建物敷地約四百坪ヲ除ク）
同所　五拾番ノ六
一、宅地　九坪六合
同所　四拾九番
一、宅地　八百四拾参坪八合四勺（溜池）
同所　五拾番所在
家屋番号　同町五百八拾六番ノ弐
一、木造瓦草葺平屋建　住家　壱棟
建坪　百九拾七坪弐合
一、木造草葺建　物置　壱棟
建坪　五坪八合五勺

右弐棟ノ坪数ハ公簿記載ナルモ、土蔵及正門ノ建坪ヲ合算シタルモノニテ実際ノ建物坪数ト差異アリ、実地検査アリタシ

前記表示ノ土地、建物ハ貴大学へ無償寄附シマス、御受納願ヒマス

昭和弐拾五年拾弐月弐拾弐日
住所　静岡県修善寺町八七〇ノ一
寄附者　今村力三郎
財団法人専修大学　御中

尚今村学郎名義建物敷地分筆ニ付テハ本人ト学校ト交渉シテ適宜ノ処置アリタシ
分割ノ境界ハ隣接ノ須賀神社トノ間ノ木柵角ヨリ北方温室東端へ見通シタル直線カ適当ナラン、万一学郎カ分割譲与ヲ望マサレハ学郎ノ建物敷地ヲ貸地トセラルヽモ可ナラン

以上

〈別紙省略〉

（専修大学所蔵）

（参考資料）今村力三郎総長邸建物見取図

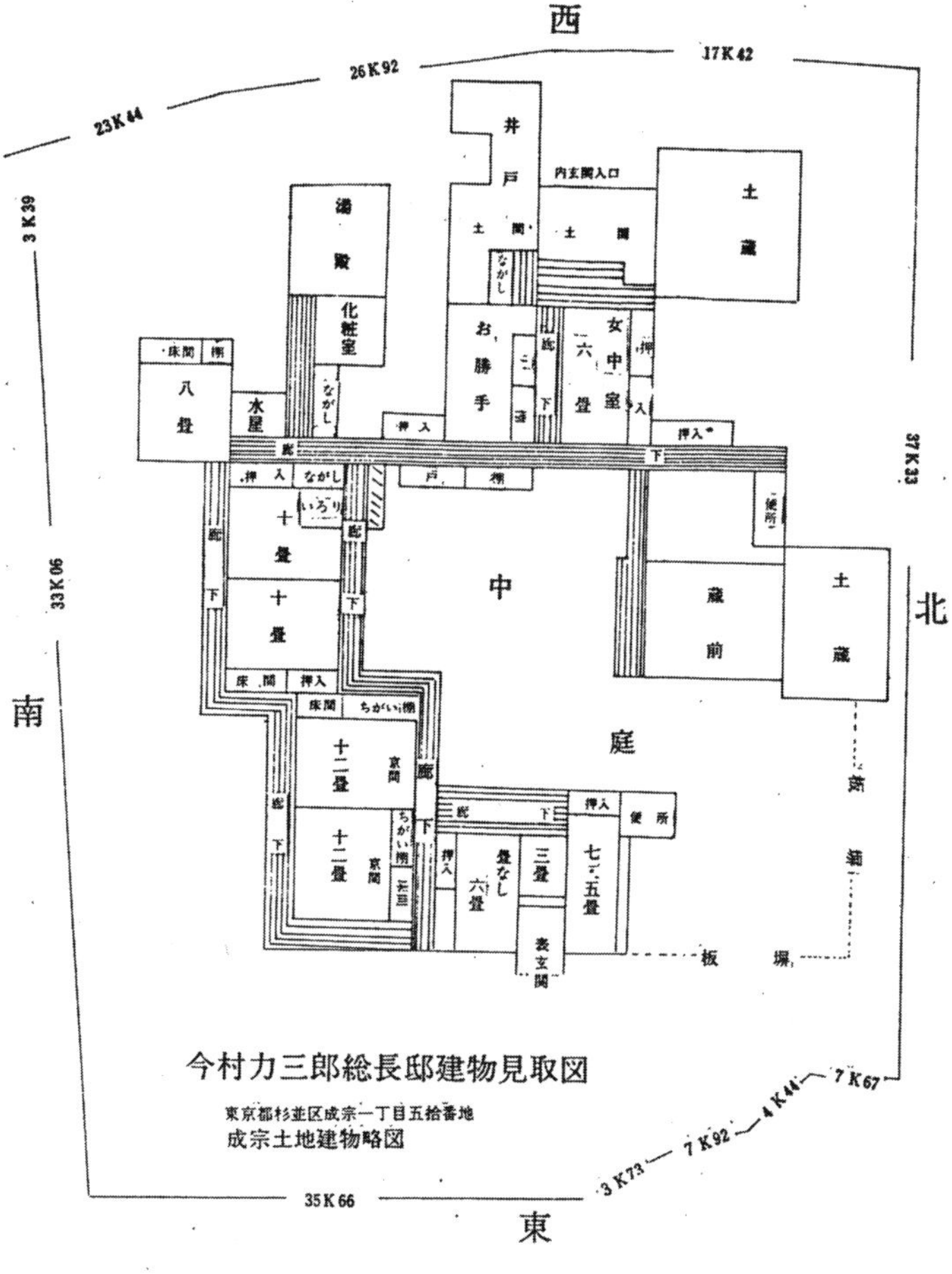

（『専修大学校地・校舎の変遷史』専修大学年史編纂室
昭和五二年）

一一四　〔今村から簗田に宛てた五島茂先生の居留は学校の浮沈に関する重大事項のため尽力願う旨の書簡〕（昭和二六年三月）　三五

（封筒表）

簗田理事長殿

（封筒裏）

東京都千代田区神田神保町三丁目八番地一

専修大学総長　今村力三郎

昭和廿六年三月四日

御書面と後藤君之御話にて、容易ならぬ難関に直面した事を知り御苦心御察し致します、五島先生之去留は学校之浮沈に関する重大事項てありますから、此際思ひ止り学校之為御尽力願度、只管切望します、老生之上京を必要とせらるゝならは何時にても上京します、大河内先生も定めて御尽力の事と察します、宜敷御伝を乞ふ

昭和廿六年三月四日

今村力三郎

簗田理事長殿

（専修大学所蔵）

一一五　〔今村から簗田に宛てた大学院認可のため内部抗争の被害を最小限に止めるべく尽力願う旨の書簡〕（昭和二六年三月）　三六

（封筒表）

東京都新宿区二十騎町十六

簗田欽次郎殿

親展

（封筒裏）

伊豆修善寺

今村力三郎

昭和廿六年三月五日

拝啓　後藤君に托した手紙は、誰が見ても差支への無い様に書た、此書面は他見無用也

此度の問題は両者の対立から起つた、颱風の起つた原因を調査することは他日に譲り、今は専ら其被害を最少限度に止めるより外に策はない

一方も〇〇の招聘問題等を回顧すると、必ずしも専大と生死を共にする愛校感念に燃へる人とも思はれぬ、一方も不信任の決議迄して退出しに、露骨の手段を用ゐたと言はれても一寸弁解に苦しむ、此双方の感情を水に流す事は六かしい、水に流せる位なら初めから対立抗争は起

らぬ
文部省の方針を今に至て変更する事は困難であろふ
大河内先生の配慮に依て、舞出先生を迎へ大物主義が実現すれば、其時は容易に大学院も認可されると思ふ、其時期迄文部省か調査の形にて、却下とか取下とかの決定的処分を猶予して貰へば先以て無難と考へる
文部省が認下か却下かと決定を急ぎ、猶予出来ぬ事情があれば止むを得ないが、其時責任論など起て内部抗争が始まると夫こそ大変である、是は未然に注意か最必要と思はれる
本年の卒業生中、大学院希望者があると大に差支へる、是を如何にすべき乎、老生には案がない、僕は病前より無能だが、病後益無能の速度を急進して、雨も風も尊兄一人に背負はして何共相済まぬ、今度の問題は尊兄の職責から遠く離れた処に颱風か上陸し、其上陸地点を守る責任者が手違ひから却て応援に出た、尊兄が颱風の飛ば散りを受けた形である、僕の脳血栓も尊兄の狭心症も共に再発の危険ある病症だと聞て居る、僕は現下の重大関心は尊兄の健康である、学校の浮沈は尊兄の健康に係つて居る、御自重を切に祷る
成宗の寄附に関する諸問題は関正雄君に托すれば解決容易である、誠に好都合の人があるものだと欣んで居る
十八日の上京は八ヶ月目である、諸君の謦咳に接するを大に楽で居る

昭和廿六年三月五日　　今村力三郎

簗田大兄　座下

（専修大学所蔵）

一一六　〔今村から簗田に宛てた五島茂先生の東京外国語大学移籍問題に付専修大学専任を願う電報発送の旨の書簡〕（昭和二六年三月三七）

（封筒表）
東京都千代田区神田神保町
専修大学　簗田欽次郎殿
（封筒裏）
静岡県修善寺町
専修大学総長　今村力三郎
昭和廿六年三月五日

五島先生より同封の返電あり、尊兄重々の御配慮も先生は受付けざるものと推量します、不取敢御報知申上ます
昭和廿六年三月五日

今村力三郎

簗田理事長殿

五島先生へは専修専任を願ふ旨の電報を発し、同時に速達にて同封の信書を発送しました、御参考迄御送します、僕の上京の困難は引越前にて宮川女史が男勝りに荷造其他大に働て居ますが、僕か上京すれは女史も同伴して、当地か不在になります、夫て困るのです

三月六日

今村力三郎

簗田大兄

(電報)

宛名　シユゼンジマチ　イマムラリキサブロウ

数字　九〇

発信局　チヨタクダン

番号　一三九

受付　コ二時二六分

受信　午コ三時五五分

デンシヤス」ゴシンパイモウシワケナシ」ガイゴセンニン、センシユウケンニンオユルシコフ」□《ゴカ》トウ

(消印)昭和二六年三月五日

(専修大学所蔵)

一一七〔今村から五島に宛てた専修大学教授留任を願う旨の書簡〕(昭和二六年三月)三八

(封筒表)

東京都千代田区神田神保町

専修大学理事長　簗田鈫次郎殿(速達)

(封筒裏)

静岡県修善寺町

専修大学総長　今村力三郎

昭和廿六年三月六日

謹啓　老生病後長く上京せず、欠勤を継続して誠に相済み不申、内心憂慮せしに、最近先生の進退問題が起り、学校当事者より承れば非常に錯綜せる原因もあり、先生の辞意強く解決困難に苦しむ由にて、老生も始めて承り大に驚きました、私は先生の部長就任や学位論文通過等にて、先生と学校とは永久に不離の一体と為つた事と確信して居りました、今と為つて考へれば私が長く学校を欠勤し、事情に疎かつた責任も重大である事を痛感して悔んで居ます、私は直に上京したいのですが、本月十八日当地を引払い上京の準備に忙しく到底出京出来ませぬ、

十八日出京後、私は心血を注いで解決に努力したいと思て居ます、先生も愛校の御精神より曲て御留任を切望します、即時留任の御決意を仰ぐ事が至難なら、私の上京まで問題の決定を猶予して頂きたいと切に御願致します、書余拝芝万縷

昭和廿六年三月六日

修善寺　今村力三郎

五島茂先生　座下

（専修大学所蔵）

一一八〔専大夜間部昭和二六年卒業生有志および在校生有志から今村に宛てた大学改革に関する陳情書〕（昭和二七年四月）

（封筒表）

都内神田神保町三ノ二　専大総長宅

今村力三郎先生

御情書

（封筒裏）

専大夜間部昭和二十六年卒業生有志

在学生有志

四月二十日

陳情書

生等本学に学ぶ、豈母校を愛せざらんや、生等愛校の赤心を述べて公正なる総長先生の判断を待つ

先づ先輩簗田理事長と小林学長の対立は近来の遺憾なり、三選は本大学のためには生等は賛成せざる也、自然の時機を待つべき也、天は徳高き者に大任を授く、力量ある者は衆が推す也、小策は徳に及ばず、大学のため大なる自重反省が肝要也

次に簗田理事長の努力と細密なる頭脳には深く敬意を表す也、然れども衆の徒はざるを如何せん、時代の感覚にぶきなり、赤誠策に劣るなり、言多くして感情激発、人衆其の徳に服せざる也、速やかに第一線を退き、後見として破邪正義の士としては第一人者也、校宝的大先輩の終りを全ふせられるべし、不徳図々しきごまの輩を押さえつける者は理事長より他に無き也

次に盲言を多謝して簗田政策を批判す、神田校舎増築は近来無き母校発展也、大奮発を期待する也、更に第二期工事を敢行せられんことを切願し大いに応援を致さん、生田校舎は売却或は貸付け、運動場、寮を残し神田に集中するが大得策なり

次は簗田人事の大失敗を批判す、有力なる簗田閣僚○○常任理事は教授先生・職員・学生等の大多数に信頼無

き也、彼は大うそつき也、不徳輩也、誠意あらずして小策也、図々しく押し一手あるのみ、衆は服せざる也、人皆内心疑ひを持つ也、近代的知性・大学経営の実力無く大言とオポーチュニスト也、時来らば要職を速やかに退かれんことを、彼を称して「コーモリ」的存在と云う也

次に大学事務局長〇〇〇氏は全く困りもの也、教授に信頼なく、職員になく、学生は全然相手とせざる也、大学事務の最も要職にある彼は、夜間ひそかに某大学に勤務し、大学の多忙時にも平気にて珠算のアルバイトに出かけ、彼の最大の特色は理事長の勤務中は徹夜しても勤務し、理事長帰宅すれば彼は勤務義務時間と雖も抜け出す也、例外なき也、学生これを知り事務員皆知る也、事務局長にしてこの表裏あり、他の部下の統制を如何にするぞ、生等の職場に於て彼の如き局長あらんか必ず不信任也

彼の逃げ言葉はすべて理事長の命令なりとの一言也、職員・学生・教員はために理事長をうらむこと多し、教授会は彼を不信任し、数年来一回も彼は恐れて出席せず、坂上教務課長のみ教授会に出席せしめおると聞く、責任を逃れ保身にのみ力を注ぎ、人の顔色を見て面従裏反たゞむやみにぺこぺこするのみ、彼は一介のそろばん屋也、事務員計算係也、抱負なく、信念なく、親切なく、事務局員の信頼なく、一言これ打算追従也、生等の言過言誤りなれば事務局員より調聴あらんことを、必ず理事長は大事の時に裏切られ後悔する也、表裏があり過ぎる也、学生は彼を卑む也

次は本大学最大の学生にとりての不幸は〇〇兼任厚生課長也、他の大学を見よ、最も重きを置くは学生アルバイト、就職、下宿の世話、学生保健の世話也、彼は如何なる場合も責任を逃げるのみにて、一向に学生の相手とならず、部下課員も彼の無責任と人格的づるさにあいそをつかし、皆辞職し現在は一人も居らぬ也、但し彼の私宅に物品を運ばんか、忽ちにして便利を計り、彼の知人学生にのみ特に世話をする也、真偽を学生、或は退職せる前厚生課員又は事務員に調聴せられんことを

次は〇〇体育課長は人格的に学生の信頼なし、即ち金銭的にも酒色に危し、〇〇理事の唯一の児分となり、表面理事長に追従し裏面は全く反対にして、〇〇理事と共に昼間部学生は相手とせざる也、目の放せざる人物也、彼の小才と酒色、物慾は生田学生間の定評あり、監督の目を放さば相当悪業をやる才物也

運動部学生より一切の事情は聴取せり、理事長の目玉を光らせんことを

次に問題は教師教授先生の休講常習者のこと也、学生

の不幸の大なるものなり、学部長はもっとしっかり監督すべき也、学生を思ってくれるべき也、本大学の部長課長主任は名儀だけにて休講について無関心也、生等は教務課長にたよるのみ

　次に母校出身教員のくだらぬ者は採用せぬこと也、某の如く実力なくして（公認会計試験に学生が合格するも彼は不合格を続けて居る也）ごろの如き政治性をもって〇〇理事と徒堂《（ママ）》を組み、同じ試験の点数を甘くして大言壮語人気を取り、選挙に教授講師の肩書を利用するのみ也、出身学校の如何を問はず実力ある教師を採用し、学門の力、教育力、人格高き者を採用せられんことを

　次に校友のくだらぬ輩は大学に近付けぬこと也、大学の不幸也、実力、人格紳士を頼みとすべき也、校風を乱し社会に信用を失ふ也、

　次に人材をもっと職員にすべき也、局長課長は他の大学に比して実力、経歴、人物の点に於て少しも劣らぬ者を置くべき也、せめて教務課長位の経歴と熱心なる人物をもっと俸給を出して各課に置かざれば、大学は三流四流となる也、課員は実力あり、知識高きがよし

　次に大学の機構は次の如く一例を挙し

　大学事務局―学生部―　教務課
　　　　　　　　　　　　学生課
　　　　　　　　　　　　厚生課
　　　　　　　　　　　　体育課
（財団）法人事務局―総務課
　　　　　　　　　　　　庶務課
　　　　　　　　　　　　人事課
　　　　　　　　　　　　会計課
　　　　　　　　　　　　営繕課
　　　　　　　　　　　　振興課
　　　　　　　　　　　　就職あっせん課

次に夜間の事務員が不足也、至急増員すべき也、特に教務課・厚生課は不足也

次に本大学の商業学部の充実独立と法学部の強化（部長更新）

次に学生のためもっと設備（図書館、治療室、学生控室、休養室、女子部屋、食堂、草花庭園、放送、拡声器等々）を設けるべき也

最後に本年は続々と他の大学に転学する点について当局は大いに考へるべき也、大問題也

大学の立派なる教授を増員すること、教職員の待遇を改善して熱心実力ある人物を配置すること也、大学らしき建築設備をすること也

次はもっと当局はアルバイトの世話、下宿の世話、就

職に力を入れること、現在の厚生課長では全く駄目也
学生の世話をなし、相談を受け、而して指導してやる係を（学生課）至急置くべき也
学生と学校ともっと精神的に結びつかせること也、臨時に教務課長か適任の教員に依頼して、毎週二回位昼夜学生相談所を設けて、精神的なる温かさ親心を示してやること也
次は資金を持ってくる財政手腕のある財務理事を求めること也、新しき大学の在り方の理解出来ざるものは、衆の支持せざるものは要職に就かせず、事務員として働かせる也、専修大学は小なりと雖、健実なる特色ある大学とすべき也
其の他多々あれども、総長先生の過労を恐れて他日に譲り、暴言なれども赤誠を陳情して愛校精神の一端を示し、総長先生・理事長先生の御健康を祈り奉る也
昭和二十七年四月十九日

専修大学本年卒業生有志
夜間部在学生有志
謹白

総長　今村力三郎大先生　玉下

（簗田家文書二一－二二　専修大学所蔵）

（参考資料）　生田校舎の学生諸君にお話しする

理事長

生田校舎の学生諸君にお話しする

本日は、この生田校舎に通学される学生諸君に、少々お話しをして置きたいことがあるので、お集りをしてもらつたのであります。

それは、学生自治会の委員長外諸委員の諸君が、去九月十七日付の『申入書』と云うものを、私に示されました。その文面によりますと、『吾々学生は九月十四日の学生集会の決議に基き、左の事項について善処される様要望致します』、と云つて、五つの項目を掲げてあるのです。この決議された、所謂学生集会なるものに出席された諸君は勿論、また出席されない諸君でもこゝにおらるゝ『諸君』、その他の諸君も、私の述べることを聴いてもらいたいのであります。五つの項目について、これから述べますが、諸君が最もよく理解し易く、即ち事理が明瞭となるように、申入書の順序を少し変えて述べたいと思います。
・第一は、学内機構とか、権限とか云うことについてゞあります。

諸君の通学しておられる専修大学と云う大学校は、(分り易いために大学校と云う)、私立学校法と云う法律に基き文部大臣の認可を得て設立した、『学校法人専修大学』と云う法人が経営しておるのです。この『学校法人専修大学』と云う法人は一億七千八百余万円の土地建物、図書、機械、器具、什器、運動場と云つた財産を持つて居り(昭和二十六年六月三十日現在)、これを基本にして、『専修大学』と『専修大学短期大学部』と『専修大学附属労働学院』と三つの学校を経営しておるのです。それ故、専修大学と云うのは法人が経営しておる大学校のことなのであります。

そこでこの法人はどう云う組織になつておるかと云うと、私立学校法及びこの法律に基づいて作つてある、『学校法人専修大学寄附行為』即ち定款のことですが、これによつて任期三年の五人以上七人以内の理事が置かれ、その理事の互選で理事長を選任し、理事会を組織し、理事会の議長は理事長がすることになつておるのです。

そして理事は、評議員のうちから選ばれるもの、学識経験者のうちから選ばれるものと二通りあり、また大学の学長は、その在職中理事になると云うことになつております。

またこの法人の業務は、理事の過半数できめることを原則とし、予算とか、基本財産を処分すると云うことは、三分の二以上の議決を要することになつておる。

また理事長と云うものはどう云うことをするかと云うと、私立学校法に定められておる、いろ〳〵の職務を行ひ、その他この法人内部の事務を総括すると云うことに法律で定められております、即ち理事長は法人の業務、云ひ換えれば、学校の仕事の全般に渉つて、人事等の行政、財政の運営を統一し、総合して、その管理、監督の任務を遂行するのであります。

そしてこの法人の経営しておる大学には、学長と云うものを(校長のこと)置いてあるのです。

この学長は、理事会決定の方法で選ぶことになつておつて、(任期は二年で再選の場合は一年)、法人が適任者をきめるのです。そして学長はどう云うことをするかと云うと、『校務を掌り、所属職員を統督する』と云うことに法律で定められております。即ち校長として学校の事務を処理し、学長に属しておる教育、職員及び事務職員を統御監督するのであります。即ち学長は、右の如く校長の仕事をするのですから、教授等の教員の人事に関すること、学生の授業に関すること、学生の補導厚生に関することを掌理するので、また学生の入学、退学、卒業等のことは、学長が教授会の議を経て、きめるのであります。

つまり大学校は校長に選ばれた学長が、学校内の仕事を担任し、これに従事しておる先生方や、事務職員を統督して業績の向上に努めることが、その任務となつておるのであります。これについて学長はその仕事の重要なものは、法人即ち理事会の議決に準拠して実行し、軽少なものは専行いたすのであります。

そして理事会は学校の業務の重要なもの、即ち予算とか、施設とか、規程とか、高級人事とか、また学校の維持発展に最も必要な事項を協議決定し、代表である理事長が、これを実行するのであります。それでありますから、理事長は、こう云う事項について学長に指令、指示を為し、また学長はこう云うことについて、理事長の承認を得ると云うことになつております。

尚、全体の業務の執行については『法人の業務を、能率的に遂行するための事務組織は、全体を総轄して明確な範囲の所管事務と権限を有する行政機関の全体によつて、系統的に構成されることが必要であるから、法人本部統轄の下に、機関相互の連絡を図り、すべて一体として機能を発揮するように事務組織を規定する、と定めてありまして、法人の本部には管理室長、総務課長、会計課長、振興課長と云つた職員を置き、大学校には大学事務局長を置き、その局内に教務課長、学生厚生課長、体育課長と云つた職員を置き、教務課長は局長と協力して学部長会議、教授会、教員の人事及び給与等々の事務を取扱うことに規定してあります。

そして理事長は法人本部に在つて、その任務である法人の業務組織の全体を総轄し、その決裁と指令指示を掌り、また学長は大学事務局に対し指令指示をなし、所管事項の上で必要なときには、原則として法人本部の各課長に対し、本部局長を経由して指令、指示を与へ得ることになつており、また本部各課長も学長の権限に属する事項については、学長の検閲、及び承認を得なければならぬことになつており、これに異議があつたときは、すべて合議し、理事長が裁定することになつております。

尚、教授会のことですが、大学校には教授会を置かねばならぬこと、入学とか卒業とか云つたことは、教授会の議を経て学長がきめると云うことが、（前に述べた通り）法律に規定されておりまして、そう云うようにしております、また学部長は理事会の定める任免方法によつて、学長が理事長の承認を経て任命することになつておりますが、教授会はその推せんができることになつております。

以上述べたところにより機構とか、権限とか云うものが、法律の定めるところ、また法人理事会の定めるところによつて明確にされておるので、権限が明確にされていないとか、機構上の誤りがあると云つておることは、根拠のないことが分るのです。

尚、規程を整備して一段と機能の発揮を計りたいと思い努力しておりますが、更に一層努力を進めるつもりです。

尚、これについては教育基本法（昭和廿二年三月法律第廿五号）、学校教育法（昭和二十二年三月法律第二六号）、私立学校法（昭和二十四年十二月法律第二七〇号）、学校教育法施行規則（昭和二十二年五月文部省令第一一号）、及び学校法人専修大学寄附行為（昭和二六年二月文部大臣認可）、同理事会規程、同職制等を読んで見ると、よく分ります。

第二は、教職員の待遇改善と云うことについてゞあります。

この教員の待遇、即ち給与のことについては、本学では従来出来るだけ注意と努力をいたしておつて、他に比し、そう劣ってはおりませぬ。専任の教員に対し今年の四月分から更に増額をしました。これを東大に比較してもそう劣ってはおりませぬ。勿論本学ではこれで満足致しておりませぬ。出来るだけ更に増額をしたい希望を持ち、他に比し最も多額にしたいのでありますが、これは、結局学生諸君の負担となるので、学生諸君の立場なり、経済事情を考へねばなりませぬ。教員には沢山の給与を上げたいし、学生諸君の負担は、なるべく多くならぬようにしたいと思つて、常に苦心と特殊の努力を払っております。学生諸君の負担に比して教員の給与はそう少くないのであります。これは無駄を省き、濫費浪費を厳に謹むようにしておるからであります。この点、本学特色の一つとして学生諸君も諒察してもらいたいのです。

年額一万二千円の授業料を徴収しておる大学があるのに対し、本学は八千四百円です、この低廉な授業料で相当良い給与を上げてあるのです。授業料と給与とは因果関係にあるので、授業料を上げることになれば、教員の給与も増額になります。尚私どもは待遇改善には常に努力しており、現に根本的な研究もしております。

また、それの実行が後れては困ると思いましたから、臨機の処置も講じて、補給に努めております。学生諸君が今日のような経済事情の下で、先生の給与について、純情に根ざした気持ちから何かと頭を使はれるのであるならば、これは無理もないことゝ思いますが、この度のような形式で干与すべき問題ではないと思います。こう云つた給与問題は当局が誠意をもつてつくすものと思つて、学生諸君は勉学の方へ頭を向けることを勧めます。

尚、去四月分から増額したことに関し、自治会ニュースは六月からと書いてあるがこれは何か聞き違いのようです。またその割合が一人一割二分と書いてあるが、これも何かの間違です。一言注意して置きます。尚、職員(事務の)の待遇についても同様で、相当の給与をしてあります、また能力に応じ成績に徴し特に優遇してありますから一言付加へて置きます。尚『自治会ニュース』として掲示した文書の内に『教職員の首切をほのめかしている』と書いてあるが、首切とは誠に不穏当の言葉で、そんな言葉を云つたことは全然ありませぬ。何かの間違であろうから付加えて置きます。

第三は、建設資金の強制的寄附のことです。

終戦後日本の私立学校では、戦災その他により学校の復旧及新制基準に適合させるため多額の建設資金を要するので、殆んどが寄附金を集めております。本学は従来学生諸君からの寄附は、その額も少くして、無理をしない方針で随意にやつており、従つて集つた金は多額になつてはおりませぬ。もつと、とれるようにしたらどうかと云う意見も相当ありましたが、私どもは控え目にして無理をやらない考えでやつて来ております。

偶々本年になつて神田校舎が段々狭くなつて、夜間部学生諸君が困つておるので、是非増改築をしてその需用に応じたいと苦心画策しつゝあつたところえ、夜間部学生の有志諸君から自分らも尽力して一定の醵金をするから、その醵金と他の資金とを合せて、増改築をやつてもらいたいとの希望がありましたので、その希望を取り入れたいと思い、かれこれ相談の上、これが実行にとりかゝり近く起工の段取りとなつております。

そこで、このことの確定に先立ち(即ち八月末)、私は昼間部の自治会委員長神谷君に面会を求め、右夜間部のいきさつを話し、生田校舎も、もつと諸設備を完備し、整備拡大をしたいと思うが、どうか、矢張り神田と同様に学生諸君も協力されて目的達成に進みたいと思うから、早速相談をしてもらいたいものだと依頼したのであります。私は従来神谷委員長と互に打ちとけて学校のことを話しておりましたので、そのうち同君から適当な返事があるものと待つておりましたが、何の音沙汰もなかつたところえ、意外にも殆ど一ヶ月に近からんとする九月下旬に『専大自治会ニュース(一九五一、九、一四日付)』の印刷物が私の手にはいりました。

見ると『建設資金の強制的徴収絶対反対を決議す』と云う記事が載つておりまして、『去八月二十七日理事長より自治会に神田校舎の増改築が決つたので、生田校舎も施設を充実したいとの正式通知があった』云々と書いて、拡大発展には賛成だが、費用をどこから出すかが問題だと云い、結論的に夜間部学生の『建設資金の醵出が分担金として授業料と同様に扱はれる』『寄附金と云うならば強制寄附に外ならない』といって『自治会は学校財団側の強制措置に断乎反対し』云々『自由なる意思にもとずく寄附によると云うことを決議した』『かゝる費用は経済的苦難にあえぐ学生にもとめるのではなく、国庫よりの私学えの援助に求めるべきである』云々『校舎成つて学生去るの愚は避くべきである』と驚くべきことを書いて結んであるのです。

私はこれを見て事実相違のこともあるばかりでなく、自治会は（実際は幹部中の人々ならん）不可解なことを書いたものだと頗る遺憾に思うたのです。

神田校舎の増改築第一期工事は三千八百万円以内の予算総額ときまり、その財源は大部分を一応学校債を発行しこれで支弁し、その裏付である償還資源は、

第一グループが今村総長、簗田理事長等を始めとする学校卒業者の寄附金を（今村総長の約四、五百万円寄附を筆頭に決定額は目下七、八百万円前後で大部分を一、三年以内に払込）

第二グループが、夜間部学生の有志分担の醵出金（有志者の都合を見計ひ卒業年度とにらみ合せ早きは一年以内及至三年以内とする、尚、今後の新入学生は別とする。

第三のグループが学校当局の努力による各種の収入金の三つで、総額を大体三分して作る予定になつております。

従って在学生諸君に対して建設資金（寄附金）を強制するなどと云うことは少しも考えておりませぬ。夜間部学生諸君を信頼いたしますから大いなる期待は持つており、努力に努力を重ねて、悲願の達成に極めて大きな熱情を表示するつもりではありますが、在学生諸君に対して、強要的のことは初めから断じていたさない計画であります。

このことは夜間部諸君の集会の席上で、私がよく説明をして置いたところであります。私は自治会ニュースの記事は甚だ諒解に苦しむのであります。

第四は自治会予算に関することであります。自治会予算の増額を要求し、また予算の自主権を求めると云うことについては、私は自治会が何か特別に、学校のためになることを是非やりたいと云うことであれ

ば、その費目及び金額、内容の具体的なものを作って持参されよ、その内容と計画を検討協議した上で、金額が余り大でなければ追加としてできるだけ努力して見るから、と云うことを答えておきましたが、その後別に、何も持って来ないで、どうしたのかと思つていたら、『自治会ニュース』では『何等の誠意ある回答は与へられなかつた』とかいてあつて、事実が相違して諒解に苦んでおります。

尚、先日自治会諸君と会見のとき、会計担任者から話しがあつたから増額は何に必要かと問うたら、大学祭のことだと云うのであつたから、それなら具体的の数字等を案にして出すように云うて置いた。

次に予算の自主権を要求すると云うことは、自治会の扱う金の全体を自治会幹部諸君が、もつと随意にいつでも使はれるようと云うのではないかと思うが、これは二つに分けて考えねばならぬ。第一は自治会は一年間に一人につき五百円の会費を徴収しておる。この金は自治会の会費であるから、自治会が自主的に処理できると云う道理は相当に存在する。これは一応是認される。

だが、この会費の徴収と保管と支払はすべて自治会から学校に委托し、理事長はその管理、監督を頼まれておる。学校の仕事の一部としてやつておる。従つてこの会費の徴収、保管、支出等の事務費と云うものは一切学校が負担しております。要するに会費を納めた学生全体の信托によつて、理事長は所謂善良なる管理人としてその責任と職務をつくしておるので、学生全体の信頼によつて預つておる金であります。

それを苟もすることは信托に背くことになりますから、そこにおのずから限界と云うものがあることを知らねばならぬ。無制限の自主権と云うことはできませぬ。会費だから自由にと云うなら、学校の会計課に頼らず、ご自分で徴収、保管、支払の事務を執るように、学生全部の同意を得て、やつて、その一切の費用も負担してやらねばなりませぬ。それならいゝと思います。

又、会費の徴収は授業料と同時期になつておるので、会費は年度の初めから、そう沢山は集つて来ないのでありますす。それ故会費だけでは初めいくらもないから、いつも自治会が学校から前借りになつております。だから自治会が云うようには出せない場合が可なりあります。従つて自主権と云うことは集つた金の範囲内に止まるのだと云う限界が、こゝにも一つ存するので、結局二つの限界のあることを知らねばなりませぬ。

第二に考うべきは、自治会の金として会費以外に学校の助成金と、今年度から始めた、学術実習費との金があることになつております。学校の助成金を年度の初めに全額を出す訳にはいかない。学校の収入は大体毎月授業料で、だん〳〵にはいつて来るのですから、矢張り大体月割にして渡すような考え方にしておかねばならぬ。

又学術実習費の方も授業料と同時期に、はいるのであるから、大体月割に、はいつて来るのです。それ故、自治会の各部は四十余もあつて、各部から要求されるものを云う通りに出す金はないのであります。

また各部の要求中には時々無駄や、そんなにかけては困ることもあつて、これは注意をせねばならぬ場合もあり、学校から出す助成金にしても、学生諸君が出す実習費にしても、それ〴〵支出内容を検討審査することが必要であつて、これは学校当局の責務であります。

無駄や放漫なる支出は、できるだけ注意して、その非難が内外から起らぬように、意を用いねばならぬのです。従つてこの点第一よりも更に学校の、管理、監督と云うことを、しつかりやらねばならぬのです。勿論学校当局は自治会各部の諸君が仕事をする上に、できるだけの便宜を与へ、能率のあがるようにして上げることには注意しております。

例えば、現金の渡し方や、その他、以前から見れば可なり便法を講じております。この手続上のことは尚一層便法を講ずるつもりです。

第五は図書充実のことであります。

これは予算通りに充実するようにと云ふのですが、図書の充実は必要ですから何等異議ないことです。益々充実したいと思います、これについて廿三年度、廿四年度は相当に購入しましたが、二十五年度は要求が余りなかつたので予算が若干繰越しになりました。本年度は年度末までに督励して充実を計るつもりで現にやりつゝあります。学生諸君も読みたい書籍を書いて図書館に箱が出ておりますから、それに入れておいて下さい。審査の上必要なものはできるだけ希望の達せられるように取り計います。

当、今回の前期試験のことについてでありますが、新制大学に於いては、前期、後期と分けて試験を受け、単位をとることが規定されておるので、東大を始め他大学でも多く本年はその通りに実行しておるのです。本学もこれを実行したいのです。私は本則通り実行されたものと思つていました。

ところが自治会の幹部諸君が私に面会を求めた時、この試験延期に関し、私に同意してもらいたいような話しがあつたが、私はそれは漫りに延期はできないことを説明したところ、『学長の許可を得ておる』と云うから、『私はそう云う話は聞いておらない、私は学長の考えはどうか分らぬが、私としては延期は困ると思うが、今日はイエスもノーも云えない、学長の意見を聞いて見てから回答しよう』と云つた。

そこで翌日学長に聞いたところ『専問（ママ）科目の試験が、どうしても前期に受けられなかつたものは、已むを得なければ、後期の時に一緒に受けても仕方あるまいと答えたが、まだ自治会の方では十分の諒解点に達しておらないようだ、或はこの話しはご破算になるかも知れぬ』と云うようなことで、はつきりきまつたものでなかつた。病気だとか、その他已むを得ない事由なら仕方あるまい。追試験とも云うべきものだと云うのが、私の見解であつた。これにつき自治会ニュースの掲示には、私が『学長及び教授会の見解を無視して前期試験を受けない者に対する後期試験の便宜を認めないとうそぶいた』云々とかいてあるが、事実と相違しておる。私は前期試験を簡単に延期することは困るので、已むを得ないものに限ると云う意見で、学長に話したらそれは同感であつた。どうか誤解のないように望みます。

以上をもつて自治会の『申入書』その他について私の考へを述べました。これは学長とも打合せたものであります。私の今日の話しで、まだ意の尽さぬところや、足りない点もあるかも知れませぬが、大体これで分つてもらえるのではないかと思います。学生諸君も、学校内部のことに注意される必要な場合もありますから、十分に理解して下さい。尚尋ねたいことがあれば、遠慮なく聞いて下さい、説明をします。但し書面で聞かれることを希望いたします。私は諸君の静聴を感謝し、これで私の話しを終ります。

（専修大学所蔵）

一一九　専修大学附属労働学院入学式における式辞（草稿）（昭和二七年四月）

専修大学附属労働学院入学式における式辞

本年は独立第一年で日本の歴史に於て曽て見さる年であります、此記念すべき年に労働学院に諸君を迎へたのでありますから、夫れに相当する何か新しい言葉を此入学式に於て申上るべきでありますが、私は八十七歳の老人で、殊に現在は病人てあります、平凡の言葉を並べて代読して頂くのでありまして、失礼の段は幾重にもお詫びを致します

人間の最も重んずべき事は正直であります、如何に書物を読み最高の学府に学んでも、正直と云ふ二字が欠けて居たら、所謂曲学阿世の徒でありまして、世を害し人を誤

るのであります、正直と云ふ人格の基礎の上に学問の建築を為してこそ基礎が万全なのであります、此事は労働者にばかり求めるのではありませぬ、資本家に最も強く求めるのでありますが、今日は労働学院の入学式でありますから、私の平素懐抱する一端を申上るのであります、諸君、独立第一年に於て、日本労働者は世界第一であると全世界の公許を受ける様にしたいのであります、是を以て式辞に代へます

労働学院長　今村力三郎

（専修大学所蔵）

一二〇　〔大学院設置ほか希望に付茂木委員長に宛てた簗田の答弁書〕（昭和二七年五月）

記

一、法学部にも大学院を設けることは学校当局も熱望しておる。これには博士の（又はこれと同等）専任教授が五、六名是非必要である。既に田口博士をこの四月から教授に招いたのもその準備である。又法律の図書を現存の外に二、三万冊位（特に外国書）を新に購入せねばならぬ。これらに多額の資金が入用であるが（七、八百万円位）何んとか調達したいと思っておる。法学部学生諸君にも協力を切望する。

一、待遇改善は結構なことである。今回授業料を引上げたのも教職員の待遇を改善するのが主たる目的であつて、引上げによる増収入の七〇％はこれに使用する。事務職員の給料は既に四月から増給を実施した。教員も同様四月から実行する予定だつたが、学長の手許で委員会ができ、それの調査検討がまだ完成しないので、全部の実施はこゝ五、六日の内と思うが、一部は既に四月から実施しておる。又その基準は国立大学と同様にする（教授の経歴、勤務時間その他で格差はある筈）

一、図書はます〳〵増加したい。経済学に関するものは大学院設置のために必要なので今回増加した。法律書が尚増加の必要があり、又一般教育に関するものも増加の必要がある。逐次凡て増加する。特に外国書の増加と新刊書の増加に努める。

一、文化会、体育会、応援団の予算は相当に増加する。

一、生田の実験室は大に活用して学生の科学知識向上に役立たせる。近くこれが実施されると思う。

右御希望に対し答弁をする。尚今後一層尽力して希望達成を計る方針である。

昭和二十七年五月十二日

理事長

茂木委員長殿

（簗田家文書　専修大学所蔵）

一二一　〔専修大学連合教授懇談会から今村に宛てた簗田勇退を願う陳情書〕（昭和二七年七月）

（封筒表）

陳情書

陳情書

われ〳〵全学教授及び助教授一同は、連合教授懇談会の名において赤心を吐露して、今村総長先生に訴えます

顧みれバ我が専修大学が神田の一角に呱々の声をあげてより櫛風沐雨七十余年、明治、大正から昭和にかけて三代に亘り、政界、財界及び学界に幾多の人材を供給することにより、新日本の建設に寄与し来つゝことは天下等しく認めるところ、本学に職を奉ずる私達教員ハ、日頃からこの事を秘かに誇りと考えている次第であります

是もとより本学創設の先輩諸先生の献身的な愛校精神に負うものでありますが、近くハ終戦後の難局に際会して、本学再建のため老躯を提げて精励された明治生残りの二人の先覚者、わが今村総長先生及び簗田理事長先生の私心無き御尽力に負うところ頗る大なるものがあることハ明かであります。こゝに私共は二人の老先輩に対して、惜みなく感謝の言葉を捧げたいと思います

特にわが新聞界の重鎮たる簗田鈫次郎先生ハ、終戦後の物事騒然たる中に全校友の輿望を担うて理事長に就任するや、総長先生を輔けて鋭意大学の向上に努め、経営の最高責任者として日夜業務に精励して私事を顧る遑なく毅然として盤根を絶ち、恬然として名利を追わず、本学再建のため粉骨砕身されたのであります

簗田理事長の英断により先きに生田校舎の新設あり、今また神田校舎が建設の息吹き逞しく落成されようとしております、やがて爽涼九月の声をきく頃には、新校舎において開講出来る運びとなり、こゝに七十年の伝統を誇る本学ハ、発展の新なる段階に飛躍するでありましよう

私共ハこゝに本学再建のため精励された簗田理事長の努力に対して、感謝の扇を贈りたいと思います

かくて本学は前進と向上の一途を辿つてまいりましたが、勿論其の困難ハ今後に残されております、教授陣の強化、大学の自治確立、教職員の待遇改善、図書館の整備、施設の拡充等解決を要する焦眉の問題か行手に山積しております、然しこれ以上簗田理事長の老躯を酷使することに、何としても情において忍ぶことが出来ません

私共の真情を率直に申上げますならバ、神田新校舎の落

成を機会に、簗田先生にハ第一線の激務から御勇退なされ、末長く後進のために指導の労に当つて頂きたいのであります、幸にも本学にハ嚮に司法大臣の重職に就かれ、学識経験、人格、手腕並びまわる鈴木学長先生あり、私共一同力を戮せて同学長を輔佐する決心でありますから、簗田理事長去つて後の大学の行末についてハ、御安意あらんことを希うものであります

近来本学運営の問題についてハ、簗田理事長と私共との間に意見の食違いを来したことは事実でありますが、此期に及んでハ同先生に対して、聊かも人身攻撃を加えんとする如き意図無きことを、こゝに明言して置きます

右決意の存するところを披瀝して総長先生の御明断を懇願致します

昭和廿七年七月一日

専修大学連合教授懇談会

今村総長先生

（簗田家文書二一‐二六　専修大学所蔵）

一二二　〔鈴木義男から簗田に宛てた今村の最高顧問就任を打診する旨の書簡〕（昭和二七年七月）

（封筒表）

新宿区二十騎町一六

簗田欽次郎様

（封筒裏）

東京都千代田区丸ノ内丸ビル三九五区

鈴木義男

昭和二七年七月一五日

拝略

小生一週間程旅ニ出ますニつき（一、二日宛は時々帰京いたしますが、大体八月二十日頃迄は旅行つゞき）昨日財団のことは山田政太郎氏ニ（四理事共同補佐）教学のことは矢部、木村両氏ニ委任いたしました。各氏の申さるるニは登記簿上も小生が理事長で、その代理というのでないと仕事がやりにくいから、一日も早く正式の理事長ということニ願いたいとの事です。銀行関係見透しがつきましたら、決議書も日附丈け入れるようにして下さて居りますから、一応手続方御下命願上ます。

昨日帰途今村先生ニ御眼ニかかりお話を伺いましたが、重ねて「建設完成を機に功成り円満退任（昇格）というのが、誰ニも傷がつかず至上の方法である。ここでかぢりつくともっと悪い事態が起る。どうかここのところを上手ニ展開させてくれ」との御言葉があり、胸のあつく

なる思いをいたしました。
法人と大学との機構の整備ができましたら、一日も早く今村先生ニは象徴の御地位ニお戻り願い、先生ニは最高(常任)顧問のような御地位ニて終生御指図を願い度く存じているわけであります。これがスムーズに実現いたしまする前に、文句をいうものなどがあらわれ、互ニ論難など交換いたすようなことが起りましては、今村先生の御苦心、小生の苦心も水泡ニ帰することをおそれますので、何卒この際は御心中重々拝察いたしますが、忍びがたきを忍んで、功成り円満御勇退という事実を内外ニ御示し下さいますよう御願申上げます。
そのあとのことは何卒御委せ願上ます。
小生旅行をいたさぬと好都合でありますが、八月中旬迄は既ニ約束もあり、変更六ヶ敷しいので困ります。新学期で学生の帰ります前ニ凡てが予定通り参り、微動させないようにいたし度いのが念願であります。
出発ニ際し一言素志を述べ御願申上る次第でございます。
敬具
七月十五日朝
鈴木義男
簗田先生　侍史
(簗田家文書二―二七　専修大学所蔵)

第5章　新聞・雑誌にみる今村力三郎

第1節　学内新聞・雑誌

一二三　長野県人会創立（大正一一年五月）

長野県人会創立

暮近い師走の空に下弦の月が寒い光を投げてゐる。錦を脱ぎすてた痩身餓木が、其陰影を長く地に引いてゐる。其処に冬らしいものゝ哀れが偲ばれる。

今日の会場たる吾が大学の記念講堂に煌々として輝く電灯にも、信州健男児の意気が覗はれる。定刻前すでに準備成り、大玄関の扉が開かれた。受付君の緊張しきつた顔が見える、と、定刻前午後五時といふに本会相談役今村力三郎先生が微笑を浮べて入つて来られる。流石に人格者だわいと感心した。かうした所にも無言の教訓を与へられたことを感謝する。ところへ一足遅れて相談役の今村地方裁判所長が、司法官らしい謹厳な姿で入つて来られる。受付君の案内で別室に今村力三郎先生と親しさうなお話が始まる。在朝在野の法曹界に、一は名裁判官として、一は刑事弁護に、唯一人者として名声赫々たる両先生も、其郷を同じうし学問を同じうせられたる関係に於て御親交も亦格別だと聞いてゐる。

斯くして漸く定刻を過る頃開会、劈頭創立委員轟富士太君の挨拶あり、次で創立委員湯本孚君の本会創立の趣旨に就て詳細に亘る説明あり、終て創立委員として僕は本会創立の経過に関して簡単ながら報告をやつた。

今村力三郎先生は御懇篤なる御挨拶、及訓示を賜り、今村地方裁判所長も同様の本会創立に対する所感を述べられ、且つ「堅実な途を辿つて永遠に意義ある会とすべし」と結ばれた。斯くして後は座談的な議事に移り、先づ本会の維持方法の協議に入り、一般会員より会費を徴収して其維持に当つる事に決定、次で会員相互の親睦的連絡方法如何の問題に入る。

今村力三郎先生は其最も困難なる事を説かれ、比較的有効なる方法としては各自閑暇なる時期に於て校友を訪問し、親しく教訓を仰ぐを唯一とするとの御意見があつた、そこで僕は此方法として機関紙を発行するの意見を述べて之を実行することの承認を得た。

其他二三の必要事項を協議し、後は全く座談に入つて各自自己紹介で出生地経歴を発表し、両今村先生も弁護士及裁判所長といふ地位から離れて、全く単に同郷校友といふ親しみを以て、心置きのない話しに時を過した。斯くして第一回の総会は有意義に閉会を告げた。時に八時を過ぐる二十分、冬の夜寒が泌々と身に滲みる。月光に浮び出た様にあの大きな校舎が静かに体躯を横へて居た。委員等は大きな感謝と将来を祝福して、異常な感激に充ちた胸を抱いて各々帰路についた。

終りに、御多忙中にも拘らず御出席下すつた両今村先生に謹で感謝の意を表して擱筆することゝする。（経二飯島生記）

（『専修大学々報』第四号　大正一一年五月）

一二四　今村理事　金五百円を運動部に寄附（昭和六年一一月）

今村理事　金五百円を運動部に寄附

最近に於ける学生会運動部の進展に伴ひ、運動部々費の窮乏を告げた折之を耳にした校友、本学理事今村力三郎氏はその部費の一部として金五百円を過日寄附した。

（『専修大学新聞』昭和六年一一月二〇日）

一二五　腐敗問答　魚と選挙　今村理事のシャレ気（昭和一〇年二月）

腐敗問答　魚と選挙　今村理事のシャレ気

本学理事今村力三郎氏は新春早々多忙な活動をなし、名古屋より大阪にまた朝鮮に南船北馬の態である、尚朝鮮京城より道家理事に宛て左の如き頼りがあつた

十四日当地へ来た、破格の暖気で明太魚が三百五十万円腐敗したとの新聞記事を見て、総選挙に三千万円を投じて国民を腐敗させる国もあると笑つて居たら、昨日が零下十四五度、外出すると耳が凍傷する

（『専修大学経済新聞』昭和一〇年二月一日）

一二六　永年の功績に報ひ　今村理事に寿像贈呈（昭和一八年七月）

永年の功績に報ひ　今村理事に寿像贈呈

伊豆修善寺の宏荘な別邸で悠々自適の生活を楽しまれてゐる本学の大先輩で且つ理事たる今村力三郎氏は昨年めでたく喜の字の祝ひを迎へたので、本学よりはこれを寿

くべく彫刻界の大立物たる横江嘉純氏に立像の制作を依頼してあつたが見事に出来上つたので過日小泉総長は山田理事帯同別邸に赴き祝詞を述べて厳かに贈呈式を行つた、立像の台には見事な頌徳文がはめこまれ、その撰文並びに書はこれまた本学の大先輩且今村先生の親友であり現に本学評議員である滝川長教氏による、その撰文は次の如し

先生明治二十年本学法律科在学中早已合格于弁護士試験焉、卒業後列于在野法曹対難案貫論旨著名声于世矣大正九年十二月被選本学評議員爾後累選就任于監事于理事為本学尽瘁矣先生本年躋喜字高齢乃茲贈呈寿像以表慶祝与功労感謝之意

昭和十七年五月二日　専修大学

附記

大学嘱余于撰文与揮毫焉乃随同学親友寿像以欲遺余技于後世僴然諾之矣唯恨悪文拙筆莫之如何

正四位勲三等

八十五齢　　滝川長教

○　○　○

本社では早速緑川教授と共に御祝ひの言葉を述べるべく修善寺に先生を訪問種々の御話を伺つた

先生は高齢にも関はらず壮者を凌ぐ元気で我々若い者を励まされ次の如き話をなされた

私の卒業は明治二十一年で今より五十五年前で、その頃の本校は卒業生の一番に十五円、二番に十円現金で賞与を与へる慣例があり試験が終つてまだ成績の発表にならないある日、私は同期の卒業生、川上淳の下宿へ行き今度の試験は僕が一番で君が二番だと思ふがどうかと問ふと川上は、僕もそうだと思ふといふので夫ならこれから相馬校長の処へ行き褒美の前借をし何処かへ遊ひに行かうと提議し川上と二人で相馬校長宅へ押掛け褒美の前借をし、二人で何処かへ遊びに行きたい、といふと相馬校長は、あなた方に決まれば前にあげても宜しいと申され、幹事の諏訪に話して置きますと仰せられたので一両日後、川上と二人で幹事の宅へ行くと諏訪頼敏幹事は、預かつて置いたと二十五円渡された

当時の二十五円は今の十倍以上の使用価値があるのだから意気大いに揚り、あちらこちらと遊び歩きその中青柳正喜といふ三番の卒業生も加はり三人で彼此一ケ月遊んで二十五円綺麗に使ひ果して東京へ帰つた、斯る昔話をして読者の倦怠を買ふことを敢てしたのは之によつて五十年前の我校における師弟の情誼の温く穏かであつた一班を青年諸君に知つていたゞきたいためである、我校は

明治十三年に相馬、田尻、目賀田、駒井の四先生の創立であるが、その中心は相馬田尻両先生であつて、生徒は両先生の風格を仰慕して集り学校と謂ふより寧ろ田尻、相馬の私塾と見る方が実に近かつた

両先生の偉かつたのは、言行一致であつて自ら信ずるところは必ず身を以て実行せられ、また両先生は、身を終るまで一厘たりとも講義の報酬を受けたことがなくまた学校が財政に窮すれば何時でも相馬先生が私財を投じて援助せられました

田尻先生は、口癖のように生徒が無くなれば社会に必要がなくなつたのだから何時でも廃校すればよいと申して居られた、初期に起つた学校は、新島襄の同志社でも、中村敬宇の同人社でも、将福沢諭吉の慶応義塾でもその始めは私塾であり独我校のの《ママ》みがそうであつたわけがないが時勢の進運に伴ひ規模も拡大し、国家の公器たる本質も充実しなければならなかつた、この点において我校は大いに立後れの形で我々校友も責任の一半を担ふべきである、この時において道家斉一郎先生が局に当られ一朝にして保守的より発展的に一変したのである、道家先生が満身精力を傾倒し寝食を忘れて本校のために努力せられたる美談は我中興の偉功と申すべきであり特に、思想問題において敢然として排斥すべきは排斥し、守るべきを守つた毅然たる態度は今より追憶しても胸のすくやうな気がする、私は道家時代を目して我校の発展期と称すべきであると思ふ

不幸にして道家先生は多くの計画を蔵しながらこれを実現するに及ばずして他界せられたが、道家先生と同心一体の小泉先生がその後を継がれ身を以て一校を率ひられるのは感謝に堪へぬ、道家経済研究所の設立も大いに意義あることと信ずる私が七十七歳の齢を重ねたので先頃我校より寿像の贈呈を辱ふしたのであるが、唯古い卒業生といふだけで、寸効、微勲なくしてこの栄誉を担ふは、汗顔の至りである、我々老人は総てが時代後れですから、前途春秋に富む青年諸君が自ら奮つて道家先生の遺図を継ぎ遠く創立者の風格を仰ぎ他日の大成を期せられんことを切望して已まない

（『専修大学経済新聞』　昭和一八年七月一日）

一一七　母校出身の初代総長　学園の刷新なる　今村力三郎先生を推戴（昭和二一年一一月）

母校出身の初代総長　学園の刷新なる　今村力三郎先生を推戴

終戦！今や新事態に直面して、我国教育理念の再建が叫ばれつゝある今日、茫然たる虚脱状態から立直り新し

き創出へと飛躍する大きな歓喜と深い苦悩があつた、七十年の古い歴史と伝統の裡に包まれたわが〃専修大学〃も、学園のアンシヤンレヂームから完全に脱皮した、そして茲に学生はもとより苟くも職を教育に奉ずる者に一大奮起が要望され、新しきものを生まんとする大きな胎動があつた、すなはち学園の刷新を叫ぶ声は六月五日の〃学生大会〃によつて結集され、爾来五ケ月学校当局、教授側、校友側及び学生側の四者一体となつての、血の滲むやうな努力は、美事にその実を結んだのである、此処に特筆すべきは去る六月五日の大会以来、新総長に今村力三郎理事を推戴し、同理事また、学園再建の与望に応へて、総長就任を快諾され、学園をその混透より救はれ、今後進むべき〃専修大学〃の方図を明示されたことである、このことは学園発展の為め真に慶賀すべき事であり、老躯にしてしかも若人を凌ぐ情熱をわが専修大学の再建に献げられつゝある新総長に対し、学園の内外を挙げて感謝と感激の声は日一日と高まりつつある、なほ校友にして総長に就任せられたるは実に今村新総長を以て嚆矢とする。その意味に於ても真の学園の民主化と今日までの糊塗的対策を一拋して文字通りの抜本的改革が遂行され、現代的教育体制の樹立こそ、吾人が新総長に対し期待する所である（今井）

今村総長は長野県出身、慶応二年生れ、本年八十一歳本学第七期生として明治二十一年法律科を卒り、弁護士として法曹界に入られ、東京弁護士会常議員会議長、東京弁護士会副会長等を歴任し、期界に貢献するところ多大なるものがあつた、その間人権蹂躙事件として有名な横浜事件には人権擁護の為に闘はれ、昭和九年当時空前の大波瀾を惹起し注目された帝人事件には、人権蹂躙にもとずいた不法なる捜査権の濫用に対して敢然として立たれたことは天下周知の事実である、又大正九年当時の東京帝国大学経済学部機関雑誌「経済学研究」誌上に掲載された「クロポトキン」の社会思想研究論文の執筆者、森戸辰男、並に発行責任者たる大内兵衛、の両氏にかゝる新聞紙法違反事件にあたつては、思想の自由の為めに弁護に当られる等、先生は終始「正義は対等なり」との信念のもとに、数多くの事件を取扱はれたのであるし、また今日と云へどその信条に少しも変りないのである、「帝人事件弁論速記」の序言に於て、先生は「法は元、死物、之を活用するは人にあり」と喝破せられ、又「裁判に干与する検事にして、捜査権を濫用して、無実を誣ひ、依つて以て、時の内閣を顛覆せしめたるものありしは、実に天地容れざるの悪業なり、斯る非理非法、不義、背徳の徒は、今後因より其跡を断つべしと信ずるも、蘗しにて之を絶たずんば、殃を千載に貽すの愚あり、予は、将来の禍根を廃除し、我が同胞と共に永く法治国民たるの幸福を享受せん事を希ふ…」といはれてゐる。右の一文をもつて、先生の人となりは勿論のこと、先生が、如何に法を愛し、法に生き、法の為めに闘はれたかを知ることができると共に、在野法曹界の泰斗、重鎮たるる所以も、又自から明かなのである、かくの如き尊敬すべき先生を総長に推戴し得たことは、再発足の準備の成つた輝やかしいわが学園に、大きな誇りを与へて呉れたものである、曽つて先生は、学園刷新の途上、事態の延引は徒らに学園の混乱を、招くものであるといはれ、修善寺より老躯に鞭うつて、事態の収拾を見るまでは不便不自由を忍ばれて、学校に寝泊りされた事は、我々の記憶に新しいところであり、先生が如何に母校愛に徹して居られたかを充分に知ることが出来る

先生は稀にみる清廉潔白の人士であり、常に、私心を以て物事を処することを固く戒められてゐる、先生は一見して、温和な風貌の中に毅然として冒すべからざる風格を具へられてゐる所謂、威あつて猛からず、我々学生を始め、先生に接する総ての者に権威をもつて臨まれることなく、温情をもつて迎へられてゐることは、先生自身が教育者として不適任であると云はれてゐるが、其の実偉大な教育者たるの資格を具へられて居ることを示すものに外ならない、先生は自宅に於て菊の栽培をされて居るが花が咲くより、菊自身がむしろ生育することに喜びと意義とを感ずるし、又此のことが教育者たる者の第一に心得なければならないことであると申されてゐる、花よりも育つことに意義を見出されてゐる、先生こそもつともまた良き教育の理解者あり《ママ》、かゝる先生を戴いた、専修大学は教学への幸福を与へられたものと云へよう、新総長は又、語らざる総長でもある、単に言葉の論理の羅列に依り果すべきでないことを深く考へられてゐる、先生自身は勿論のこと総長室も開放主義で、あらゆる者の来り語るのを歓迎され、我々の語るところを静かに聞かれ、学園発展策を、腐心樹立せられつゝある、今や「学園刷新の時期は到来したのである」此の固い決意と、専修大学、に注がれる深い愛情は学園に清新溌溂とした気運を注入したものであり、新総長今村先生のもとに拡充強化された教授陣と共に新たなる専修大学の生誕が約束されてゐるのである

(『専修大学新聞』昭和二二年一一月二五日)

一二八　総長就任の辞（昭和二二年一一月）

総長就任の辞

私は教育に関しては全然無智識無経験であります、然るに今回学生諸君の改革運動が動機となつて、意外千万にも無智識無経験の私が推されて総長の栄位を汚す事になりましたが、其不適任であることは、私自身が最能く承知して居るのであります。私は総長をお引受けいたしました当初の考は、曽ての阪谷総長の如く、誰かに一切の校務をお願いして、自分は盲目判をしてゐれば宜しいかと軽く考へてゐましたが。其後の状勢は、盲目判だけでは済まず種々面倒な問題が、教務や人事に関して起て来るので、私の予想は少々外れたのでありますが。此点は私が面倒を忍べば夫で済みますが、茲に一つ最近私を恐れしむることが思ひ浮んで来たのであります。夫は専修大学として、国家社会に負ふところの責任感であります。年々多少なりとも国家より保護金を受け、又大学として社会の学生を収容してゐる責任は重大であります。此重大責任に応へるのに、専修大学は現在の儘で充分であると言ひ得るや否やであります。私の見るところでは、専修大学は或意味に於て他の大学より立後れてゐると申しても過言ではありません。私は専修大学を他の大学の水準、或は夫以上に引上げることが今日本大学の責任であると信じます。我校は立後れである貧弱であるから、国家社会に対する責任が軽いとは申されませぬ。而して本大学を水準又は夫以上に引上げることは、要するに内容を充実することにあると信じます。唯今でも内容は充実して居ることは疑いませんが充実の上にも一層充実致すことが国家社会に対する責任を尽す所以であると考へます。而して内容の充実は、教授職員、校友、学生の協力に頼るの外ありません。私は極めて不適任の総長でありますから皆さんは第一に国家社会に対する責任を痛感し、次に不適任の私を補佐する好意に依て、協力して我専修大学の内容充実の為め努力を賜らんことを切望いたします。

（『専修大学新聞』　昭和二二年一一月二五日）

一二九　推戴式行はる（昭和二二年一一月）

推戴式行はる

教授、校友、学生の各方面から推されて老躯を母校の再建に捧げんとして総長に就任された今村力三郎先生の総長推戴式は九月十五日行はれる予定の処、同月二十二日、午前十時より教授全学生、校友有志参列のもと先づ全学を代表して簗田理事、総長推戴の辞を述べられ、教職員代表下飯坂教授の祝辞あり、終つて今村総長壇上に進まれ、就任の挨拶に於て教育に於ける大学の使命と学園の充実を強調され、新に経済学部長に就任された大河内一男教授、法学部長に就任された村上恭一教授を紹介すれば、両部長よりそれ〴〵就任の挨拶を行ひ、学生を代表して学三斉藤博君の祝辞あり、これにて推戴式を終り、続いて歓迎会に移り、改革委員学二・古田君起つて改革の起つた止むを得ざる所以、学園再建の大任を担ふ総長に今村力三郎先生の就任を懇請するの外なきに到つた理由及其の経過を報告し、同窓会代表津久井誠一郎氏の歓迎の辞あり、総長再び登壇され謝辞を述べられて零時二十分盛会の裡に終了した

（『専修大学新聞』 昭和二一年一一月二五日）

一三〇 学園の再建へ 改革の五ヶ月（昭和二一年一一月）

学園の再建へ 改革の五ヶ月

四月、五月の間校友、在校生懇談会を開き学園刷新改革に付き、協議す

六月四日 学生大会開催は取消すべく学校当局依り指示ありたるも、学生側開催を主張す

六月五日 学生大会開催せらる

改革運動起りたる理由説明の後決議事項として、新総長に今村力三郎氏を全会一致を以て可決、なほ新学長として、鈴木義男教授を委員側より推薦ありたるも、全会の可決に至らず、次いで左の如き改革案事項審議に入り可決す

（イ）教授会の規則改正
（ロ）大学院の拡充強化
（ハ）予科校舎の分離
（ニ）図書館の開放
（ホ）学生自治委員会の承認
（ヘ）学生厚生施設の設置
（ト）教職員の待遇改善

六月六日 学生大会 小泉総長より八日午後一時迄に解答ある旨委員側より報告あり

六月七日 授業を継続しつゝ大会可決事項の貫徹に邁進すべく意見の一致を見る

六月八日 経過報告 当日午後二時総長代理として片岡、岩崎両教授学生委員に面接左の如き総長の文書を公開す、「心機一転、後進に途を開くため辞任、平和的文化国家再建の大任を担ふてゐる大学の歩むべき大道を諭され、

専修大学の隆盛を希ふ」
六月九日　今村氏に総長就任を懇請したるも受諾に至らざる旨報告あり、尚満場一致を以て今村力三郎氏に再度懇願すべく議決す
六月十八日　理事、校友、教授、学生四者に依る協議会開催、理事、教授、校友、学生交々立つて今村力三郎理事に対し総長就任を懇願す、同日小委員会開催され今村先生より相談相手としての機関ある場合総長就任を承諾する旨解答される、後刻相談相手、決定に付き協議あるも決定に至らず。
六月二十三日　学生大会前記十八日協議会及び小委員会の経過報告、相談相手、決定に関する議事に入るも決定をみず
六月二十四日　校友、参加のもとに学生と協議会あり
六月二十五日　再建準備委員会を設立すべく決定を見る
六月二十九日　第一回再建準備委員会決議事項
(イ)　新総長に今村力三郎氏全会一致にて可決、尚学長及び相談相手に関しては、学校側、教授、校友、学生の四者の合議機関たる再建準備委員会の決議事項を総長に進言すると共に、諮問機関とする旨全会一致可決を見る準備委員会の、正式認定を受くるため、教授島田進吾氏、校友後藤徳夫氏、学生二名修善寺総長宅へ赴く
七月一日　第二回再建委員会、今村氏、総長就任受諾の旨報告、再建委員会の確認並に学生側より教授会結成及び校友大会の開催の速かならん事を進言あり
七月二十二日　第三回再建準備委員会、後藤座長、学校側、教授、校友、学生委員は正式に任命されたものであり、今村氏又総長就任したる為、再建準備委員会を解消新しく、建設委員会とする旨発言あり、再建委員会成立、第一回再建委員会に入る、委員長野村氏、副委員長、後藤徳夫氏、議長より学則、予算決算書提出要求、退職給与金制度の設置、学生側より改革案として
(一)　学生委員会の確立
(二)　理事評議会の補充
(三)　教授会の刷新強化
(四)　科目制度の確立
(五)　研究室大学院拡充の件
(六)　予科校舎の分離
七月廿七日　建設委員会
(イ)　大学予算公表
(ロ)　待遇改善に就て山田理事より教授、講師、職員の待遇改善する旨確答す
(ハ)　教授の停年制の設置、名誉教授の規定の設置
(ニ)　退職給与金規定の設置、現在の内規を改善する旨、

山田理事より確答あり、退職勧告並に新学部長推戴に関し学校側、教授、校友、学生に依る小委員会を以て協議すべく全会可決、同日午後六時半退職勧告に関する小委員会にて一部教職員の退職に付き学生側より説明、全会一致可決

八月一日　新学部長推戴に関する小委員会

一、経済学部長として大河内一男氏を学生側より推薦、全会一致、大河内一男氏推薦に決定

二、法学部長は学生側より教授会に一任と決定

八月三日　第三回建設委員会

八月七日　経済学部長は小委員会、建設委員会にて決定を見たるも、法学部長に関しては、小委員会の決議通り行ふや否やに付き票決に依り、十一票対五票をもつて教授会一任と決定す

九月四日　第五回建設委員会、本委員会は使命達成したるをもつて次回をもつて解消すべく決定を見る

十月十一日　第六回建設委員会、後藤副委員長より、各委員五ヶ月間の労苦を謝し、学内改革運動、満足すべき終末を得たことを祝す、片岡委員、島田委員より、夫々学校側、教授側代表として祝詞、学生側井上委員より謝辞あり、副委員長、建設委員会解散を宣言す

苦闘の五ヶ月を顧みるに、この学内改革の、第一声を挙げた斉藤博、斉藤至、中川、浅川、安藤、地代所、の諸君の「刷新の叫び」は長く専大歴史に名を留めるものである、全学一致、新総長に今村力三郎氏を推戴するも就任を入れざれず、六月十八日、理事、校友、学生の協議会開催、総長就任を懇願せる折、簗田理事三十分余にわたり、母校再建のため今村氏の総長就任を懇請されたことは、学園再建の喜びと共に吾等の忘るることの出来ないことである、一方校友側後藤、村川、津久井、森下、栗原、長原、紺野、白井、会田、沢川、井手、諸氏卒先して改革運動に尽力され、全学生と共に学園改革の苦労を分たれ、再建の喜び又共にされたのである、六月下旬母校改革こそ「新たなる気宇のもとに再発足すべきなり」として立上つた、高橋、井上、石川、古川、加藤、小倉、大西の諸君の努力又全学生の感謝を浴びてゐる学校当局側、山田、片岡の両理事、板垣、藤井、の両氏寝食を忘れて、尽力を示され野村、島田、岩崎、木村、三野、の諸教授再建委員会、建設委員会を通じ終始協力されたのである

かくの如く、理事、学校当局、教授、校友、学生の五者の努力により、専修大学改革は成つたのである

（『専修大学新聞』昭和二一年一一月二五日）

一三一　宣伝せぬ学校と貧乏な学生（昭和二四年一〇月）

宣伝せぬ学校と貧乏な学生　　総長　今村力三郎

専修学校は田尻、相馬、目賀田、駒井の先生の創立ではあるが、講義の方面は、田尻先生が中心となり経営の方面は相馬先生が担当し、経費の不足は無制限に相馬先生が負担されたので田尻、相馬両先生の私塾のようなものであつた。

田尻先生は有名な勤倹力行の実行家で、金富町の自宅から大蔵省まで晴雨に拘わらず毎日健歩で往復するのであつた。さる日、先生は役所の帰りに牛肉を買つたが途中ある人を訪問する用事があつたので竹の皮包みの牛肉を座敷へ携え込むのも不体裁と思い、玄関で脱いだ長靴に入れて置いて座敷へ通り、話が終つて玄関へ出て来ると、牛肉は全部犬に食われてしまつたという笑話もあつた。

金原明善といつて明治の二宮尊徳とよばれた篤行家が田尻先生に地方へ来て講演して下さいと頼みて来て約束の日に新橋（当時東京の発駅）で落合い、金原翁は田尻先生に「お迎えには来ましたが私は三等だから汽車は別々に願います」といつたら田尻先生は「私も三等だよ」と笑つて両人三等で静岡へ行つたという逸話もあつた。当時、先生は大蔵次官であつたが、大蔵大臣を扶けて大蔵省は先生の方寸で切り回していたので、財界における信望は頗る高いものがあつた。それゆえ若し当時、専修学校が一般実業界に寄附金を募集したならば存外容易に、相当の応募を見ることが出来たであろうが、それは間接に官権利用の嫌もあるから避けるべきであると考えたので、専修学校は決して一般から寄附金の募集をなさず、またこれを以て一種のほこりとしていたのである。

明治の終りか、大正の初めか、その年代は記憶せぬが、校友間で三万円余の寄附金を募り、大講堂と会議室や、集会室を造つたことがあつたが彼の大震災で灰じんに帰した。

学生はほとんど全部が玄関番や、腰弁の輩、貧乏書生のみで、且つ昼間は暇がないので授業は夜間のみであつた。授業料は月謝八十銭、校費十銭合せて九十銭であつた。今から見ると驚くべき少額であるが、当時白米一升二十銭はしなかつたと思う。仮りに一升十五銭とすれば、白米六升に相当するから、現在の闇相場にすれば千二百円となる。十二ヶ月で、壱万四千四百円になるから現在の授業料八千余円に比すれば、遥かに多いのである。

私は当時、伴正臣という大審院判事の書生であつたが、奥さんが「力三郎袴を拵えてやるからおまえの袴をお見せ」といわれるままに袴を脱いで奥さんの前へ出したが、袴の裾が全部切れていて何処まで袴であつたか、袴の長さが判らぬと笑われたことがあつた。また私の同級生、三浦恒吉というのは築地の高野栄次郎という代言人の書生であつたが、下駄を買う銭がなくて車夫の古草履を履いて学校へ通うこともあつた。このころは弊衣蓬莱頭は学生の常であつて、コンナ貧乏生活をしても少しも恥かしく感じないのみならず、却つて貧乏を自慢にしていたのであつた。私はある事情で田尻家の総財産を知る機会があつたが先生の勤倹力行しての一代の貯蓄は公債二万五千円であつた。もつて先生の清廉を知るに足ると思う。先生の清廉は経済学の講義よりも精神的の感化が強かつた。

(『専修大学々報』第一号　昭和二四年一〇月)

一三二　愛校精神に訴える（昭和二六年九月）

愛校精神に訴える

総長　今村力三郎

吉田松陰の松下村塾が、高杉、木戸、伊藤、山県、品川等の俊傑偉材を育成し、明治維新の大業を遂げた事跡を顧みると、人材養成と校舎の完全不完全とは全く没交渉の問題と思はれ、校舎の陋隘など深く意としないでもよいという見方もあり得るが、明治維新以前と現代とは時代に大なる相違があつて或程度の設備がなければ大学として存在は許されないのである。専修大学は既に広壮な生田校舎を建設し、遜色なき大学設備が出来上つたのであるが、神田校舎は従来のまゝ狭隘で、年々増加しつゝある二部学生の収容に事欠くのみならず、この情勢では結局法定の規範にも背くことになる恐れがあつて、この儘に放任することは到底許されないのである。従つて、神田校舎の増改築は専修大学の興廃問題であると云つて敢えて過言ではない。

簗田理事長は既に二年前よりこれに重大関心を持ち、ひそかに種々の計画を樹てたのであるが、全部を鉄筋コンクリートに改築するには二億円の資金を要し、実に専修大学創立以来曽てなき大事業であつて、資金調弁等の関係上から発表も着手も出来なかつたのである。然るに今春以来簗田理事長は敢然として決意し、今回この大事業を発表し着手するに至つたのである。然らば理事長がこれを決意するに至つた基因は何れにあるのか。想うに専修大学学生諸君の熱と誠とによること極めて大なることをこゝに断言して憚らない。実にこの学生諸君の至純なる愛校の精神より迸しる美挙はいよ〳〵専修大学の社会的信用を増し、専修大学の前途を益々強化させるものであることを思い、深く感激するのである。

私はこゝで専修大学関係者御一同に心から念願する、卒業した校友諸君がその母校の拡大充実に力を寄せられ本大学の声価を一段と高めると共に諸君の社会活動の跳躍台を一層強化せらるゝために今回の挙に賛同せられ甚大の支援を賜はらんことを切望する、また他の関係者諸君も本大学の拡大充実を援助せられ共栄の実が大に挙るべくお力添をお願する次第である。私は諸君に一歩先だつて冥途に旅立つものであるが、本大学創立者の大先輩、田尻、相馬、目賀田、駒井の諸先生にこの良いみやげ話の出来ることを非常に欣んでおる。私は今回の企ては三年又は五年に渉る継続的大事業であるからこれの完遂は全く愛校精神の終始一貫を深く祈願する外ないと存することを重ねて申述べ私の老婆心を御諒承せられんことを切望して已まない。

（『専修大学新聞』　昭和二六年九月一日）

一三三　全権を迎う（昭和二六年九月）

全権を迎う

首を垂れて行き大手を振つて還る戦勝国を代表した小村が悄然として横浜埠頭に立つた姿と、敗戦国の全権吉田さんが羽田空港に着陸した際の人気とは人間の運命の奇々怪々を思はせるものがある、是れは日本人の平和希求の念願が雲となつて日本の天地を包んでいたその現われに外ならぬ、吉田さん初めその他の随員諸君はマツクアサア元帥やダレス特使が共和党の人でありながら国家の大事業については党を超越して献身的に努力せる事実について何か教えられることは無かつたであろうか、日本の政党は党内の指導権の争奪に没頭し、国家と国民を忘れている曰く吉田、曰く鳩山、曰く前田か大麻か、広川か大野か、曰く誰れ曰く誰、何れを見ても国の大事を託するに足らぬ斗屑の輩である、日本の政党も朋党、私党の域を脱してトルーマンやダレスやアチソンの風格を学ぶべきである、是が諸君の我同胞への絶好の土産である、党内闘争に没頭していては平和も民主も日暮れて道遠しである

（『専修大学新聞』　昭和二六年九月一五日）

第2節　全国紙

一三四　告専修学校々友諸君（明治二四年四月）

告専修学校々友諸君（四月十八日）

明十九日午前八時より向島隅田園に於て、第十回専修学校大運動会を催し、全日午后二時より江東中村楼に於て、親睦会を開くに付、万障御繰合せ御来会相成度、雨天なれバ親睦会のみを開く（会費金五十銭）、但御来会の有無共本日中に専修学校に御通知を乞ふ

発起人　今村力三郎　古河浩孺

総　代　松本久寿太郎　竹内勝太郎

（『読売新聞』明治二四年四月一八日）

一三五　五味籠（明治四三年七月）

五味籠

（前略）弁護士今村力三郎氏は南極探検の挙を聞いて直に財を探つて若干金を寄附したが、其時氏は曰く「僕は日本人としてさういふ破天荒の事業をする人に満腔の同情を捧げる者であるが、同時に一つの心配が出来て堪まらん、無事に成功して帰つて来らるゝまでは毎日夫れが気になつて仕方がない、是までも冒険家の企てを聞くといつでも独りで能い苦労を致しますよ」（後略）

（『東京朝日新聞』明治四三年七月二一日）

一三六　東京弁護士会（明治四五年五月）

東京弁護士会

二十九日午後四時より総会を開き決算及予算を議決し役員の改選を為す筈なるが例年激烈なる競争を為し来りたる会長選挙に就ては今回は極めて平穏にして会長原嘉道氏副会長今村力三郎氏重任となるべし（東京組合弁護士員数は五百八十一名、其中他地方組合に出張中の者二十三名、行方不明なる者一名を除き更に他組合員にして客員たる者十名を加へ差引五百六十七名なり）

（『東京朝日新聞』明治四五年五月二八日）

一三七　大浦氏不起訴の理由（大正四年九月）

大浦氏不起訴の理由

涜職事件の予審終結し林田亀太郎氏以下十九名悉く有罪と決定したる趣は昨紙所報の如くなるが、抑も本件を惹

起せしめたる大浦前内相は遂に起訴せられず、是れ世人の最も疑惑を感ずる処なるべし（中略）
△関直彦氏曰く（中略）
△江木衷博士曰く　時の政府が二個師団増設を是なりと信じた以上、其の目的を遂行する手段に多少法律違反の行為があつたとしても、根本の問題が正しかつたならば其の手段の産出した違法行為は刑事政策上之を不問に置くも決して悪いことではない、現に微罪不検挙は常に実行して居るではないか、事柄は異るも道理は同じことである、然し涜職事件に対する司法官憲の行動は感心せぬ、何故と言ふに大浦氏を起訴せざる方針ならば予審決定書に其罪状を明記する必要はない、予審決定書に之を明記して之を不問に附するは其意のある処を知るに苦しむ云々
（中略）

涜職事件予審決定に就き政友会前総務村野常右衛門氏の告発代理人弁護士今村力三郎氏は左の如く語る

数日前平沼検事総長から面会の申込みがあつたので同じく告発代理人たる塩谷弁護士同伴会見した、処が一万円事件は不起訴にするからとの事で、元来告発に対しては起訴するとかせぬとか云ふ処分の結果を通告せぬのが通例であるが非公式に其理由迄も説明してくれた、其の理由は白川友一氏が大浦前内相の請求に応じ一万円の金を林田氏の手を経て大浦へ提供した事と大浦氏が直に其の金を林田氏に託して大正倶楽部所属の代議士に分配した事とは検事局も事実と認めてゐる、然し此の金を白川氏から受けた事が内相の職務に関する事柄だとは認める事が出来ない、第二に一万円を大浦氏が受けた事は白川氏の選挙に関係ありとも認められない、依つて高松裁判所の検事局は此事件を不起訴に為すと云ふので検事総長も其理由を認めて認可を与へた、と斯ういふのである、そして最後に最も意味深長の一言が検事総長に依つて附け加へられた、それは「大浦前内相が如何なる理由で其の金を受取つたかは、明言の限りでない」といふのだ、嗚呼内相は何の理由で其の一万円を受取つたのだらう、多言無用、思半に過ぎるでは無いか云々
（後略）

（『読売新聞』　大正四年九月二四日）

一三八　弁護士協会決議（大正四年一〇月）

弁護士協会決議

日本弁護士協会は九日午後二時より司法省構内東京弁護士会館に於て、去る六日の理事会の決議に基く評議員会

を開き太田資時、鵜沢総明、井本常治、小川平吉、高木益太郎、今村力三郎、塩谷恒太郎、上原鹿造、三宅碩夫、岸清一、小出五郎の諸氏外二十余名出席、太田資時氏を座長に推し現時の二大問題に就き協議し、大浦問題に対しては内閣全体の問責を為すべしとの議論出でしが、弁護士の立場にては政治問題に亙らざるを可とすとの論多数を占め、満場一致を以て左記の決議文を可決し、種々意見を交換する所あり、同三時散会せり

△決議文（乃木問題）

毛利元智が授爵の結果、一家を創立するに当り擅に乃木姓を冒したるは法律に違反し、事態極めて重大なるものと認む、依て監督官庁は戸籍訂正の手続きを為さしむべき責任あるものとす

△決議文（大浦問題）

大浦兼武涜職事件不起訴処分に関する司法大臣の処置は、司法権の独立を阻害し法律の威信を失墜したるものと認む、尾崎司法大臣は宜しく其責を負ひ速に処決すべし

右決議す

（『東京朝日新聞』　大正四年一〇月一〇日）

一三九　弁護士会の大混乱（大正五年五月）

弁護士会の大混乱

由来紛擾の絶えぬ東京弁護士会は今回役員選挙問題に就て又も幹部非幹部の二派に分れて大論争が始まつた、抑事の起りは、弁護士会規第十九条の会長、副会長以下役員の選挙方法を記名連記を、単記無記名とするといふにあり、然るに幹部は前会に於て単記無記名と決定せる此原案を以て自派に不利なりとして反対を唱へ、非幹部派は幹部の態度を憤慨し原案の維持に努め茲に両派の大暗闘が開かれ、愈々最後の決定を為す為め廿八日午後一時から神田中央大学で総会を開くに至つた、両派の委員は朝から自動車十数台を東西に飛ばして狩出しに努め、会場前の大通りは両派の事務所休憩所と立看板など軒を連ね宛然たる総選挙の光景である、幹部派は孰れも胸間に青票を附け桃李倶楽部の今村力三郎、石山彌平、二十日会の川島仟司、緑倶楽部の石井波平などが中心になつて奔走し、非幹部派は同志会の木内伝之助氏を盟主と仰で、大正会の菊地正夫氏が参謀となり庚戌会の松田義隆、真下五郎、弥生派の岡本一雄、八九会の大橋省一氏等が血眼になつて場内を斡旋して居た、来会者約六百名で二時

十分岸会長、三宅副会長以下書記を随へて着席する其の後に中川検事正が清水上席検事を随へて臨監するなど光景物々しく殺気は場に満ちた、開会と同時に松田氏原案の維持を要求し、議長の処置は弁護士会規則違反であると論難し、之に対し加瀬禧逸氏駁撃を試み、猪股淇清氏・卜部喜太郎氏等交々論議したが、川島氏討論終結の動議を出し、結局氏名点呼を行ふ事となり、其の結果賛成者四百二十名に対し、反対者百七十名にて幹部派勝を制し、次で原案に就て賛否を決する事となりしが、幹部派の中島鳳六氏の言葉の言ひ誤りより非幹部派と衝突を来し、満場之に附和した為め演壇前で五六十名入乱れて鉄拳を揮ふやら格闘を始めるやら、果は椅子にて殴る、壇上より水を浴せ掛くる等大混乱を極め、遂に数名の負傷者をも出し、続々退席するもの等ありて殆ど手の付けられぬ混雑を呈した、此混乱の最中に非幹部派は幹部派の三木氏が相撲観覧券を以て多数を買収したりとて、格闘の際氏が落した其の観覧券を拾ひ取つて臨監の検事正に申告し、幹部派は其の無実なるを弁じたが、検事正は之を受理した、又幹部派からは非協会派の小林鉄太郎氏が検事正を侮辱した言動があつたとて、反対に申告するなど紳士の会合とも請取れぬ、此時中川検事正は諸君に警告する処のものありとて壇上に進み『喧騒の結果万一諸君の行動が犯罪を構成する如き場合には、予は直に本来の権利を行使するものなる事を予め諸君に警告す』と其言秋霜の威を含み満場を圧したが、続いて非幹部派の小林鉄太郎氏から修正案を提出し、幹部派の川島仟司氏其の無効を論じ、更に一括して爾余の議案を上議する事を提議するに及び、又々騒ぎが持上り、遂に非協会派は多数派横暴を連呼しつゝ、連袂退席したりしかば、議場は協会派の独占となり、一瀉千里各議案を一括し、会長塩谷恒太郎氏、副会長を新井要太郎氏に其他の役員は全部協会希望通り決定、同四時四十分散会せり

（『東京朝日新聞』　大正五年五月二九日）

一四〇　今村氏を中心に花井、鵜沢、江木三博士が森戸氏の弁護　昨夜決定＝星島氏等の若手も（大正九年一月）

今村氏を中心に花井、鵜沢、江木三博士が森戸氏の弁護　昨夜決定＝星島氏等の若手も

森戸・大内両助教授の筆禍事件は愈々来る二十三日公判開廷と決つたが、此の事件に関して最初から奔走してゐた両氏の友人なる星島二郎、片山哲、渋川論喜智の三弁護士は昨夜遅くまで某所に森戸、大内の両氏と会合して懇談を重ね、その結果公判開廷の場合は今村力三郎氏を

中心にして花井卓蔵、鵜沢総明、江木衷の三博士に弁護人たる事を依頼するに決し、なほ前記三氏も亦弁護人たる事勿論にて、本日中に三博士の承諾を得、裁判所にその手続きを済ます由である、尚同事件に関する記録は今明日中に謄写を終り、堂々弁論をなすべく、目下三弁護士の手にて参考材料蒐集中である

（『読売新聞』大正九年一月二一日）

一四一　成功謝金及地域限定に就て　上（大正一一年七月）

成功謝金及地域限定に就て　上

今村力三郎

弁護士法改正案の骨子が司法省から全国の弁護士会へ諮問せられ之が動機となつて一の社会問題となりかゝたのは私としては喜ぶべき傾向と思ふ、独り弁護士法のみならず各種の立法は一般の社会思想を傾聴して立案すべきであるが、従来は民衆の方が多く無関心で唯利害の直接せる例へば取引所法改正に於ける仲買人の如き関係者のみ時に暗中飛躍を試むるのみで、寧ろ実質上の利害関係者たる註文者即ち一般の民衆が馬耳東風であるのは国民の知識の低級を表示するもので喜ぶべき現象では無い、然るに今度弁護士法なる特殊の法律が弁護士対司法省の関係の外、社会方面から観察せらるゝやうになつたのは一の進歩である、此意味に於て私は朝日記者の社説や高柳教授の投書を歓び各方面から此問題に付いての意見を拝聴したいのであります、併し乍ら茲に御注意を仰ぎたいのは、何と言つても直接関係者でない申さば第三者の立場にある方は事実問題に於て誤解と想像とを免れない、現に発案者たる司法省ですら一般弁護士界に対する観察に於て根本的の誤解があつて此誤解を基本として発案するのであるから、門外の朝日記者や高柳教授が事実問題に理解のないのは御尤もの事と思ふ、斯く申す私でさへ、所謂成功謝金なるものゝ実際の取扱は私の事務所の外は果してどんな振合になつてゐる判らないのですから、門外の諸君に正確な知識のあり得ないのは勿論であります、高柳教授が東京弁護士会なる公的団体と東京弁護士協会なる私的団体とを混同するほど浅薄なる知識の所有者であつて成功謝金の慣習の真髄に触れ能はぬは当然であります、問題の要点は、第一弁護士の職務執行の地域を限定する事の可否と、第二成功謝金契約の禁止との二個であります。

本論に入る前に本問題に注意を払はるゝ諸君に申上げて置きたい事があります、一概に弁護士と申せば一切平等無差別でありますが翻つて其各個人に就て観察すれば千差万別学者、不学者、資産家、無資産家、徳、不徳、弁

不弁、信不信、才不才、一として同一のものはありませぬ。其上近来は分業的になり刑事、民事、商事、人事、上告、執行、特許、行政等其の人の得手、不得手で益専門に分れる傾向があるのであります、其処で今弁護士法を立つるとせば其標準を何れに置くべきかと云へば申すまでもなく、中庸を標的として全体に適用する外ありますまい。私は多数の弁護士中不徳の人の曽て存在せし事実を承認せざるを得ざることを悲しみます、斯く申す私も自ら顧みて自己の不徳を愧づるのであります、一般に適用すべき全法を立つるに際して此不徳を目標とし弁護士全部を不徳者として窮屈千万の取締法を設くることは不当の甚だしきものであると信ずる、一二の新聞雑誌記者が恐喝罪に触れたとて凡ての新聞雑誌記者を恐喝者を以て擬する事は不当である、大学教授や助教授に破倫者を出したとて高柳教授までを破倫者扱ひしては相済まぬ。判事や検事に収賄者があつても全体として判検事の廉潔を疑ふ訳には行かぬ、弁護士にも一代の儀表たるべき学徳兼備の君子人や、博学宏辞当世に傑出せる人物もある、而して其反対に浅学不才漸く席を列する人も無いとは限らぬ。法を設くるには此両極端の中間に位する可もなく不可もなく平々凡々の処を目標とすべきである、若夫れ大なる不徳不法を敢てするものあらば一般制裁法規に委して十分である

第一の、地域限定の問題から卑見を述べますが、司法省では人物分布と称する奸辞令を構へ、朝日記者も多少夫れに乗せられて居るやうですが、一体弁護士の人物分布とは何の意味ですか、現在の弁護士が、東京又は大阪の如き大都市にのみ人物が集中して、地方に人材が居ないとする断定が正確でせうか、私は稀に地方へ参りまして学問や弁論の優秀なる人士と共に法廷に立つて其技倆に驚かされることが屢あります、曽て天下知名の某大医と偶然汽車で一緒になりまして、私が、何処へお出でですかとお尋ねすると某地の患家へ招かれて診察に赴くとの話ですから、私が、私達が事件を依頼されて地方へ行くと其土地に立派な弁護士があつて態々東京から出掛けた私が何等の意義ある貢献をしないのが常ですが、貴方方が地方へお出でになれば何か其土地の医者よりも優れた仕事が出来ますかと訊きましたら、其大医は夫れは矢張り君の話と同様で態々行つても別段の事はありませぬとの答へでありました、私は地方に人物が乏しいとの断定を不当とするのですが、仮りに司法省の言ふ如き傾向ありとするも、此地域限定に依りて人材を地方に分布することが出来ませうか、司法省諮問案は地域限定の範囲を示して無いから、私は自分で事例を仮定して説明致しま

すが、若東京地方裁判所管内を一区域とすれば、現在の東京在住の弁護士千二百余名は勿論供給過多となりますから、其幾割かは地方に分布されることは疑ひありませぬ、此供給過多の為め地方へ推出される人士が有能の人であるとすることを司法省は何を根拠として予定するのでせうか、私の予見する所は司法省と正反対であります、供述《ママ》過多の為め自然に淘汰されて地方に推出される人士は、必ず優勝劣敗の原則に依つて東京に止まり得ぬ劣敗者の群であります、現在の地方弁護士は、郷里の関係や、政党の地盤や、或は其土地の将来の発展の見込や、其他種種の関係に於て自働的に地方を選択したのですから有為有能の士が其間に少からずあるのですが、法律で地方行を余儀なくされ、他働敵に推出される人々は、先づ概して劣敗者と見るべきが的中するであらうと思はれます、此劣敗者が分布されて地方へ行くことに依つて果して其地方が裨益されるでせうか、司法省も目下若手の明敏家の粒揃ひですから此位の事を知らぬ筈はありませぬ、知つて居て人物分布なぞとトボケた顔付で奸辞令を弄するのは他に隠れたる理由があるものと私は推測します。

(『東京朝日新聞』 大正一一年七月七日)

一四二 成功謝金及地域限定に就て 中(大正一一年七月)

成功謝金及地域限定に就て 中　　今村力三郎

東京の弁護士中の大家が地方へ出張しますと期日を極める事が甚だ面倒なのです、其訳は、或二三の大家は依頼人が全国普遍的ですから東西南北各方面の裁判所に事件が継属して居るので、東に都合が好ければ西に差支へる、南へ行けば北は留守になる、夫れですから、何れにも差支ない、日を撰ぶことは容易ならぬ面倒の事であります、従つて裁判所が今日公判を開いて次の期日を一二週間後に定めようとしても、他の事件が他の方面で其日に割当てられてあるから近い期日を極めることが出来ぬ、無拠ズツト先きに送つて次回の公判期日を定める、其結果は裁判の遷延を免れぬ、司法省では、常に裁判を迅速にせよと訓令するのに、以上の如き已むなき事情で裁判が遷延するから、如何かして是を喰止めやうとして考へ出したのが此地域限定案なのである、斯くして大家を一地方に封じ込めば裁判の進行を妨げる事実を除去することが出来ると云ふのが、司法省の真意である。

弁護士の地方出張は

第一依頼人が一流の大家を景慕し千里を遠しとせずし

て招聘する場合

第二其地方に於ける担当弁護士が応援の為め自己の親友を招致する場合

第三事件本人と弁護士と同郷其他人事的関係ある場合等であつて、売薬の行商のやうに弁護士販売に地方に押出すことは絶無である、其処で第二第三の場合は裁判の遷延を来す程の事は無い、問題になるのは唯第一の場合のみである。

裁判の遷延は何人も之を厭ふのでありますが、此理由を以て事件本人の信頼する弁護士選択の自由を阻害することは正しいことゝは思はれない、況や如何に大家でも精神的労働能力は有限ですから、其受任件数を日本全国の民刑事件数に比すれば、九牛の一毛に過ぎないから、仮令、其事件が遷延しても、此れを理由として弁護士全体を規範する法律に地域限定を置くことは、余りに小故を捕へて大事を決行する口実にする策略が見え透過ぎるから、司法省は表面之れを口にせずトボケて人物分布なぞと云ふのであると推察するのです、裁判の遷延は厭ふべき事ではあるが、其遷延が地域限定でどれだけ除去することが出来るかと云へば、夫れは真に言ふに足らぬ僅少のものであらう、又司法省では外国に地域制限の例があると云つて居るが、日本に於ては何等の弊害なきを以て強ひて地域を限定するに及ぶまい、交通機関が発達して人間の活動すべき範囲が世界的に拡張せらるべき大勢に逆行して地域限定を主張する理由が何処にあるか、二三大家が東西南北に翔翔するのを裁判遷延の全部の原因の如く独断して、表面を人物分布の好辞令に限り地域限定を高唱し来るところ如何にも司法省式であると申上ぐるの外はありませぬ。

第二の成功謝金問題は現在成功謝金が如何に取扱はれて居るかの事実問題に立脚しないと正確の結論は得られないのは勿論であります、高柳君や朝日記者の議論は抽象的であるが、之れを要約すれば、第一成功謝金契約は、弁護士をして事件に於ける利害関係が当事者と選ばざる程度に至らしむるから弊害があると云ふのが朝日記者の説の要点であるやうに解される、私には此意味が能く会得されぬ、私は常に本人と利害関係を連帯するほどの熱を持ちたいと思つても、夫れが出来ないのを遺憾とする位なのに、今、反対に、夫れが出来ては悪いと云ふのは遅鈍の私には甚だ諒解に苦しむのであります。大阪朝日新聞社は、先年筆禍事件に罹り東京から大家を聘して弁護して貰つた事があるから、弁護士が本人と選ばざる利害関係を持つとか、地域限定と弁護士選択の自由とか、成功謝金契約の成立及其内容等は能く承知して居られる

こと丶思ふが、此実験ある新聞社から権威あるお説を拝聴するの光栄を得ることは私の切に望むところでありまず、次に高柳教授は

第一成功謝金の慣習は名誉ある弁護士として恥づべき慣習である

第二に成功謝金は、弁護士の労務に依頼する公衆に対して不当なる犠牲を払はしむる恐れある慣習である

第三に成功謝金の慣習は、社会的に観察して頗る不都合の弊害を生み出すものである

と断言せられてあるが万一高柳教授の列挙せる三の内唯一つなりとも、其弊害が現実に存在するならば私達は自ら進んで成功前金の慣習を破却しなければなりませぬ、併し現実に高柳教授の言はる丶如き弊害ありとは、私共は今日まで気が附かないのである、或は灯台下暗しの譬喩の通り、私達が自分の足下が見へぬのかも知れませぬから、事実を挙げて御教訓を仰ぎたいのである。

冒頭に述べました通り、此問題は成功謝金契約が、現在弁護士と依頼人間に於て如何に取扱はれて居るか其事実に立脚せぬ限り空論に終ると思ひます、まさか高柳教授も成功謝金を約束して事件を引受ける弁護士は、其契約の内容如何を問はず、自己の名誉を傷つけ依頼人に不当の犠牲を払はしむるものであると総括的に断定されるのではあるまいから、どうしても成功謝金契約の当否は、現在行はれつつある事実を標的として立論せねばならぬと信ずる。

（『東京朝日新聞』大正一一年七月八日）

一四三　成功謝金及地域限定に就て　下（大正一一年七月）

成功謝金及地域限定に就て　下　　今村力三郎

其処で普通一般の取扱ひ如何と言ふことになると、事務所々々で相違もあり、誰も事務所を公開しませぬから他の事務所の事は互に判らぬのが本当であります、だから拠なく貧弱なる私の事務所の事を一二申上げますが。

第一手数料や成功謝金の約束はいたしますが、契約書は取らぬ、稀に本人が進んで持参したり地方から紹介者が送つて来れば受取つて置くが、事件が目的を達したとき即ち成功したときでも私から依頼人に成功謝金を支払へと催促したことは無い、本人が喜んで持つて来れば欣んで受取るが、私は絶対無請求主義であります、是れは今から十四五年前に或動機で私が今日迄実行して来たのです、絶対無請求の私に契約書の必要はありませぬ、夫れでも契約を履行せぬ依頼人は殆どありませぬ、斯様に申すと、私の事務所ばかり特別であるかのやうに聞えま

すが、現在東京在住弁護士千二百余名、契約不履行の依頼人も数々あることゝ察しますが、所謂謝金請求の訴へが極めて稀であることを思ふ、多くの弁護士は、依頼人が不履行でも違約でも余り追究せぬので、結局私と大同小異の方針であると推定して大過なしと思ひます、尤も或一二の例外ありし事は私も承知して居ますが、其人は既に鬼籍に入つて居ます。

第二に成功謝金契約の金額ですが、高柳教授の説のやうに、弁護士が強者で依頼人が弱者で労務に相当せざる不当の犠牲を払ふなぞとは実に意外千万である、私は弁護士の権威の為め斯くありたいと思ふのですが、現在は寧ろ反対で、依頼人が強者で、依頼人は弁護士が気に入らぬとか手数料謝金が高いとか思へば、直に甲より乙へ、丙へと弁護士を取替ること宿屋を換るより容易であるのです、高柳君は如何なる事実に立脚して弁護士は強者で依頼人は弱者と断定したものでせうか、方今弁護士の供給過多の現象は益弁護士の腰を弱くし来ることは残念ながら争ひ難き傾向であります。

次に成功謝金契約の金額は如何にして定めらるゝやと云ふ問題は投書なぞの限りある紙面では到底詳細に卑見を述べることは出来ませぬ、概して言へば、係争額の少い訴訟は係争額の多きものより割合からすれば高くなる、例之ば百円の手形訴訟は手数料謝金で五十円（五割）要するものとしても、一万円の手形訴訟は千円（一割）要せぬかも知れぬ、係争物の価格よりも、敗訴に依つて受くる苦痛不名誉の重大なる場合、例之ば相隣宅地の境界争ひの如きは、係争目的物の価格に比し手数料や謝金が割合に多くなる。

刑事弁護は、弁護士の能力や依頼人の地位に依つて弁護料に等差のあるのが現在の事実であつて標準が立たぬ、併し私共の尊敬する一流の大家は、皆全国各地から費用を惜まず争ひ聘するのであるから、相当地位ある依頼人が相当の事をするのに強者弱者とか、自由意志があるとか無いとか申すべきでない。若自由意志がないまでになつた本人があるならば、高柳教授は其実例を挙示する責任がある。

一流の大家と雖も、私の知る事実に於ては無報酬無手数料で多くの事件に努力されて居る、私は、常に非常に多忙の中で能くあれまで献身的に努力されるものだと敬服して居る、成功謝金何割と言へば、財産的民事訴訟を意味するものであるが、仮りに弁護士が、五分の手数料一割の謝金即ち五千円の係争事件に七百五十円の約束を為し完全に目的を達して七百五十円を払ひ、万一敗訴すれば二百五十円の手数料だけで依頼人の損失は済む、是れが現在の慣習である、若し法律で成功謝金を禁じて、最初に二百五十円だけ払つて、勝つても負けても後には一文も払はぬ事にすれば依頼人の為に大に利益であるが、成功謝金を禁ずれば手数料が割合を増すことは必然の結果であるから、仮りに手数料五百円とせば、敗訴の場合依頼人は現在より二百五十円損失を増すことになる、成功謝金の契約は、手数料謝金を併せて労務に対する相当報酬を形成するも、万一敗訴すれば依頼人は報酬を出すのが苦痛であるから、後に払ふべき分即ち謝金だけは義務を免れると云ふのが現今の習慣である、高柳教授の所説は、全然正反対の結論に到着してゐるのであるから、私は此結論を生む活きた事実を拝承したいのである。

高柳教授は、成功謝金契約は、引受けたる訴訟の結果に直接に金銭的利害関係を有せしむるは司法補助の機関であると云ふ本質に反し弁護士の栄職を営業化せしめ、濫訴を奨励し、時に不正手段を敢てして勝訴に努力すると云はれたが、我々同業者も社会の進運に伴ひ、年一年と信用を得て来て居ると自信して居るのに、大学教授たる高柳氏から斯る放言を承るは自ら省みて大いに恥ざるを得ぬ、私は濫訴の弊も勝訴に不正手段を敢てしたる人も絶無とは申さぬ、併し、成功謝金の習慣が其罪を作る、此慣習に従つて居る日本弁護士は夫れである、此習慣を廃止するときは濫訴の弊も不正手段も無くなるやうに言はれるならば、今少しく具体的に説明して頂きたい。

某司法大官は曽て私に司法官出身の弁護士に兎角問題を起すものが多いのは困つた事だと語られた、確実な統計も無いので此話が正確なる事実なりや否や保証し難いのですが、私も微官ながら一度司法省から月給を頂いたこともあるので、此話を承つて大いに恐縮して居るのです、私の愚考を許されるならば私は斯う申したい、司法官が法廷で高い所から弁護士の職業を観察し、自分が野に降つて弁護士になつた時、曩に高い所から観察した弁護士観で其職を執る、然るに其観察は、多くは弁護士を不良に観ることに余りに傾き過ぎてゐるから、ツイ知らず問題を起すのだと。

司法省や高柳教授も同様の傾向がありはせぬか、半面でも一部でも、真理は真理かも知れぬ、併し立法の根本観念ならば全部を観察するに努力して欲しい、地域限定論は弁護士中の第一流の大家を目標としたから始まり、成功謝金廃止は其反対に最下層を悪く覗いたから起つたので共に中庸を外れた説であると思ふ（完）

（『東京朝日新聞』大正一一年七月九日）

一四四　塵の都を遁れて　狩野派の名画其儘の仙境へ　杉並村附近（一）（大正一三年九月）

塵の都を遁れて　狩野派の名画其儘の仙境へ
杉並村附近（一）

（前略）東京を西へ中央線国分寺駅までの電車区間と青梅街道に沿うた両側は素晴らしい発展振りである、新宿から淀橋中野あたりまでは殆ど市内からの街続きで、いまでは郊外とも云へずさらに一歩を進めた杉並村がまだいくらか武蔵野の俤を残した好適の住宅地である、弁護士今村力三郎氏は東京人としてこゝに居を卜した第一人者であつた、『私どもがこちらへ家を建てましたのは五年前のことですが、その頃は近所に一二軒農家があつただけで、それこそ文字通りに酒屋へ三里、豆腐屋へ二里といふ辺鄙な所でしたから、野菜などは自分たちで作るので沢山とじてもせめてお豆腐位は欲しいと思つて、私は豆腐を拵へる方法の伝授をうけて道具一式を取り揃へ、自分の畑に出来た豆を原料に手製の豆腐を食べたほどです。家を建てる時にもこの庭は私の背より高い薄が一ぱいでしたから、まづこの辺の草分けとでも申しませうか』勲んだ遠くの杜と万頃の青田を渡る初秋の風が洪水のやうに座敷へ流れこむ、なだらかな斜面をなした庭の下には自然の池があつて、草葺の家根の上には松籟が瀬音のやうだ、氏は忙しい仕事を終へて帰宅すると伸々と手足を拡げ、事務所へ出ない日には帝大理科在学中の一子学郎君に夫人、女中たちも総出で陸稲や野菜畑を作る、手すさびでなくすべて本式の百姓だ（後略）

（『東京朝日新聞』　大正一三年九月五日）

一四五　慈父が児に向ふやう　人を憎まぬ横田裁判長　審理振りを聴いてゐてつい涙組ましい気に度々なつた　弁護人　今村力三郎氏の談（大正一三年一一月）

慈父が児に向ふやう　人を憎まぬ横田裁判長　審理振りを聴いてゐてつい涙組ましい気に度々なつた　弁護人　今村力三郎氏の談

今回の特別裁判に列席した弁護人今村力三郎氏は審理に就いての感想を斯く語つた「書経に「刑期干無刑」と云ふことがあり、日本でも昔から「その罪を憎んで其人を憎まず」と云つてゐるが今回の横田大審院長の難波大助に対する審理はその言葉そのものであつたと云つてもいゝだらう、私等もこれ迄随分公判に列席したがその経験に依ると犯人の態度や、答弁、犯した犯罪の性質に依つて被告に対して判官が一種の憎みを持つやうに思はれる、それは検事の論告や裁判官の態度によく窺はれるが今回の公判にはこんな傾向は微塵も窺はれず慈父が子供に接するやうに極めておだやかだつた、併しそれがために些かでも判官としての尊厳を傷つけるやうなことはなく、吾々は審理を聞いてゐても涙組ましい感じになる事が度々ありました、これは一途に横田院長の人格の発露であらう、と思はれる、定めし大助も非常に満足したものと思はれる、これは一途に横田院長の人格の発露であらう、併し審理は斯くあつて欲しいもので、斯くあつてこそ初て被告から真実を聞き得被告が罪に満足して服し以て改悛に導き、裁判の実績が上るものと思はれる、先に獄中で憤死した島倉の如きもこんな判官に裁かれたらあんなことはなかつたかも知れない、私は全国凡ゆる判官が横田院長のこの態度を以て被告に向つたら現在の裁判が改善されるだらうと思ふ、私は今度の裁判振りは社会政策上からも真実の裁判の上から云つても結構なことでいゝ刺激になつたと思はれる」

（『東京朝日新聞』 大正一三年一一月一四日）

一四六　河上博士等も弁護に出廷か　京大事件公判は来年二月（大正一五年一一月）

河上博士等も弁護に出廷か　京大事件公判は来年二月教育界初めての出来事として世間の視聴を集めた京大事件の公判は愈々来年二月十四日から二週間に亘り京都地方裁判所で開かれる事に決定、弁護人は水谷長三郎、今村力三郎、片山哲、清瀬一郎、三輪寿壮、細迫兼光、小田美奇穂の六氏が当る事になつているが、此の外裁判所側の希望もあり旁々東大、京大、私大から各一名宛の教授が法廷に出て特別弁護人として思想の根本義を初め社会運動の渦中に投ずるに至つた動機や経過並に学生の生活環境等につき詳しく述べるといふが多分東大からは美濃部達吉博士、京大からは河上肇博士が選《ママ》まれるだらうと

（『読売新聞』 大正一五年一一月一七日）

一四七　〔盗犯等防止法に関する今村の意見〕（昭和五年六月）

（前略）

当局は正当防衛の範囲を拡張したものでないといつてゐるが、範囲を拡張しないものなら新たに法律を作る要はない、法の適用は法律学者のするところだ、故に私は正当防衛の範囲を拡張したものゝ《ママ》と思ふ、労働争議等で争議団員が社長の邸に入つて来た場合の如きは、この法律が適用されはしないかと考へる向きもあるが、それは盗賊と誤認することの出来ない状況にあるから適用されな

い、深夜こつそり侵入した場合は賊と誤認されても仕方ない、即ち誤認すべき相当の理由があるから始めて新法が適用される訳である

（『東京朝日新聞』　昭和五年六月一一日）

一四八　今の法律は死物だ　今村力三郎氏談（昭和五年一二月）

今の法律は死物だ　今村力三郎氏談

犯罪の嫌疑で長い間未決に放り込まれ苦しむといふ事はこれまでいくらも例のある事だが、その間に私等は常に何がこの青天白日の人々を苦しませるかといふ事を考へさせられる、目下司法省では国家賠償といふ法律案を作つて居り、近く議会へ提出するものと思はれるが、苦しみを受けた人々が金位で償はるべきものでない、だといつて今の法律は死物であり、これを運用する人々がいはゆる人権侵害をやるのだから堪つたものではない、私等はまづ何のために嫌疑をかけるかといふその原因をつき止めたいと考へてゐる、それも相当もつともであるといふはつきりした犯罪嫌疑かあれば頭も下がるが、今度の様なありもしない事を無理に自白させ、いはゆる人権侵害をやる事は実に困つた事だと考へる

（『東京朝日新聞』　昭和五年一二月二七日）

一四九　今村弁護士に懲戒裁判　裁判長忌避問題で（昭和六年一一月）

今村弁護士に懲戒裁判　裁判長忌避問題で

今村力三郎氏はさきに五私鉄疑獄で垂水裁判長を忌避した一人であり、藤田氏の合同毛織事件でもその発言者であつたため忌避の主謀者と目され、木内検事が調査の結果金山検事正は三木検事長に今村氏の訴追手続を請求、検事長は去月遂に弁護士懲戒規則により訴追するに至つた、以来和仁控訴院長は懲戒裁判に付すべきや否やを考慮中、廿五日遂に懲戒裁判開始の決定を与へ、裁判長は懲戒第二部の赤羽裁判長と内定した、赤羽裁判長が都合悪ければかねて自ら裁く意思を有してゐた院長は事件を第一部として自ら之に当るべく検事局はいづれにせよ控訴院三橋次席検事が立会ふはずで審理（不公開）が開かれるのは明春と観られてゐる

尚今村氏が懲戒裁判に付せられた理由は依頼者（藤田氏）の意思に反して審理遅延のみを目的とする忌避申請をなし、他の弁護士をこれに誘つた嫌疑ありと認められたのであるが、今村氏の如き一流の老大家が懲戒裁判に付せられるなどは珍しいことで、弁護士界ではすこぶる重大視し一流大家がこぞつて弁護に立つ模様である

（『東京朝日新聞』昭和六年一一月二六日）

一五〇　今村弁護士の懲戒裁判　非公式で開廷（昭和七年五月）

今村弁護士の懲戒裁判　非公式で開廷

在野法曹界の元老第一東京弁護士会所属今村力三郎氏が昨年合同毛織の背任横領、証拠消滅事件第一回公判で東京地方裁判所垂水裁判長を忌避したのは弁護依頼者たる藤田謙一氏の意志に反し他の弁護士連を誘つて殊更に公判遅延の目的から出でたものとして懲戒裁判に付せられた事件は二日午前十時東京控訴院赤羽裁判長、三橋次席検事係り内田書記立会ひで三階臨時法廷に開かれた、この裁判は来る五日に続行され懲戒裁判の規定により非公開のため裁判進行の模様は不明であるが、今村氏はかねて弁護士の権利擁護のため飽くまで争ふといつてゐるだけに成行はすこぶる注目されてゐる

（『東京朝日新聞』昭和七年五月三日）

一五一　今村前控訴院長　決然、弁護に立つ　今村弁護士のために　懲戒裁判にからむ法曹美談（昭和七年七月）

今村前控訴院長　決然、弁護に立つ　今村弁護士のために　懲戒裁判にからむ法曹美談

在野法曹界の元老第一東京弁護士会所属今村力三郎氏（六七）が合同毛織背任横領証へうい《マヽ》ん滅事件に東京地方裁判所部長判事垂水克己氏を忌避した事から東京控訴院の懲戒裁判に付された事件は同院懲戒裁判第二部赤羽裁判長三橋控訴院次席検事係で去る五月二日から三十日まで不公開で審理されてゐたが、六日けん責の判決が下された、その懲戒裁判は別記の経緯をたどり今村氏はもつとも重要争点とした忌避問題は検事訴追事実に証明なしとして無罪となつたが、一点でも有罪と認められたのを不服とし大審院へ上訴するはずである、ところがこの事件をめぐつて前広島控訴院長今村恭太郎氏（六四）と今村力三郎弁護士の間に法曹美談が世上に伝はるに至つた

話は大正十五年の昔にもどる、今村恭太郎氏は例の朴烈、文子の怪写真問題で立松予審判事が退官した当時東京地方裁判所長であつた為、部下監督の責任を問はれ懲戒裁判に付せられた、この時所謂弁護士会を脱会してまで今村恭太郎氏のために自ら進んで弁護に立つたのは実に今村力三郎弁護士であつた、今村恭太郎氏ははじめ何人にも弁護を依頼せず自分の事は自分で片づけると頑張つたが、今村力三郎氏の犠牲的な熱誠に動かされて遂に弁護

を同氏に一任、懲戒問題は二審まで行つて遂に無罪確定となつた

その後今村恭太郎氏は広島控訴院長に栄転、今春五月功成り名遂げて停年退職となり、以来小石川水道端二ノ五一に静かな余生を楽しみ傍早大に教べんをとつてゐたが、今回今村力三郎氏が懲戒裁判の被告としてけん責の有罪判決を受けたと聞いた六日正午昭和ビルの今村法律事務所にかけつけ『退官後は弁護士をしないつもりだつたが君の事を漫然と傍観してはゐられない、早速弁護士登録をだして君の上訴裁判の弁護に立つから相弁護人等の諒解をつけてくれ』と提言した、この美しい心情に今村力三郎氏も感激して即座に弁護を依頼するに至つたのである

（『東京朝日新聞』　昭和七年七月七日）

一五二　お礼といふ訳ではないが　今村恭太郎氏談（昭和七年七月）

お礼といふ訳ではないが　今村恭太郎氏談

右について今村恭太郎氏を訪へば朴烈事件等顧みて感激深げに語る

いや前のお礼といふわけでもないが私の懲戒問題の時は帝国弁護士会まで動いて処分要求の形勢となつたため、今村力三郎君は一時同会を脱会して私の弁護にたつてくれた、元来今村力三郎君の郷里は信州飯田の在で私の父の郷里とは二里しか離れてゐない、これに私の父（故大審院判事今村信行氏）が専修大学で教べんをとつてゐた際、力三郎君はそこの学生であつた、そんなこんなで今では親戚同様の交際である、私は在官中から停年退職となつても弁護士をする気はないが今村力三郎君の懲戒裁判が退職後もつづけられてゐれば弁護に立つと公言してゐた位で、老骨がどれ程役に立つか怪しいよ、たゞ特別弁護などはいやだからチヤンと弁護士登録をして弁護する

（『東京朝日新聞』　昭和七年七月七日）

一五三　弁護美談　退隠の身を法廷に立つ　今村弁護士の懲戒裁判に　奇縁の元控訴院長（昭和七年七月）

弁護美談　退隠の身を法廷に立つ　今村弁護士の懲戒裁判に　奇縁の元控訴院長

▼刑事弁護の権威者として知られてゐる今村力三郎氏にかゝる合同毛織事件に関する懲戒裁判は東京控訴院赤羽裁判長・三橋検事係りで審理中であつたが、六日書面送達で「譴責」の判決言渡しがあつた

事件は昨年六月廿四日東京地方裁判所垂水裁判長係りで開廷された合同毛織事件に今村氏は藤田謙一氏の弁護人として出廷し鵜沢、岡田、名川、江橋弁護人等と共に合同毛織事件と勲章事件との併合審理を申請した、すると裁判長はこれに対して別々に判決を言渡すかも知れぬと答へたので九名の弁護人は共同で裁判長忌避を申立てたところ裁判長は『訴訟遅延の目的に出たもの』と認めて直ちに却下したので弁護人全部が退廷した、これが懲戒問題を惹起し昨年十月廿七日三木検事長から懲戒裁判開始の申立があつて十一月十七日開始決定となり、懲戒の理由は訴追遅延の目的に出たこと、申立後擅に退廷したこと、藤田氏から出廷を求められても出廷しなかつたことの三点について審理中であつたが、結局六日午後被告の藤田氏から出廷を求められても法廷に出なかつたとの理由で譴責に付せられたものである

▼一方この事件に対して帝国弁護士会第一東京弁護士会では垂水裁判長の処置は不当であるとの決議を発表して裁判所と弁護士会との間に暗雲をたゞよはしてゐたが、今村氏は譴責の判決を不服として大審院に抗告することになつた

▼それで今村氏の懲戒裁判が抗告審にかゝるときには、元広島控訴院長今村恭太郎氏が同氏のためにわざわざ弁護士を登録して弁護に起つとのことである、今村恭太郎氏は嘗て朴烈の怪写真事件で監督不行届のために懲戒裁判に付せられた際、今村力三郎氏が同氏の弁護人となつて無罪を絶叫し罪に問はれず済んだ、その昔を想ひ美しい友情の発露からわざ〳〵退隠の身を法廷に現はすことになつたものである

（『読売新聞』昭和七年七月七日）

一五四　今村力三郎氏の懲戒裁判無罪　昨日大審院で判決（昭和七年一二月）

今村力三郎氏の懲戒裁判無罪　昨日大審院で判決

昨年六月廿二日東京地方裁判所垂水裁判長係で開かれた前東京商工会議所会頭藤田謙一外四氏の合同毛織事件公判に、天岡直嘉氏等の勲章事件、小川平吉氏等の鉄道疑獄がいづれも同事件と併合審理さるべきものだと主張し、裁判長の制止も聞かず憤然退廷した在野法曹の長老第一東京弁護士会所属弁護士今村力三郎氏は木内検事の取調べで遂に東京控訴院の懲戒裁判に付され、公訴事実三点中二点は無罪、最後の裁判長の制止を聞かず公判立会を拒絶した点だけ有罪としてけん責の判決が下され、その後大審院に控訴し朴烈文子の怪写真事件でかつて弁護した元広島控訴院長今村恭太郎氏の友情弁護を受け、泉二

裁判長の審理を受けてゐたが三日午後左の如く判決があり遂に無罪となつた

判決理由書

控訴人　今村力三郎

右の者に対する弁護士懲戒裁判につき昭和七年七月二日東京控訴院における懲戒裁判所のなしたる判決に対し控訴人は控訴を申立てたるにより、当裁判所は更に審理を遂げ判決する事左の如し

〔主文〕原判決を取消し本件懲戒訴追につき弁護士今村力三郎を処罰せず

尚今回今村弁護士が無罪となつた理由は現今の法制では弁護人が公判に立会はなかつたといふ理由で弁護士の責任を問ふ規定もなく、又正当の事由が現存しない場合でも弁護士が事由があると信じかつ信ずる事にも相当の理由があつたと認めるべき事情があつたに拘らず、これを懲戒する如きは法の精神に添はないといふのである

（『東京朝日新聞』　昭和七年一二月四日）

一五五　三淵君に望む　泰山前に崩れても驚かざる腹を（昭和二二年八月）

三淵君に望む　泰山前に崩れても驚かざる腹を

今村力三郎

私は裁判は神の御心を人事に適用するものであると信じているから、裁判官たるものは私心を去り、己を空しうするものでなければならない、若し裁判官に私心があつたら、神の御心を正しく映すことが出来ない、裁判官の良心が私心に曇らせられたら、その時は正しく物の形を映すことが出来ないから、その人は裁判官たる資格に欠くるところがあると言つても過言ではない

過般、諮問委員として答申する候補者の人選に際しても私は窃かにかゝる人格者を選びたいと希望していたが、かく申す私が下賤であつて私心を完全に脱却することが出来ないので大いに恥じて幾たびか反省したことである、私共が選んだ卅人の候補者諸君も夫々立派な人々であるが、その中でも衆目のみるところこの人こそ最高裁判所長官たる適材適所と目せられる人々もあり、三淵忠彦君もその中の一人である、三淵君は少壮時代に裁判所判事として朝野に令名があり、私も同君の将来に望を嘱した一人であるが、裁判所を去つて三井の顧問となつた後も三淵君の残した風格の遺厳は裁判官、弁護士の間に香しく、それが今回の当選を見ることになつたものと思う、最高裁判所の任務は憲法の規定により極めて重大であつて、何時如何なる問題が起るか予想することは出来ないが、大津事件における児島惟謙先生の如く結局は腹であ

る、「断」である、稀に判決書の書き方の如き末節に捉われた説を摘くこともあるが、これ判事の小技であつて、云々する価もないことである
私が三淵君に望むのは泰山前に崩れても驚かざる腹である、而して三淵君は決してその職を恥かしめざる識量を持つと信じて安神している
（『読売新聞』昭和二三年八月二日）

一五六　先ず友人を選べ　防ごう良心のマヒ　今村専大総長の談（昭和二三年五月）

先ず友人を選べ　防ごう良心のマヒ　今村専大総長の談
学生というものは純粋で素直だと誰もが考え私もそう信じていた、ところが私が総長に就任した昭和廿一年のこと、本校の学生が四人組強盗をはたらいた、私は驚いたがそれ以上に学生たちに裏切られたことを淋しくおもつた、同時にどうして学生が悪の道に走るのかを知りたいため、弁護士を頼みこの事件の真相をよく調べてもらい、その書類等を何処となく読んだ、また父兄会もひらき、検察庁へも行つてその方針もきいたが誰もよい対策はもつていなかつた
むかしの犯罪者心理は自分が悪いことをしていることを十分承知しているが、このごろの犯罪者、なかでも学生犯罪者のほとんどは不思議なことに犯罪を悪いことだと考えていないらしい、冒険心、好奇心、興味心に満足を覚え犯罪に対し快感をおぼえるものが多い、全く困つたことだが、この原因は生活の不安定と社会の混乱によつて良心がマヒしているところからくるもので一般の犯罪者より始末が悪い
犯罪の動機について多くの人はダンスやマージヤンがいけない、街頭のピーナツ売りはよくないとかいつているが、そういうところで交わつてできた学生以外の友人に感化されたのが学生の犯罪には圧倒的に多い、ある学生はマージ（ャ脱カ）ン屋で顔見知りになつた男の手先になつて強盗をやつた、またダンスホールで会つた与太者と友達になりユスリ、タカリをやつたものもいる、〃友人を選べ〃という言葉を今度ほど痛切に感じたことはない
犯罪をおかした学生はしかたないとしても、いま〃悪の淵〃に立つてその一歩に将来をかけている学生たちを何とかまともな道に引き戻さねばならない、これは学校の責任であると同時に家庭の責任であり社会の責任でもある、『己れに如かざるものを友とするなかれ』という孔子の言葉を思い出すことを切望する
（『読売新聞』昭和二三年五月一八日）

一五七　近世名勝負物語　花の弁論　村松梢風　大逆事件（三）（四）（五）（昭和三四年三月）

近世名勝負物語　花の弁論　　村松梢風
大逆事件（三）

「僕がちょっと着たのだから汚くはない」

「結構です。着物のことなど一向かまわんものですから」

「かまわないのもいいが、あんまりヒドイや」

と卓蔵は渋い声でいって、初めて笑った。

「恐縮です」

卓蔵は丁寧に包み直して、小包糸で固く結えてくれた。三四郎は泣き出したいくらいな気持になって、包みを抱えて立った。

「早く身体を丈夫にしてね」

その拝領の衣服の中には、夏物もあったが、粋なお召の三枚重ねの袷もあった。

三四郎はそれから間もなく日本を脱出してヨーロッパへ行った。そしてその衣服は、彼のヨーロッパ放浪中の最貴重品であった。彼はヨーロッパで人を訪ねる時や、社会主義者の会合などに出る時には必ず卓蔵から贈られたその衣服を着て行って、ヨーロッパ人を驚かせもし、彼等に対する誇りともした。


卓蔵と石川三四郎との関係が、卓蔵と社会主義者たちとを、思想を異にしながらも、個人的には結ばせていったのだった。思想や社会的立場を異にするにしても、法律家として、社会主義に対する理解は十分に必要でもあった。

日露非戦論を唱えて、万朝報に拠って最後まで平和論に鋭い論陣を張っていた幸徳秋水、堺枯川、内村鑑三の三人は途中から社長の黒岩周六が戦争論者に豹変したのに憤慨して、袂をつらねて退社した。

堺は「平民新聞」を発行して、社会主義の宣伝に努めた。その社には、社会主義を中心とする新進気鋭の論客や実行派が数多集った。平民新聞は絶えず発売禁止を受け、当時の官憲のきびしい弾圧と資金難に悩みながらも、続けられていった。

第二〇号に発表した「嗚呼増税」の論文で堺が起訴された時、初めて卓蔵が弁護した。また、堺と幸徳が共同で、マルクスの「共産党宣言」を翻訳して発表し、罪に問われた時も、卓蔵と今村力三郎が主として弁護に当ったのであった。

この時の法廷で今村力三郎が
「マルクス学説には拒むべからざるものがある。人類進歩の道を明らかにしたこの人に感謝せずして、著書の邦訳頒布を禁ずるは愚も甚だしい。この事件は大津事件以来の司法上の大事件である。学問の独立のためにも、当然無罪となすべきである」

と正論を吐いたことは、弁護士史上有名なことである。

以上の関係を知れば、幸徳秋水等の大逆事件の弁護を、秋水が卓蔵と力三郎に依頼したことも、両人が快く承諾した理由も、おのずから明かであろう。

花井にしても、今村にしても、当時すでに第一流の弁護士であった。しかし大逆事件は前例のない余りにも大事件なので、

「僕ら二人だけでは少々心許ない、誰かもう一人頼もうではないか」

ということになった。

（『読売新聞』 昭和三四年三月七日）

近世名勝負物語　花の弁論　　村松梢風

大逆事件（四）

もう一人別に頼むということになれば、当時刑法の第一人者である江木衷をおいてほかにはない。そこで二人で神田淡路町の江木の事務所へ行ってそのことを頼むと、江木も快諾したので、二人は喜んで帰ったが、翌日またそのことで二人が行くと江木は、

「あれあ僕は断るよ」

といった。二人共意外の感にうたれたが、そのまま立ち去った。

一たん承諾したものをどうして江木が断わったかということについては、その理由は判明しなかったが、一説によれば夫人欣々女史が反対したからだといわれた。しかし根本は江木が世論を恐れたからに相違なかった。

事実当時世間には、

「幸徳秋水等の弁護をするとは怪しからん」

という声があって、警察でも卓蔵や今村の事務所へ護衛巡査を附けたくらいであった。

卓蔵と今村は江木に断られたので「それじゃ磯部さんに頼んで見よう」と、磯部四郎に依頼すると、磯部はそんなことは無頓着な人だから「よろしい」と直ぐ引受けた。その時代から、四大弁護士といわれたのが、江木衷、磯部四郎、花井卓蔵、今村力三郎であった。

今村力三郎は、明治、大正、昭和を通じて、花井卓蔵と並んで弁護士界の双璧であった。今村は卓蔵ほど華やかではなかったけれど、その人物重厚、非常なる努力家で、一面強権に屈せぬ気骨があり、卓蔵と共にこの大逆事件の弁護に当り、後に難波大助の弁護をし、更に昭和になっては「帝人事件」の弁護をして盛名を馳せた。帝

人事件弁論は、検事局内の政治的陰謀をあばき、被告等に対する不当拘禁、強請自白等の証拠を挙げて数日にわたる大弁論を行い、ついに被告三士忠造以下を無罪にした、今村の円熟完成の極致を示した傑作であった。

今村力三郎は慶応二年南信の一農家に生れた。家系は正しく、旧幕時代には代々庄屋の家柄であったが、明治になると一家破産に瀕し、明治十七年親子三人で上京して神田猿楽町で家賃八十銭の店を借りて塩煎餅屋を開業した。力三郎はろくな教育は受けなかったが、小学校の成績も悪くはなかったので、両親は塩煎餅屋で終らせたくなかった。初め小菅監獄の押丁に採用してやるという口があったが、同時に、母が懇意の女髪結の世話で、伴正臣という大審院判事の家の玄関番の口と両方あった。力三郎は玄関番の方をえらんで伴家の書生となった。これが彼を法律生活に入れる運命に導いた。

伴家で力三郎の受持の仕事は、表座敷の掃除と庭掃き、毎日奥様手料理の弁当を大審院まで持参することであった。初めて伴家へ行った時、庭の掃除をして塵取に取って出ようとすると廊下に立って見ていた主人が「力三郎そこに南天の葉が一枚残っている」といったので、これはなかなか難かしいと彼は愕いた。主人はお抱えの人力車で送り迎えするのだから、出勤の時弁当を持って行けばよさそうなものだが、それでは権式にもかかわるし、また弁当が冷えるので、時間を定めて持って行くのが、風雨を問わず彼の仕事であった。

（『読売新聞』　昭和三四年三月八日）

近世名勝負物語　花の弁論　村松梢風

大逆事件（五）

もう一つ力三郎の仕事に、判決書の浄写があった。主人の伴が判決の原稿を書いて退庁の時持って帰るのを、力三郎が夜学を終って九時頃帰ってから翌朝までに浄書するのであったが、当時は皆毛筆であったから、時々徹夜することがあった。

こんなことから法律を学んで裁判所の書記にでもなりたいと思い、十九年三月、専修大学の前身専修学校の入学試験を受けると二番で及第し、伴家の書生をしながらその夜学へ通ったのだった。伴家から貰う給与は月一円十銭、この内から月謝八十銭、校費十銭を払い、残り二十銭が小遣になった。

明治二十一年四月代言人の試験があった。その時前年の卒業佐藤某という先輩が

「俺も今年試験を受けるから君も受けないか」

と力三郎に勧めた。力三郎は、まだ卒業もしないのに

試験なんか受けても駄目だというと、
「どうせ駄目は分っているが、度胸ならしに受けて見たらいい」
といった。その頃は受験料もいらない時であったから、半ばひやかし気分で試験を受けると、勧めてくれた佐藤は落第し、力三郎は及第した。

代言人試験には及第しても、専修学校へは卒業まで通った。その頃専修学校でも教鞭をとり、ドイツのペルネルの刑法の講義をして、従来フランス流の学説より外に刑法はないとしていた学生に大刺激を与え、学生崇拝の的になっていたのが江木衷であった。力三郎は江木のところへも親しく出入して指導を受けた。

力三郎は専修学校を一番で卒業した。一番には十五円、二番には十円の賞与が出る例になっていたので、力三郎は学校から十五円の褒美を貰った。

そこで伴家を辞し、二十一年の暮から鈴木信仁という弁護士のところで事務を見習うことになった。今村は、花井卓蔵より三歳年上で、代言人になったのも花井より二年早かった。学校こそ違うが共に私学出身で、青年時代から親交を結び、その友情は終生変らなかった。

明治二十八年頃、今村は一時飯山《(ママ)》区裁判所判事を勧めたことがあった。或る時卓蔵が高利貸に百円貸せというと、金貸は、今村さんが連帯すれば貸すといった。卓蔵は今村のところへ証書を郵送して、判をしてよこせといって来た。今村も貧乏だから立替える金などなく、連帯の判をおして返送した。卓蔵は後にこの金貸の為に只の訴訟をさせられて「結局高い利息を払わせられたよ」
といって、互いに笑い合ったことがあった。

幸徳秋水等の大逆事件は一世を震駭した。従ってその裁判の経過は社会の注目を引いていたが、公判は一回も公開されず、その審理を急ぐこと奔馬の如くで、一人の証人の喚問すら許されなかったくらいだから、真相を明らかにすることは当時にあっても不可能であった。一件記録は今でも保存されているであろうが、それはどこまでも裁判所側の記録であって、純粋な客観的記録ではない。

(『読売新聞』　昭和三四年三月九日)

第6章　今村力三郎逝去につき追悼

第1節　大学葬における弔辞

一五八〔友人総代・簗田欽次郎〕

弔詞

専修大学総長、同大学附属労働学院校長、弁護士今村力三郎先生の霊に、恭しく私は友人総代として弔詞を申上げます、先生が弁護士として明治、大正、昭和にわたる五十有余年の長き間、大小幾多の事件を扱ひ、年と共に世間を驚かした政治的、社会的の大事件の困難な弁論に当られ、いよ々々赫々たる名声は全国に高まり、大事件で先生の手を煩さないものは殆んどない状況であった、これは何んでそうなったか、私は二つの要因があると思う、その一つは先生の崇高な人格の自然発生で、先生が正しきを履んで何物も畏れず、奮闘した正義感の非常に強かったことであります、先生は訴訟に勝つことを目的としない、正しきを貫くことを目的とすると考え、これを語られたことを私は記憶しておる、その二は先生が非常に優れた頭脳を持っておられ、事件に対しすき通るような透察力を働かせ、裏の裏まで見破って徹底的な弁論をされたことであります、ほんの一例であるが約二十年前斉藤内閣の総辞職までいった帝人事件が先生の弁護で無罪になった、青天白日となった被告人は後ち大臣や、総裁や、社長となり現に今政界、財界で重要な役割を果している人もおる、この事件は軍部と検事の不可解な裏らを先生独特の透察力で見破ったためであります

先生は終戦直後、専修大学の総長に無理に就任させられ、八十一才の老令にも拘らず、大学の一室に泊り込み、大学の再建に心血を注がれた、先生は戦後日本の歩むべき新しき世代えの感覚を、八十一才の老人とは思えない程、進歩的、革新的なものを持ち、大学の改善進展をこの教育方針で進められた、だからと云って行過ぎの点ははっきり戒め、中道を根幹とする片寄らない教育方針を堅持

し逸脱のないことに深甚の考慮を払はれた、戦後の日本青年中には働きつゝ学ばねばならぬものが自然に多くなる、労働と教育とは特別の考慮を払はねばならぬとの信念で実現に努力されたのであります

専修大学に多額の私財を投じ、己れを空うし質素、精厲、伝統の校風の美徳を発揮することを努力されましたが遂に病に犯され静養を続けられつゝ遂に老衰のため絶望となられた、誠に残念で残念でたまりませぬ、日本は今や政治と云い、経済と云い、いよ々々多難を加え国家の前途甚だ憂慮に堪えない時に、先生の如き偉大な指導者を失ふことは一大損失で、誠に惜しくて惜しくて痛恨に堪えませぬ、願くは先生がその形ちはなくもその霊は永に今までのように護持を賜はらんことをお祈りいたします、感極ってもう言葉も出ません、ご諒察を賜はれ。

昭和二十九年六月十七日

友人総代　簗田鈫次郎

（「故今村総長大学葬書類」専修大学所蔵）

一五九　〔専修大学附属労働学院同窓会会長・高野運三〕

弔辞

今村力三郎先生

我ら勤労者の最も敬愛する先生、国民の智的向上に御一生を捧げられた先生、今茲に永き御別れに接し学校関係者はもとより、既に学校を出し我ら同窓生一同も感無量なるものを覚ゆると共に追慕惜別の情に堪えず、同窓生弐千余名を代表し謹んで哀悼の意を表します

顧みますれば当労働学院は、戦後の著しく混乱した国勢の真中にあって、真に国を憂ひ将来の日本再建を深く憂慮されて先生が創立下さったものと信じて居ります、又第二次世界大戦に依って幾多の勤労青年は学業中途にして戦乱に参加した為、今日に於いて智的水準の低下と加えて経済的能力の低下は敗戦国の共通した姿として、我が国にも出現したのでありますが、此の事実を率直に御探求下され、我らに大学の門戸を開放して下さったのであります、幸にして我ら同志は勉学職業に夫々邁進する事が叶ふて、今日社会の凡ゆる方面で其の御教訓を活用し大なる成果を挙げて居ります、以来各組合より真に平和を念願し、更に生活向上を志ざす多くの組合員達が集って来て居ります、我らは先生の数限りない御功績が総べて勤労者の為の質実剛健の御精神であった事を心新たに認識すると同時に、感謝にまさる悦びを感ずる次第であります

最後に我らに賜った御言葉申し述べ、先生の御精神を

固く御守りする事を御誓ひ申上げ、併せて御冥福を御祈り申上げます

汝　自らの欲望を自粛し、汝自らの志向を新にし、而して先づ

汝　自らの生命力を正しき道に、向かつて活躍せよ

一言以って弔辞と致します

昭和二十九年六月十七日

専修大学附属労働学院同窓会々長　高野運三

（「故今村総長大学葬書類」専修大学所蔵）

一六〇〔専修大学附属労働学院同窓会、学生自治会一同〕

弔辞

本日茲に故専修大学総長並びに附属労働学院校長今村力三郎先生の大学葬を執行せらるゝに当り、先生の遺徳を偲び弔文を呈します

先生は明治、大正、昭和の三代に及ぶ長い生涯を弁護士として法の運用を正し、法の精神に徹して社会の正義と人道、人権を護りぬいた誠に日本の良心ともいふべき功臣でありました

その業績も渡瀬川鉱毒事件、日露戦后の日比谷焼打事件、足尾鉱山暴動事件等に権利なき民衆の側に立って、人権擁護の巨歩を進められ、特に幸徳秋水事件の弁護に際しては深く社会主義学説を読破せられ、社会運動や労働問題についても独自の見識に立たれたことは、（ママ）翌年労働学院を創立された遠因と拝察申上げる次第です

昭和二十二年二、一ストの状態を見、労働政策が全く旧支配体制打破の行動隊と化し、祖国に愛情なきを嘆かれ、今にして労働階級のために知性を補強し正しい批判力を自からの中に確立せしめなかったならば、将来の日本に一大禍根を残すに至るであろうと附属労働学院を創立し、以来今村先生を校長と仰いで七年間学院に学ぶ者二千八百余名、卒業の大半は労働組合の中堅指導者として民主的労働教育の伝統を引きついで先生の教えの途を拡大せんとしております

先生の御遺志に生きる人と、組織と希望を残して追憶の世界に去られる先生に、学院の今一段の飛踏した姿をお目にかけずに御別れせねばならぬ吾々の遺憾の情はこれより深いものでありませぬ、先生は永遠の眠りにつかれましたが、先生の名と偉業は学院の卒業生を通じ社会に強く生きぬくを確信いたします、この拙なき文章を献げて先生を偲び受業の誓を新たにいたします

昭和二十九年六月十七日

専修大学附属労働学院

同窓会員
学生自治会
一同
（「故今村総長大学葬書類」　専修大学所蔵）

一六一〔第一東京弁護士会会長・小林一郎〕

弔詞
昭和二十九年六月十二日午後四時五十分、本会の長老今村力三郎先生は八十九歳の天寿を全うせられ、弁護士生活六十年という稀なる御生涯を終わられました、洵に欽慕景仰措く能わざると共に、痛惜哀悼の情に堪へさるところであります
先生は明治二十一年九月、私立専修学校法律科を卒業さるゝや直ちに代言人となられ、同二十六年五月弁護士法の施行によつて弁護士となられ、その後職を裁判所に奉ぜられたるも幾干もなく弁護士界に復帰され、爾来一貫在野法曹として人権の擁護と社会正義の実現に尽瘁されたのであります
先生明察果断克く事案の核心を衝き、為めに枉屈を伸べ冤を雪ぐ者枚挙に遑なく、しかも常に毅然たる節操を堅持し、些事と雖もこれを苟くせざる責任感と他のために、図つて自ら求めざる高潔な人格とは夙に同僚後輩の推重敬慕するところであり、名声天下に洽ねかりしは洵に故ありと申すべきであります
昭和二十一年七月、先生は推されて母校専修大学の総長に就任し、爾来後進の教学に壮者を凌ぐ熱情を示されました
先生には能く百歳の長寿を保たれ、我等が先達として近来益々多事を加うる我が司法界に温容以て無言の示教を垂れ給わんことを祈つてやまざりしに、天寿限りあり溘焉として長逝せられ、今や再び御高風に接することができなくなりました、追慕の情切々として堪え難きを覚えます
本会はこゝに先生の御功績を称え、先生の御長逝を惜み、謹みて哀悼の意を表します
昭和二十九年六月十七日
第一東京弁護士会
会長　小林一郎
（「故今村総長大学葬書類」　専修大学所蔵）

一六二〔徹堂会代表・奥山八郎〕

弔詞

謹みて
徹堂今村力三郎先生の御霊に申上けます
先生の門下幷に縁故の者を以て組織するわが徹堂会は、先生をかこみ、会員それぞれの立場から親しく先生の御指導を仰いて参りました
先生はおのれに対し、まことにきびしい人であると同様に、他に対しても亦きびしい責任感の強烈な人でございました
人に頼らず、みづからをたのむ強い人でございました
ことに正義感に徹底し寸毫も不正をゆるさぬ人でございました
かような冷厳孤高寄りつきにくく見える先生に対し、われわれは心からお慕いしてきたのは、先生にそれだけの徳があつたからであります
先生にはわれわれと同しような世間的な悩みを持たれ、大いに食い飲む活達さがあり、判事をやめてから決して役人とならず、野人に徹する市井人の親しさがあつたので、一層われわれは先生を敬慕しました
まことに先生は慈父であり、ことに古稀を超えてからの先生は、真に好々爺でありました
われわれは、この物判りのいいおぢいさんと世間話をするたび毎に、そのお話のうちにどれほどか、われわれは教えられ、且つなぐさめられたことでしたろう
晩年夫人を失い、愛嬢を失つて淋しく過された先生は、一層われわれに親しい人でありました
われわれは、わが国在野法曹界の巨星たる先生と晩年の淋しい先生のおもかげを思い浮べ、しかも今やこつぜんとして幽明境をことにするに至つたことを思い、まことに感慨無量であります
われわれは先生の御冥福を心から祈り、先生のわれわれに残された幾多の尊い御経験から出たおしえを肝に銘して、先生の後に続き、自由と正義のために尽し、以て先生の御霊に応えんとするものであります
謹んで哀悼のまことをささげます

昭和廿九年六月十七日

徹堂会
代表　奥山八郎

(「故今村総長大学葬書類」専修大学所蔵)

一六三〔専修大学学生自治会連合協議会・那須次郎〕

弔詞

武蔵野に〝みやこわすれ〟の花咲けり
大いなる師の今は居なくに

梅雨空を重苦しく雲が垂れこめ、庭の花壇の片隅に、遅れ咲きのみやこわすれの一群が風にゆらぐ夕、総長今村力三郎先生逝去の報を聞いた私は、その場に立ちすくんだまま、ぐっと奥歯を噛みしめても噛みしめても、あとからあとから湧き出してくる涙をどうすることもできませんでした。

その御生涯を通じて、平和を念願され、人権の擁護のため、また学問の自由と独立のために闘ってこられました先生は、専修大学の学生にとって魂の大きな拠りどころであったことは疑えないのであります。苦しい学生生活の中で、ともすれば絶望のどん底にまで追い込まれようとした時、専修大学の学生であるが故に、この拠り所あるが故に、今日まで幾度かふるい立つことのできました私にとって、この報せはあまりにも惨酷な報せでありました。

然し、いつまでも、ただ悲しんでのみおることは許されますまい。何故ならば、いま内外の情勢ようやく緊迫を告げ、再び学問の自由は奪われ、学問の自由は侵害されようとしていることを知る時、再びまた暗い谷間への道が私達の目の前に重苦しく開け放たれておることを感じる時、先生の御遺志を守り、それに忠実ならんとするならば、時には、たった、一つよりない生命を賭してでも「学問の自由と独立のために」「平和のために」闘わねばならぬ私達であることを知るからであります。「戦争放棄哉、戦争放棄哉、人類の最高道徳、国際間の至上道徳は、究極すれば戦争放棄の四字に帰着す、戦争放棄哉、戦争放棄哉」

御著〝法廷五十年〟の冒頭に於てこう叫ばれた先生の御意志を無にすることはできないのであります。

また、更に、二年前の丁度今頃、絶望のどん底から「専修の再建のために」「大学の自由のために」教職員、学生の団結の下に、なし遂げた大改革以来、営々として礎き上げてきました努力の成果は、今ようやくにして前途に果しない大専修建設への希望を生むに至りましたとはいえ、専修大学の現状は、特に、昭和二十一年総長に御就任以来、すべてをなげうたれて専修大学発展のために尽された先生が、或は夢にまでお描きになられた「専修大学」とは、あまりにもかけへだてすぎた現状であるかも知れませんが、しかし第一期第二期と増改築されたこの建物の冷いコンクリートの壁の中にぬり込められています。教職員、学生の血と涙とは、先生の御遺志にそむくことなき「よりよき専修大学」建設への限りなき情熱のほとばしりであることを信じて疑わないのであります。

考える一本の葦はたとへ弱くとも、それが同じ目的と友情によって結ばれ団結するときに、これ程また強いものは他に見出し得ません。
私達は、いま、先生の御魂の前に、大いなる先生の御意志にそむくことなく、その御生涯を通じて示された御教訓を守り、全専修の友情と団結の下に、吹きすさぶファッショの嵐に抗して「学問の自由と独立のために」「平和のために」そしてまた「豊かな学園建設のために」最後まで闘い通すことをお誓いするものであります。
昭和二十九年六月十七日
専修大学学生自治会連合協議会
那須次郎
（「故今村総長大学葬書類」専修大学所蔵）

一六四〔専修大学教職員代表・永井亨〕

弔詞

時、昭和二十九年六月十二日、総長今村力三郎先生には溘焉として永眠されました。かねて、御健康のすぐれられなかったことを、私たちは深くうれい、御恢復の日のすみやかならんことを祈念しておりましたが、ついに病あらたまって逝去されましたことは、まことに痛惜にたえません。


顧みまするに、先生は、徹堂の雅号が表徴するごとく、御性格は正義に徹し、人格また高潔。ために六十年に及ぶ長年月を弁護士として人権擁護のため終始一貫力を尽され、つとに在野法曹界の重鎮として声威一世を風靡するものがありました。昭和二十一年夏、母校専修大学に特に請われて総長に就任せられていらい、老後安住の地と定められた修善寺を出でて神田校舎の一隅に起居せられ、日夜私たち教職員や学生に親しく接して、大学の発展や後進の訓育に並々ならぬ心血を注がれました。本学が今日の隆昌を見ましたことは、ひとえに先生の教育者に、ふさわしい御人格と温情と御熱意によるものと確信いたします。最近、先生には病を得られましたので、私たちは親しく〝けいがい〟に接する機会に恵まれませんでしたが、先生が、御病床に伏しておられましても、その温容をしのび、本学の象徴として、深く敬慕の念をささげてまいったのであります。

しかし、今や、先生亡し、あゝ悲しいかな。

されど、先生の築かれた礎石のうえに、わが大学は今日の隆昌を見つゝあります。

私たちは、先生の御遺志を受けつぎ、御人格に学び、以て、ますます大学教育の充実に傾倒いたしたいと、さらに決意を新たにいたしております。

今日、大学葬にあたり、教職員一同を代表して、先生の御高徳をしのび、深く哀悼の意をささげます。

昭和二十九年六月十七日

専修大学教職員代表　永井亨

(「故今村総長大学葬書類」専修大学所蔵)

(参考資料)　噫!校長　今村力三郎先生(専修大学附属労働学院同窓会、同自治会)

噫!校長　今村力三郎先生

専修大学附属労働学院同窓会

同　学生自治会

専修大学附属労働学院校長

故今村力三郎先生は慶応二年春、長野県飯田(ママ)に生れました。

先生は苦学をし乍ら、現専修大学の前身である専修学校法律科を首席で卒業せられその優秀な卒業論文が示す様に明治二十一年代言人(弁護士)試験に合格すると終生を刑事事件関係の弁護士としての道を歩まれ、在野法曹界の第一人者として重きをなし、その一生を終られました。

先生は明治、大正、昭和の三時代に及ぶ長い生涯を弁護士としては法の運用を正し法の精神に徹して社会の正義と人道、人権を護りぬいた誠に日本の良心ともいうべき無冠の功臣でありました。

国家がその死をいたみ従五位勲三等を追贈されるに至つたことも、決して故なしといたしませぬ。

先生の弁論は時に社会の公理を説いて国家の非違を正すに至つても満延の法官の襟を正さしめるの概がありました。不遇な社会運動者、労働運動者の刑に問はるゝ事あれば精魂を傾けて足れりとせぬ正義人道の高唱をつゞけて尽したのであります。

法の下に歪曲せられんとする人権にいかに激しい公憤を法廷に具現したかは明治時代に野に正義ありと歎ぜしめた田中正造翁の渡瀬川鉱毒事件に翁を助けその冤をそゝぎ、日露戦后の日比谷焼打事件や明治四〇年の足尾鉱山暴動事件等に権利なき民衆の側に立つて人権擁護の巨歩を進め、特に明治四四年の幸徳秋水氏等の大逆事件には官選弁護人として選任せらるるに至つては当時の強大な国家権力の下に裁判が非公開に終始されたとは言乍ら社会運動のよつて立つ基礎的環境を明かにして断呼として情状釈量論を叫び人道の戦士として不滅の光りを暗黒裁判のとばりの蔭から閃めかせた先生の絶大な勇気と哲人の様に自ら信ずる道を説く偉大な風貌を偲ばずには居られませぬ、権威にも世論にも屈せず正義と人道を守りぬく先生の偉大な操守を思わずには居られませぬ。晩年専修大学総長に就任された翌年附属労働学院を創立された遠因ともなつたことだと拝察申上る次第です。

大正年代に至り近代的社会主義思想や労働問題の発生を見するや特に第一次世界大戦後の不況と混乱の社会で米騒動事件や当時未熟な労働階級の絶望的な死闘が幾多の刑事々件を生むに至つたとき労力をいとわず彼等被告のため力をつくされて、〝民衆のための弁護士〟として今村先生は古い社会運動者の敬慕し、尊信する的でありました。学問思想研究の自由のために東に森戸辰男氏（現広島大学々長）のクロポトキン事件に烈々たる論旨を展開され西に京都帝大事件の大論陣を張つて真面目な青年学徒のため涙をこめて法廷に争うた如きは、所謂法廷斗争型の弁護士ではなく、堂々たる立論は完成せられた人格と相まつて、まことに一世の規矩たるの観がありました。

世間に騒がれた帝国人絹事件は、背后に軍部と官僚政党政治の命脈を絶つたための大陰謀があつたことを、先生の神の如き明察と決死の弁論とで雲散霧消せしめた如きはいかなる権力、いかなる圧力を以つてしても人道を愛し正義を信条とされた先生の気魄に抗し得なかつたのです。

先生はいうところの在野法曹界の第一人者であつたばかりでなく日本の良心そのものに生きぬいた稀に見る高潔の士であつたのです。

昭和二十一年全学の懇望によつて専修大学総長の重責につかれると戦后の荒廃した祖国の現状を直視して、日本の将来の建設に役立つ新しい、而も進歩的な教育の実践を念願し、大学の教育と変らない総長室にベツド一つで起居なされ常人のよく耐え得ない不自由な御生活をも意に介されませず、しかもそのときは八十歳の高齢であつたことを思いますときその時の御無理が如何に先生の御健康をやぶり、御死去の時期を早めたかと思はずに居られませぬ。全財産を大学建設に投入し、大学で死ぬ、ことを御理想にせられた先生の決死の御覚悟それを心から思起します。

病篤き日、夢うつつで「修善寺は良いなあ！」と申された御言葉を、もれ承つては、自然を愛し修善寺の風物を愛された先生が、その老後の別荘まで大学建設基金とされた御心情の深さを思ひ涙するばかりです。

総長就任の翌二、一ストの状態を見、労働政策が占領政策の手によつて全く旧支配体制打破の行動部隊と化して祖国に対する一片の愛情もなく一貫した、理想と建設の政策なきを嘆かれ、この根因は戦時中の教育体系の混乱に基く日本社会的知性の低下にあり、今にして労働階級のために知性を補強し、正しい批判力を自らの中に確立せしめなかつたならば将来の日本に一大禍根を残すに至るであろうとまず範をイギリスのラスキンカレツヂにとつて附属労働学院を創立し、「将来は大学を挙げて労働者の教養の殿堂たらしめ！」との御理念を以て第一期生入学式に述べられた。御言葉はいまだに耳に残るものがあります。

以来今村先生を校長と仰いで七ケ年。学院に学ぶものまた二千八百有余名。卒業生の大半は校長今村先生の教えに生きて組合の中堅指導者として、その指導的地位を拡大せんとして居ります。

しかも神奈川県下の卒業生は一丸となつて昨年三月より川崎地区に労働問題研究会を結成して今日まで十六ケ月、民主的労働教育の伝統を引きついで先生の教えの道を拡大して参つて居ります。

先生の晩年の事業は深く日本の労働運動の中に心のよりどころとして且つ指針として今や国際的にも高く評価されるに至つて居ります。

先生が「諸君等労働学院に学んだ人々が、やがて内閣を組織する日も決して夢ではない。真実こめて偉大なる人物に自らを育成せよ！」と学院の弁論大会での御言葉も昨日のことの様な気がいたします、その日も見ずして白玉楼中の人となられた先生！我々の将来と教育の効果に御期待の深かつたかを、今更ながら卒業生並に在校生一同も思はずに居られませぬ。

昭和二十四年十一月第一回の学院祭準備に連日徹夜をしていたときのことでした、真夜中にコツコツと杖を引かれて御老体に浸み入る寒さの中を御寝巻一つで突然御室に入られ「風邪を引くなよ！」と一言慈愛のこもつた温顔でヂーツト一同を見渡して総長室のベツトに帰られた、凍る様な杖の音。私達は先生、今も心のくじけたときにあの杖の音を思ひ起し耳を澄ませて心の声をいだきしめます。

明治以来吾々の先輩の人々が茨の道を拓き乍らも先生を仰いで偉大な自己の人権擁護者として親愛の情を捧げて来ました。孫の様な吾々にその偉大な感銘を残してつきせぬ追憶の人なつてしまいました。

先生の御遺志に生きる人と組織と希望を残して追憶の世界に去られる先生に学院の今一段の飛踏した姿を御目にかけずに御別れせねばならなかつた、吾々の遺憾の情はこれより深いものがありませぬ、先生の米寿を記念して捧げるための事業でした。

昭和二十九年六月十二日午后四時五〇分！この日、この時明治、大正、昭和を貫いて光茫を放った日本の良心の人格的表現としての先生は永遠の眠りにつかれましたが修生労働者を愛し青年を愛した先生の名と業績は労働学院に学んで全生徒を通して日本の労働者大衆の中にこれから長く生きぬくものであることを、確信いたします。

悲しみと惜愛の涙のごわず《ママ》この拙なき文章を献げて先生を偲び受業の誓を新にいたします。

昭和二十九年六月十七日

専修大学附属労働学院
同窓会員
学生自治会員
一同

（専修大学所蔵）

第2節　今村力三郎翁追想録（抄）

一六五　弁護士を名誉ある天職と考えておられた（専修大学学長・鈴木義男）

弁護士を名誉ある天職と考えておられた

専修大学学長　法学博士　鈴木義男

（中略）

先生は慶応二年五月二日長野県飯田市に生れられたのでありまして、齢を重ねられること八十九、その内実に三十五年はわが専修大学の評議員、理事、総長として校運の興隆にその精魂を傾けられ、本学の発展に偉大な足跡を残されたのであります。先生は明治十九年本学の前身専修学校法律科に学ばれまして、在学中代言人試験に合格、優秀の成績をもって本学を卒業されたのでありまず。爾後短期間判事として、その後の全生涯は弁護士として法曹界において活躍され、正義の実現と人権の擁護のため臨終に至るまで貢献されたのであります。先生は人となり剛毅闊達、頭脳すこぶる俊敏、しかも細緻であり、胸中に深く人類愛と弱者に対する侠気とを蔵され、委託を受けた事件については検討すこぶる周到でありまして、法廷に立つやいかに錯綜した案件といえども快刀乱麻を断ち、弁論は簡潔雄勁、ただちに問題の核心を衝いて検察官の蒙を開き、裁判官に勇気と信念を与え、寸鉄殺人、破顔一笑させる態の諧謔を弄して、論理の明快と荘重な雄弁とは先生以前に先生なく、先生以後に先生なしと言われたのであります。よって裁判所すら難件に際しましては礼を厚くして先生に弁護を求め、かの幸徳秋水事件、難波大助事件、神兵隊事件、帝人事件等々を初め、明治、大正、昭和の三代を通じて一世を聳動した事件で、先生の手を煩わさなかつたものは少いのでありますその記録は綿密周到に整頓せられ本学図書館に寄贈されまして、今村法律研究所の存在とともに本学の一大偉観であるのであります。

先生は弁護士の天職をもつて王侯宰相の地位よりも尊いものと感じておられ、死に至るまで在野法曹として後進を指導しつつこれを名誉とされたのであります。先生は昭和二十一年七月終戦後の混乱時に本学の理事会の懇請に応ぜられまして、母校である本学の総長に就任され、拮据経営本学の復興のために献身されたのであります。先生の高まいなる御人格とあふるる温情とはよく役員、教職員を鼓舞奨励して、学内に寝起きをされて親しく学生を薫育され、学生は常に慈父に接するの思いをなして校運と校風とはとみに発展の緒についたのでありますす。校運の発展とともに校舎がだんだん狭くなりまして、また建物が老朽化して参りましたので、その改築の必要を感じたのでありまするが、先生は率先して積年蓄積せられました私財の寄贈を思い立たれまして、今村家の財産のうち令息、令孫等に分与されましたものを除いて、その不動産のほとんど全部を本学に寄贈されたのでありますためにに校友、学生も感奮興起しまして、互いに醵金して神田校舎第一期増改築工事に着手するに至りまして、今日の輪奐の美を見るに至つたのであります。この建物は先生の御寄付が土台となつてできたことを御記憶願いたいのであります。先生の美挙は本学の歴史とともに不滅というべきものと存ずるのであります。

先生は昭和二十五年七月修善寺の別荘で脳血栓に冒されまして、一時危篤を伝えられたのでありますが、半箇年の療病によりまして奇蹟的に快癒せられ、再び居を本学の傍らに移され、入学式とか卒業式、会議等の都度慈愛あふるる温容と訓辞とに接する機会に恵まれまして、ことに親しく第一期工事の落成式に臨まれまして喜色面にあふれられたお姿は、永久に忘れることができないところであります。昨年冬から再び病床に親しまれる身となられましたが、悠々自適、老荘を友とし、和漢の書に親しまれ、病床から適切な注意と勧告とを惜しまれなかつたのでありますが、八十九才の天寿ここに尽きて六月十二日溘焉として長逝されたのであります。巨星墜つという感にたえない次第でありまして、本学関係者一同また知友一同哀悼の念にたえない次第であります。その御逝去にあたりましては、多年在野法曹としての貢献と教育に対する貢献とを嘉賞せられまして、従五位勲三等を贈られたのであります。これが先生のごくかいつまんだ御略歴であります。

そこで不肖私と先生との関係を一言申し上げておきたいと存ずるのでありまするが、私は危険思想の故をもつて東北大学をやめて東京に出て参りまして、新聞記者になろうかと思つたのでありまするが、吉野作造先生に相談をいたしましたところが、新聞記者というものは寿命の短いものである、せつかく君がこれからやつてもまた十年くらいでほかのことを考えなければならなくなる、むしろ資格を持つておるのであるから弁護士として立つた方がよかろう、弁護士というものは古くなるほどよくなるものである、こういうお言葉がありまして、なるほどと考え、またただれにも縛られない自由の天地を歩むことのできるよい仕事である、しかし指導よろしきを得る人がないと身を誤るおそれがある、指導者を選ぶことが大事である、こういうようなことで、それではどういう人について御指導を受けたらいいでしようかということを重ねて相談いたしましたところが、今村力三郎という弁護士がある、森戸辰男君、大内兵衛君などの弁護を頼んで自分は知つておるのであるが、あの人ならば実に立派な弁護士である、はたして指導してくれるかどうかわからぬが紹介してやるから頼んでみたらよかろう、こういうことで先生に弁護士としての御指導を仰ぎたいというこことで、成宗のお宅に、今から約二十年前にお伺いをいたしたわけであります。先生はなかなか容易でないが、しかしそれほど熱心に希望するならば、何かの役に立つかもしれないから、ときどき自分の事務所に来てみたらよかろう、裁判所などにも一緒に行つて事件を扱うのを見ておつたらよかろう、こういうことを仰せられまして、それから二、三年原稿書きを主としてやつておりまして、事件というようなものはほとんど門前雀羅で来なかつたのでありますが、先生のカバンを持つて法廷に行き、当時の名弁護士と言われる占部先生であるとか、花井卓蔵先生であるとか、御臨席の鵜沢総明先生その他いろいろな先生方の御弁論などを拝聴して非常に得るところがあつたわけであります。そういう関係で別に先生から給与というようなものは一銭も頂戴したことはないのでありますが、精神的な指導者として非常に得るところがあり、先生もまた叱咤鞭励して隔意なく御忠告をくださつたのでありまして、不肖私が今日あるのは、主として大過なく弁護士としての道を歩むことができたといたしますれば、先生の御薫陶の賜であると考えておる次第であります。

先生の弁護士としての特色とかそういうことについて

は、おそらくこれから御参集の各位よりお話があることと存じますから、省略をしておきたいと思いまするが、ちょうど私が師事いたしておりまするころ、まれに花井先生と法廷に立つことがあり、また法定外において五私鉄疑獄事件で小橋先生の弁護であるというようなことでお知り合いになりましたために、あるいは銀座の「ヒゲ天」などに花井先生、今村先生に連れられて行ったのが、初めて私が「ヒゲ天」を知つたもとでありますが、両先生を比較してみる機会に恵まれたのであります。両先生は非常に仲のよいお方でありましたが、弁護士としては対蹠的な違つた御性格と違つた風格を持つた弁護士であられたようにお見受けするのであります。一方は非常にはなやかであり、弁論もまた非常に形容詞の豊富な一大美文をつくるような形のものでありまして、これに対して今村先生は非常に簡潔明瞭、寸鉄殺人的に急所だけをとらえ、しかもこれでも有罪にするならばそれは判事が間違つておるのだという、どうしても事件を無罪にせざるを得ないような急所と要点を衝くことにおいて、しばしば感嘆の念を深くしたのであります。ああいうやり方もあるのだ、そしてある意味においては専門家の中では最も傾聴せられる弁論のやり方であるというふうに考えまして、私も今村先生の弁論の風格を学ぶことに努力いたしたつもりであります。

弁護士としての先生が一つの風格を持つておつた人であつたということは、いろいろな点から申し上げることができると思うのでありますが、私によくこんなことを言われた。事件を受けるよりは断る方が大事だぞ—妙なことを言われると思つておりましたが、その後私も長く弁護士をやつてなるほどそうであるということを感じたのであります。また先生がよく弁護士としての人格と名声とを維持されたのは、よく事件を選択されたというところにあると感ずるのであります。

それからこんなことも言われたことがあります。法廷で弁論をするというようなことは弁護士の仕事としてそう大して骨の折れることじやない、一番骨が折れることは同僚との間を円満にやつて行くということだ。これも私何気なく聞いておりましたが、その後二十年の弁護士生活においてなるほどと深く胸を打たれるものを感じたのであります。

それから私、二、三の弁論を草して先生に見ていただいたことがありますが、どうも少しこれはへりくつが過ぎるぞ、弁護士というものは引受けた事件は何でも勝たなければならぬと考えるのは邪道である、実は自分も若いときにはしやにむに勝とうと考えたが、それは邪道であるということを感じた、勝つべきに勝つ、勝つべき事件に勝たないならこれは弁護士として恥ずべきでやめなければならぬ、しかしまた負けるべき事件は負けるのが当然だ、負けるべき事件に勝つということは弁護士としての恥である、こういうことを言われた、あの弁護士はがむしやらで相手方の立場というものを少しも考えない、人間はいつも原告の代理だけ頼まれるのじやなくて被告の代理になることもある、相手の立場に立つて物を考え、譲るべきは譲るというところにほんとうの弁護士道というものがあるのだ、こういうようなことを仰せられたのであります。私は深く感銘してその後眷々服膺しておるつもりでありまするが、しかしときどきやはりどうも邪道に陥ろうとする誘惑に襲われることがあることを恥じておる次第であります。

先生は弁護士を非常に名誉ある天職と考えておられました。自分は弁護士として死にたい、だから弁護士の登録は死ぬまで取消さないで続けてもらいたい、会費を納めないと失格するというので、会費を納めないようなことがないように弁護士会に会費を届けてくれというようなことを両三回頼まれたことがあります。その後五十年以上弁護士会に所属した者はその後の会費は免除するということになつて、先生は会費を納めなくても弁護士としてその生涯を終られることができたわけであります。故に先生がお亡くなりになりましたときに、本学の総長としての肩書と弁護士今村力三郎ということを必ずつけることにいたしましたのは、そういう来歴から来ておるわけであります。

大学総長としての先生の特色は先ほどすでに申し上げたように存じまするから略しまするが、真に仁と義に徹した人格者であつた。学生を指導するのにも単に学問ということにとらわれないで、人間をつくることが教育の根本義であるということは絶えず儀式の際の訓辞等に仰せられたところであります。しかも通常の人がなかなかなしがたい私財のほとんど全部をあげて本学のために御提供になつたというようなことは、先生がいかに教育ということに心から打込んでおられたかということを示すものではないかと存ずるのであります。

私一人長く申し上げることはたいへん失礼でありますが、ただ先生の御薫陶を受けた晩年、先生は非常に私を愛してくださいました。また私をたよりとせられました。私がときどき行くことを子供が訪ねて来るのを待つがごとき趣がありまして、ときどきまだ来ないか、ああ来たかというように無邪気な喜びを現わされるお姿を見てしばしば涙を催した次第であります。そういう意味において先生の遺言も私に執行せよというお言葉をそえて遺言を残されておりまするので、規定の時間を超過いたしまして申訳ありませんが、比較的よけいしやべらせていただいた次第であります（拍手）

（『今村力三郎翁追想録』　専修大学　昭和三〇年）

一六六　相撲好きで食道楽（鵜沢総明）

鵜沢総明氏

相撲好きで食道楽

学長来賓各位、御指名によりまして私も専修大学総長今村先輩の追悼会に伺うことができ、深く故人を偲ぶことができまして、まことに感激の至りでございます。

今村先生の大学総長として、また弁護士としての御経歴、御事業等は鈴木学長初め下村先生その他の方からきわめて適切に、また残すところなくお話がございまして、私は先輩の今村先生がかくのごとくすべての点において皆様方の前に十分に証明せられましたことを、まことに喜ばしく感ずる次第でございます。

私が初めて今村先生にお目にかかりましたのは、東京の大学を出ましてまだ三十にならない前でございます。私の郷里の先輩に長島鷲太郎という人がおりまして、私が弁護士をやることを決心いたしますと、弁護士は友人を選ぶ、といつては語弊がありますけれども、立派な友人方の御交際を願うということがまず大事なことである、それで今日の場合今村、花井、江木、原、岸、占部、桜井といつたような人と知り合つておることは、弁護士の将来に必ず有益の何物かを与えるであろうということを言つてくれました。それで三崎町に今村先生を訪ねて今度弁護士をやりますからよろしくお願いすると言いますと、それはいい君は幾つだというようなことで、はつきりしたことを私が言わなかつたところが、まあぼくから見れば君らはまだ子供のようなものだと言つて、いろいろ弁護士のことをお話くださいましたのが初めてであります。それからなお先輩の諸君をお訪ねしてお願いをし、最後に、今日おいでになりまする（天野氏に向い）ちようどあなたは三好先生のところにおられたようですね、それで三好退蔵先生をお訪ねして、多少こういう方が弁護士になつておるかということを知ることができたのであります。その後弁護士の総会がありますと、大層立派な弁護士方が寄つては罵声、怒声でなかなか会場が荒つぽいので、これはどうもこんなことまで覚えなければ弁護士になれないものかな（笑声）と思つたことがあるのであります。

さて、今村先生の真の値打につきましては、ただいままでのお話によってすでに尽されておりますから、私は今村先生の他の面について知っておりますることを多少御紹介申し上げたいと思うのであります。

まず相撲が大層お好きでございました。相撲につきましては三宅碩夫君などと一緒に桟敷を買うということになって、その仲間にお前も入れてやるから入れというので、何でも三宅、今村、その方には占部、桜井も入っておったと思うのですが、その仲間に私も入れてもらいまして――当時は梅ケ谷、常陸山、ことに三宅は常陸山びいきでありました。それで見に参りますと、今村先生はおれはどうも弁護士になったのは間違いだよ、もし相撲取りになったら太刀山関くらいの体もあるのだから、あれ以上になれたと思うがというような話もされたことがあります。（笑声）ところが三、四年たつうちに何か相撲の勝負にいろいろおもしろくないような評判が出て参りまして、私はしばらく桟敷へ出なかったところが相撲の桟敷を持っておって欠席するというようなことはどうもけしからぬ、これは懲戒に値するから除名しなければならぬ、というので除名されてしまった。（笑声）それで除名されるのならこっちは芝居を見に行くというので、今度は芝居の方にかわって行ったというようなことがあるのであります。信州の方は原嘉道先生初め非常に相撲がお好きのように見えたのでありまして、ことに今村先生は法廷などでも少し気に食わぬ奴があると、ステツキを振って押し出すなんということがたまにはあったのです。そういうような腕の強い方で、ただ精神的に強いというばかりでなく、同時に腕力も相当に持っておられたので、総会の争いなんかは別にちっともびっくりしない。そういう点でわれわれが大いに先輩として見習うべき大きな資格を備えておられた方であります。

また先生は食道楽でして、何でも夏の朝早くわれわれを誘っては入谷まで朝顔を見に行こう、帰りにあの辺に豆腐屋がありましたが、そこへ寄って豆腐を食べるというようなことがあった。そこでわれわれが食べておると、隣りの部屋にいるお客さんが話の声を聞いて、あれは今村らだからふすまをはずしちまえというのでふすまをはずして、一緒になってお豆腐を食べながらお互いに話をかわしたようなこともあるのです。それからよく池の端の蓮を見るというようなこともあり、またあるときは一月早く温泉に行き――あれは平の向うに今もあるようですが、一緒に参りました。ところが先生は至ってそういう場所においては冗談を言うことが好きな人で、たまたま太田資時先生が早くから行って大分立派な部屋を陣取っておりますと、そこへ行って太田先生をひやかすというような事柄もあつたのであります。食道楽の点はまだたくさんありますけれども、ただ一例を申しておきます。

私どもの最も尊敬を払つておりましたことは、書を習う、文字は人格を現わすものであるから、支那人が立派な字を書いたようにわれわれもまた文字によつてあなどられないような資格をつくつて行かなくてはならぬ、というので、多分書はお習いになつておつたろうと思うのですが、何か頼むと非常に苦心されまして立派な文字を書いて贈つてくださるというようなことがあるのであります。私がひとつ懺悔いたしたいことは、君、西園寺はなかなか書がおもしろいからひとつ西園寺に書を頼んでくれないかということがありました。ところが西園寺という人は人に頼まれたものを頼むとなかなか書かない。書く場合は直接依頼でなければ書かない。若い時分には頼山陽の書を習つたということであるが、その後はいろいろ支那人の書なり、書の大家のものにかなうようなものをよく習われた。今日では書の自慢をされるといつてもいいようなわけであるが、なかなか書いてくれない。普通頼むと、よく秘書役であつて小池西園寺と言われる小池靖一という後に貴族院議員になりました人が代筆をするということであるが頼んでみよう、そういうわけで頼んでおるうちに、松元剛吉君が田健次郎さんが西園寺公からもらつた書があるからひとつそれを贈ろうと言つておるので、それが来ましたらば今村先生に差上げようと思つておりましたが、つい行き違いまして先生の最期に至るまで西園寺公の書を差上げることができなかつたということは、今日においても私ははなはだ遺憾に思つておるのであります。書につきましては桜井熊太郎氏も一隻眼を備えておりまして、われわれが寄りましたときにはずいぶん書の話や支那の学問の話をいたしたものでございます。

それからなお私の先生について考えまするることは、教育の方を晩年におやりになるということはちよつと若い時分にはわれわれにお話になつたことは少かつた。ところが専修大学は目賀田あるいは相馬という非常に立派な方々がお建てになつたところであり、後に横浜の正金の支店長と思いますが、高橋さんなんかも多分この専修の出身か関係のある方と思うのでありまして、こういう方々の経済上の問題、理財上の問題について先生は詳細に研究されており、また小泉三申あるいは岩井商店――これは一面において長島君が顧問をやつておりましたが、これらの関係などについても、今村先生は非常に力を尽して、われわれ調べるのが少し煩雑と思うようなことまでも巨細に数字にわたつて調査をし、また証券等の問題につきましてもかなり深い研究を遂げておった方であると思うのであります。そうして常に男はむろん男らしくやらなければならぬけれども、やはり男は金を持っていなければいかぬ、いざというときに自分の欲する仕事ができないでは困るというようなことをおっしゃっておったことがあるのを覚えております。かような方で、私のお目にかかったときはちょうど判事をやめて弁護士になられ、弁護士でどこまでも進んで行く、弁護士で一生を通すという考えでありましたから、初めから私はまことにけっこうな先輩として御指導を受けたような次第でございます。そうして全国の弁護士の先輩としてまことにまれなる、得がたき立派な人格であるということは、すでに皆様方のお話のごとく、私も深くこれを確信しておる次第でございます。この先生が後に母校である専修大学の総長となられ、また財をさいてこの大学のためにお尽しになり、弁護士としては鈴木先生のような方を後年生み出し、さらに学校の後継者としての事業もになっていただくというような考えを持っておられましたことは、実に偉大なことであり、また今村先生が民間の志士を助けたことは際限がなく、ほんとうの民間の人として基本人権の擁護をもって一代を送られたということは、まことに何とも称賛の言葉がないのでございます。私は多くの弁護士の先輩を持ちました仕合せ者でございましたが、今や多数の先輩の方々はみなこの世においでになりません、今村先生が大学の仕事においてわが国のこの貧弱なる教育状態をになって行くところに大きな志を立てましたことは、まことに私は力強く感じ常に尊敬いたしておったのでありますが、ただいまは故人と相なられましてまことに遺憾でございますけれども、専修大学の後継の方々、先生方、校友の方々が一団となって、創立者の先輩の方々や、また力を尽された今村先生の志をますます大成されんということを信じまして、先生の霊を慰め、どうかまた大学の将来が大きく御発展に相なりまするようにお願いをいたしまして、私の言葉を終ります。（拍手）

（『今村力三郎翁追想録』）

一六七　急所をついて検事を論難攻撃する（高窪喜八郎）

急所をついて検事を論難攻撃する　高窪喜八郎氏

私は御紹介をいただきました高窪喜八郎弁護士であります。今村先生が学校を卒業せられ、試験に及第をせられたその時代から見ますと、約十年遅れて弁護士になりました。諸先生のお話がございまして、私が申し上げようと思うことがだんだん欠乏いたして参ったのでありまするが、今までにないお話を一、二申し上げたいと思います。

私が弁護士になりました当時から実に今村、花井の両雄と称せられて世間に鳴り響き、若い弁護士ではあるが、いわゆる売り出しの名声嘖々たる弁護士であり、われわれ後輩は大いに尊敬いたしまして、どうか弁護士としてはああいうぐあいになつてみたいということを熱望しておりました。もちろん私は民事の弁護士であり、今村、花井両先輩のごとく世間に鳴り響くというようなことは――民事の弁護士ははなはだ地味でありまして、とてもそういう大評判になるということは及ばないにしても、その風格、その人格、その学力、その弁論、今も鵜沢君からお話がありましたが、書においても一家をなした実に立派な方であるというので、われわれ後輩の弁護士は大いに崇敬をいたしておりました。

どなたかの先刻のお話に、花井卓蔵先輩とは風格が違うというようなことをちよつと伺いましたが、事実そうであります。今村先生は古武士の風格を備えており、花井先輩はしきりに通人ぶつておつた。その点はまつたく今村先生とは著しい違いであつた。私なんぞはどつちかというと、花井先輩の影響を受けて大分道楽を覚えた。もちろん私は弁護士になり学者の卵のようなものになつたというのがおかしいので、実は子供のときに非常に苦労をいたしました。そうして小学校へも中学へも行かない。ほとんどセルフ・メイカー、いわゆる独学独習でやり上げた。それがために神経衰弱にかかつて非常に困つた。弁護士になつてからこれはどうも遊んで体を直すよりほかにしようがないというようなところに、花井博士などからしよつちゆう待合へ招ばれたり料理屋へ招ばれたりして御馳走になる、そういうことが道楽の始まりであります。しかし名をなす方というものはどこか違つたところがある。花井博士はそういう道楽者でありましたけれども、職務には非常に忠実であつた。待合へ来て芸者をあげながら訴訟記録を持つて来て、そうして芸者に酌をさせてちびりちびり飲みながら記録を読んでおつた。これは大いに学ばなければならぬところだ。だからそういう道楽のうちにもまた教えがあるのであります。今村先生の驥尾に付して一、二件事件をやつたことがありまするが、先刻法廷での弁護士としての活動ぶりが実に見事であつたということでありましたが、あのくらいになりますと、花井先輩でも今村先輩でも法廷に立つて弁論をすると、裁判官を威圧し検事を威圧する。自然にそういう堂々たる風格を備えておつた。これは容易に学び得ることのできないその人の持つて生れた立派な風格であります。そうして事実証拠の面においてはもちろんのこと、学問にわたつても相当深い研究をされておる、そうしてたくみに急所を衝いて検事を論難攻撃する。こういうところはわれわれが教えを受けた実にたくさんの美点であります。

ことに今村先生は人格の人である。今も鵜沢博士が言われた通り後継者として鈴木学長を得ておる。鈴木学長のお話によると今村先生に非常に鍛えられたところがあつたと言うのでありまするが、今日本に最も欠けておるものはモラルであります。悖徳の徒が横行しております。鈴木先生はよく今村先輩の面倒を見られ――私が今村先生をお見舞しておるときに鈴木先生が来られたことがある。もう御病気があつくてあまり話をされてもよくわからないのじやないかと思つておつたが、学校の状況、経理の模様などをきわめて詳細に参考資料に基いて御報告になつておつた。そうして今日に至るまで、今村先生御長逝の後までもこうして追憶会を催し、また追憶録を御編纂になる。実にうるわしいことである。先生の精神は鈴木学長だけではなく、本学の教職員並びに学生に対しても確かに感化を与えておるに相違ない。その人格の高潔なること、モラルの高いこと、これは確かに本学の伝統にうるわしき美点を添えたものであり、ことに今日本の要求しているところのものである。どうか今後ますますこの美点を本学において発揮せられ、日本をほんとうのデモクラシーにしていただきたい。私後進であるが、その当時アメリカの小説を読んだ。あるゼントルマンが病気にかかつて病床におる、命旦夕に迫り細君にローヤーを呼んで来い――それも友人のスミスとかジョンとかいうのではない。ただローヤーを呼んで来いと命じた。細君は命を奉じて町のローヤーを呼ぶ。呼ぶと病人曰く、私はもういけません、ついては私の家族はこれこれ、生命保険はこれこれ、財産はこれこれ、債務はこれこれだが、私の死んだ後のことはどうか一切あなたにお引受けを願いたい。ああよろしゆうございます、私が引受けて一切あなたの御心配にならぬようにやりましよう。実にローヤーに対する人民の信頼というものが牧師以上に信頼している。私それを読んでまさに弁護士はこれなるかなと思つたのであります。しかるにわが国のローヤーではたしてそれだけの信頼を受ける者がどのくらいあるか、今村先生のごときはこういうような信頼を受ける人に相違ないということを、その当時深く信じたのであります。花井博士に至つては少しむずかしいかもしれない。しかし今村先生であれば、このくらいの信用をむろん世人に持たれておるということを信じました。それから今村先生は武士的であつて一面においては非常にかたい。けれどもそれでは芸術を解さないかというとそうでもない。大震災の後に私新那須の「山楽」という旅館に二、三年行つて、一年か二年は今村先生と同宿をしておつたことがあります。私はその当時音楽を好んで、清元などを熱心に研究しておつた。それでその新那須へ行くについても三味線ひきを連れて行つておる。ときには今村先生の部屋に行つて、今日はひとつ清元の隅田川を語つて聞かせよう、今日は何を語つて聞かせようと言つて、清元を演奏して聞いてもらつた。非常に喜んでそれを聞くというようなぐあいで芸術についても理解があり、趣味を持たれておつたと私は思う。そういう次第で人格は実に高い。学が深い、書がうまい、文章がうまい、弁論がうまい、みんなすぐれたる力を持つておる人であり、徳の高い人である。どうかますます本学において今村先生の美点を発揮するように、学長を初め教職員諸君並びに学生諸君に切望してやまないところであります。

（後略）

（『今村力三郎翁追想録』）

一六八　〃正を履んで恐れず〃これが一生の信念だつた（天野敬一）

〃正を履んで恐れず〃これが一生の信念だつた

天野敬一氏

私は老朽の一弁護士でありまして、天野敬一と申します。今村先生とは妙なことでお心やすくお願いをしておつたのでありまするが、私が弁護士になりました後に、間もなく今村先生が、その当時司法官をやられておつたのをやめて弁護士になられた。間もなくある刑事の法廷で初めてお目にかかつたのでありまするが、むろん私はその時分にははい出しの青年弁護士であり、今村さんは私どもよりも年輩も上であられまするし、何でも明治二十一年に代言人試験に及第をされて後しばらく判事の仕事をやられ、それから弁護士になられたというのでありますから、もう法律生活において私よりも十年以上の先輩である。それですから法廷で今村さんの弁論を聞いたのが初めてでしたが実は敬服いたしたのであります。あれは何という人だ、今村力三郎という人だというので初めから非常に敬服をいたしたのでありますが、それ御縁で会も一緒であるので、お心やすく願いました。年から言うとたいへん違うのですけれども、弁護士の登録番号から言いますと、そんなふうで私の方が今村さんより一つ上なんです。今六千五百人くらい弁護士がおりまするが、私は十番です。私の上におつたのは、昨年亡くなられた今村さんと同郷の、いわゆる信州伊那の出身で太田資時さんという方が九十二で亡くなられておりますが、今村さんは私の次で十一番なんですが八十九で亡くなられた。私はそのまん中におるのですから、私も九十くらいになりそうですけれどもそうではない。（笑声）もつと若いのですけれども、若いといつても弁護士会で鵜沢さんや高窪さんの次なんですから相当の年令で、今村さんの書かれたものを見ますと老輩弁護士だと言つておりますが、私もその方なんです。

今村さんについては、皆さんの今のお話で私の言わんとするところをみなおつしやつておいでになるし、また皆さんも御承知のごとくであるのですが、ただ私は今夕に臨みまして「棺を蓋うて事定まる」ということを言うが実にそうだと思う。死んだ後に人の批評というものはほんとうに出て来るものだ、今村さんの死後においてどなたもみな、今村さんの人格、学識、技量というものを敬服、讃歎しない者はない。また今村さんの亡くなられたときにおいても、先刻鈴木学長からも御報告があつたように、従五位勲三等という栄典に列せられておるのであります。これはむろん総長として教育に従事されておる点もあるのでありましようが、しかしまた在野法曹として人権擁護のため、あるいは社会正義のために非常にお尽しになつた点がやはり認められたのだろうと思います。六千五百人の弁護士があるけれども、こういう意味において叙勲されたり表彰されたりする人がおそらく今後何人ありましようか。これまでにはございません。花井博士が勲二等であつたのが亡くなられて勲一等を贈られた。これは貴族院議員や衆議院の副議長をされたりしておつた関係や、また法典の編纂に非常に尽されたということがあつて、前に勲二等を持つておられましたからその関係だろうと思います。（鵜沢氏「達者な時分に勲一等だつた」）こういうような関係で、今村さんは初めは役人をされておつたが、弁護士を開業されて以来はすべて弁護士をもつて一貫されておつたそうですから、官界とかまた政治方面からの意味もなし、まつたく今鈴木学長の言われたような意味にあろうと思います。これは多くの先輩のうちにもあまり例を見ないと思うのでありま す。

それから、私は今村さんと妙なことで御交際を願つたのでありますが、今村さんがまだ開業早々のときに――当時まだ三崎町におられたと思うのでありますが、ある民事事件のことで今村さんのところに示談にしなければならぬと思つて行つたことがある。ちようど夕方でございましたが、先生はいつも早目に寝られる人ですから早くというわけで行きました。応接間に通されて話しておりましたが、ちようど正面に「正を履んで恐れず」という三島通庸先生の額がかかつておつた。そのころは正月でありましたから、そのお部屋も相当飾られてあつたようです。それから相談が済んで今村さんとも話しておりますうちに、私は実はその額をこれなるかなと感じたのであります。今村さん、いろいろお部屋も立派に何しておるけれどもこの額は大したものだ、この額一つでたくさんなんだと、青年の時分ですから、実に失礼なことを申し上げた。弁護士としてはこれだけあればいいのだという意味のことを言つて、今村さんもそうだというふうにおつしやつておつたのでありますが、おそらく今村さんが開業された時分に先生の信念を三島通庸先生に頼んでお書きしてもらつたのか、あるいはまた通庸先生が今村さんの開業の門出に書いて贈られたのか、そこは聞きませんでしたが、とこかく学徳、人格兼ね備わつた通庸先生の書でありまして、私は非常に感に打たれた。それからその後の今村さんの一生を通じてずつと見ますと、これが今村さんのほんとうの信念であり、そのまま実行されてずつと一貫しておるのだということを感じます。皆さんの先刻からのお話のごとくに、今村さんという人は別に辺幅を飾る人でも何でもない。また人気とりということは非常にきらいな人で、われわれとしてはそういう点を一つも感じることはない。しかしながら頭脳の非常に明敏な人であるし、議論の厳正な人である。また論旨においても秩序整然として一糸乱れず堂々として論究される方である。しかも胸中には燃ゆるがごとき熱誠をもち、非常に正義感の強い人である。それですから今村さんは、先刻皆さんがお話になつたごとくに朝野の信頼を買つておられた。ことに非常にむずかしい問題になつたら正を履んで恐れず――正を履むのはだれでも履んでおりますが、恐れずという点においてはどうもわれわれの先輩でもやはり恐れるところはずいぶんあつたようであります。むろん私どもは弱いから、正義の観念においては人後に落ちないつもりでありますけれども、敢然としてこれに闘うというような場合には、やはり今村さんの信念から考えますと忸怩たるものがあるでありますす。その点においては今村さんは何といつても強い。先刻来皆さん言つておりますが、刑事の弁護をする上においても今村さんでなければやれないことなんです。たとえば大逆事件であるとかその他類似の事件においても、やはり一番今村さんの議論が強かったらしいのです。これはやはり御自身の性格もそうだろうし、またそういうふうな正を履んで恐れずという信念をほんとうに強く持っておられた人だと私は思っておるのであります。そんなふうですからわれわれは若い時分に今村さんをしよっちゆう敬服し信頼しておりまして、さつき鵜沢先生の言われたように弁護士会のもめる時分にはいつも今村さんと行動は一緒なんです。われわれは今村さんの指導のもとに若い者が「はたち会」なんというものをこしらえて、高窪君あたりもみな一緒になつてやつておつたのですが、若い時分のことですから今村さんに何か少しつやつぽいようなことでもないかというようなことで、今村さんのそういう話を探したことがあるのです。ところが今村先生と鵜沢先生とに関してはまつたく二人ともないのです。(高窪氏を指して)隣りのこちらに来ると風流博士だから(笑声)幾らか御両所にわけてもいいような話があるのですが、鵜沢さんと今村先生とはさつぱりないのです。(笑声)それかといつて高窪君の言われたように、今村さんの女に対する態度とかなんとかについては木で鼻をくくつたような挨拶をするかと言うと、案外そうではない。やはり上手に年増には年増なりにいろいろ扱つたり——特に私らもよく行つて御馳走になつたりするのですが、待合とか料理屋のお内儀に非常に心やすく信頼されていたようだつた。野菜が上手にできたから持つて来てやるとかなんとかいう話をされておつたことがあるのでありますが、何しろ今日になつて私が考えても今村さんは典型的の弁護士であると思います。今後においてもあいう型の人を求めるということはちよつとむずかしいと思うのです。固い人は固いなりにさつぱり情味のない、うま味のないことになるのですけれども、今村さんはそうでなくして固いうちに非常に情味のある方で——私はこの年になつても幾らか飲めるのですが、若いときには相当飲んで酒の上の失敗はよくあつたのであります。今村さんにもよく笑われたけれども、酔うごとに今村さんに向つて「酔うて砂上に眠る、君笑うなかれ、古来征戦幾人か帰る」なんと大いに太平楽を言つていたものだが、先生は酒の上のことだから若い者が勝手なことを言つているのだろうという意味において看過され、暗黙のうちに弁護士道というものを指導されたのだろうと今日においても非常に敬服いたしております。

また今村さんのぐるりの友人、交友関係を見ますと、鵜沢さんがさきに言われたように、みんなわれわれの先輩の立派な方々ばかり、それぞれ一つの長所を持つた方々ばかりであります。今村さんが亡くなつて私は身辺非常に淋しく思うのでありますが、しかしそれは私個人のみではない。現在の弁護士界の情勢を見た場合に、なるほど近ごろの人は多士済々でありますけれども、今村さんのような人また今村さんの交友関係の人々を見まして今の何を見ますと――みな前途有望な人ばかりでこんなことはいえぬかもしれませんけれども、何となく先輩の亡くなつたということを特に痛切に感じるのでありますことに今村さんが単なる弁護士としてではなく、さらにまた教育の方面においても晩年を捧げられたということも、今村さんの信念といいますか、今村先生の人格のしからしむるところだろうと思うのであります。人権を擁護し正義を強調する、これはむろん弁護士として当然のことでありますが、結局人材を養成するということがほんとうの人間の仕事であり、また先輩の後進に対する最も大きな仕事であると思うのです。私どもも及ばずながらその方面に多少の何を持つておるのでありますけれども、微力で何らなすところはありませんが、今村さんがこの事業に自分の一切を投ぜられて、今日この学校を立派にされたということは、これまた弁護士の仕事以上に大いなることをされたと思うのです。何でも今日この学校が立派になつておられるので、われわれも大いに蔭ながらお喜び申し上げておるのでありますけれども、私立学校のことでありまするが故に、ずいぶん前には必ずしも今日のようでなかつたときもおありになつたということは、今村さんからもよく聞いておるのであります。結局今村さんがこの学校の第一期卒業生ですか、生きているのは今村さんだけであつたらしいので、今村さんが母校に報いる、あるいはまた人材を養成するという意味で、この仕事に尽されたということも、原告と被告をけんかばかりさせてもうけをとるのが弁護士かというように多く言われている世の中に、ほんとうの弁護士として、またほんとうの教育家として一生を終られたということは非常にいいことだろうと思いまして、敬慕おくあたわざるものがあるのであります。(拍手)

(『今村力三郎翁追想録』)

一六九　官僚をやっつける専修大学にする（粟津清亮）

官僚をやっつける専修大学にする　　粟津清亮氏

私、粟津清亮でございます。実はこういうところへ出ましても、何も申し上げることはないのです。というのは、私は非常な古い関係者でありますけれども、今村さんとは親しくおつき合いしたことがないのです。ただ私は二十二、三くらいからこの辺に住んでおつたことがありまして、その近所に今村さんがおいでになつたということだけは知つておるのですが、御交際はなかつたのです。ところが私は明治三十九年に初めて専修学校の講師というのになりました。その時分やはりこの近所に住んでおりました田尻稲次郎さんが校長でございましたし、そして松崎蔵之助という先生が何でもやつておられた。そのお二人とも私の知つた方でありまして、私は何屋であるかというと、弁護士の方ではないので、保険――いわゆるその時分の保険屋というやつで、保険を研究していたのです。そういうような人間ですから、今村さんとは職業上はまるで違うのでありまして、従つて御近所におつたが、お目にもかからなかつたのであります。それ以来私はずつとこの学校の講師でありまして、何ら欠席しなかつたのです。今でも評議員というのですけれども、今の評議員は私がお願いしてということよりも、そちらからもお断りにもならないので、つまりずるずるそのままになつておるのでありまして、私は学校に対してはたいへん感謝にたえないのです。そのほか私はたくさんの会社なり学校なりに関係しておりますが、専修大学ほど私を優待してくれるところはなかつたのです。初めは専修学校といつたのですから、もともと少し下級な学校だつたのです。会社だの官庁だの銀行などで事務員として従事するというような人を目当てにやつたので、夜やつたのですから昼はなかつたのです。それが後に日露戦争後の時分から、いわゆる官僚を大いにやつつけるというので民営大学ができまして、専修もひとつ大学にしようじやないかというので、そのときに私が教授というものがなになつたのです。というのは幾人か教授というものがないと大学にはしないということであつたのです。向うも別に私を教授の値打があるとか何とかいう意味じやないのでしようけれども、まあよくやつてくれるから教授にしようじやないかということで、私が教授になつて、学校も大学になつて、それから今では評議員などになつております。しかしそういうことはございましたけれども、学校に対してお勤め申し上げるというほどの熱心はありましたが、それほど学問の性質がみんなに尊敬されたり、大いに大事にされるというようなものではないのですから、粟津というやつがやつているから聞こうかというようなことであつたろうと思うのです。従つて学校の方からもあまり重きを置かれていなかつたということは明らかだろうと思うのです。（笑声）しかしそれにもかかわらず今日までこうして評議員になつておる。評議員になりましても、一向お勤めしないのですから、これはやめなくちやならないのだろうと思いますが、さていつの間にかここまで来たのですから、特にやめるというほどの事件もないので、やめないでおるわけでありますが、私は年だけずんずん進みまして、先刻から大分お年の話が出ましたが、私も今では今村さんとあまり変らないのです。明治四年生れですから。ここにおられる方の中では私が一番年長者だ。（笑声）もし年長者だという位があるならば、私はそれを持っているというのであります。

私が今村さんにお目にかかったのはずっと後であります。ちようど昭和二十四年でしたか、私はそれまで小田原付近の方に疎開しておりしまて《ママ》、その時分に初めてやって来たのです。私はちよっと音楽が好きで、長唄などいろいろなことをやったのですが、何となく日本の芸道と学問を一緒にしたい、日本では修身の講釈もないし、一向道徳の教科もないというのはどうも不都合だから、どうか修身芸道をわかるようにしたい。それにはひとつ能を復活するがよかろう。能もやっておるという話だけれども、能はなかなかむずかしくてわからないですから、そこで私はああいうものを好きですから、ここに「謡曲物語」という本を一冊こしらえた。これを、ここの前に能楽書院という能の本ばかり売っている家がありますね。そこと知り合いがありましたから、そこへ持って行って、「これをひとつ出してくれ」「いや、それはどうも……」——どういうものかというと、能を現代語に直し、それから詩に直したものですが、これを持って行った。そのときにここへ寄ったのです。「こういうものをやるが、お近いから皆に奨めてください」なんと言って、そのつもりで寄ったところが、そのときに初めて今村さんにお目にかかった。お床をお敷きになって、それに寝ていらっしやいました。しかし名前はお互いに知り合っていたのでしよう。私が知っているのはむろんですが、向うもご存じだったと見えて「あなたが粟津さんですが、お久しく……」というようなことで、私はそんなむずかしい方だとは思っていなかったが、たいそう調子のいい方で、それから年の話が出て、年はどうだという話から、「実はあなたが総長になられるというのは私はどういうわけかわからないのですがな」と言ったら、「私はここに関係があるのだ」というお話でした。「そうですか」というようなことでしばらく話をしておりまして、私はこのすぐ近所に住っているのだから、また来てください、というようなお話が、そのときにあったか、その後に一度お目にかかったときにあったかと、思うのです。

（後略）

（『今村力三郎翁追想録』）

一七〇　故今村力三郎先生と私（大石佐太郎）

故今村力三郎先生と私

大石佐太郎氏

私は専修の明治四十二年度経済科の卒業生で徹堂会創立時代からの会員にさせていただいている大石佐太郎であります。先生辱知四十七年間における三、四の事実を申し述べ、故先生の御高徳をしのび、その御眷顧に対しまする感謝と追憶とをさせていただきたく存ずるものであります。

私が先生の知遇を辱うするに至ったそもそもの初めは、今から四十七年前の明治四十一年の暮ごろでありますが、その場所たるや、各位の場合とはおよそかけ離れた、市ケ谷監獄構内の刑事被告人の面接所であったのでありまず。事件は私の全然関知しない出来事で、当時私の置かれていた諸事情が無実の罪を着せられるに好適であったために、二、三の真犯人が巧みに共謀の上、罪を私に着せんとする証言をしたため起ったものでありました。結局、事件は予審終結、公判に付せられましたが、今村先生はじめ、私の学友、諸先生、諸先輩の深き御同情に基く格別なる御配慮御尽力により、一方私自身もまた差入れにあずかった予審調書写しに現われた内容につき精根込めて検討し、あらゆる角度から反駁弁明これ努めて、先生の御参考に供したことも若干お役に立ったかと存じておりますが、一回の公判も開廷に至らないで無罪となったような次第でありました。

その後、私は先生の門下に準じた準門下生の一人としての待遇を賜って参ったものでありますが、先生には私の就職上につきましても、一再ならず御推薦くださったり、人物保証をしてくださったり、何くれとなく御配慮くださったほか、折々に御教訓やら御指導を賜ったものでありまして、先生に対する私の感謝尊敬の念は真に筆舌に尽し得ないものがあります。爾来私は、常に先生の御心をおのが心にと念じ、先生のいわゆる「至誠是神」を根幹として、勤勉、修養、奉仕をモットーに今日に及んでおりますが、今後もこれを続けようとひたすら念願としておるものであります。

私は中学生時代から、幕末の偉人勝海舟の青少年に与うる詩とも申すべき「才子恃才愚守愚、少年才子不如愚、請看他日業成後、才子不才愚不愚」という詩を愛誦し、これを戒めとして参ったものでありますが、あるとき、先生のお宅で一杯頂戴いたした際、これを吟じて、先生から「よいなあ」とのお言葉にあずかったことを記憶しております。先生のごとき秀才にしてなおかつこの詩におけるがごとく、海舟のいわゆる愚者の心境をもって奮励努力いたされたわけでありますから、まさに鬼に金棒であつたのであります。その偉大なる大成をいたされたことは真にむべなるかなでありますが、私はここで先生大成の蔭に正子賢夫人のあられたこと、しこうしてその内助の功績たるや、きわめて大なるものがあつたことを追憶申し上げずにはおられないのであります。

(後略)

『今村力三郎翁追想録』

一七一　専門記者以上の相撲通であつた(相馬勝夫)

専門記者以上の相撲通であった　　相馬勝夫氏

私はこの学校に奉職いたしております相馬でございます。本日先生のこの思い出の集りに列席できましたことをたいへんうれしく思つております。

今村先生はこの学校の大先輩であられるのでありますが、私の先代が本学創立者の一人だつた関係もありまして、私は非常に小さいころから、と申しますと、小学校に上らない前から、今村先生にはたいへん可愛がつていただいておつたのでございます。小さいときから私はたいへん乱暴なやんちや坊主でありまして、大いに暴れた方でありますが、今村先生にお目にかかりますと、子供ながらも、いつもおとなしくしておつたのであります。しかしながらそれは決して今村先生がこわかつたという感じではなかつたのでありまして、今村先生の前に出ますと、何か非常に温いもの、しかも正しい大きなものに対するというような気持でございまして、子供心にもうそをついたり悪さをしようとする気持がひとりでになくなつてしまつたことを今でもよく思い出すのであります。

そのころ先生は私どもの宅へよくお見えになりまして、先ほどお話にも出ましたように、よく碁を打っておられたのを記憶いたしております。先ほどのお話では、あまりお強い方ではなかつたらしいとのことでしたが、私の記憶では先生はたいていいつも白を持っておられましたので、かなりお強かつた。それもほかの方々と比較して考えまして、おそらく初段に二目ぐらいがほんとうではなかつたかと存じます。また先ほどお話に出ました先生の相撲の桟敷へも少年時代からときどきお招きを受けまして、たいへんうれしかつたのでございますが、そういう際にも、先生は、子供だからといってほうっておくようなことはない、何かの機会をとらえては、話しかけてくださいます。また相撲については非常な通で、隣りに万朝報の桟敷がありまして、そこに相撲専門の記者がつめかけておるのでありますが、いつも一勝負済みますと、その相撲の専門記者が今村先生に、今のはどういう勝負であったろうかというような質問をしますと、先生は、今のはこういう手でこう勝ったのだ、この前のあの両力士の試合振りと今日のとではこういう違いがあったというようなことを、専門の記者にこまかく説明をなさっていられるのを見まして、これは今村先生という方は何にでも偉い方だなと感心したものであります。

それから、お亡くなりになりますすぐ前でございますが、学校の中にお住いでございまして、常々学校のこと、特に学生たちのことやわれわれ若い教師、また校友の方々のことを始終御心配になりまして、私がたまに参りますと、よく学生たちはどうしているかというような御質問が出るのであります。青年、次の時代を背負って立つ若者の教育ということにつきまして、これは日本の将来の中で一番大切な問題の一つなんだから、君たちは十分それを考えて頑張ってもらわなければならないのだという意味のお話を再三伺っております。そのような先生のお言葉が私どものような者にも身にしみておりまして、日夜を励む場合の大きな原動力になっておることを、今でもありがたく思い、またひそかに自分の中にそういう力が湧いて来るのは、今村先生からのいただき物のお蔭であるというふうに感じておるのであります。

それから、これは私事にわたってたいへん恐縮でございますが、私の弟の中で一人、カトリツクの坊主になりたいというのが出まして、たまたま先生のところにお見舞に上りまして、雑談の出ました際に、どうも私の弟の中にかわったやつができちやって困っているのです。私の気持は、少しは兄貴の手助けでもして、何か金になるようなことでもやってくれると助かるのだがな、というような意味でお話し申し上げたのでありますが、そのときに先生は、いや、君、それはいいじやないか、たいへんけっこうだ、というお話でありました。そういう点からも常々私も先生から感じておったのでありますが、特にその場合に、先生が人間の霊魂という問題を非常に深く考えておられる方であるということ、非常に幅の広い方で、私の期待に反して、弟が坊主になるということはたいへんいいことだ、君、それはいいじやないかと言ってくだすったので、実は私も弟に対してはどうも何だか割切れない気持を持っておって、少し何か役に立つようなことをやってくれぬと困るのだがという気持がそれで氷解いたしまして、人間はやはりその人その人の持った運命のもとでもって、ことに人々があまり忙しくて頭を向けないそういった霊魂界の問題を仕事にして行くというのもいいのじやないかという踏み切りがつきまして、その点、もう今では弟にも、変な、もう少し稼げというような気持を起さずに、きわめて大きな気持で対することができるようになりましたのも、今村先生のお蔭だと思つて非常に喜んでおるのであります。

(後略)

『今村力三郎翁追想録』

一七二　労働学院創設の優れた先見の明(大行慶雄)

労働学院創設の優れた先見の明　大行慶雄氏

ただいま御紹介いただきました大行でございます。私は先生には、人生のたそがれとも申すべき晩年において お近づきを願つたのであります。先生が令名嘖嘖たる方であられるということは、本学に御厄介になる前から十分に承知しておりました。しかし私がお会いした先生は、すでにもう人生のたそがれに到着しておられまして、私は医者として先生を診たのであります。すでにもう感覚器官は衰えて、視力はあまりなくなつておりましたし、耳もよく聞えておりません。そうして補聴器を贈られた方がございましたが、補聴器をかけようとはしませんでした。関節はすでにきかなくなり、歩行は十分にできないような状態であつたのであります。食欲はきわめて衰えておられまして、私は前の理事長簗田さんが修善寺に一緒に連れて行かれたとき初めて先生の裸の姿にお目にかかつたのであります。そのように先生は、感覚器官といい、運動器官といい、すでにもう衰えた状態に達しておられたのでありますが、しかし先生の心臓と中枢器官である脳髄とはまだ決して衰えていなかつたのでありま す。話す言葉はいくらかもつれておりましたが、しかし先生は病床にあられても始終新聞や新刊の書を読まれるということを怠らずにいたのであります。たいてい老人の方は、動脈硬化症に肉体的にかかるだけではなく、考え方も動脈硬化症的の考え方になりやすいのでありますが、しかし先生は決してそんな方ではなくて、新しい日々の出来事に対して、熱心に見えない目を使いながらも、世界の動き、日本の動きに対してたえず関心を持つていられたのであります。そうしてときどきお伺いする私に対して、実に明敏な、的確な判断をお聞かせくださつたのであります。そしてまたわが学校に対して、実に学校の発展と繁栄とを一心に願つておられたのであります。

先ほど鵜沢総明総長が言われたように、先生は大刀山に匹敵する体格を持つていられた。なるほど実際りつぱな体格であられました。そして心臓といい頭脳といい、八十有余の高齢に達してからも、大事な器官はなお矍鑠たるものがあったのであります。それでありますから、先生は感覚器官、運動器官が衰えてもなお世の中の進歩に対して決して遅れた考え方を持たれない、むしろわれわれ若い者よりも先を見通す明を持っていられたと私は断言することができるのであります。終戦直後わが専修大学にあの労働学院をたてたということ、そして将来の日本の再建を新しい時代の青年に期待し、また日本の将来は労働問題を解決し、労働によってのみ初めて再建できると言っておられた、あの優れた先見の明、というものは実に若々しい、いつまでたっても若い人であると感激したのであります。

（後略）

（『今村力三郎翁追想録』）

一七三　卒業生として忘れられない思い出（前東計男）

卒業生として忘れられない思い出　　前東計男氏

私は本学の卒業生としての立場から申し上げたいと思います。私は大正六年に入学して九年に卒業しておりますが、思いついたことをあげてみますと、一、大正八、九年の昇格問題、二、大正十一年精養軒の同窓会、三、台銀と金子直吉、四、修善寺へ年賀状、五、私学総長問題、六、病気のお見舞、七、故人は何を念願されていたでしようか、こういうことを思いついたので申し上げます。

大正八、九年になりますと、各大学とも昇格問題というものがありまして、早稲田や慶応の金持はすぐ合格して、その他はなかなかもたもたしておった。遅れ馳せながらこの学校にも、そういう問題で、当時私どもは三年でしたが、ちようど全学生を今の学生会のように組織立てて、その委員長のような立場であった私が、みんなにねじを巻かれて、よし、それじやあひとつ談判に行こうというわけで、クラスの委員を五人連れて、まず職員室におられてざるを召し上っておる河津先生のところへ談判に行きました。「先生、昇格問題はどうしてくださるのです」とおっつけやったところが、「ぼくは学監だ、そういうことは学長なりにお願いすべき筋だ」、こう一蹴されて引退ってしまって、「おい、どうしよう」「よし、明日ひとつ学長の家へ行こう」というわけで、戸塚の相馬学長の家へ参りました。そうしたらあのりっぱなお邸で、われわれはボロ袴をはいて行ったのに、大したところへ案内されちやって、学長の相馬先生がちやんと羽織袴で、温容にそのひげをなでながら、来て御挨拶される。さあだれが何を言い出していいかわからなくなっちやった。「先生、昇格問題でお願いに来たのですが、」というようなことを申し上げたら、「いや、学校にも予算の問題があって、なかなか君らの言うようなわけにはいかないのだよ。まあ庭でも見て行きたまえ」というので、りつぱな庭園を教えてくれまして、そこでみなもうお辞儀してしまって、庭に来たが、大きな石やきれいな松なんかあって、とても見たことのないような庭なのです。そこで「どうしようか、この問題は」といったら、「これは河津先生もだめ、学長もだめだから、校友の有力な先輩を訪問しなければだめだ」ということになって、「それじや、だれだ」「今村先生だ」ということになり「そうしよう」というわけで、日曜だつたと思います。着たきりの羽織袴に、きたないほう歯の下駄をはいて、成宗のお宅へ伺つたところが、見たところ、何だか大きくてりつぱで、どうしていいかわからなくなつちやつて、とうとう入り切れずに、入口で「おい、どうしようか」「いや、もう学長もああいうのだから、これはだめだよ、おれたちは来年卒業するのだから、あとの連中に頼んで卒業しようじやないか」こういう話になりまして、とうとう今村先生には、昇格問題で一本申すところを長蛇を逸しました。

それから大正十一年に精養軒で同窓会がございまして、このとき私ども台湾銀行で七十五円もらつておるのに五円の会費をとり――今ならば幾らになるか――つらいのですけれども、それには目的があつた。明治に駿台クラブがあり、早稲田に稲門クラブあり、専修にだつて専修クラブがあつていいじやないか、よし、それじややろうじやないかというので、われわれガリ版を書いて同窓会へ持ち込んだわけです。先生がひよこつと見えたものですから、「先生、実はこういうことをやりたいのですが、どうでしよう」「どらどら見せろ、そうか、趣旨はいいが、お前ら学校の方に了解を得たのか」「そこまで行つてはいないのですけれども、きようは同窓会だからみんなにぱつと発表したらいいと思います」「しかし、それはどうかな、けれども、せつかくだからひとつやつてみたらよかろう。何かおれが口添えしようか」とこういうお話があつた。そこでやつたのです。ところがそのときに亡くなられた道家先生がおられて、「同窓会というものがあるのに校友クラブをつくることは屋上屋を架するものだ、その必要なし」ということで、ぴしやんとやられてしまつた。それでおじやんになつて、それから私ばかりでなく、ある程度の校友はしばらく学校と疎遠になつたと考えます。そんなことがありましたが、あの大先生が、私ども全卒業生の若い者にそれだけ心を配つてくれたということは私ども非常にうれしく感じたのであります。

それから、先ほどからよく台銀という話が出ますが、私もそういうわけで、八人ばかりと一緒に就職しまして、今ここに見えておりました高木さんと、思わず見たことのある人だと思つておりました。あの方は当時上海の支店長か何かしておられました。私は業務一課というところに属し、三課というところには、今をときめく大蔵大臣の小笠原三九郎さんが課長をしておられました。自分たちは末輩で、今はこんなになつちやつて、どうにもしようがありませんが……。そこで神戸の金子直吉、これがえらい人でした。今の帝国人絹とか神戸製鋼とか、大したものをこしらえたのですが、金がないから台湾銀行に借りに来る。われわれの課で、貸してはだめだ、貸すな貸すなという書類を出す。ところが金子直吉は重役室に行つて先に話をきめておるので、書類が返つて来るときには、「本件は貸出しのことにいたしたし」と、判がぴしやんと押してある。何をか言わんやです。そういうことが重なり重なつて、遂に株券をみなとつて、銀行から監督役が行つたわけですが、私らのクラスから行つた今井勝君が庶務課長で行つたわけです。帝人に行きますとすぐに例の事件が起つたので、かれは東京の駅のホテルに四十日ぐらい陣取つて、参謀のごとく東奔西走しておりました。そのときわれわれも友人として、「おい、どうなんだ、大丈夫か」というと、「実は今村先生が弁論されるのだよ」「それなら問題なかろう」「いいだろうね」という話でしたが、案の定ああいうことになつたわけでありますが、この帝人事件では高木先生などお御《（ママ）》苦労されたわけであります。

その次に、修善寺へ年賀状というのは、二、三年前に先生が修善寺へ病気療養に行かれたときに「先生、御病気いかがですか、母校のために御自愛を願います」すると早速自筆で御返事をくださいまして「日増しによくなりつつあります。私も一日も早く学校に帰りたいと思う。皆さんによろしく」こういうお手紙をいただきまして、ありがたいと思いました。

その次に大学総長問題、これは私が思いつきで書いたものでちよつと変ですが、中央、日大、明治、専修というようなぐあいで、私らの仲間がよく集まつて、野球が始まるとよく強い方から呼びかけるのです。「おい、きようはどうだ」「なに負けるものか」というので神宮や後楽園に行きます。そして負けた方がしかたがないので最後に帰りに一ぱいおごる、こういうことだつた。ところがこの春も相かわらず一ぱいやつておつたところが集まつたので始まつた。中央の彼氏が「おれのところの総長は大したものだぞ。本年の入学式の訓示を一時間あまり滔々とやっておる。七十幾つでもこんなものだ、大したものだ」といってやり出した。「明治はどうだろう、鵜沢総長も七十から八十だろうな。日大はもう山岡先生じゃない、呉先生だろうから、これは若過ぎるだろう。専修は……」「諸君待て、わが今村総長は九十才になんなんとしておるぞ、どうだ」といったところが「それはお前専修の勝だ。それじゃお前に一歩譲ろうじゃないか。諸君異議はないか」「異議なし」「そのかわりこの席上の勘定は専修が持て」こういうように満場一致やられまして、私は名誉ある支払いをさせられました。こういうこともございました。

それから、亡くなられる一箇月ばかり前に、理事をされておる山田英吉君と、鈴木学長をお訪ねした帰りに、「総長をお見舞しようじゃないか、行くと喜んでくれるのだよ」というわけで、お見舞に上りましたら、お蒲団の中に寝て、蛍光灯の電気スタンドで本をお読みになっておった。二人で行きましたので、やおら顔をお上げになった。「先生」といったところが、少し遠いのでこうやって話をする。山田君が「先生は耳が遠いのだよ」という。「大正九年の前東です。おかげんいかがですか」といったら、「いいのだけれども、足が立たぬもんだから」というようなお話がありまして、そのときにいろいろな話が出ましたら、「いや、学校もなかなかいろいろのことがありましてな」というような話も出ました。そんな話があって間もなく、ここの同窓会がありましたときに、簗田先生が「総長と私と大河内先生の三人は一蓮托生で就任しておる。今回いろいろな問題で辞任することになった。」こういうことを言われたので、ああ総長もああいう気持を言うに言われず、われわれにおっしやったのだな、ということを私は感じまして、何とも言えない気持でおりましたが、ぜひ総長には再び総長になっていただくことを念願しておりました。それから間もなく亡くなられたわけですが、私も焼香に上りましたときに、この「故人は何を念願されていたでしようか」ということを考えたのですが、これは鈴木学長と川島理事長が並んで焼香をなさっておるのを見たときに、これでいいのだ、鈴木学長と川島理事長が手をつないでしつかりやってくだされば、本学はいやさかである。間違いがない。同時に、今村先生の念願はこれであったろう、こういうように私はほんとうに心の中で思って、学長に目礼をし、理事長に挨拶をして、焼香を終って帰りました。このことを、ぜひ私はこの席を拝借して学長初め学校関係の皆さんにお聞き取りを願って、私ども評議員の一人として及ぶ限りのことをお手伝いいたしますが、どうかこの総長の心を心とされまして、この学校のためにお力を尽されんことをお願い申し上げたいと思います。（拍手）

（『今村力三郎翁追想録』）

一七四　全校友結束しよう（有馬順二）

全校友結束しよう　　専修大学校友　有馬順二

戦時中灰燼から免かれたとはいえ、歴年に亘る当事者の無能力からすべての点において立遅れた母校を、終戦後しかも占領下における新制大学への移行、それに伴う生田校舎の新設、神田校舎の増築等、幾多の功績を残して永眠せられた我らの大先輩今村力三郎総長。八十を越した御高齢にも拘わらず総長室で起居されながら母校再建への、あの母校愛に燃えた崇高なる精神には常に頭が下がる思いであつた。また私財を投じて母校に寄附された美しい行為等我ら後輩が範としなければならない。

記憶力のよかつたこと、頭脳の明せきであつたことなどは万人の認めるところである。一昨年あたり理事会などでは私達と同じ丼を平げられる程の食欲の旺盛さを見て、先生の長命を信じたものであつた。

老いの一徹という言葉があるが、私は先生からそういう印象を受けたことは殆んどなかつた。条理さえ通つたことなら直ぐ話のわかる人であつた。

「学校に何派という派閥があるわけはない。若しそれがあるという人があれば、その人が色眼鏡で見るからである」といわれて母校愛より外になかつた先生である。私達は全校友が一致結束して母校をより発展に導くように努力すること、これが何よりも先生の御霊に応える方法である。

（『今村力三郎翁追想録』）

一七五　今村先生を憶う（坂本甲午郎）

今村先生を憶う　　専修大学校友　坂本甲午郎

丸の内の事務所に今村先生をお訪ねしたのは昭和の初期であつた。それは私の友人が刑事被告人となつた事件の弁護依頼の為である。曩に校友の集りのとき私の方では先生のお顔は熟知しておるが初対面である。先生が後輩の為温かい義侠の心に富んでおられた一面を知る便宜上茲に事件の概要を記すこととした。

私のクラスメートのＡは上海在留邦人の小金融機関であるＳ銀行の専務代理として一切を委されてその任に当つていた、当時、支那通である義兄某のおる関係で卒業間もなくS銀行に就職した、S銀行は貯蓄銀行のような役目を果していたのであるが、貸出金の整理などの関係で不動産も銀行としては第一次欧州戦争の好景気時代の副産物として所有し小家主ともなつた。

その後反動として世界的不況の暴風が吹き上海も御多聞に洩れずそれでも日本よりは遅れて大正十一年頃から銀相場も下落の一途を辿り大正八、九年頃日本金円一〇〇対支那弗銀四〇位であつた銀相場が金銀パーとなり自然在留邦人の購買力は激減した。悪い時は兎角重なりがちのもので、青史上重大な取扱いをうける中共革命の発端をなした上海の紡績中華工人の日本の資本家に対するストライキより排日事件と発展拡大し、それまでは日本人の楽園であつた上海から急激に在留邦人の故国への引揚げが多数続出した。それが為ローカルバンクであつたS銀行は取付騒ぎのような預金引出しに遭つた、その時である、クリスチヤンではあつたが冷酷な経営者のMは自己の立場を守らん為永らく代理をさせておきながらAの労を犒うに刑事上の告訴をもつてした、主たる理由は前記不動産の値下りにより銀行に損失を及ぼしたとの事であつた。

天下の大銀行と雖も殺到する預金全額の支払に応ぜらるるものではない。尚時代により物価に高低が生ずるのは避けられない。幸いS銀行は経営者が変つただけで倒産を免れ継続された、然し友人Aは刑事上の被告人となつた。

右のような事件で第一審は上海で判決を受け当時領事裁判は、第一審で決定し控訴は大審院にする制度であつた。第一審で一年半の有期刑の判決を受けた友人Aの不運な廻り合せに深く同情した私は、思案ののち今村先生に頼んで見ようと思い込み、それを当時東京控訴院の判事だつたと思うが恩師の須賀喜三郎先生の御自宅を訪ねて相談し御賛成を得て今村先生への添書を貰つたのが温容に接した初めである。領事裁判の判決書を一瞥された先生は「銀行預金者に与えた事件は執行猶予がないのが通則で且つ厳罰主義に傾いておるがそれでも控訴するなら引請けてやろう」と懇切に説明を受けた。

当時先生は刑事弁護士として斯界の第一人者である事は令名高く私達の近寄り難い程であつた。着手料も千円を下らぬ様であつたから今の物価に比較すると交換価値は三十万円以上にもなろう、そんな状況であるから私は単に同窓の先輩に甘えるような気持でのみ勇を鼓して御願いに及んだのである。斯くして御承諾を得た私は感快の情禁じ得ず、先生の御弁護を得らるる事は友人Aは元より妻子眷属周囲の者がどんなにか満足を感じ慰安を覚える事であろう、と思い持参した弐百円を差出し紙代の印としても僅少ではあるが貧者の一灯として私の微意をお汲取り下され度い、と申して辞去した。然るにその翌日私の勤務先へ書生さんに托し昨日差出した金に御手紙を添えられ「事件は引請けたが茲許同封の金は君の手許へ納めて呉れ」との意味であった。御手紙を手にした私は事の意外に暫時茫然とした。いかに同窓の大先輩であろうと大審院に控訴の弁護を御引請け下され、然も無料と云う事はない。早速私は先生の事務所を重ねて御邪魔して弐百円の押し戻しがあったのち、先生は「君の友人Aには妻子もあるだろう、それでは紙代として五拾円を君から貰い、残り百五拾円はA君の家族に見舞金として今村が贈る」。私は返す言葉もなく先生の人と為りなぞ想像しその温情の深さに千年の熱涙禁じ得ないものがあった。私はほんとうに今村先生の高い人間愛の気品にふれたのである。事件も金額も先生には小さなものであったであろうが人に与えた感動は大きい。

先生が法廷に立たれると裁判官が衿を正したと云うものさもあるべきである。お願いした事件は直ちに決審して減刑された。本人は勿論のこと先生も大変喜んで下すった。私はその後海外に永く終戦後引揚者として時を得ず、先生が母校再建に、余生を挙げて、打ち込まれておられた事を仄聞し乍ら、感謝の心を捧げる機会を逸したことは何がなし忸怩たるものがある。今や先生は遠い旅路に就かれたがその徳は極楽浄土の大衆にも光り慕われておられる事を念じ且つ信ずるものである。

（『今村力三郎翁追想録』）

一七六　今村力三郎君を憶う（竹内金太郎）

今村力三郎君を憶う　　　弁護士　竹内金太郎

今村力三郎君と云えば少くとも我法曹界では誰識らぬ人は有るまい。幾年前か忘れたが拙者は伊香保の千明旅館に記録読みに行ったことがある。所が三階の一等室に四室も一人で占領して居る人が居る。女中に誰だと聞くと今村と云う東京の弁護士サンで大変沢山の書類を持ってお出でになり、隣りで人声がすると困ると云って一人でアノ通り四間も取って居られるのだとの話。同じ弁護士でも一品注文自炊格の拙者との差は大したものだ。朝夕今村君は散歩に出るので拙者の六畳敷の室の前を通る。若し見付られては大変だから実は其時刻には障子を閉めるか又は外出したものだ。今にして思うと此の時分今村君は重大事件を温泉宿で、費用に構わず静かに研究したものらしい。其昔花井卓蔵と云えば車夫馬丁でも殆んど其名を知つて居つた。今村君は夫程でも無かつたが、兎に角帝人事件前後迄は刑事弁護士界の大先達で、後進の我々は遙かに敬仰したものである。弁護士会館などで若い連中が稀に此大先達に対し恰も同輩ででもあるが如き言葉を使う者のあるのを、当時心ある者は片腹痛く思つた位である。晩近我邦の大刑事事件は多く今村君の手に掛つたものだから、後進の敬仰を受くるのも当然である。

今村君と同時に卜部喜太郎君が居つた。今から十年も前に比較的早死をしたから実は今村君程の評判はなかつたが、弁護の実力は両先達の中孰れが兄で孰が弟か判らぬ。卜部君の弁護は至つて簡潔で精々一時間位。日本紙に毛筆で克明に其要旨を書き、それが又朱で訂正してあり、理論一貫一言一句も無用の駄弁はなく、全弁護が弓の弦を張つた様で少しの嫌味もない。花井君の様な人気は無かつたが、其実力は偉いもので、裁判所に於ける信用も厚く些も估ん哉と云う気風は無かつた。小川平吉君の鉄道事件の時の卜部君の弁論は大したものだ。卜部が名を成した事件は沢山あるが、往年愛知県知事の服部一三までが被告人となつた名古屋の遊廓移転事件に渡辺甚吉の弁護をしたのが大成功で、卜部君の名は之から一層盛になつた。今村君の弁護振も詳密で痒い所へ手が届き、一寸の隙も無く、キビキビして而も卜部君より声が良いから聴いても痛快である。今村君の大逆事件を始め最後の帝人事件までの盛名は全く驚くの外はない。悉く刑事弁護史上後代に遺る模範弁護である。今村君の様な峻辣の弁論は到底並大抵の弁護士には出来ぬ。卜部君の弁論は大抵円くて角がないが、今村君のは動もすると圭角がある。其昔今村恭太郎君の弁護を同じ今村力三郎君がしたことがある。残念ながら自分は之を聴くの機を得なかつたが、惟うに此弁護は大逆事件に次ぐ今村君の一生を通じての大事件であろう。今村恭太郎君のは事件が事件丈に、今村力三郎君としては情誼上又面目上是非共恭太郎君を救わねばならぬ立場に在るのだから、何と言つても事実は明白で先の知れた大逆事件とは自然に力瘤の入れ方も違うと思う。事件としては固より大逆や帝人の方が評判は大きいが、今村力三郎君個人としては恭太郎君事件の方が名や金に代えられぬ苦しさがある。傍聴せぬから確言は出来ぬが、今村君としては真剣の一本勝負で、屹度此弁護には同君の個人的特性が多分に発現したことと思われる。兎に角今村君は近代の名刑事弁護士で、新刑事訴訟法に依る米国流の現代弁護振から言えば、其当時の卜部君や今村両君の遣り方は今日では駄目かも知れぬが、米国流の裁判では一も二も証拠、証拠で、証拠さえあれば弁論は要らぬ様に言うが、旧法時代でも一切証拠に基いて弁論するので、決して証拠なしに駄弁を弄したのではない。新法では殆んど一切の刑事々件に弁護人を附け、又敗戦後急に事件の数も多くなつたので、弁護士は事件に追われて自然研究も手が廻らず、裁判所も長い弁論は困ると云う風になり、何時とはなしに今日の如く証拠題目丈を引用してお茶を濁す様な傾向になつた。元来法廷で一日に十件も十五件も刑事裁判をすると云うのが無法である。地方は知らず少くとも大都会の裁判所では、証拠の題目丈で長い弁論の嫌われるのは、蓋し人情自然の成行であるが、各独立した証拠は其連絡を説明せぬと題目だけでは立証の趣旨が十分に裁判所に判らず、折角の証拠も役に立たぬことが多い。其連絡の説明が即ち弁論である。昔でも証拠を離れた弁論は卜部、今村の如き第一流の大家は決してせぬ。新旧訴訟法共に弁論の要点は別でなく同一で、唯無用の辞句は新法は勿論旧法でも省く可きのみである。少し過言かも知らぬが、今日の刑事弁論が何となく熱もなく、力もなく、時々アレで被告人の為の弁護だろうかと思われることもあるのは、時勢の影響で、弁護士が其日其日に遂われ、卜部、今村両大先達の様に寝食を忘れて記録を精査し、一々原稿を訂正し、参考書を繙く如き余裕がないからかも知れぬ。国選弁護などを見て居ると一層此感を深うする。少し話が横に外れたが卜部、今村二君の弁護は全く近代弁護の標本である。其特色を一言にして評すれば、卜部君の弁護は正宗で、今村君の弁護は村正である。一方は被告人を護るもの一方は検事を斬るもので、護るも斬るも共に剣道の極意だそうで、我々後輩凡下の窺知する所でない。

今村君は其弁護振の如く厲厳の人であつた。此点は卜部君は全く正反対である。卜部君は拙者の知る所では十三四位になつて居た娘さんが可愛くて堪らず、母親もあるのに毎晩抱寝をし、誰に向つてもニコニコして応待した。今村君は何となく威品があつて滅多な口は利かれず、一言一句要心せねばならぬ様な気がした。両君の刑事弁論も丁度此通りで、一方は春一方は秋とも言うべきだ。各夫々の特色があり一長一短はあるが、今村君が舌鋒鋭く検事に斬込んだ時の痛快さは迚も卜部君には望めぬ。法廷に於ける弁護術としては失敬ながら少し強きに過ぎ、折角の立論も却つて幾多の損失になるかも知れぬ。惟うに刑事弁護には立論の適正たるべきは勿論だが、適正丈では駄目で弁護術と言うものが要る。如何に米国流の骨組丸出し肉も色もない今日の弁論でも判検事から成程尤もだとの心証を得るには弁護術を知らねばならぬ。二三年前か今村君は拙者に対し、伜は法曹でもなく僕が心血を注いだ大逆事件の書類を遺すべき人は君の外にないから遣ると言われた。刑事弁護士の後進としては此大先輩から此寵遇を受けては実に無上の光栄である。翌日か今村君から態々郵送して来たので謹んで貰った。勿論直ぐにも礼に行く心得であったが、何かの用事で二、三日過ぎた。所が其二三日目に裁判所で偶然今村君に出会ったから黙っても居られず貴重な書類を下されて誠に有難うと挨拶をしたら、今村君は激怒して「君は手紙を書くことを知らぬ男か」と大喝一声睨み付けられて寄ても着れず何の弁解も出来ぬ、此大先輩と後進凡下の拙者で、丁度獅子の前の兎である。オドオドしながら実は斯々と二三言述べたが取上げられる筈もなく、憤々怒つて今村君は立去つてしまつた。仕方がないから其翌日モーニングを着て成宗の今村君方に伺候したが、足が重くて中々玄関に入れぬ。勇を鼓して取次の人に名刺を差出してから大分時間が経て上れと言われ、アノ日本建農家風の宏壮な家の椽側の応接用小卓子と椅子の所に通された。又待つこと若干すると後の方から今村君がドシドシ出て来て腕組をしたまま無言で椅子に掛けた。拙者は始めから鞠躬如として起つたままである。夫から恐る恐る手紙どころの訳ではなく自身御礼に参上する考なりしが二三日遅れ、丁度裁判所でお目に掛つたから只一応の御挨拶をしたので、決して大切な書類を頂戴したのを閑却する考ではなく、参上が遅れて何共申訳なき旨謹んで陳謝した。勿論遅れたのは自分の過怠で折角君に遺すと迄云われた大恩誼に対し如何に罵倒されても仕方ないが、此時分は七十二三、今村君も四、五歳年長の七十六七、先輩後進の差はあるが、同じ弁護士であり、師弟でもないのに、自分ながら礼装して詫に来て此待遇を受くる情なさ腑甲斐なさと、自分の手遅れの自責とが身に沁みて、詫びながら半分は泣いた。夫もモーニングを着て起つたまま泣くのである。今村君は暫く無言で睨んで居たが、自分の詫言が終ると其処へ腰掛けろと言われたので小椅子に御免を蒙つたら、今村君は幸に自分の来意を諒し、夫なら気の毒であつた、自分も昔同様の事で挨拶が遅れたため社交上非常の損をしたことがある、大抵人に物を送つた者は届いたか否か心配して居るのが常だ、後日礼に行く考でも一応は即時に受取つたこと丈は返事して置くべきである。大逆事件の書類は門外不出のもので君だから遣つたのだ、其位のことは君も判るだろう、何故即座に届いた丈の返事はせぬ、以来は注意せよとアノ峻辣厲厳な口調で小ツピドク叱られた。誠に其通りで後悔は先に立たず、七十余の自分が四ツ年長の先輩から斯の如く熱い熱い灸を据えられたのは、年甲斐もなく何共慚愧千万である。夫から今日迄拙者は此訓戒を恪守し、仵共始め機会ある毎に若い人に此話をするが金銭に替えられぬ頂門の一針で至言である。

　叱られてから五六日後又今村君と会館で逢った。其時今村君は拙者を見るや否や直様椅子から起つて来て無言のまま固く固く長く拙者の手を握った。自分も亦握り返した丈で互いに一言も交さなかつた。其後拙者は軍事裁判とか何か重大事件を引受けた時は度々修善寺に行つて今村君の教を仰いだ。其時分今村君は孤独で別荘大広間で習字をしたり漢籍を読んだり、自分で物置から炭を出したりして居られた。其人が今日既に溘然として亡い。噫。

（『今村力三郎翁追想録』）

第3節　専修大学新聞の今村力三郎追悼

一七七　今村総長逝去さる、十七日大学葬を執行

今村総長逝去さる　十七日大学葬を執行
本学総長今村力三郎先生は、去る十二日午後四時五十分神田神保町三ノ八の自邸で逝去された。
葬儀は十七日十二時三十分から大学葬として芝増上寺大僧正主導の下に学内に於てしめやかに取り行なわれる。
尚十四日三時遺体は学生約一千名余り見送るうちに落合の火葬場に運ばれて荼毘に付された
（『専修大学新聞』　昭和二九年六月一五日）

一七八　総長の死は日本と本学の大損失（簗田欽次郎）

総長の死は日本と本学の大損失　簗田欽次郎
本学総長、本学附属労働学院校長今村力三郎先生は慶応二年春長野県飯田で生れ、本学の法律科に学び明治二十一年卒業直ちに代言人（弁護士）試験に及第弁護士業務に従事し途中判事に任したが間もなく又弁護士業務を執り終始一貫在野法曹人として名弁護士の名は全国にますます高まり、終戦直後本学総長に就任、本学の再建に挺身しつつ、偶々病のため静養中今月十二日死去されたのである。
先生のこの一生は慶応二年から八十九才（日本の数え年）明年一月九十才という所であった。即ち約九十年の長寿を保ち、世のため人のためその一生を捧げたのであるが、この九十年の長きにわたる先生の一生涯は、ちょうど明治、大正、昭和三時代の日本の困難時代また輝しき日本の世界的飛躍時代を身を以て体験し、日本社会大流転の変動史を物語り得る世代に遭遇されたのである。

先生が本学卒業以来弁護士として、活躍されたその輝しい事跡は、年数約五十五年にわたり、余りに輝しい大事件を多く取扱つたのでとうてい限りある紙面で書き尽せるものでないから、その一部分を記せば幸徳秋水大逆事件、難波大助大逆事件を始め、足尾銅山暴動事件、日露戦争講和不満日比谷焼打事件、若槻内閣事件、斉藤内閣事件（帝人）、朝日新聞事件、報知新聞事件等々その他数え切れぬ程の多くの事件を法廷に立つてその大弁論を陳弁したのである。先生法律事務はその多くが刑事事件で死刑になるかならないかといつた大事件や、時の内閣の運命に関係の多い事件、政治的、社会的、経済的の大問題が多く扱われたのであるが、弁護士の数も随分多い中で大概の刑事事件の大なるものは先生の手にかけられた、どうしてそんなに大事件を多く扱つたかそれは原因がある。先生の人格とその頭脳の働きが実に非凡であつて普通人のとうてい及ばない所が大にあつたからである。「自分は四十才位迄は法廷で何として勝とうと思つたが四十を超えたころからその考えは間違つている、訴訟を引受けるにはその事件が正しい正義にかなつた事かどうか見究めてから引受けることにした」といつておられたそうである。この考えは実に人を弁護する上の至上の便義的根底でなければならぬ。これでこそ信頼と尊敬が生れる、先生の弁護に絶対の信頼をおくのはここに源を発する、次に先生の頭脳の良いことで普通人の頭の良さとは違う事件の真相を掴み、これを判断する時の洞察力というものが非常にすぐれている、刑事々件の原告である検事の主張する所を打砕くための資料の調査が周到綿密なのみならず、その裏面に立ち入つてすき通る観察を下すのである、この能力は実に鋭く、いろんなことを見破るのである、これが遂に裁判官をして弁護人のいうことがもつともだと思わしめ勝訴となるのである。

そういう古いことではない、二十年前の斉藤内閣が総辞職した時の帝人事件の如きその一例で、時の軍部が斉藤内閣を揺ぶつた事情と汚職がからみ合つた複雑怪奇な事件だが、先生の良い頭の働きが実に非凡であつたため、とう〱見破つて大弁論をして無罪となつた。気高い人格とすき通つた頭の働きで正しいことをおし通し、多くの無罪の判決をかち得たのである。終戦直後の六月、専修大学は学生の大不満が爆発し当時の総長に辞職を迫り、追求激烈で本学は大騒乱になつた。戦争中の軍勤務に対する総長の処置に非難が動機であつた。遂に総長の辞職となり後任総長の選任問題に移つたが、学内の教授・講師の中にこれに便乗する野心家や陰謀家があつた。自せん・他せん暗惨たるものがあつた。某が総長を狙い学生を煽動し、一部の学生はこれに動かされ事態はます〳〵紛糾した。この時学内は教員・校友・学生の有志の人々が深く憂慮し、前後処理に苦心し協議したが、大多数はこの紛糾を収拾するには並大抵の人ではだめだというので知識をしぼつた結果、本学の大先輩今村力三郎先生によつて収拾する外なしということに決し、自時今村先生は前から伊豆修善寺の別宅に引きこもり老後静養につとめていたが、学生が溢るゝ熱情をこめて修善寺に急行し直接談判を開いて今村老人の出馬を要請した。はじめ先生は容易に引受ける色なく固辞したが、あの手この手と働きかけ、ともかく上京となつて、交通機関未だ不充分な中を老先生は上京して本学内にあらわれた。教員・校友・学生等からなる委員は極力総長就任を求めたが先生はなお容易に承諾を与えない。この時私は本学理事としてその集合に列しておつたが、列席の委員諸君に誓を立てゝ貰い先生に就任の懇請をしたが、それでも容易に承諾されなかつたが、そのうちに先生はもう一度考えてみるといつて別室に沈思黙考の後、その日は修善寺に帰り後日改めて返答するとのこと、遂にその後承諾を与えられ総長就任が決定するに到つたのである。

いよ〳〵就任するや校内総長室にベツトを置き、こゝに単身寝とまりし、配食の粗食をとつて学内の改革に着手し、先ず学生の安定と良き教員の充実に力を注いだ、時は二十一年九月であつたが爾来先生はこの生活を続け教育の充実に最も心を配つた、経済学部長に大河内一男教授（東大教授）を委嘱し、経済学の有力教員を次ぎ次ぎと補充し、また法学部長に杉村章三郎教授（東大教授）を委嘱し、法律学教員の補足に手をつけた、これが一年間続き本学の教授陣特に経済学教員は面目一新し、学生も大に喜んだ、大河内教授は一年間尽力し学部も面目一新したのを機会に辞任の意を洩したので、先生は非常に憂いられ極力防止せんとされた。私も先生よりこの話を持ち出され折角の学内改善が中絶するのを憂い先生の御相談に応じたが、先生は大河内教授に懇請し私も別個に大河内教授に懇請し、先生は結局本学の学校行政にも更に改革を加えることに意を決し、大河内教授の辞意を翻し学長に昇任し、私は学校行政を担任し両者で総長を補佐することに改革され、先生はこの機構によつて更に改善発展に向つて邁進された、続くこと一年に及んだが、時あたかも新制大学制の実施となり大学基準が設けられ本大学もこの基準に合致するようその準備にとりかゝり、先生は相変らず総長室に泊り込み、新制大学準備に心血を注いだが、突然脳に若干の故障が起り小康後、修善寺別宅に静養され（二十三年九・十月）爾後回復し翌二十四年四月から本学は新制大学に移行し、前年より新設の生田校舎へ昼間部は移り、その十月時恰も本学創立七十年の祝典を挙げる頃は先生の健康も回復し、盛な式典の統卒され本学と共に先生の長寿をも祝福することができたが、新制大学は基準も相当厳かくで学長も専任、教員も専任の教授助教授を置かねばならぬので大河内学長も本学々長は兼任の故で離職し、東大専任となり、本学専任学長に小林良正教授が就任し、その後任期満了で現在の鈴木義男教授が就任し、専任の教授、助教授が新置され新陣容が充足整備し、ます〳〵改善発展の方途に向い、先生は相変らず総長室に泊り込み精励精勤、衆望ます〳〵高かつたが、この年の秋脳の故障俄然加はり重態であつたが幸い回復したが爾来健康旧の如くならず小康の後東京に移つて静養を続けられたが遂に今度の不幸を見たのである。

終戦後先生は我国教育につき独特の識見を抱き、弁護士として発揮した進歩的な頭脳を教育の上にも働かせ、本学の進歩的改革を断行したのである。この教育方針はどこまでも進歩的で、しかも中道を根幹とする片寄らない教育を施すという厳なる一線を画したものであつた。先生は病の小康を得た時先生の私財を本学に寄附することを申出られ全財産の大体半分位を子孫に贈与され、あとを本学に寄附された。先生は私財を提供し心血を注いで本学再建発展に寄与されたことかくの如く、しかも己を空うすることを信条とし、生活も質素に一生を通じ、清廉純白、私欲の念少しもなく、しかも人情の厚きこと、いくつもの実例がこれを示している。先生は老子を常に読んでおられた。決して心酔はしておらぬ。先生の学殖は内外の学説を広くきゝ見識は高く広い。老子の説は先生の性格に適する部分はあつたのであろう。大自然に帰依するところ多いのであろう。

（『専修大学新聞』昭和二九年六月一五日）

一七九　あゝ今村先生（学長・鈴木義男）

あゝ今村先生

学長　鈴木義男

その日、私は議会へ行く用事もあつたが、なんとはなしに気がかりになるままにさきに学校を回ることにした。そして例により総長の御病室を訪れたのであつた。それは今村先生が永遠にそのお眼を閉じられた直後であつた。虫が知らせたということでもあろうか。御生前今村先生と学校のためにいろいろ御苦労をなさつた簗田先生は御永眠の直前にお見舞に見え、すでにその席におられた。文字通り眠るが如き本当に静かな御臨終であつたそうである。デスマスクというものは誰の場合でも一種の気高さをもつものである。しかし私は今村先生の場合ほど崇高さと清浄さとを覚えたことはない。九十年の御生涯に人性の達し得る最高の境地をきわめられたその現われであると瞬間に感じたのであつた。私の今の心境は感慨無量というか哀惜無限というかただそれにつきるのである。

悲しいことであつたが、昨年中からこのことの遠からずあるべきを覚悟し、いろいろと心がまえも作つていたので、直ちに学校にとつてかえし在校の主脳者を集めて先生の逝去を伝え、葬儀の大綱をはかつたのであるが、その時私は大切なこととして次の一事を告げた。それは、「先生は御承知のとおり余生の最後を教育のためにささげ夢寝の間にも大学のことをお忘れにならなかつたのであるが、それと同時に弁護士は聖職なりとのお確信をもたれ、時務をおはなれになつた後もなお弁護士会に属し会費を納めてこられたのである。従つて故人の肩書は大学総長だけでは十分でない、専修大学総長弁護士今村力三郎としなければいけない」というのであつた。私は葬儀委員長としてこの大学葬の精神の中に右のことは十分にとり入れなければならないと考えている。

先生と私との関係とは永くして深い。私としてはかけがいのない師であり知己であつた。不肖にして学長の職を受けたのは先生の御清鑑に応へんとする気持からでもあつた。従つて私には故先生について想うこと語るべきことは決して少くないのであるが、今折悪しく旅先きにあつて筆をとる充分の余裕がないから御臨終前後の模様の一端を御報告するに止めておき詳しくは近くその機会を得たいと思う。

ただ、最後に一言したいのは私の代理である理事木村学部長の報告によれば、私がその執行人の一人として委嘱せられた故先生の遺言書の中には「専修大学の教職員一致して学校の発展をはかるべし」との意味のお言葉があるそ《ママ》うである。それは平常自分でも充分心掛けて来たことではあるが、今それを更めて故総長の遺言として考へるとき新たに期するところもあり、又責任の重大なことも思うのである。何れにしても全学一致、大学の発展に邁進することこそ今村先生の霊を慰める最大の途であることを痛感するものである。（文責記者）

（『専修大学新聞』　昭和二九年六月一五日）

一八〇　専大の良き父　今村先生を偲ぶ（校友会会長・山崎修一）

専大の良き父　今村先生を偲ぶ

校友会会長　山崎修一

天寿を全うされたとはい（え脱カ）専大の父であり大先輩である今村総長御永眠の報は私を一瞬愕然とさせた。

専大七十余年の流れと共に常に専大発展のために（ママ）惜しみなく全力を御傾注下つた今は亡き先生の御高徳を偲ぶ時ただ〳〵悲しく形容の言葉すらない。明治廿一年専修大学第七回生として御卒業された先生は法曹界に入られ明治の後期から昭和の初期に至る五十年の間第一線で活躍、大正九年には本学評議員となられ昭和の御代につてからは理事として限りなき母校愛のもと、質実、剛健、真摯、力行の母校創立の精神に則つとつて、当時関東大震災前後を一期とする平和な母校の夢醒め、昇格問題、相馬、田尻両先生の逝去、校舎の焼失等が相次ぎ、経営多事となつた時阪谷学長、道家理事の良き相談対手として「学校は建物でなくし（て脱カ）教師である。校舎は時に天幕を張つて造り得る、ただ一夜にして作れないのは教師である」と力説、質実真摯の精神に剛健力行なる発剌たる生気を注入し、真の専大スピリツトの完璧を期すべく御労力された。

戦後廿一年年（ママ）七月総長に御就任されてからは、専大五千学生の良き父として今日の大専修を築かれ。

私は十四日学校内においてある学生が「総長を亡くし我々の名刺が無くなつた」といとも悲しそうに話してるのを小耳にし如何に学生の信頼と尊敬を得ていたかを知り今更ながらその御高徳の程を感じさせられた。

特に専大校舎増改築にあたつては全財産を御寄付され最後まで常に母校の事を御心配下さつていた。

また、総長は誠に民主的な方であり、誰れにでも親しみを持つて御教訓を与えられた。これ等が法曹界全専大関係者はもとより広く一般にまで及んだのは御人格の賜であつて今先生を失いたるは一大痛恨事である。

（『専修大学新聞』昭和二九年六月一五日）

一八一　偉大なる損失－今村総長の逝去－（理事長・川島正次郎）

偉大なる損失－今村総長の逝去－

理事長　川島正次郎

今村先生を懐う。

吾々幾万校友の代表であり盟主であつた現在最古の卒業生たる今村先生が遂に逝かれた。終戦後日本が未曾有の混乱に吾が大学も大きな変革が起き学園関係挙げてその収拾に努力した。過去を振返り見今村先生を懐う感一汐深いものがあるので今その見聞を記して追慕の情を新たにする。当時先生は修善寺の別荘で山、川、草、木に親しまれ、静かにその余生を楽んで居られたのであるが、母校の危急を告げ連日先生の門をたゝき蹶起を促す人々の往来が激しくなつたが老歯の故を以つて容易に動かされそうにもなかつた先生が余りの熱望に遂に理事会を招集、自ら出席されたのである。

　巨人山を下るの感を深くした。それからの先生は全く捨身の大学再建が初まり、あの高潔なる人格と英邁は新らしい大学の在り方にぐんぐんと改革されていつたのである。人心の動き激しかつた当時の校友会総会等は喧々ごう々今の国会乱闘の如き様相であつたが声涙下る老総長の熱情は全校友が大学に協力の体制を整わしめた。先生は「世の中には随分むづかしい仕事も沢山あるが学校程困難なものはないだろう」とよくいわれた。

　意を決した先生は、あの広々とした修善寺の別荘より大学の総長室に起居された誰人も考へなかつた努力であり、誰人もおよばない献身である。そして多くの学生に接し、教職員に校友に昼夜の差別なく面会に応じ、人の言に耳を傾けられたし、丹念に手紙を書かれよく読書もされ、日記もつけておられた。一日二十四時間右を見ても左を見てもコンクリートの狭い壁の中によくも耐えられたものだと御同情申上げた事も度々あつた「夜中に目が醒めて困るよ」といつておられたが、その時ベツトから起き出て銘酒を嗜んで又寝れる様子だつた。酒も余り手に入らぬ時勢だつたから修善寺の懇意な酒造会社から特別にとり寄せておられた。それもだんだん量が少くなつた。煙草もよく吸つておられたが、仕舞には御自分で一本を真中から鋏で切つて吸つておられた。酒も煙草も適量を越（る脱カ）と身体に悪いといつて至極慎重であつた。その慎重の私生活の中に常に明るさがあつて、裏も表もない透明な日常生活であられた。会議には必らず出席され非常に口数の尠い中にユーモアもあり、含蓄ある言葉が人格の深さを察せられ自然に頭の下る思いがしていつた。お話は何時も政界、実業界等多方面に亘り峻厳なる批判が加へられていつた。

　先生の日常生活は一挙手一投足総てが吾々への教訓である。予て先生は永々と御寝中であつたので御逝去の程は吾々一同覚悟は致しておりましたものの、現実にぶつかつて見れば発展途上に在る本学のため一層痛惜の念に耐えざるのみならず、吾々校友として大先覚者を失いたるは更に更に大いなる損失であります。

今回特に総長の教育法曹界における功績を賞されて従四位勲四等に叙せられ料を下賜された次第である。


（『専修大学新聞』　昭和二九年六月一五日）

一八二　総長の遺志にそうただ一つの道（校友会副会長・森口忠造）

総長の遺志にそうただ一つの道

校友会副会長　森口忠造

今村総長は八十九才の高齢をもつて母校専修大学の発展を祈念しつづけながら六月十二日午後四時五十分永眠せられた。総長こそ真に母校を愛し本学のため身をすてて献身的な努力をなされた方であつた。ことに戦後の困難な大学経営に進んで老年をもいとわずあたられ、その広大な邸宅をも本学のため売払うなぞ経済的にも文字通り私財を投げうつてつくされたのであつた。それが根源となつて本学の新校舎建設が促進せられた。

など、今日の基礎をきずかれた方であります。母校が他の東都各大学に対し少しのそんしよくなく優位を保ち得ていることは総長のかゝる母校愛より出でた行動の賜にほかならない。本学では今日程多くの校友がきんみつな連絡の上にたつて学内運営に協力しておることは過去においてもなかつたといわれている。母校よりはなれていた校友を近ずかさせ、更に本学のために力を尽さしめるようにしたことはたゞに総長が本学出身の大先輩であるというばかりでなく、この偉大な人格がかくせしめたのであるといえるのであります。

すでに神田新校舎の建設第二期工事を終りいま第三期工事をも行わんとし在学生実に一万名をこえるにいたり、法学部の独立大学院設立認可を受け、大学としての陣営をますます完備し、なお益々発展せんとする体制になります。

更に本学の隆盛を物語るものとして運動競技においてもいままでに見ない充実した□□（欠損）になつた。

東都大学における□（欠損）春本学野球部の堂々たる優勝ぶりは球界通の言葉によれば秋九月の王座決定戦においても六大学優勝校明大をも破ることは出来るであろう実力を備えているものと□□（欠損）れている程であり、卓球日本□□（欠損）を英京ロンドンに示した□□（欠損）が本学の選手諸君であつた事なぞ、しかもこの派遣費の調達なぞは全部独自の力でなされたという充実ぶりは運動界にその名声を挙げえたものであつた。

これみな総長の日頃の心尽しがむくいられたものであるといえよう。

この総長いまは逝いたがそののこされた遺業はかくして明にされつつある。又総長は遺言において専修大学の発展に協力せよとわれわれに説示されたこの尊い言葉こそわれ〳〵は無にしてはならない、今こそ本学の役員も教員も学生諸君も広く校友一同も偉大な総長の葬儀に参列してその霊前に本学の発展に力を尽すことを誓うべきである。われ〳〵は母校の発展にその与えられている立場と職場を通じ最善の努力をもつて互に協力することが故総長に対する後輩としての尽すことの出来るただ一つの道である。

（『専修大学新聞』　昭和二九年六月一五日）

一八三　今村総長の逝去を悼む（矢部克己）

今村総長の逝去を悼む

矢部克己

霖雨霏々の節、先生長寿を完うして逝去せらる。悲哉。先生は長野県の出身、夙に本大学を卒業せられ、いつたん司法官となられたが、さらに弁護士登録、爾来数十年在野法曹として令名あり。幸徳事件その他司法史上幾多の大事件を担当、終戦前の法曹界において長老、重鎮として畏敬せられ給うたことは世人周知の事実である。私は司法官として在職当時はじめて先生の声音に接したのであるが先生は刑事々件弁護の大家であつたため、主として民事々件に関与した。私は先生の弁論を拝聴するの機会に恵まれず、まことに遺憾であつた。けれども偶々先生の弁論を拝聴した感想によれば、その弁論は音吐朗々、論旨明せき、熱誠充足、先生こそ冤枉伸べ権義を正すの職域にある人と感ぜられたのである。先生は本大学出身の故大隈四郎氏を引立てられ、よくはの面倒を見られたのであつたが同氏からきくところでは、先生は民事々件についても権義を正さなければならないと判断せられた紛争でなければ、その解決の委嘱をうけられず、そして、いつたん委嘱をうけられた以上、先生御自身その訴訟の目的貫徹に従われたとのことであつて、これによつても先生が司法事件の処理につきいかに努力、かつ、誠意をひれきされたかを十分に窺知し得られるのである。世人が先生を法曹界の重鎮と仰いたゆえんは全く先生の人徳がしからしめたのであつて、いまさらながら先生のお人柄がしのばれるのである。

先生が法曹界を事実上御引退後は母校本大学の総長として就任され当初は簗田前理事長と共に学内諸改革に邁進され終戦後における本大学の発展に寄与されたことは敢て言うまでもない。今や本大会《ママ》がその外観においても又その内容においても私立大学として他と比肩し毫も遜色を見ない実況に在るのに一に先生の声望の然らしめた所であつて殊に本大学の出身者が数万全国に普く分布され各方面の職域に活躍されつゝある状態は全く有徳な先生が本大学の象徴として総長の職にあらせられたが為めなることを思えば益々先生の御逝去を憯み悼まなければならないのである。そして先生が御生前我が法学部の為めにその発展を念願せられ私のような微力の者を捉え時折その発展について諮問されたことを回想すれば『なお法学部一教員として在職する私としては先生に対し捧げるに辞なく先生の御期待に副い得なかつたことを洵に遺憾としている次第である。私は先生が法律科の御出身であり又従来法学部の発展に心痛されたことを偲ぶ為み《ママ》先年同僚諸賢と相謀り大学当局者の承認を得て本大学内に法学研究室を設け先生の功績を記念する趣旨において先生の姓氏をこれに冠し今村法律研究室と称したのであつた。然るに事志と違い未だ創設当初の目的を貫徹するに至らず偉大な法曹であらせられた先生の姓氏を冠するにも拘はらずこの研究室が今日の法学界に重きを為すに至らないのはその創設に関与した私共の不敏の致す所であつて、私共は今後益々奮励努力、法学の研究に微力を尽さむことを決意し先生の御逝去を悼むと共にこの決意を先生の霊に捧げる次第である。

（『専修大学新聞』　昭和二九年六月一五日）

一八四　火葬の控室で（相馬勝夫）

相馬勝夫

火葬場の控室で

落合の火葬場である。茶毘を待つしばしの間にも、学生達は若々しい声を張り上げて、十七日の大学葬を如何にしたら立派にやれるかを熱心に論議している。たゞ専修大学のことのみを御案じになりつゝ御かくれになつた今村総長先生、その総長先生の御遺骸を、さつき自分達の手で霊柩車にお乗せして、こゝまでお供して来た学生達の、今こうして論じ合つている一人々々の表情のよさ！　青年が殊に学生が御好きだつた総長先生は、どんなにか喜んで下さることだろう。私も小さい時から今村先生に可愛がつていたゞいた者の一人だ。殊に国技館の大角力には、祖父永乱《ママ》と一緒に、或は私一人で時々呼んでいたゞいた。赤毛せんの正面桟敷、力士の特徴や勝負の取口の解説など、ニコ〳〵なさりながら、小学生の私にまで、こと細かにお話し下さつた先生のお顔が今でも目に浮ぶ。先生は誰にでも優しいお方だつた。そして誰の話しにでも、たとえつまらない奴の話しにでも真剣に耳を傾けて下さるお人柄だつた。私が専修に奉職してから間もない多分三十才位の頃だろう。先生は道家先生との御会食の席へ私を御招き下さつたことがある。その時、私は血気にまかせて、今から思えば乱暴極まる大学振興論を、しかも道家先生に盾突きながら、がむしやらにやつたものだ。道家先生はずいぶんと苦い顔をしておられたが、今村先生は終始にこやかに私の暴論をうなづきながら聞いておられ、何もおつしやらず、たゞ「君、まあもう一杯やれよ」と御酌をして下さつた。そして結局、私は何日か経つて自分の言い過ぎを反省し道家先生に非礼を詫びたのだつた。今村先生は、御自身御存じないうちに、こういつた功徳を人に施されるお方だつた。先生は笑言のうちに、或は談笑の間に、人を説得し教化される大きな力を持つておられたと思う。学生を指導しなければならない立場にある私自身の無力を切実に感ずる。さあ、これから先生の御骨を拾いながら、虫のいゝ話だが、少しでも先生にあやかれるよう、もう一度先生にお願いして見よう。合掌。

（『専修大学新聞』　昭和二九年六月一五日）

一八五　今村先生を偲んで（徹堂会員弁護士・牧野内武人）

今村先生を偲んで　徹堂会員弁護士　牧野内武人

（徹堂会とは今村先生の薫陶を受けた門下生の集りである）

私が先生のお世話になるようになつたのは、大正十二年十二月、私が未だ弁護士にならない前である。即ち関東大震災のあつた年の暮で、専修大学に近い三崎町の、前の先生のお宅の焼跡にバラツクの事務所を建てられた直後であつたと思う。

私の出身は先生と同郷で、信州の下伊那である。名勝天竜峡の近くであるが先生の生家は天竜川の西で、私は川をへだてた東側である。そんな関係で幼時より郷里の大先輩として崇拝していたが、当時の大審院判事板倉松太郎先生と弁護士花井卓蔵先生のお口添えで先生の御薫陶を受けることになつたのである。その頃刑事弁護士として花井、今村と唱われ天下に鳴り渡つていたものであるが、私がお世話になつた頃に先生の担当されていた有名な事件は、原敬を暗殺した中岡良一の弁護が既に終り虎の門大逆事件の難波大助の弁護を引き受けられた直後であつたと思う。それで以前に担当された幸徳秋水事件との比較を論評されたのが「芻言」であるが事務所から帰られると、いつも夜遅くまで机に向つて原稿を書いておられたことを覚えている。

その外京都大学学生事件、今の広島大学長、前文部大臣森戸辰男氏の筆禍事件、堺利彦事件等何時も当時における左翼事件を担当され、右翼事件を担当された事は一度もなかつた。先生は私等に「幸徳秋水事件の時は裁判所の行き帰りに護衛の巡査をつけようと警察署から言つて来たが断然断つた。この時は殺されるかも知らないと思つた」と語つておられた。

先生は、明治、大正時代における左翼弁護士の先駆者であることに間違いないと、私は信じている。

確か大正十四年だと思うが先生の還暦のお祝にその年の十月杉並の成宗のお宅で園遊会が催された。その時に当時の弁護士会は勿論のこと、朝野各界の名士が集つた。今覚えている中では後の枢密院議長原嘉道、政友会の小泉策太郎、殊に目立つたのは仙台の今はなき輪王寺の住職福定無外禅師であつた。このお祝に門下生の徹堂会は何をしようかと相談の結果各自思いつきの仮装行列でもやろうということになつて、私自身は考へた末よと女装に扮したが、その扮装が（よ脱カ）く似合つたと先生から激賞されたことがあるが、先生は厳格な反面こんなことにも非常に喜ばれる一面を持つておられたようである。

又先生は常に花井先生と自分とを比較され「花井は天才だ、俺も花井には負けないと思う。花井は代言人試験を二度受けたが俺は一度で通つた、けれども花井は実によく勉強するが、俺は怠け者だ」と口癖の様に私に語つておられたことが今も耳に残つている。その「俺は怠け者見だ（ママ）」といはれた先生が常に書し、記録を読まれ、字を習はれる等の暇を惜しんで勉強されるのには私は驚いていたのであるが、頓才にして怠け者の私などとの位先生に叱りつけられないがそれでも試験が受かつた時には非常に嬉んでいたゞき「お前も将来はものになれる、努力せよ」といわれた時は先生は。（ママ）んなにも私の事を考へていて下さつたのかと本当に嬉しかつた。先生は透徹された頭腕と性格を持つておられ、御自分からこのんでつけられた徹堂の号の如く物に徹し、いつもその話されをる一言半句にも無駄がなく聞く者の腹に滲みるものがあつた、弁護の依頼者の如きは裁判官より検事より自分が頼んで弁護をしてもらう弁護士である先生の方が余程恐いといった程である。

（『専修大学新聞』昭和二九年六月一五日）

一八六　故今村総長大学葬、十七日しめやかに執行さる

故今村総長大学葬、十七日しめやかに執行さる

故本学総長今村力三郎先生の大学葬は六月十七日午後二時から鈴木学長葬儀委員長の下、校友、学生、教職員および一般参列者約二千名参列するうちにしめやかにとり

行なわれた。
葬儀はまず厳かな奏楽にはじまり主導師芝増上寺大僧正推尾弁匡師の香語があつて、鈴木学長、大達文相、小坂労相、簗田友人総代、私大協会、私学連盟、日本弁護士連合会など多数の弔詞が朗読され読経、焼香などがあつて、午後三時からの告別式に移つた。
告別式は先生の遺徳をしたう学生をはじめ生前先生に親交のあつた人々がえんえんと続き、午後七時告別式を閉じた。

（『専修大学新聞』昭和二九年七月一五日）

一八七　論説　故今村総長大学葬に当って

論説　故今村総長大学葬に当って
本学総長今村力三郎先生が八十九才の高令をもつて遂に逝かれた、正に巨星落つの感が深い
思へば故総長は、終戦直後に本学総長に赴任されて以来、当時の昏迷とした世相の中に専修大学の再建を目標とされ、学内に泊り込みで日夜献心された、教授陣の強化は勿論の事、生田校舎の建設、神田校舎新館の建設と正に飛躍的発展に尽力された。
特に神田校舎第一期工事の折には世田ヶ谷の成宗にあつた自邸のみでなく、先生の静養の地として、この上なく愛された修善寺の別邸をも売却され、学校に寄付し、御自身は専修大学のために学内の一隅に御不自由な生活を忍ばれていた。総長はかく迄大学を愛されていたのである。総長は生前口ぐせの様に専修大学の教職員一致して学校の発展に邁進すべしと言われていたと聞く、専修大学の発展のために、全専修を上げて協力一致、故総長の霊を慰むべく努力する事を亡き総長の霊前に誓いを新にしたいと思うのである。

（『専修大学新聞』昭和二九年七月一五日）

第4節　今村先生の思い出話

一八八　故今村総長と専修スピリット（相馬勝夫）（昭和二九年一一月）

故今村総長と専修スピリット

相馬勝夫

本学の創立者達は、何れも明治の初期に、各方面からの推挙と支援を受けて、米国へ留学した人々であった。米国で夫々が選んだ学校や専攻は必ずしも常に同一ではなかったが、等しく青雲の志を抱いて同じ下宿に起居し、しばしば会合を開いて祖国と自分達の将来を談じ合った

のであった。ニューヨークのマヂソン・スクウェア附近のオイスター・ハウス、これは東京で言えば、後楽園附近のおでん屋とでもいうべき場所だろうが、雪の夜など、若き日の創立者達は盃を交しながら談論風発する情景は、映画の一こまのようにまざまざと想像される。これはその中の一人の当時の日記の一節からも窺うことが出来る。そして、期せずして皆の間に一致した結論は、お互に日本へ帰ってからは、後輩に日本語で洋学を講述しようじゃないかということであった。この共通の願望が後に結実して、本学の前身たる専修学校の創立となったのである。

惟うにその根拠をなしたものは報恩の思想である。創立者達は、何れも旧藩・郷里その他の所属社会からの援助によって留学を実現し、その熾烈な就学の欲求を充すことが出来たのである。自分達だけが選ばれて社会の恩を受け、米国の大学に学ぶ幸運をつかみ、志を伸すことが出来たのでは相済まない。われ等はこの絶大な社会の恩に酬いるため、帰国の暁には、たとへ本務が如何に忙しかろうとも、学校を創立して後輩にも自分達の幸運を分とうではないかということになったのである。故に専修の建学の精神は、国家社会に対する報恩・奉仕・犠牲にあると謂えよう。又、創立者達が邦語で洋学を講述しようと決意したところにも特別の意味がある。わが国における当時の洋学は、専ら外国語によりしかも外国人によって講義されていた。創立者達の考えは、単なる国粋主義によったものではなく、旺盛な進取の気象と学者の自主性とを以て、洋学を日本社会のうちに真に摂取吸収させようとしたのである。わが専修大学が、先づ働きつつ学ぶ者を対象とし、夜学校として発足した理由がうなづける。ここに学問の自主と社会化が、わが大学の発端に重要な要素をなしていることを見出すのである。以上に述べた建学の精神は、その標語たる質実剛健、真摯力行と自ら通ずるもの、あることは当然である。

このような専修スピリットを受継ぎ、自ら徹堂と号し一段とこの精神に徹し、履正不畏、弱者と人権擁護の為に弁護士として尽され、晩年には私財の主要部分を進んで母校に提供されたのみならず、学校の一隅に起居され、御臨終に至るまで親しく学生の指導に当られたのが、故今村総長である。総長は病床に就かれてからも、常に学生達のことを心配し、世渡りは書物なしでも出来るが、人の指導に当るものは常に新知識に親しまねばならぬとの御考えから、書物を手離すことがなかった。或る日私は総長を見舞い、よもやま話をしている中に、枕頭にクラインの「ケインズ革命」の邦訳本が置いてあるのを発見した。私がそれを指差して、「先生、随分いろんなものをお読みになるんですね」と云うと、「うん、経済のことは専門外でよくわからんが、若い諸君の考えを知りたいと思ってね。君、一体最近の経済学はどうなっているのかね。マルクス学説に対する批判はどうなのかね。」と矢継早の熱心な御質問である。総長のお顔は幾分紅潮し、あの人を射るような眼が輝きを加える。九十才に近くなってからでも、何とかして若い学徒達のものの考え方を理解したいという先生の熱烈な意欲である。私は完全に圧倒され、おまけに近来不勉強な為、全くしどろもどろの返答で、結局、近いうちに経済学専攻の先生を御連して、御納得のゆくような話をして貰いましょうと御約束したのであった。そしてこの御約束を果さないうち、先生は肺炎にかかり、一時は小康を保たれたが、そのまま段々と衰弱を加えて行かれたのであった。九十才に近い老法律家が、近代経済学の苦悶に大きな関心を寄せたことだけでも、我々は胸を打たれる。先生の頭脳がいつまでも若々しく、常に青年と共に次の世代を憂える心境を持ち続けておられたことは、まことに驚くべきことである。その原動力は何か。勿論それは先生の偉大なる人格と才能であるが、同時に我々はそこに専修の建学精神である報恩・自主・進取の精神が如実に発揮されているのを見るのである。

『学生会誌　創立七五周年記念特集号』　昭和二九年一一月）

一八九　今村先生のこと（校友・丸山清人）（昭和三六年一一月）

今村先生のこと

今村先生は今更いう迄もなく同窓の大先輩であり、又私にとっては同郷の先輩でもあって卒業第一回の同窓会の席上でお目にかかってから逝される迄、色々と御指導をたまわったのであるが、先生は人も知るごとく彼の幸徳秋水と難波大助との大逆事件に弁護人に選定せられた事は有名である。先生によれば彼等大逆事件の犯人等は、皇室に怨恨があって、大事を企てたものでない事。幸徳も難波も、畢竟、警察と裁判との不当なる職権行使が原因である事。厳刑酷罰は、犯罪防止の効果なき事を主張され偽政者の猛省を促したのであって、その根底には人権の擁護と熱烈な憂国の至情が流れており、我が国在野法曹の第一人者であったが、大学総長に就任せられてからは老躯をいとわず一意大学発展の為に尽力され、しかもその私財の大部分を大学へ寄附されて御自分はせまい建物に起居せられておった事は多くの人の知る通りである。その学校を思う熱情に対しては全く頭が下がるのである。

生田校舎新築落成の日、先生、簗田先生、それに私とで記念写真をうつしたのを今手にしてまことに感慨無量である。

(『専修大学校友会会報』第五号　昭和三六年一一月)

一九〇　今村力三郎先生の薫陶（大霜鼎）（昭和三九年一二月）

今村力三郎先生の薫陶

大霜鼎(専修大学)

私は鈴木先生が専修大学の学長時代に、学長秘書をしていたので、鈴木先生についての思い出は少くないのである、鈴木先生と専修大学との関係を知るには、先づ元専修大学総長弁護士故今村力三郎先生と鈴木先生との関係を明らかにする必要があると思う。今村総長がなくなられた直後、鈴木先生のお書きになった「ああ今村先生」のなかで「先生と私との関係は永くして深い、私としてはかいのない師であり知己であった。不肖にけがして学長の職を受けたのは、先生のご清鑑に応えんとする気持ちからであった…」といっておられる。

なお今村力三郎翁追悼会（昭和二十九年九月三十日）のとき、鈴木先生は今村総長との関係についてやや詳細に語っておられるが、これによると、

「私は危険思想の故をもって東北大学をやめて東京に出て参りまして、新聞記者になろうかと思ったのでありますが、吉野作造先生に相談をいたしましたところが、新聞記者というものは寿命の短いものである。せっかく君がこれからやってもまた十年ぐらいでほかのことを考えなければならなくなる。むしろ資格を持っておるのであるから弁護士として立った方がよかろう、弁護士というものは古くなるほどよくなるものである。しかし指導よろしきを得る人がないと身を誤るおそれがある。指導者を選ぶことが大事である。それではどういう人についてご指導を受けたらいいでしょうかと相談いたしましたところが、今村力三郎という弁護士がある、あの人ならば実に立派な弁護士である、はたして指導してくれるかどうかわからぬが紹介してやるから頼んでみたらよかろう、こういうことで成宗のお宅に、今から約二十年前にお伺いをいたしたわけであります。先生はなかなか容易ではないが、しかしそれほど熱心に希望するならば、何かと役に立つかも知れないから、ときどき自分の事務所に来てみたらよかろう、裁判所などにも一緒に行って事件を扱うのを見ておったらよかろう、こういうことを仰せられまして、ときには先生のカバンを持って法廷に行

き、当時の名弁護士といわれた占部先生、花井卓蔵先生、鵜沢総明先生その他いろいろな先生方のご弁論などを拝聴して非常に得るところがあったわけであります。そういう関係で別に先生から給与というようなものは一銭も頂戴したことはないのでありますが、精神的な指導者として非常に得るところがあり、先生もまた叱咤鞭励して隔意なくご忠告をくださったのでありまして、不肖私が今日あるは、主として大過なく弁護士としての途を歩むことができたといたしますれば、先生のご薫陶の賜であると考えておる次第であります」

と述べられている。これによって鈴木先生がいかに今村先生を敬慕されておられたかがうかがわれる。

その今村先生が昭和二十一年七月終戦後の混乱のとき、大学理事会の懇請に応じられて母校である専修大学の総長に就任され、修善寺の別邸から住居を大学の校内に移して、経営に専念され大学の復興に尽されていたさい、今村総長は鈴木先生の卓絶したご手腕に深く期待され、理事として経営に加わることを要望され、また鈴木先生は今村総長の懇請を受けられ専修大学理事となられ、総長の片腕となって相談相手の役をつとめられたものと思われる。

新制大学発足に当って、鈴木先生は今村総長を始め当時理事をしていた故簗田欽次郎先生、大河内一男先生その他の理事と協力して、生田校舎の敷地の買収、木造校舎の改修等資金不足を克服して、新制大学への移行を完了されたのである。その後神田校舎第一期工事の着手に当っては、今村総長等から不動産のご寄贈がなされ、これを契機として校友、教職員、学生からの寄附金、施設分担金の申し出があって困難な神田校舎第一期工事を完遂することができたのであるが、この事業運営に当って生じたいろいろな問題を手際よく処理された鈴木先生のご苦労は並大抵なものではなかったと思われる。その後学長、理事長に就任され引き続き神田校舎の第二、第三期工事を実施されたのであるが、専修大学発展のために尽されたご功績はまことに顕著なものである。

なお鈴木先生がいかに教職員の面倒をよく見られたかその一例を述べると、ある女子事務員が神経衰弱で病院に入院し、病状は一進一退相当長い間大学を休んでいたので、大学から庶務課長と秘書であった私が見舞いに行くこととなって、鈴木学長にお話しすると「そうか、私も一緒に行こう」と極めてご多忙のなかを気軽く席を立たれ、女子事務員を見舞われたが、私どもは自づと頭の下がる思いがした。

また鈴木先生は事務職員の失敗についてもお叱りに

なったことは一度もなかったようであるが、ともかく鈴木先生のような立派な方のもとで働くことのできたことを、今日でも心から感謝しているのである。

（『鈴木義男』　鈴木義男伝記刊行会　昭和三九年）

一九一　鈴木さんと今村先生（大河内一男）（昭和三九年一二月）

鈴木さんと今村先生　大河内一男（東京大学総長）

終戦間もない頃の、専修大学の総長室で、総長の今村力三郎先生と大学の理事をしていた鈴木さんとが、「大学」というものについて、まことにほほえましい話しをしている。私は聴き役。

今村「鈴木君、私はとんだ風の吹き廻しで総長などにさせられたが、敗戦後のこの混乱期に、どっちを向いてこの大学を再建していいのか見当がつかない。自分の母校や学生たちが可愛いい一心で頑張ってはいるが、なかなか気もちだけでは動かない。法学のことは、私も長年弁護士生活をやってきたので多少は見当がつくが、経済学となると、とんと判らない。どうしたもんかね。」

鈴木「いちばん必要なことは、軍国主義の片棒かついだような専修大学を根本から建て直すこと、そして、これまでのように、あまり借りものの有名大博士にばかり頼らないで、若手の専任教員を養成することですよ。それさえ出来れば、専修大学の再建も九分通り出来あがったも同然でしょうよ。それからもう一つ、専修大学の学生は、だいたい中小企業の経営者の子弟が多いのだから、第一に、普通の私立大学のように高い授業料をとらないようにして、理事者がぎりぎりまで我慢すること、そして金持ちの息子でなくても大学へ行けるようにすること、これは大事なことですよ。専修大学がその先鞭をつけたらどうですか、先生。官立大学か有名私学の卒業生が、官庁や財閥系の大企業に這入ることばかりに浮身をやつしているなら、こっちは、中小企業へ人材を送り込むことにしたらどうですか。それこそが日本の民主化ですよ。」

そんな会話のあと、話しは、大学と政治との関係におよんだ。今村先生はもともと官僚ぎらい政治家ぎらい。鈴木さんは、当時、片山内閣の法務大臣だったが、大学教授としての経験から、大学の運営や行政については、随分と深い理解をもち、その点で、表面には立たれなかったが、老先生の今村総長を親身に助けた蔭の力であった。専修大学が今日のように搖がぬ基礎を据えるに至ったのは、私も学長や学監などをしばらく兼務して多少のお手伝いはしたように思うが、何と言っても大学というものに対する鈴木さんの学者としての信念だったと思う。つまり鈴木さん自身、政治家として責任ある地位に在りながらも、日本の大学を育てるためには、政治が教育に手を出してはいけない、と言うのが、鈴木さんの繰返し強調したことであった。

大学というものに対する鈴木さんの正しい感覚、そして今村力三郎という野党精神にみちみちた老弁護士、そして簗田欽次郎（当時、専修大学理事長）という理財の方と愛校心のかたまりのような古老、そうした結合が、いったん崩壊しかかった専修大学を、正しい軌道に引き戻したのである。それはともかく、師匠の今村老先生の前に、法務大臣鈴木義男が、まことに礼儀正しく弟子として仕えて変らない姿を、昨日のことのように浮べることができる。

（『鈴木義男』）

一九二　母校の大恩人・今村先生（玉野穣）（平成三年一二月）

母校の大恩人・今村先生

私を専大に入職させて下さった今村総長が静養先の伊豆長岡で倒られたのは昭和二五年の秋であった。危篤の報を受けるや、校医の鈴木又七郎神保医院院長と急行した。先生はすでに昏睡の状態にあり、「玉野です。先生」と呼びかけても返事はなかった。誰が薬を服ませようとしても口を閉じたままである。ところが総長秘書の宮川ときさんが「先生、お水を—」と優しく頬を叩くと唇を緩められ飲まれた。居合わせた一同は思わず顔を見合せてしまった。峻厳な哲理で貫いた一代の法曹人が幽明の境にあって、女性の語りかけには反応された。先生の人間らしい一面を垣間見て微笑ましく思ったのと同時に、このときほど女性の偉大さを感じたことはなかった。しかし容態は好転せず、いよいよということで私は大学葬の準備のために急ぎ帰京した。ところが私が退出したあとで、先生の甥の医者がイチかバチかこめかみのところに静脈注射を打ったところ元気になられた。私はこの朗報を葬儀屋で受け胸を撫で下したが、各方面に大学葬の連絡をした手前、何ともばつの悪いことであった。

先生はその後約四年、総長として活躍され昭和二九年六月一二日、静かに八九歳の生涯を閉じられた。先生の薫陶を得、可愛がられていただけに天寿を全うされたとはいえ悲しいことであった。先生は、私が「人体の疲労回復について」の研究に没頭したとき、よく励まして下さった。この研究は当時、夜間部の学生に体育をさせるべきか否かの議題があり取り組んだもので、久留米大学で開催された体育学会で発表したが、先生の激励が昨日のことのように思い出される。

先生は戦後、専修大学が財政難でたいへんな時期に杉並区成宗の約二千八百坪の土地と自邸、伊豆修善寺の別荘を大学に寄付され母校の窮状を救われた。当時の理事長の簗田先生も軽井沢の広大な別荘地を寄付された。私達専修人はこうした尊い行為を永久に忘れてはならないと思う。大学経営者の中には、自己の蓄財に熱心な人もいたようだが、私には人間の格式が違うように思えてならない。


（『瑞雲』第一一号　平成三年一二月）

一九三　好運をもたらした写真（校友・細田雅義）（平成四年一二月）

好運をもたらした写真

細田雅義

伊豆修善寺の有名な旅館の娘さんと友人が知り合いだったので、在学中は何かにつけて皆で修善寺に遊びに行っていた。何時も娘さんの母親である女将が学割料金で泊めてくれた。

私たちは二十五年の十二月の卒業であったので、たぶん二十五年の秋であったと思っているが、その月日はさだかではない。しかしとにかく卒業前の旅行に何時ものグループで出かけたことは確かである。

当時、卒業生には一定数の背広が配給された。運よく私もそれに当たり、友人ともども背広を着込んで喜んで出かけていった。

しかしこれが間違いのもとで、帰りがけに請求書を見てビックリ、何時もの料金とは大違いの額であった。背広姿の私達をみて女将は社会人になったものと勘違いして通常の料金の請求書を出したのである。

そこで全員の持ち金を集めたがとても足りない。娘さんに頼んでまけてもらうことも考えたが〝男の意地〟でそれはできない。他の方法はないものかと思案しているときに、フト思い付いたのが、修善寺に別荘を持っていられる今村力三郎総長であった。

「総長から借金をしよう」との話がまとまり、連絡をしたところ総長は滞在していられるという。

早速、私ともう一人の友人（これも定かではない）が代表して、菓子折りをもって出向いた。

総長は私達の訪問を大層喜ばれ、茶室で抹茶を点ててご馳走をして下さった。その抹茶の美味しかったことは、今でも覚えている。

いろいろと話をしたり、庭で記念写真を撮ったりした。これが掲載した写真である。一緒にいった友人が撮ったものと思う。

さて目的の借金、総長になかなか云いだせないでいると、お手伝いのおばさんが私の所へ来て、「細田さん、訪問の目的は別にあるのでしょう」と聞いてくれたので、旅館の支払いの件を話した。おばさんは笑いながら快く貸してくれた。借金は帰京後、すぐに返済したので、総長にはこの一件は知られずに、ただの表敬訪問ということで済んだと思う。

卒業後、埼玉県庁に奉職し、四、五年経って見合いの話があった。

総長と撮ったこの写真を見合い写真に使った。威厳然として微笑む総長と一緒に写っていることが功を奏したのか、良い返事をもらった。「大切な写真なので必ずお返しいただきたい、と特別に付記してありましたので、すぐにお仲人さんに返しに行きました」とは愛妻の話。

私にとってこの写真は、学生時代最後の楽しい旅の思い出とともに、金運と良き伴侶を授けてくれた大切な一枚である。

今村総長のとても澄んだ清々しい目を、今日でもハッキリと記憶している。

（『瑞雲』第一三号　平成四年一二月）

「「反骨」の弁護士　今村力三郎」総合解説

はじめに

本資料集は、明治期、専修学校と名乗っていた頃の専修大学の卒業生であり、卒業後は明治・大正・昭和と長きに渡って弁護士として数々の著名な事件を手掛けた今村力三郎に関する資料を収録している。今村は戦後、専修大学卒業生として初めて総長の座につき、新制大学として新たにスタートした専修大学を牽引した人物でもあった。現在の文系総合大学としての専修大学の基礎を作り上げた人物の一人と言っても過言ではないだろう。

明治期の専修大学がどのような教育を行い、どのような人物を社会に送り出そうとしたのか。この点については、『専修大学史資料集』第三巻「五大法律学校の時代」を見ていただきたいが、今村力三郎はまさにこの「五大法律学校の時代」に教育を受け、弁護士として社会的に活躍した人物であった。その意味では本書は第三巻と対を為している。育てようとした側と巣立った側の資料をまとめたのが第三巻と第八巻というわけである。

そのため、第三巻に収録した今村に関する資料も本資料集には若干含まれているが、今村という人物を知ってもらうためにあえて重複させている。ご理解いただきたい。

本稿は本巻の総合解説として、編纂の意図、今村の略歴やこれまでの研究成果、そして掲載資料に対する若干の解説を付すこととする。

なおタイトルに使用している「反骨」という言葉は、専修大学元文学部教授で、今村の遠縁にあたる辻達也氏が、今村の精神を評した言葉[1]である。今村という人物を考察するうえで重要かつ適切な表現と考え、タイトルに使用させていただいた。

1．本資料集編集の狙いと各章の概略

本資料集の詳細については後述するが、まずは編集の意図を章立てに従って簡単に述べる。

第1章では、蜂谷家文書を取り上げた。蜂谷家とは今村力三郎の生家のことである。今村姓となったのは専修学校在学中のことで、もともと今村は蜂谷家に生まれた。

ことのできる貴重な資料群である。

明治期に高等教育を受ける機会を得た若者はそう多くはない。その一人が今村力三郎であるが、蜂谷家を知ることは、今村力三郎の思想形成の一端を、そして明治期にどのような階層の人々が、地方から東京へ出て教育を受けていたのかを示す一つの事例になると考え、本資料集では、最初に蜂谷家文書を掲載した。

第2章および第3章には、今村力三郎の著作物を掲載した。今村はその生涯の多くを弁護士として身を立て、理論よりも実践の世界に身を置いていたこともあり、研究書のような類いは残していない。晩年、専修大学の総長を務めたが、あくまでも総長なので、教壇に立って学生を指導していたわけでない。そのため教科書といったものもない。あえて今村が関係して刊行された学術書に近いものを挙げると、明治二四年（一八九一）、専修学校を卒業して間もない時期、弁護士業を始めたばかりの頃に、同郷・伊那の先輩であり専修学校の講師でもあった今村信行が書いた『民事訴訟法手続』の発行人を務めていること、そしてもう一冊は昭和二三年（一九四八）に専修大学から自叙伝とも言うべき『法廷五十年』を著者として刊行していることぐらいである。ただし『芻言』（史料五四）のような私家版として関係者に配布したものは何冊かある。

そのため、今村自身が裁判や弁護士、さらには政治や教育についてどのような考えを持っていたのかはあまり知られてこなかったように思う。そこでこれまでに雑誌や新聞などに投稿してきた論考や専修大学が所蔵する草稿などをここに収録した。

第4章では、専修大学が所蔵する今村力三郎が差し出した、また受け取った書簡を収録した。第1章に収録した蜂谷家文書の翻刻に携わった矢野建一氏は、「今後の今村研究には多くの困難も予想される」[2]と述べ、その理由の一つとして、「個人の伝記的研究には不可欠の今村が発信した書簡資料が皆無に等しいこと」を挙げている。

確かに今村が発信した書簡を資料として使っている研究はほとんどない。今村と同時代に判事・弁護士として活動していた小林俊三が『私の会った明治の名法曹物語』[3]と題した著書のなかで今村力三郎を取り上げ、今村が自分に宛てた一通の書簡を紹介し、刑事事件に対する今村の姿勢を評価している程度である。そのため本章では、専修大学が所蔵する書簡を中心に収録した。

第5章では、新聞のなかから今村力三郎に関する記事を拾い上げた。第1節では専修大学（専修学校時代も含む）や大学に関わる組織（校友会や新聞部など）が刊行した新聞や雑誌などに、第2部は現在の朝日新聞や読売新聞など一般紙に掲載された今村関係の記事を収録している。今村という人物が当時、どのような評価を受けていたのか、またどのようなことを行っていたのかを知ってもらうことをこの章の目的としている。

第6章は、昭和二九年（一九五四）六月に逝去した今村への追悼文を収録した。今村の追悼集としては、専修大学が昭和三〇年に発行した『今村力三郎翁追想録』がある。これは昭和二九年九月三〇日に開催された追憶会での故人を悼む人々の話をまとめ、それに寄稿文を加えたものである。計二七名の談話が寄せられている。本章はこの追想録のほかに、大学葬における弔辞、そして専修大学新聞が今村総長逝去に対して組んだ特集記事などから抜粋して収録した。追悼ということもあり、様々な人々が、それぞれ抱いていた今村像を提示している。生前のエピソードなどを知るうえで欠かせない資料として、本資料集の最後に取り上げた。

以上が、本書の概略であるが、個別の詳細な解説に進む前にまずは今村力三郎の略歴から述べることとする。

2. 今村力三郎略伝と先行研究史

今村力三郎の生涯を簡単に述べる。前述の矢野氏の研究[4]によれば、慶応二年（一八六六）年五月二日に長野県下伊那郡上飯田村字箕瀬（現・長野県飯田市）において蜂谷重蔵の長男として生まれたとある。

その一方で、平成二八年一二月に専修大学今村法律研究室に宛てて手紙を送付いただいた飯田市出身の方が祖父などから聞いた話では、今村力三郎は蜂谷家の長男ではなく三男だったという。[5]力三郎という名前からしても十分にありうる話であり、今回の資料集の編纂のための調査にご協力いただいた蜂谷家の方に見せていただいた「過去帳」の写しにも、文久二年（一八六二）正月に「重蔵悴」が亡くなっていることが記されている。同史料には「文久元年酉四月七日」に「蜂谷重造妻」が亡くなっていること、そして「昭和五年五月」には「重造後妻今村力三郎母」が亡くなっているという記述もあるので、蜂谷重蔵には先妻のもとに夭逝した息子がいたと考えられ、力三郎は、後妻である「しな」の長男ではあったが、蜂谷重蔵の子息としては三男であった可能性もある。

蜂谷家の先祖については、史料三七に自身が「僕の生家は、南信の一農家で、先祖は光秀と同じく、美濃の土岐源氏の一族で、戦国時代戦に敗れて、信濃へ落ちた」と書いている。また「幕府時代に代々庄屋の家柄であった」ともある。後述するが、蜂谷家が代々村役人層の家柄であったことは「蜂谷家文書」の内容を見ればよくわかる。その敷地も広大だったというエピソードが蜂谷家には残っており、本人は「貧乏はつきもので、何れの時代にも、豪農とか、金持とか謂ふべき歴史は無かつた」と述べているが、多分に謙遜してのことと思われる。

今村力三郎（当時は蜂谷であるが、繁雑をさけるために本解説では今村姓で通す）が、実家が破産したため、親子三人で長野から東京府神田区猿楽町（元・千代田区）に上京したのは明治一七年（一八八四）四月のことで、一七歳の時であった。翌年には大審院判事・伴正臣の書生となり、そして翌々年の明治一九年三月に専修学校法律科（現・専修大学）に入学。昼は書生、夜が学生と二足草鞋であったが、当時、専修学校に通う多くの学生はそうだったと述懐している。

明治二一年、在学中に先輩とともに代言人試験を受験したところ、見事に合格。卒業試験も優秀な成績で合格し、法律科を首席で卒業した。

弁護士として初めて法廷に立ったのは明治二二年、二三歳の時で、以降、故郷・飯田や群馬県高崎で短期間、判事として働いた以外は、弁護士として明治・大正・昭和と活躍した。戦後は高齢のためほとんど事件に関わることがなかったが、亡くなるまで約六五年間、法曹界に尽力した人物であった。

今村の担当した主な事件の名前のみを挙げると、大逆事件、金剛事件、五・一五事件、血盟団事件、神兵隊事件、帝人事件などがある。これらの事件の訴訟記録については、専修大学今村法律研究室が翻刻または影印にして刊行しているが、著名な事件を数々と手掛けていることがわかるだろう。

このように生涯を弁護士として活躍し、当時としては「東京弁護士界の花形十人」の一人に挙げられるほど有名な人物ではあったが、あまりその研究は進んでいないのが現状である。

そこで先行研究についても触れておくが、今村力三郎に関する研究は専修大学関係者によるもの以外はほとんどない。[6] というより戦前に活動した弁護士の個別研究自体が非常に少なく、当該期の今村と並んで著名な弁護士であった花井卓蔵、鵜沢聡明などに関する研究も管見の限りほとんど見当たらない。そのようななかで近年の研究動向としては、戦間期において弁護士たちが社会運動にどのように関わっていたかという視点から研究[7]を行っている吉川圭太氏、さらに大学史という観点から言うならば明治大学史資料センターが行っている自校出身の弁護士・尾佐竹猛や布施辰治の業績を検証する研究[8]には着目する必要があるだろう。

明治大学史資料センターの部会「明治大学人権派弁護士研究会」は、「本学出身の人権派弁護士とよばれてきた人たちの活動を調査・研究することを課題」[9]としており、そのうえで「明治法律学校・明治大学の建学理念あるいは教育方針と、人権派弁護士たちの誕生についての関係と解明すること」と「本学の学校経営に携わった人権派弁護士たちの系譜と実勢を明らかにすること、あるいは学校経営への影響を解明すること」を役割としていると謳っている。このような研究目的は当然ながら、専修大学総長を務めた今村力三郎を研究する際にも当てはめることができるだろう。

研究を進めるうえで必要となる資料についても触れておく。今村に関するまとまった資料は専修大学内に分散されて保管されている。『近現代日本人物史料情報辞典』に収録された「今村力三郎」の項目にも記されているが[10]、執筆当時と状況が少し変わっているため、若干の修正を加えて資料情報を提示する。資料を保管しているのは、①専修大学図書館神田分館、②専修大学総務部大学史資料課、③専修大学今村法律研究室の三つの機関である。

①については平成七年（一九九五）に目録『今村力三郎文庫』が刊行され、その全貌を知ることができるが、この資料群は今村力三郎が生前、総長時代に大学に寄贈した資料群で、自らが関わった訴訟に関する文書資料と蔵書を中心とした図書資料に大別できるが、そのほか年賀状などの葉書類、帰一協会や護国共済会に関する資料も含まれている。弁護士として今村力三郎を研究する際の基本資料群と言えるだろう。

②の資料群は今村力三郎の遺族から寄贈いただいたもので、その内容は、硯や盃、衣類（法衣も含む）、写真（アルバムを含む）、家族宛ての葉書、自筆の草稿などである。賞状や辞令の類い含まれている。①のようにまとまったものではなく、形態も種別も様々であることが②の資料群の特徴で、弁護士というより今村個人を知るうえで貴重な資料群と言えよう。さらに専修大学図書館神田分館に保管されていた蜂谷家文書（第1章に掲載）も現在、大学史資料課に移管され、保管されている。

③については、①②とは大きく事情が異なる。今村法律研究室は、専修大学が新制大学として発足した昭和24年（一九四九）に設置された。設置当初の規則には、

第一條　本研究室は法律に関する諸般の問題を研

究し、其の成果を発表して、法律智識の普及につとめると共に、法律専門の職域に志す法学研究者の為其の研究の指導をなすことを目的とする。

とあるが、後に次のように規則を改定している。

第一条　専修大学今村法律研究室（以下「研究室」という。）は、専修大学総長としてまた、すぐれた在野法曹として貢献された故今村力三郎先生の残された裁判記録その他の業績を調査、研究し並びに法曹人の育成、法律実務の研究及び法律智識の普及をはかることをもって目的とする。

第二条　研究室は、前条の目的を達成するため、次の事業を行う。

（1）故今村力三郎先生の裁判記録その他の業績の調査、研究

当初は法律研究や法律知識の普及活動、法曹人の育成を目的として設置された研究室であったが、今村逝去後は、今村の裁判記録の調査や研究もその業務に加わった。そのため、今村法律研究室は昭和五二年の『今村力三郎訴訟記録一　金剛事件　第一巻』を皮切りに、現在に到るまで①の資料群のなかから日本近代史上の重要な事件を選び、訴訟記録を翻刻・影印本として刊行し続けている。その意味では今村研究を主導してきたのはこの研究所と言える。

そのほか、近年では、今村法律研究室では今村が関わった訴訟に関する資料も積極的に購入している。大逆事件や神兵隊事件に関連資料がそうである。そのため今後、今村に関する新しい資料が発見された場合の受け入れ先は、図書館や大学史資料課ではなく、今村法律研究室になる可能性が高い。

以上、今村に関する資料群の概略を記したが、大きな課題として、三機関が所蔵する資料群を一括して検索・閲覧することができないこと、さらには②③の資料群の全貌を明らかにする目録がないことが挙げられる。今村研究の今後を考えていくうえで解決していかなければならない課題であることは言うまでもない。

3．各章について

（1）第1章　信濃国下伊那郡上飯田村・蜂谷家文書

蜂谷家文書の来歴については、「蜂谷家文書の翻刻と調査と研究（1）」に掲載された矢野建一氏の解題に詳しい。それによると、今村力三郎の令孫より前述した元専修大

学文学部教授の辻達也氏に寄託されたとある。総点数は八六点。「時代的には江戸中期から大正時代におよんでいるが、力三郎の育った幕末維新期の上飯田村や蜂谷家の様子を物語る史料も多い」と記されている。なぜ今村力三郎が生家である蜂谷家当主が代々大事に保管してきたであろう文書群を持っていたのかについては今のところ不明である。

この蜂谷家文書を最初に翻刻・紹介したのは、平成二八年に急逝された矢野建一氏（前専修大学長、専修大学文学部教授）と、辻達也氏（元専修大学教授、横浜市立大学名誉教授）、そして大庭邦彦氏（聖徳大学教授、当時は専修大学非常勤講師）である。その解題においても「力三郎の法曹・教育活動を支えた思想的骨格は飯田時代に形成されていたと見るのが自然」であり、だからこそ、本資料群を翻刻・紹介したとその理由を述べている。本資料集もその考えを踏襲しており、本章において蜂谷家文書を紹介することができたのも今村家・蜂谷家の方々、そしてお三方のご協力・ご厚意によるものである。

明治期以降の蜂谷家についても触れておく。蜂谷家の当主であった蜂谷徹氏が写された「上飯田町羽場区共有保権会抜書」（参考資料）によると、力三郎が父・重蔵の退隠により家督を継いだのが明治一六年九月九日のことで、専修学校に入学した際は蜂谷力三郎を名乗っていた。今村家に養子に入ったのは在学中の明治一九年一二月一五日、一九歳の時で、その際、蜂谷家の家督は再び父・重蔵が再相続している。重蔵は明治三九年一二月二三日に死去し、当主は重蔵の妻である「しな」が相続。そしてその後、今村力三郎の長女・富貴子と同郷・飯田出身の北原早苗が結婚し、蜂谷家に養子に入ったことで、蜂谷早苗となり当主となった。現在は早苗の令孫が蜂谷家を守っている。

今村力三郎が蜂谷家から今村家になぜ養子にいったのかについては辻達也氏および先に手紙を紹介した飯田出身の方も、徴兵免除のために「うめ」という寡婦一人きりであった今村家に長男として養子に入ったという説を述べている。確かにこの時期、間もなく二〇歳を迎える力三郎の徴兵問題は蜂谷家にとっても大きな問題であったことは想像に難くない。

当時、戸主であれば徴兵を回避できたと辻氏は述べているが、先に挙げたように今村力三郎は明治一六年にすでに蜂谷家の家督を継いでいる。力三郎が今村家に養子に入った時、重蔵はすでに六〇歳近い年齢であった。唯一の跡継ぎである力三郎が、かつては庄屋まで務めた蜂谷家の当主という立場を捨て、今村家に養子に入った理由については、今後は、徴兵免除という観点からだけでなく、当該期またはそれ以前の今村家および飯田という地域の調査を行うことで再検討していく必要がある。

話を蜂谷家文書に戻すと、今回は紙幅の都合もあり、上飯田村がどのような地域であったかを知ることのできる資料を選んで掲載した。助郷や普請、年貢など租税関係の資料である。その理由としては、蜂谷家が庄屋を務めた地域の特色を知ってもらうことにある。蜂谷家文書群の全貌については、参考資料として目録も付したので、今後、本資料群と飯田市歴史研究所や飯田市立美術博物館などが所蔵する文書群とあわせることで、地域史の解明の一助になればと願う次第である。

（2）第2章　今村力三郎が語る裁判論および弁護士論

概略にも記したが、第2章には今村力三郎自身の文章、特に裁判や弁護士に関する論考を発表年代順に収録した。年代不明の草稿については内容などから判断して適宜、挿入している。詳細を見ていく。史料三七～三八。四〇は今村の生い立ち、専修学校時代、そして弁護士や飯田支部の判事などになるまでの回顧録である。管見の限り今村が自らの生涯を語っているのはこの史料のみである。

今村が残した論考のうち、もっとも多いのが自らが手掛けた裁判に関するものであるが、なかでも大逆事件のような思想事件についての文章が多い。本章を詳しく見ていただければわかるだろう。

そのほか今村の弁護士の姿勢をよく示す史料が三九である。「在野法曹の任務は、一にも、人権擁護であり、二にも人権擁護である、人権擁護を離れて弁護士任務はありません」という言葉こそが弁護士・今村のモットーであった。ここに「反骨」と評される理由がある。

なお、専修大学は何種類かの「芻言」（史料五四）を所蔵しているが、そのうち今村自筆のものは、平成一七年（二〇〇五）に、当時、東京高等裁判所判事を務めていた原田國男氏から寄贈いただいたものである。

（3）第3章　今村力三郎が語る政治論および教育論

第3章には政治に関する今村の論考を収録している。史料五九は東京・大阪の比較論で、近年の大阪人の政治意識の高まりを評価している。今村がこの論文を発表した翌大正七年（一九一八）には、大阪朝日新聞の記者として活躍し、後に金石文研究で名を為した木崎愛吉が『大阪遷都論』を刊行している。彼は大正という時代と明治時代を区別するために大阪遷都を主張しているが、この時期、大阪という都市に着目が集まっていたことを物語っている。また六〇～六一・六三では憲法問題、そして戦争責任問題についての今村の意見を知ることができる。

　この章をつらぬく今村の主張はまさに日本における民主主義の確立への切望と言えるだろう。そのためには国民自身が積極的に政治に関心を持つこと、選挙に投票に行くこと、そういったことが大切であると繰り返し述べている。

（4）第4章　専修大学総長・今村力三郎に関する書簡

　本章で取り上げた今村関係書簡の多くは専修大学が所蔵する簗田鈫次郎旧蔵文書に入っていたものである。簗田は明治二七年（一八九四）に専修学校理財科を卒業し、中外商業新報（現・日本経済新聞）の社長を務めるなどメディア界で活躍した人物で、昭和六年（一九三一）には専修大学の理事に就任している。

　専修大学は昭和二二年、総長のもとに専務理事を置く制度を設ける。この時に専務理事となったのが簗田で、以後、総長としての今村を補佐し、実質的に専修大学を経営していくこととなった。そのため、簗田と伊豆修善寺にいた今村は、学校運営についての相談を書簡でやり取りしていた。だからこそ、これらの書簡群は当時の専修大学の実状を知る重要な資料と言えるのである。

　史料七一は蜂谷家に残されていた今村から孫である蜂谷徹氏に宛てた書簡として収録した。総長就任に至るまでの事情を説明している。八〇歳を超えての総長就任については、家族の心配や反対もあったことと思われるが、騒動を治めるには自分しかいないという今村の決意をこの文章から感じることができる。

　そのほか、これらの書簡からは、昭和二〇年代の専修大学を総長・今村を支える形で、専務・簗田が動かしていたことを読み取ることもできる。そして教員や学生、さらには卒業生からの陳情に対しても真摯に向き合おうとしていた今村の姿も描かれている。

　もう一点指摘しておきたいのは、今村が杉並区にあった土地・建物の売却金を専修大学に寄附したことは有名な話であるが、自著『法廷五十年』の売却益も寄附しようとしていたという件（史料九〇・九一）である。総長としての今村の功績は、実際の経営の細かい点は簗田に任せ、専修大学の顔という自らの役割を自覚し、寄附も含めて先頭に立って動こうとしていた点にあったとも言えるだろう。

（5）第5章　新聞・雑誌にみる今村力三郎

　本章は新聞や雑誌に掲載されている今村に関する記事を収録した。今村が専修大学の経営に関わるようになった時期については、少なくとも大正二年（一九一三）まで遡ることができる。同年、専修大学が社団法人化した際に三六名いる役員（当時の役名は社員）の一人になっている。以後、評議員や理事、そして戦後は亡くなるまで総長を務めるなど、約四〇年近く専修大学に関わっている。そのため史料一二三にあるように、大正一一年にはすでに学内雑誌にその名を見ることができる。

全国紙に掲載された今村の記事は史料一三五を除き、すべて弁護士・今村に関する記事である。そのなかでも史料一四一〜一四三は、弁護士の地位改善（具体的には成功報酬と地域限定）についての今村の意見である。この地位改善策が日の目を見ることはなかったが、職業として弁護士を成り立たせるための今村の考え方を知ることができる。

史料一五七については、この章のなかで、唯一今村没後の記事である。昭和三〇年代における今村の評価を示す貴重な史料としてあえて掲載した。

（6）第6章　今村力三郎逝去に対する追悼

第6章は昭和二九年六月一二日に八九歳で亡くなった今村力三郎への追悼文を中心に紹介している。その多くが大学葬において今村に向けた各界の著名人からの追悼文であるが、そのほかにも大学新聞に掲載された今村への追悼文、卒業生が語る今村の思い出話も収録した。

内容については各史料を見ていただければと思うので、ここでは追悼を述べた人々をわかる範囲で簡単に紹介して解説に代えたい。

【史料一六一】小林一郎は、昭和二九年に東京弁護士会（現・第一東京弁護士会）の会長を務めた人物である。大正一二年（一九二三）、東京弁護士会から独立・分離して設立されたのが第一東京弁護士会であるが、今村は、親交のあった花井卓蔵や鵜沢総明らとともに設立総代に名を連ねていた。

【史料一六二】徹堂会とは今村の門下生または縁故者からなる組織で、代表の奥山八郎は明治二〇年（一八八七）に鹿児島県徳之島町で誕生。東京大学法学部を卒業後、判事・弁護士として活躍した。東京弁護士会会長・日本弁護士連合会会長なども務めている。

【史料一六四】永井亨は社会学を専門とし、この時期、専修大学教授を務めていた。永井は現在の法政大学社会学部の前身でもあり、当時、専修大学附属労働学院とともに、労働問題に積極に取り組んでいた中央労働学院の学長をしていたこともあり、今村との関係も深かったと思われる。

【史料一六五】鈴木義男（一八九四〜一九六三）は政治家・弁護士・法学者として活躍した人物で、近年、日本国憲法成立に深く関与したとして注目されている。今村力三郎との関係も深く、昭和二七年からは専修大学長も務めた。

【史料一六六】　鵜沢総明（一八七二～一九五五）は、今村と同時期に活躍した弁護士で極東国際軍事裁判では日本側の弁護団長も務めた。東京大学法学部出身であったが、明治期より明治大学の講師を務め、戦前には明治大学総長にも就任している。

【史料一六七】　高窪喜八郎は弁護士・商法学者として中央大学の教授も務めた。また偽書として有名な「竹内文書」の支持者の一人で神代文字の研究者でもあった。

【史料一六八】　天野敬一（一九七三～?）は明治法律学校（現・明治大学）出身の弁護士で、戦前は明治大学の幹事・理事も務めている。

【史料一六九】　粟津清亮（一八七一～一九五九）は、東邦火災（現・東京海上日動火災保険）取締役、日本傷害保険社長などを歴任。明治期には専修学校の講師を務めるなど保険学者としても活躍した。

【史料一七〇】　大石佐太郎は明治四二年、専修学校経済科を卒業。徹堂会の創立時からのメンバーであった。

【史料一七一】　専修大学創立者の一人である相馬永胤の孫・相馬勝夫（一九〇四～一九八三）は、東京商科大学（現・一橋大学）卒業後、専修大学に講師として就任。昭和三六年には学長となり、高度経済成長期の専修大学を川島正次郎、森口忠造とともに牽引した。

【史料一七二】　大行慶雄（一九〇二～一九六七）は、新制大学としての専修大学発足時に当時の学長・大河内一男に招かれて教授に就任。生理学を担当するも、在職中に心筋梗塞のために逝去した。

【史料一七三】　前東計男は大正九年に専門部経済科を卒業。昭和一九年に科学測定器などを生産する東亜電波工業会社（現・東亜ディーケーケー）を設立し、社長・取締役会長を歴任した。

【史料一七四】　有馬順二は昭和八年専門部計理科を卒業後、塗料之魁新聞社に入社、後に主幹を務めた。昭和二一年には塗料之魁新聞を復刊させ、塗料報知新聞社を設立、社長に就任している。

【史料一七五】　坂本甲午郎は、大正三年に専門部経済科を卒業。在学中は同級生であった川島正次郎とともに弁論部に在籍し、卒業後は大蔵官僚として活躍した。

【史料一七六】　竹内金太郎（一八七〇～一九五七）は東京大学卒業後、農務省に入省。東京日日新聞編集主幹を経て、弁護士を開業。今村とともに血盟団事件の弁護を担当。また極東国際軍事裁判の弁護も担当した。

【史料一八〇】　山崎修一は大正五年に専門部経済科を

卒業。阪東妻三郎プロダクション・太秦興業・帝国キネマ撮影所と映画界で働き、戦後は松竹の専務取締役を務めた。

【史料一八一】　川島正次郎（一八九〇～一九七〇）は大正五年に専門部経済科を卒業後、内務省に入省。東京日日新聞（現・毎日新聞）、東京市秘書課・東京市商工課を経て、戦前・戦後と通して政治家として活躍した。また専修大学の理事長・総長も務めている。

【史料一八二】　森口忠造（一九〇九～一九八八）は、昭和八年に専門部経済科を卒業、毎日新聞社事業部長を経て、専修大学評議員・理事を務め、昭和三九年から七九歳で逝去するまで二四年の長きに渡り、理事長を務めた。史料九六・一〇二の今村の書簡はイギリス留学から帰国した森口の報告会に関するものである。

【史料一八三】　矢部克己（一八八六～？？）は、東京大学法学部を卒業後は長く裁判官を務め、大審院部長にもなっている。在官中より専修大学において民法・商法の講義を担当。退官後は法学部長に就任し法学部の再建・充実に献身した。

【史料一八五】　牧野内武人は、今村と同郷の長野県下伊那郡出身の弁護士で、徹堂会にも参加していた。

【史料一九一】　大河内一男（一九〇五～一九八四）は東京大学経済学部卒業後、母校で教鞭をとるかたわら、今村力三郎に請われて昭和二一年、専修大学経済学部教授を兼任。経済学部長を経て、翌二二年からは学長も務めた。専修大学長を辞めた後は、東京大学総長も務めている。

おわりに

従来、大学を取り巻く制度の変遷やその教育史的位置付け、または個別の大学の歴史的変遷や実態解明に重きが置かれてきた大学史研究は、近年大きく変わっていっている。その一つが、学んだ人間の側から大学を見ていこうとする動きである。教育を供給する側の歴史だけを検討するのではなく、需要した側はどのような階層で、卒業後は社会的にどのような役割を果たしたのか、といった点を明らかにすることで、その学校の意義を探ろうとする研究と言ってもよいだろう。

今村力三郎を知ることは、専修大学がどのような学生を求め、どのような教育を行い、そしてどのような人材を社会に送りだそうとしていたのかを知ることにもつながる。前述したように今村に関する研究は少ない。しかし専修大学今村法律研究室が編纂・刊行している「今村力三郎訴訟記録」は、今村の弁護士としての業績やその社会的意義の解明には欠かせない仕事と言える。また、本資料集で提示した資料群も教育者・今村像の解明、またはは戦後の専修大学の動向を知るうえで、きっと役立つものと信じている

今後の課題は先に挙げたが、まずは専修大学の各機関が所蔵する今村に関する資料群の統一的目録の作成であろう。そしてそのうえで資料を容易に閲覧できるような体制にすることである。そのためには資料のデジタル化を進める必要がある。さらに言えば、明治大学史資料センターの「明治大学人権派弁護士研究会」のような組織を設置し、学部を問わず、また学外者も含め研究者が集まって、調査・研究を行うことも必要であろう。

平成二八年は今村力三郎生誕一五〇年を記念して「「反骨」の弁護士　今村力三郎」と題した展示を今村法律研究室が主催、図書館と大学史資料課が協力して行った。こうした展示を通して各機関が連携することは、今後の今村研究にとって非常に大切なことである。さらにこの展示準備や資料集編纂の過程で、今村家・蜂谷家の方々や飯田市の資料保存機関（飯田市美術博物館、飯田市歴史研究所など）にも協力いただいた。紙面を借りて御礼申し上げると共に、今回の展示や資料集だけでなく、今後のご協力もあわせてお願いする次第である。

本資料集では紙面の都合もあり、今村に関する資料をすべて掲載できたわけではない。今村力三郎研究は端を発したばかりで、今村力三郎に関する情報をお持ちの方はぜひご連絡を乞う次第である。

瀬戸口龍一（専修大学大学史資料課）

（註）

1　辻達也「反骨‐今村力三郎の背景‐」（専修大学今村法律研究室編『今村力三郎「法廷五十年」』専修大学出版局　一九九三）

2　矢野建一「蜂谷家文書の翻刻と調査と研究（一）」（『専修大学今村法律研究室報　No. 29』一九九七）

3　小林俊三『私の会った明治の名法曹物語』（日本評論社　一九七三）

4　矢野建一「同前」

5　書状の原本は専修大学今村法律研究室が保管

6　代表的なものとして、辻達也「前掲論文」、大谷正「今村力三郎先生の生涯とその関連史料について」（ともに専修大学今村法律研究室編『今村力三郎「法廷五十年」』（専修大学出版局　一九九三）に収録）、日高義博「血盟団事件、五・一五事件、神兵隊事件の経緯と争点（1）‐今村力三郎訴訟記録を手がか

りとして‐（1）（2）」（『現代刑事法　No. 45〜46』現代法律出版　二〇〇三）、大谷正「専修大学の法学教育と今村力三郎‐1880年の創立から1927年の法学部設置まで‐」（『専修大学今村法律研究室報　No. 43』二〇〇五）などがある。

7 吉川氏の研究としては「一九二〇年代の社会運動と在野法曹‐自由法曹団を中心に‐」（『部落問題研究二〇九号』二〇一四）、「第一次大戦後における弁護士布施辰治の思想と行動」（『歴史　第一〇九輯』二〇〇七）などが挙げられる。

8 明治大学史資料センターが刊行している『大学史研究』は第九号（二〇〇五年）を「尾佐竹猛研究Ⅰ」、第一〇号（二〇〇六年）を「尾佐竹猛研究Ⅱ」、さらに第一二号（二〇〇八年）を「明治大学人権派弁護士研究Ⅰ　布施辰治研究」、第一三号（二〇〇九年）を「山崎今朝弥・布施辰治研究」、第二一号（二〇一六年）を「阿久悠・布施辰治」と題して研究成果を発表している。また、これらの成果をまとめた『大学史資料センター研究叢書』も日本経済評論社から刊行している。『尾佐竹猛研究』（二〇〇七年）、『布施辰治研究』（二〇一〇年）がそうである。

9 山泉進「明大人権派弁護士の系譜」（『大学史紀要第一二号』明治大学史資料センター　二〇〇八）

10 伊藤隆、季武嘉也編『近現代日本人物史料情報辞典』（吉川弘文館　二〇〇四）。専修大学出身の政治家で、今村と同じく総長を務めた川島正次郎の研究者である車田忠継氏が執筆している。

（参考文献）

・今村力三郎『法廷五十年』（専修大学　一九四八）
・専修大学総長今村先生追憶会編『今村力三郎翁追想録』専修大学　一九五五）
・鈴木義男伝記刊行会編『鈴木義男』（鈴木義男伝記刊行会　一九六四）
・森下澄男「今村力三郎」（潮見俊隆編著『日本の弁護士』日本評論社　一九七二）
・専修大学今村法律研究室編『今村力三郎「法廷五十年」』（専修大学出版局　一九九三）
・矢野建一「蜂谷家文書の翻刻と調査・研究（1）」（『専修大学今村法律研究室報　No. 29』一九九七）
・矢野建一、辻達也「蜂谷家文書の翻刻と調査・研究（2）」（『専修大学今村法律研究室報　No. 30』一九九八）
・飯田市歴史研究所編『飯田・上飯田の歴史』上下巻（飯田市教育委員会　二〇一二〜二〇一三）

関係年表

和暦		西暦	月	事項
慶応	2	1866	5	長野県下伊那郡上飯田村・蜂谷重蔵家に誕生
明治	9	1876	2	代言人規則が制定される
	13	1880	9	京橋区南鍋町（現中央区銀座）に専修学校（専修大学の前身）が開校
	14	1881	10	松方正義が大蔵卿に就任、松方デフレが起こる
	15	1882	11	専修学校が神田区中猿楽町（現千代田区神田神保町）に移転
	16	1883	7	専修学校が修業年限を2年から3年と変更
	17	1884	4	一家で上京して神田区猿楽町に居住、紅梅焼・塩煎餅屋・パン屋を営む
			—	大審院判事・伴正臣の書生となり、高等商業学校の漢学教師・矢部宣昭の塾に通う
	18	1885	7	専修学校が神田区今川小路（現千代田区神田神保町）に校舎を新築、移転
	19	1886	3	専修学校法律科に入学
			12	私立法律学校特別監督条規により、専修学校が帝国大学総長の監督下に置かれる
			12	今村うめの養子となり今村家を継ぐ、蜂谷家は父・重蔵が再び相続
	21	1888	3	五大法律学校による連合討論会が開始
			6	専修学校在学中に代言人試験に合格、代言免許証授与
			8	専修学校が特別認可学校規則による特別認可学校となる
			9	専修学校法律科を首席で卒業
			—	代言人・鈴木信仁の事務所に所属
	22	1889	2	大日本帝国憲法が発布される

明治			一	初めて刑事事件の弁護の法廷に立つ
	24	1891	9	専修学校が法律科の生徒募集を停止
	26	1893	5	弁護士法の制定に伴い弁護士名簿に登録
	27	1894	4	飯田区裁判所判事に就任
			5	正八位に叙せられる
			8	日清戦争が勃発
	28	1895	12	従七位に叙せられる
	30	1897	6	高崎区裁判所判事に就任
	31	1898	9	判事を辞職、再び弁護士の活動を再開
	33	1900	一	足尾鉱毒事件の弁護担当
	36	1903	11	専修学校が専門学校令により設立認可
	37	1904	2	日露戦争が勃発
	38	1905	一	日比谷焼き打ち事件の弁護担当
	42	1909	5	東京弁護士会常議員会議長に就任
	43	1910	一	大逆事件の弁護担当
	44	1911	5	東京弁護士会副会長に就任
	45	1912	5	帝国軍人後援会評議員に就任
大正	2	1913	7	専修学校が校名を私立専修大学と改称
			7	社団法人専修大学の設立に伴い社員に選出
	3	1914	一	金剛事件の弁護担当
	8	1919	9	私立専修大学が校名を専修大学と改称

元号	年	西暦	月	事項
大正	9	1920	12	専修大学評議員に就任
	10	1921	―	原敬暗殺事件の弁護担当
	11	1922	5	専修大学が大学令による「専修大学」（旧制）へ昇格
	12	1923	8	専修大学創立者・田尻稲次郎が死去
			9	関東大震災が発生
			―	虎ノ門事件の弁護担当
	13	1924	1	専修大学創立者・相馬永胤が死去
			2	専修大学監事に就任
	15	1926	6	専修大学理事に就任
			9	専修大学創立者・目賀田種太郎が死去
昭和	3	1928	―	天理教事件の弁護担当
	6	1931	11	今村懲戒事件が起こる
	7	1932	―	血盟団事件の弁護担当
			―	五・一五事件の弁護担当
	8	1933	―	神兵隊事件の弁護担当
	9	1934	―	帝人事件の弁護担当
	20	1945	8	アジア・太平洋戦争が終結
	21	1946	3	労働組合法が施行
			3	専修大学の学生代表が総長宛に学園改革意見書を提出、大学の復興運動が高まる
			6	小泉嘉章が専修大学総長を辞職
			7	専修大学総長に就任

昭和			
22	1947	9	専修大学が社会人に向けた労働講座を開講
23	1948	6	労働講座を専修大学附属労働学院として今村が校長に就任
		10	専修大学が川崎市生田の日本電気研究所跡地を買い取り新校舎として改装
24	1949	4	専修大学が「学校教育法」による新制大学に移行、商経学部・法学部を設置
		10	専修大学今村法律研究室が開設
25	1950	4	専修大学が短期大学部を設置
		7	脳溢血で倒れるも半年間の療養で回復
		12	杉並区成宗の自邸（土地・建物）を大学に寄付
26	1951	2	専修大学が学校法人専修大学に組織変更
		3	伊豆修善寺の別荘から専修大学神田別館の総長室に転居
		—	専修大学へ訴訟記録をはじめとする資料を寄贈
27	1952	5	専修大学が大学院経済学研究科修士課程を設置
		7	専修大学が神田校舎を改築、旧三号館竣工
28	1953	10	専修大学の神田校舎旧二号館竣工
29	1954	4	専修大学が大学院法学研究科修士課程を設置
		6	専修大学神田別館において死去、従五位および勲三等に叙せられる
		6	専修大学神田校舎において大学葬が執り行われる
		9	専修大学神田校舎において前専修大学総長弁護士今村力三郎先生追悼会が開催される

あとがき

本年度は今村力三郎の生誕一五〇年にあたる。本学では昨年春・秋二回にわけて神田・生田両キャンパスにおいて「「反骨」の弁護士　今村力三郎」展を開催した。これを主催したのは、今村力三郎の人と業績を顕彰するために設立された研究所・今村法律研究室である。発足は新制大学と時を同じく、昭和二四年（一九四九）に設立された。

本学が創立当初から目的としたこと、一つは社会の屋台骨を背負う俊秀を世に送り出すこと、二つは教授陣は無給とし、学生に寄り添う勉学環境を整えること、であった（経費不足は創立者が支出した）。今村はこの二つのことを体現した稀有な卒業生であったことに触れたい。かれは専修学校法律科在学中に代言人（弁護士）試験に合格、明治二一年に首席で卒業した。その後の弁護士としての活躍は、社会的耳目を集めた刑事裁判の弁護で知られる。

戦後、新制大学移行後、専修大学も他校と同様に、あるいはそれ以上に財政困難に陥った。そのときに総長であった今村は、杉並区成宗（現・成田東）の広大な自邸（土地二九〇〇坪余、建物建坪一九七坪）および伊豆修善寺の別荘を大学に寄付した。創立者相馬永胤の行為に倣ったものといえる。

弁護士としての業績は、自著『法廷五十年』（専修大学、昭和二三年）のほか、『大逆事件』・『虎の門事件』・『五・一五事件』など九つの事件にかかわる膨大な訴訟記録、総計四六巻がすでに出版されている（専修大学今村法律研究室編、専修大学出版局）ので関心のある方は手にとっていただきたい。

二〇一七年三月

髙木　侃（専修大学史編集主幹
元専修大学法学部教授）

（表紙と本扉について）

表紙は、専修大学の明治時代の正門「黒門」にちなんで黒色を、本扉には、専修大学のスクールカラーである緑色を用いています。

専修大学史資料集　第八巻
――「反骨」の弁護士　今村力三郎――

2017年3月30日　第1版第1刷

編　者　学校法人　専修大学
監　修　高木　侃
発行者　笹岡　五郎
発行所　専修大学出版局
〒101-0051　東京都千代田区神田神保町3-10-3
㈱専大センチュリー内
電話　03-3263-4230㈹
印　刷
製　本　藤原印刷株式会社

ISBN 978-4-88125-314-4

専修大学史資料集

第一巻	若き日の創立者たち	2018年刊行予定
第二巻	相馬永胤日記	2024年刊行予定
第三巻	五大法律学校の時代	既刊
第四巻	日本近代経済学のあけぼの	2029年刊行予定
第五巻	大学昇格への道のり	2022年刊行予定
第六巻	阪谷芳郎関係資料集	2021年刊行予定
第七巻	専修大学と学徒出陣	既刊
第八巻	「反骨」の弁護士　今村力三郎	既刊
第九巻	専修大学と学生運動	2027年刊行予定
第十巻	川島正次郎関係資料集	2020年刊行予定

※刊行順・年・タイトルに関しては変更する場合もあります。